先秦思想史：
从神本到人本

（下）

The History of Pre-Qin Thought:
From Deism to Humanism

祁志祥　著

复旦大学出版社

目录 Contents

下　册

第十一章　道家的思想主张 …… 377
　一、鬻子：道家开山之祖 …… 379
　　1.《列子》中鬻子引文的道家思想 …… 380
　　2. 现存《鬻子》的儒家主张 …… 381
　二、老子：道生万物、至德去仁 …… 383
　　1. 神道关系与天人关系：由道定神、由人定天 …… 384
　　2. 本体论与方法论："道隐无名"与"玄之又玄" …… 386
　　3. 人性论与认识论："无智无欲"与"涤除玄鉴" …… 389
　　4. 内圣论与外王论："守柔曰强"与"无为而治" …… 391
　三、关尹子："得道之清者，物莫能累" …… 396
　　1. 万物本体与天道特征：天地人物，合之曰"道" …… 399
　　2. 主体论与认识论："精神魂魄"与"心性情意" …… 402
　　3. 圣人之道：因应自然、以退为进、不留形迹、无执权变、圣不离俗 …… 406
　四、文子："明于天人之分，通于治乱之本" …… 411
　　1. "上因天时，下尽地理，中用人力" …… 412
　　2. "治国之本"在于"治身"，"治身"之道在于"十守" …… 416
　　3. 治国之道之一：以道家的道德为上 …… 421
　　4. 治国之道之二：其次仁义理智礼乐 …… 425
　　5. 治国之道之三：再次刑兵 …… 428
　五、列子与杨朱："贵虚""持后"与"贵己""恣意" …… 432
　　1. 列子的宇宙发生观和世界观 …… 436

2. 列子的人性论与人生观 ······ 438
　　3. 列子贵虚持后、重生轻利的人道主张 ······ 442
　　4. 杨朱的"贵己为我"与"恣欲肆情"主张 ······ 447
六、《庄子》:"不失其性命之情" ······ 452
　　1. 对"百家之学"的总结与对孔子仁学的批判 ······ 453
　　2. "臧":"任其性命之情而已" ······ 457
　　3. 修身成圣之道:"支离其形"以"卫生","支离其德"以"养神" ······ 460
　　4. 外王济世之道:"在宥天下""天道人道""至德之世" ······ 465
　　5. 方法论:亦此亦彼、是非相通、不主故常 ······ 469
七、《鹖冠子》:杂合诸子学说的道家殿军之作 ······ 473
　　1. 黄老及阴阳家的宇宙发生论及尊天地、因势命、先人事的宇宙结构论 ······ 474
　　2. "上下相疑"的现实批判与"居处同乐"的社会理想 ······ 478
　　3. 外王之道:"君道知人,臣术知事"与"服义行仁,以一王业" ······ 480
　　4. 义兵思想:"人道先兵"与"兵者礼义忠信也" ······ 483
　　5. "法不败是,令不伤理"与举报连坐、严刑止罪 ······ 485

第十二章　法家的思想主张 ······ 487
一、《商君书》:辟儒尚法、务农强战 ······ 488
　　1. "不贵义而贵法":实施法治的现实必要性和历史必然性 ······ 489
　　2. "垂法而治"与"重刑轻赏" ······ 494
　　3. 朝廷执法:令出必行、一赏一刑、贵势恃数、防患未然 ······ 497
　　4. 民众自治:"有奸必告,民断于心"与"以奸民治,必治至强" ······ 498
　　5. "一于农战":"弱民富国""败者连坐""富国强兵" ······ 499
　　6. 贱诗书仁义之学、下辩说技艺之民 ······ 502
二、《申子》:加强君权,尚法重术 ······ 503
　　1. 君主专制:"能独断者,为天下主" ······ 504
　　2. 尚法:"君必明法""以一群臣" ······ 504
　　3. 重术:"君知其道,臣知其事" ······ 505
三、《慎子》:贵君依势、立公弃私、事断于法、因臣因民 ······ 506
　　1. 强化君主权势:"民一于君,国之大道" ······ 506
　　2. 明确天子职责:"立天子以为天下" ······ 508
　　3. "至公"之法"合乎人心"与"事断于法,国之大道" ······ 510

4. 因人之情而治人、因臣之智而为事、因民之能而为资 ……… 512

四、《韩非子》：以势强君、以术驭臣、以法治民 …………… 513
　　1. 神人关系论："循天顺人""事鬼可亡" ………………………… 514
　　2. 君主专制论："君人者，势重于人臣" …………………………… 515
　　3. 明君之道：虚静无为，以术驭臣 ………………………………… 519
　　4. 治理天下，"必因人情"，"不从其欲" …………………………… 522
　　5. 安邦之本，"不务德而务法" ……………………………………… 527

第十三章　杂家的思想主张 …………………………………………… 532

一、《管子》："霸王所始，以人为本" ………………………………… 533
　　1. "祥于鬼者义于人"：夹杂着阴阳五行学说的天人关系观
　　　 ……………………………………………………………………… 534
　　2. "道生万物"世界观及其"以心治官"的人性观 ……………… 538
　　3. 主导的政治学说：以儒家仁政主张为本体论 ………………… 541
　　4. 辅助的政治学说：以法家严刑峻法学说为方法论 …………… 548
　　5. 经济思想：务本饬末，贵农重粟，轻收重售 ………………… 552
　　6. 军事思想：置兵之要、制胜之理、用兵之数 ………………… 555

二、《晏子春秋》：纳善于君、仁爱节俭 ……………………………… 558
　　1. 忠臣、贤臣之"一心"：和而不同、纳善于君 ……………… 560
　　2. 人神关系：重人轻神、顺神合民 ……………………………… 565
　　3. 行善、民本、仁义、礼教 ……………………………………… 568
　　4. 反对奢侈，崇尚节俭，严以自律 ……………………………… 574

三、《尸子》：儒主道辅、名法相融 …………………………………… 578
　　1. 宇宙观、神灵观与人神关系 …………………………………… 580
　　2. 儒家的治国理念：仁义、修身、用贤 ………………………… 581
　　3. 道家的政治主张：执一驭万、无为而治 ……………………… 587
　　4. 名家的政治思想：贵言正名、各得其分 ……………………… 588
　　5. 法家的治国主张：贵"势"行政、"案法"奖惩 …………… 589

四、《吕氏春秋》：天人相合、祸福人召 ……………………………… 591
　　1. 天人感应、物从其类，人法天地、祸福人召 ………………… 592
　　2. 帝王之道的基本原则："执一""不二"、因势利导、尚德爱民、
　　　 利群贵公 …………………………………………………… 599

3. 帝王之道的具体政策：孝亲俭葬、导欲上农、高义贵信、
   当赏当罚、以义为战 ………………………………………… 604
4. 君臣分职："因者，君术也；为者，臣道也" ………………… 610
5. 外王本之内圣：取天下先取身，治其身而天下治 ………… 613

第十四章　兵家的思想主张 …………………………………… 621

一、《太公六韬》：文韬武略、全胜不战 ………………………… 623
　　1. 从政治到军事："仁之所在，天下归之"与"兵为凶器，不得已
　　　 而用" …………………………………………………………… 625
　　2. 战略地位："兵者，国之大事"与"上战无与战" …………… 628
　　3. 军队建设：将士建设、组织建设、装备建设 ……………… 631
　　4. 战术思想："三阵""十四变""十胜九败" …………………… 634

二、《司马法》：德治为本、战争为权 ……………………………… 638
　　1. 战争的历史由来："以义治之之谓正，正不获意则权" …… 639
　　2. 战争的道德原则："以礼为固，以仁为胜" ………………… 641
　　3. 战略战术：五虑、智勇、军患、权变 ………………………… 643

三、《孙子兵法》："兵者诡道""上兵伐谋" ………………………… 646
　　1. "不取于鬼神"与"经之以五事" ……………………………… 647
　　2. "屈人之兵而非战"："兵者诡道""上兵伐谋" ……………… 652
　　3. 战术法则：以守为攻、集中优势、兵贵速胜等 …………… 655

四、《吴子》：文德武备，内修外治 ………………………………… 657
　　1. "内修文德，外治武备"的固国强军方针 …………………… 659
　　2. "总文武""兼刚柔"的将领要求 ……………………………… 661
　　3. "以治为胜""教戒为先"的治兵理论 ………………………… 663
　　4. "见可而进，知难而退"的作战原则 ………………………… 664

五、《孙膑兵法》：兵道本于"天道、地理、民心" ………………… 665
　　1. "天地之间，莫贵于人" ………………………………………… 666
　　2. 战争的定位及义战、备战、胜战思想 ………………………… 667
　　3. 战争中"人和"要素的探讨和要求 …………………………… 669
　　4. 取胜要素分析：势、权、阵、变、谋、诈、赏、罚 …………… 670

六、《尉缭子》："圣人所贵，人事而已" …………………………… 674
　　1. "不时日而事利，不卜筮而事吉，不祷祠而得福" ………… 675
　　2. "天下一家，共寒共饥"与"兵者凶器，仁义为本" ………… 676

3. "不战而胜"及战场取胜的原则、方法 ································ 678
4. 将领要求、从严治军 ································ 680

第十五章　名家与纵横家的思想主张 ································ 683
一、名家先声《墨经》：论名实、坚白、同异 ································ 686
1. 论"名辩"的目的、类别与"坚白"的离合 ································ 686
2. 论"同异"及其在"彼此""动静"关系中的表现 ································ 688

二、名家先驱邓析："循名责实"、以法治国 ································ 690
1. 从是非之名到论辩之名 ································ 690
2. 循名责实，以法禁私 ································ 692
3. "君无三累，臣无四责" ································ 693

三、尹文："政者，名法是也" ································ 696
1. 论治国之"大道"：道家之道与名法儒墨 ································ 696
2. "以名法治国，万物所不能乱" ································ 699

四、惠施：反常名辩中的辩证精神和逻辑智慧 ································ 702
1. "历物之意"的十大命题 ································ 702
2. 与辩者争论的二十一论题 ································ 704

五、《公孙龙子》："审其名实，慎其所谓" ································ 706
1. 名与实、指与物的同异关系 ································ 707
2. "白马非马"：个别与一般之同异 ································ 710
3. "离坚白"：不同感官的感知相分及感官认知与思维认知相分 ································ 712
4. 公孙龙名学之用心："审其名实"而后能治 ································ 713

六、荀子《正名》：名家学说的集大成者 ································ 715
1. "乱名"的现实和"正名"的需要 ································ 715
2. "正名"的要求及其方法、原则 ································ 716
3. "制名之枢要"：对"名"的深入分类 ································ 717

七、《鬼谷子》：以"仁义"之道和"捭阖"之术"抵巇"补天 ································ 719
1. 《鬼谷子》是怎样一部书 ································ 720
2. 目的论：处乱世为天下"抵巇"补漏 ································ 721
3. 本体论：从道家之道到儒家之德 ································ 723
4. 方法论之一：以"捭阖"为核心的游说之术 ································ 724
5. 方法论之二："揣摩""权谋""七术"对"捭阖"的补充 ································ 730

第十六章　周代"天人关系"思想综论：从"以人法天"到"以人定天"…… 735
　一、神灵概念在周代的存在形态及其祭祀方式 …………………… 735
　二、"天人同构""以人法天"与"神道设教""以天统君" ………… 739
　三、"昊天不平""天难忱斯"与"天人之分""吉凶由人" ………… 746
　四、从"事神保民""循天顺人"到"以人为本""以人为先" ……… 749

后　记 ……………………………………………………………………… 755

第十一章　道家的思想主张

春秋战国时期诸子学派中,另一个影响很大,可与儒家并峙的学派当推道家。道家以"道"为宇宙自然的本体和修身济世的核心,主张道法自然,无为而治,以柔克刚,以退为进,守雌致雄,至仁去仁,提出了不同于儒家的内圣外王之道。其宇宙发生论往往和阴阳五行学说结合在一起,其无情无欲的思想与儒家的"克己复礼"也颇多交叉,它因应自然的思想给法家探讨王道无事而群臣干事的帝王之术提供了重要启示。

鬻子传说是道家学派的开山之祖,但后人辑佚的《鬻子》只保留了他对儒家思想的兼取,他的道家思想主要保留在《列子》一书的转引中。这个情况说明,早在鬻子那里,道家学说与儒家思想是可以兼融的。这个特色,也体现在后来的道家著作《文子》《鹖冠子》以及杂家著作《管子》《吕氏春秋》中,为汉代思想界儒道统一奠定了基础。

老子是道家学派的实际创始人,留下一部五千言的《老子》。《老子》由若干短章构成。在神、道关系上,老子认为神由"道"派生和决定,自然无意志,不能赐福降灾,走向无神论。在天、人关系上,老子尊天更敬人,天道体现出人道实质。老子的本体论即道德论。"道"是宇宙本源、万物本体,体用合一,有无相生,"德"为"道"之用。老子的方法论即"重玄""去太"、相反相成。其人性论是"绝圣弃智""少私寡欲"。其认识论是"见素抱朴""涤除玄鉴"。在内圣论上主张以退为进、以予为取、守柔致强。在外王论上主张"贵以贱为本""无为而无不为"。其社会理想是"小国寡民"、至德之世。

关尹子是与老子有过交往的道家人物。《关尹子》作为唐宋人补撰的先秦子书,虽然带有唐宋人以佛释道的痕迹,但有不少可取之处,可以作为今人了解关尹子思想的参考。今本《关尹子》以道家和五行学说为主,兼融儒家,以佛归道,呈现出独特的思想主张及其逻辑脉络。"道"通过"气"和"五行"化生万物。天地人物,本体曰"道"。"道"寓物中,是一与多、无与有、古与今、上与下、物与我、生与死的浑融统一。"五行之运",产生了人的"精神意魂魄"。精神性的心灵失去虚静的本性，情意应物起舞，就会生识生物。以虚静的心性控制情意活动，就会体认到无识无物的道之真谛。得道圣人修身济世之道，是因应自然、以退为进、不留形迹、无执权变、圣不离俗。

文子是老子弟子。所留《文子》过去一直被视为伪书，但汉初的出土文献证明此书不伪，是战国末期文子弟子编订的文子思想记录。文子的思想主要由"天人之分"的天道与"治乱之本"的人道构成。治乱之道"内以修身，外以治人"。于是，天人论、修身论、治国论就成为《文子》思想相互联系的三个板块。在天人关系上，文子主张阴阳五行之道，"上因天时，下尽地理，中用人力"，实现天时、地利、人力的和谐发展。在修身之道上，文子强调以道家的"十守"为主，儒家的仁义为辅。在治国之道上，文子主张以道家清虚无为的道德为上，儒家的仁义理智礼乐为次，法家的刑法和兵家的义兵思想为末。文子虽论天道，但直接指向是修身治国的人道，这个人道是道家与儒家两者有主有次的混合。

列子和杨朱，分别是战国时期产生很大影响的思想界"十豪"之一。二人思想分别导源于老子，但最终的主张各异。列子秉承老子道德论，主张贵虚持后，成为庄子思想的主要铺垫。杨朱秉承老子的"贵身"主张，发展出"贵己享乐"的学说，走向老子清虚无欲的反面。二人的思想言论集中保留在《列子》一书中。关于《列子》一书的真伪，传统的观点认为是晋人的伪书，但近来的研究认为《列子》属于古本的辑佚补撰，基本上可当作先秦古籍使用。本书依据《列子》，试图在比较研究中揭示列子与杨朱本同而末异的思想状况，补上先秦思想史研究的这个空白。

庄子是道家学说在战国后期最重要的代表。他秉承老子"虚静恬淡"的道德观，对"无思无虑""无情无欲"的自然人性作了独特的阐释，对"殉义""殉利"的"失性"现象作了尖锐批判，提出了"自适其适""逍遥无待"的人生态度、"不悦生，不恶死"的生死观和"在宥天下"、无为而治的政治理想。庄子阐释的道家思想，对后世政治家的治国理念和文人士大夫的生活方式产生了深远影响。

《鹖冠子》是战国后期道家殿军之作。它以黄老道家与阴阳家学说为本根，兼融儒家、兵家、法家等学说，提出了称霸天下的治国良方。在天人关系上，《鹖冠子》从黄老及阴阳家的宇宙发生论出发，提出尊天地、因势命、先人事的基本主张，肯定了人道在政治生活中的决定地位。在人道环节，《鹖冠子》从道家、儒家的观点出发批判钩心斗角的现实社会，提出共利同乐的社会理想，主张君主清虚无为，选贤任能，以仁治天下，以义治军事，辅之以严刑峻法。道家学说发展至此，已体现出杂合诸家为我所用的杂家倾向。

一、鬻子：道家开山之祖

鬻子，名熊，商末周初楚国人。鬻熊之名最早见于《左传·僖公二十六年》。《史记·楚世家》载，"周文王之时，季连之苗裔曰鬻熊。鬻熊子事文王，蚤卒。""蚤卒"指事奉文王的时间很短①。《史记·三代世表之一》成王诵栏下云："楚熊绎、绎父鬻熊，事文王，初封。"《汉书·艺文志》班固自注云："名熊，为周师，自文王以下问焉。周封为楚祖。"相传他九十岁拜见文王，文王把他当作老师。刘勰《文心雕龙·诸子》云："至鬻熊知道，文王咨询，余文遗事，录为《鬻子》。"南宋高似孙《子略》引《魏相奏记》载汉武帝时霍光语："文王见鬻子年九十余，文王曰：'嘻，老矣！'鬻子曰：'君若使臣捕虎逐麋，臣已老矣；若使坐策国事，臣尚少。'文王善之，遂以为师。"②贾谊《新书》记有文王之后武王、成王向他求教封康叔于卫的事，所以有人认为鬻子年岁可能超过一百一二十岁。虽然有传说色彩，但历史上实有其人。

《鬻子》一书，最早见录于《汉书·艺文志》。《鬻子》之文，最早见于汉初贾谊《新书·修政语上》。该篇曾引鬻子与文王、武王、成王对话七则，可见《鬻子》一书当出于先秦。《鬻子》虽以记述鬻熊思想为主，但并非出自西周初鬻子之手。严可钧《铁桥漫稿·鬻子序》云："《鬻子》非专记鬻熊之语，故其书于文王、周公、康叔皆曰'昔者'，后乎鬻子之言也。古书不必手著，《鬻子》盖康王、昭王后周使臣所录，或鬻子子孙记述先世嘉言，为楚国令典。"或认为《鬻子》是"战国处士假托之辞"③。《汉书·艺文志·道家》载《鬻子》二十二篇，又《汉书·艺文志·小说家》载《鬻子说》十九篇。二者不是一回事。作为道家著作的《鬻子》二十二篇，其书亡佚。唐代逢行珪所注《鬻子》为后人重新收集本，十四篇④。十四篇中，最长的一篇200字左右，短的篇章只有几句话；而且多为儒家思想，道家成分严重不足，显然不属完整的篇章。这些篇目有时将同样的主题分在两处排列，明显不合理。今人钟肇鹏《鬻子校理》重新编排，并加注释。

关于今本《鬻子》的真伪，历来有争论。一般认为，《鬻子》历史上实有其书，不仅是道家之祖，而且是子书之首。《汉书·艺文志·道家》首列《伊尹》

---

① 钟肇鹏：《鬻子校理》前言，中华书局2010年版，第2页。
② 《鬻子序》，钟肇鹏《鬻子校理》，中华书局2010年版，第45页。
③ 黄震：《黄氏日抄》卷五五。
④ 《鬻子逢行珪注》，收入钟肇鹏《鬻子校理》，中华书局2010年版。

《太公》《辛甲》三书,第四为《鬻子》。前三书早佚,《隋书·经籍志》诸子道家类列《鬻子》为第一。梁代刘勰《文心雕龙·诸子》说:"鬻熊知道,而文王咨询,余文遗事,录为《鬻子》。子自肇始,莫先于兹。"唐逢行珪《鬻子序》亦云:"实先达之奥言,为诸子之首唱。"南宋高似孙《子略》引唐贞观间柳伯存言:"子书起于鬻熊。"宋濂《诸子辨》云:"《鬻子》一卷,楚鬻熊撰。为周文王师,封为楚祖。著书二十二篇,盖子书之始也。"胡应麟《少室山房笔丛九流绪论下》云:"今子书传于世而最先者,惟《鬻子》。"清姚际恒《古今伪书考》云:"世传子书,始于《鬻子》。"俞樾《诸子评议补录》云:"《鬻子》一书,为子书之祖。"今本《鬻子》虽出于后人搜罗,不是先秦原本,但视为"伪书"并不合适,实为原本《鬻子》残卷辑佚,"确为先秦时重要典籍"[①]。

鬻子在历史上被视为道家开山之祖。他的道家思想主要保留在《列子》的引述中。今本《鬻子》的思想倾向明显属于儒家。道家思想与儒家思想同时假托于鬻子一人之口,这说明道家儒家是有融合的思想基础的。作为克己尚德的周文王之师,鬻子一方面向他灌输自然无为道家思想,另一方面又宣扬儒家的尊贤爱民思想。这种儒道的统一,后来在道家著作《文子》《鹖冠子》和杂家著作《管子》《吕氏春秋》中都有所体现。

1.《列子》中鬻子引文的道家思想

《汉书·艺文志》将《鬻子》二十二篇列为"道家",《新唐书·艺文志》将《鬻子》一卷列为"道家"。由于鬻子是周初人,这就奠定了鬻子在道家发展史上的始祖地位。但今本《鬻子》只有十四篇,且不完整,遗失许多,基本看不到道家思想的成分。鬻子的道家佚文,主要见于《列子》中。《列子》中的鬻子引文主要涉及三个方面的思想。

一是万物的生死、消长、盈亏是一个渐进的自然过程,主体无法觉知,也无法左右。《天瑞》篇引鬻熊的话说:"运转亡已,天地密(悄悄)移,畴(谁)觉之哉?故物损于彼者盈于此,成于此者亏于彼。损盈成亏,随世(生也)随死,往来相接,间不可省,畴觉之哉?凡一气不顿进,一形不顿亏;亦不觉其成,亦不觉其亏。"万事万物运动转移永不停止,天地也在悄悄地移动,谁感觉到了呢?事物在那里减损了,却在这里有了盈余;在这里成长了,却在那里有了亏缺。减损、盈余、成长、亏缺,随时发生,随时消失。一往一来,头尾相接,一点间隙也看不出来,谁能感觉到呢?所有的元气都不是突然增长,

---

[①] 马晨雪:《〈鬻子〉真伪考》,《文学研究》2014 年第 4 期。另参刘建国:《〈鬻子〉伪书辨正》,《长白学刊》1992 年第 4 期。

所有的形体都不是突然亏损,所以我们也就不觉得它在成长,也不觉得它在亏损。

二是尊重自然、随顺自然、不动心机的人生态度。既然万物的消长是不以意志为转移的自然过程,那就应当去智去名。《杨朱》篇引鬻子云:"去名者,无忧。"《力命》篇引鬻子云:"自长(寿命长)非所增,自短(寿命短)非所损,算(智慧)之所亡若何。"

三是以退为进的人生策略。《黄帝》篇引鬻子曰:"欲刚,必以柔守之;欲强,必以弱保之。积于柔必刚,积于弱必强。观其所积,以知祸福之乡(向)。"鬻子还揭示了这样一个深层的道理:"强胜不若己,至于若己者刚;柔胜出于己者,其力不可量。"刚强能战胜力量不如自己的人,一旦碰到力量与自己相当的人就会受挫折;柔弱能战胜力量超过自己的人,它的力量是不可估量的。

现存鬻子遗文所展现的道家思想并不丰富,也不完整,但作为老子创立的道家学说的滥觞,则是后世公认的。他的上述三种思想,在老子的学说中都有继承。

2. 现存《鬻子》的儒家主张

道家重在天道,而现存《鬻子》所说基本上都是儒家之道。这是建立在对"人"在世界万物中崇高地位的肯定基础上的。周代以人为贵。《周书·泰誓》认为"人"为"万物之灵"。《鬻子·汤政》亦有同样思想:"天地辟而万物生,万物生而人为政焉。""政"者,正也,长也。"万物生而人为政",即指人是万物中的灵长①。人所以区别于禽兽,成为万物中的灵长,是因为人有道德性。"有天然后有地,有地然后有别,有别然后有义,有义然后有教,有教然后有道,有道然后有理,有理然后有数。""人化而为善,兽化而为恶。人而不善者谓之兽。"②据说周文王问鬻子,"敢问人有大忌乎?对曰:有。文王曰:敢问大忌奈何。鬻子曰:知其身之恶而不改也,以贼其身乃丧其躯。其行如此,是谓之大忌。"③不能改恶从善,就是做人的"大忌"。鬻子还提醒人们:人往往缺少自知之明,会自以为贤智,然而善恶、智愚、贤不肖是有客观标准的,它们体现在言行上,别人看得清清楚楚。所以改恶从善要按照公认的社会评价这个标准去做。"不肖者,不自谓不肖也,而不肖见于行,虽自

---

① 钟肇鹏:《鬻子校理》,中华书局2010年版,第21页。
② 均见《鬻子·汤政》。
③ 《鬻子·大道》。

谓贤,人犹谓之不肖也。愚者不自谓愚,而愚见于言,虽自谓智,人犹谓之愚。"①

在肯定人的道德理性是人区别于其他动物、成为万物灵长的基础上,《鹖冠子》论及君子之道。《撰(选)吏》指出:"君子不与人谋之则已矣,若与人谋之,则非道无由也。"君子之道即改恶从善之道:"非非者行是,恶恶者行善,而道谕矣。"

此外,《鹖冠子》还论及帝王之道。《贵道》提出"五帝之道":"昔者五帝之治天下也,其道昭昭若日月之明然,若以昼代夜然。其道若首然,万世为福、万世为教者,唯从黄帝以下、舜禹以上而已矣。君王欲缘五帝之道而不失,则可以长久。""五帝之道"是什么呢? 就是"仁"与"信"、"和"与"道"。《道符》说:"发政施令,为天下福者,谓之道;上下相亲,谓之和;民不求而得所欲,谓之信;除去天下之害,谓之仁。仁与信、和与道,帝王之器。""仁"与"信"、"和"与"道"作为善的王道,帝王必须倍加小心地恪守。《周公》告诫帝王:"吾闻之于政也,知善不行者谓之狂,知恶不改者谓之惑。夫狂与惑者,圣王之戒也。"

如何实施这善的帝王之道呢? 根本的途径是根据民众的反映,将贤人选用到辅佐王业的官吏岗位,共同管理天下。这里,民本、尚贤、选吏这三者就统一起来了。一方面,鹖冠子认为底层民众很愚蠢:"民者,积愚也。"②另一方面,鹖冠子又认为,正是这些至卑至愚的民众,是判定一个人是贤还是不肖的标准,从而构成帝王选拔官吏的依据。《鹖冠子》有《撰吏》篇,"撰"通"选"。《撰吏》篇讨论的是如何选吏的问题。《撰吏(一)》提出:"民者,贤、不肖之杖也。""民者,吏之程也。""杖"、"程",都是标准的意思。鹖冠子论述说:"民者,积愚也;虽愚,明主撰吏,必使民兴(举也)焉。士民与之,明上举之;士民苦之,明上去之。""民者,吏之程也,故王者取吏不忘(妄),必使民唱然后和,察吏于民,然后随。""民者,至卑也,而使之取吏焉,必取所爱。故十人爱之,则十人之吏也;百人爱之,则百人之吏也;千人爱之,则千人之吏也;万人爱之,则万人之吏也。故万人之吏撰(选为)卿相矣。"任用官吏,要把人民认可、拥戴的贤人选拔上来,而不能搞世袭制。《道符》篇说:"夫国者,卿相无世(世袭),贤者有之。"《贵道》指出:"昔之帝王,所以为明者,以其吏也;昔之君子,其所以为功者,以其民也。力生于民,而功最(聚)于吏,福归于君。"帝王个人的力量是有限的,历史上,圣王的伟业都是靠贤吏辅佐共同完成的。鹖冠子

---

① 《鹖冠子·道符》。
② 《鹖冠子·撰吏(一)》。

举例说:"昔者黄帝年十岁知神农之非,而改其政,使四面(得四贤人,使治四方)。"①"禹之治天下也……得七大夫以佐其身,以治天下,以天下治。"②《汤政》说:"汤之治天下也……得七大夫佐以治天下,而天下治。"③帝王根据人民大众的意见招贤选吏后,还要把对贤士的尊重落到实处。这方面,夏禹作出了表率。《禹政》记载:"禹之治天下也,以五声听,门悬钟、鼓、铎、磬,而置鞉(拨浪鼓),以得四海之士。"他发布告示说:"教寡人以道者击鼓,教寡人以义者击钟,教寡人以事者振铎,语寡人以忧者击磬,语寡人以狱讼者挥鞉。"据说"禹当朝,廷间也可以罗爵(雀)",因为禹常在外面招纳贤士;为接待贤士,曾"一馈而七起,日中而不暇饱食"。由于如此礼贤下士,"是以四海之士皆至",成就了夏初的盛世。

以仁司法,是儒家法治的一个基本主张。《虞夏书·大禹谟》曾记载舜帝时掌管狱讼的大臣皋陶的话:"罪疑惟轻,功疑惟重""与其杀不辜,宁失不经"。《鹖子·周公》亦这样告诫"诛赏之慎":"与杀不辜,宁失有罪。无有无罪而见诛杀,无有有功而不赏。"

由于现存《鹖子》阐述的都是儒家思想,而散落的一些篇章涉及道家思想,所以《宋史·艺文志·子部》将其归入"杂家"。

二、老子:道生万物、至德去仁

老子(约前571年—前471年),姓李,名耳,字聃,楚国人。曾做过周王朝掌管藏书室的史官。晚年隐居故乡楚国苦县。有《老子》行世。《史记·老子韩非列传》记载"老子乃著书上下篇,言道德之意,五千余言"。据此看来,《老子》的作者应为老聃本人,初步成书时间在春秋末期。而它的最终成书,则在战国中期以前,经过老子后学的加工、编纂而定型。在先秦和秦汉之际,《老子》的"德"经部分是上篇,"道"经部分是下篇,不分章。汉以后则把上下篇颠倒过来,分为81章。

史载"老子修道德,其学以自隐无名为务"④。《老子》曾对儒家的仁义礼智给予尖锐批判,认为这是导致祸乱之源。相传比老子小20岁的孔子曾到过周朝"问礼于老子"。老子告诫他说:"良贾深藏若虚,君子盛德容貌若愚。

---

① 《鹖子·数始》。
② 《鹖子·禹政》。
③ 《鹖子·汤政》。
④ 《史记·老子韩非列传》。

去子之骄气与多欲,态色与淫志,是皆无益于子之身。"①不过,《老子》要求圣王明君清静无为、以百姓之心为心,为民与民,损有余以奉不足,并标举"慈"与"善",与儒家崇尚的爱民惠民之"仁"并非势不两立。战国时期成书的道家著作如《鹖子》《鹖冠子》、杂家著作《管子》《吕氏春秋》等所以能将清虚无为的黄老之学与儒家的仁政学说综合在一起,根本原因在于二者在爱利万民这一基本点上是一致的。

东汉明帝起有"老子化胡"说。《后汉书·襄楷传》载:"或言,老子入夷狄为浮屠。"《魏略·西戎传》:"浮屠所载与中国老子经相出入,盖以为老子西出关,过西域,之天竺,教胡。"佛教由老子西去所化并不可信,但此说之所以能够流行,实在是因为《老子》留下了许多与佛教思想相通的概念,比如无中生有、绝情去欲、无智之智、不学之学、非有非无、无执无败②,等等。它们为印度佛教在东汉之后在中国落地生根提供了思想基础。

现存《老子》81章,比较分散,论述互有包含交叉,有些论述表面上自相矛盾(如一方面说人性"无智",另一方面又肯定人的"知""观""鉴"的认识能力),加之文字古奥,给今人系统理解老子的思想结构带来了很大的不便。本书试图通过对《老子》文本的系统研究,来清晰地揭示其思想结构③。

1. 神道关系与天人关系:由道定神、由人定天

春秋时期,虽然人们对上帝、神灵的至高无上的作用产生了怀疑,但仍然普遍承认具有彰显吉凶意志、能够惩恶扬善、赐福降灾的鬼神的存在。老子则是个例外。他以崇尚宇宙本源和万物本体的"道"著称,认为"道"最崇高伟大。它派生天地万物,神、鬼也是由"道"派生的。"道"具有自然无意志的特征,神、鬼也不例外,没有赐福降灾彰显吉凶的主体意志。这实际上就取消了鬼神的存在,所以有人认为老子在鬼神的问题上主张"无神论"④。《老子》中有一段名言:"域中有四大,道大、天大、地大、人亦大。"请注意"四大"中没有神鬼的"神"或上帝的"帝"。"神"或"帝"在天下的地位还不如天、地、人。所谓"道大",体现为派生万物;所谓"天大、地大",即尊重、利用天时地利之意;所谓"人亦大",即重视人的地位,发挥人的作用的意思。老子由道生神、否定神的至上地位和重要作用的思想,是整个周代贵人轻神思想的典型表现和有力证明。

---

① 《史记·老子韩非列传》。
② 《老子》第六十四章:"圣人无为故无败,无执故无失。"
③ 本节以《老子思想结构的系统透视》为题,发表于《学术界》2019年第6期。
④ 任继愈主编:《中国哲学史》第一册,人民出版社1979年版,第42页。

《老子》中没有出现"鬼神"联言的情况。"鬼"字在《老子》中出现得并不多,只是在第六十章中出现过两次。"以道莅天下,其鬼不神;非其鬼不神,其神不伤人;非其神不伤人,圣人亦不伤人。"全句的意思是说,用"道"治理天下,"鬼"就起不了作用;不仅"鬼"不起作用,"神祇"也不能侵害人民;不但"神祇"不能侵害人民,圣王也不会伤害人民。"神"字在《老子》第六、二十九、三十九、六十章中出现过多次,但有的指神灵,有的则不然。第六章云:"谷神不死,是谓玄牝。玄牝之门,是谓天地根。绵绵若存,用之不勤。"陈鼓应解释说:谷,形容虚空;神,形容不测的变化。不死,比喻变化的不停竭①。全句意为:虚空的变化是不停竭的,这叫作玄妙的母性。玄妙的母性之门,就是天地的根本。它亘古以存,作用无穷无尽。这里,"神"指变化不测,不是指神灵。第二十九章云:"天下,神器,不可为也,不可执也。""神",在这儿是神圣的意思,"神器",指神圣的器物,"言其至贵重者也"②。第三十九章云:"昔之得一者,天得一以清,地得一以宁,神得一以灵……神无以灵,将恐歇……"老子曾说"道生一","得一"指得道。这里是说万物得道而生,神祇也如此。第三十九章中的两个"神"字,均指神祇。神祇得道才显灵,否则灵妙的功能就会消失。第六十章中"神"字出现四次。前二"神"字由神灵的神引申为形容词,指显灵、降妖;后二"神"字指神灵。要之,老子虽然使用过当时大量存在于现实中的鬼神概念,但频率不高,且不一定把它们当作超自然的神秘力量,更不把它们视为至上神。在这些神灵之上,有一个客观的自然无意志的"道"统辖着。因而,在《老子》中我们看不到神鬼主宰人事,而是"道"主宰人事。

周代仍然保留着殷商的至上神"帝"的概念。《老子》中也有"帝"的概念,但它的位置排在"道"之后,老子认为道"象帝之先"③。在上帝出现之前,"道"就存在了。这就否定了"帝"的至上地位。周代称至上神一般称"天",殷商的"上帝"到了周代多称"天帝",成为周人心目中主宰万物的至上神。不过,这种情况在《老子》中也看不见。老子尊天,说"域中有四大","天"是其一。"天"在《老子》中与"地""人"并列,不是有意志的人格神,而是相对于主体的"人"存在的客观自然物的代表。"天地不仁,以万物为刍狗。"④老子所说的"天道",亦即与"人道"相对的自然之道。所以天人关系在《老子》中

---

① 参陈鼓应:《老子注释及评介》,中华书局 1985 年版,第 85 页。按:本书对《老子》的解释,主要以陈鼓应《老子注释及评介》为据。
② 严灵峰语,陈鼓应《老子注释及评介》,中华书局 1985 年版,第 184 页。
③ 《老子》第四章。
④ 《老子》第五章。

实即人与自然的关系。在这个关系上,老子一方面保留了古代以来的尊天思想,要求以人法天,人法自然,从自然之道中获得为人之道的启示。另一方面,老子所说的天道往往是人道的变相表现形态,他描述的自然特征往往是人的特征的对象化,因而呈现出天由人定、由人定天的思想实质。《老子》的"天道",经得起科学检测的物理属性很差,而与人生息息相关的心理属性却十分明显。以柔克刚、以静制动、以退为进、以与为取、无为而无不为等等,《老子》以"天道"的形式揭示了一系列"圣人之道",从而为当时诸侯争霸的政治家提供称霸天下的良方。因此,《老子》表面上看虽然是一部谈论天道的著作,实际上是一部谈论人道的著作。《老子》把人道说成天道,是为了给人道提供先天的本体依据,把当然律美化为自然律。这个思路后来为儒家所吸收。《老子》揭示的"天道",是老子人生智慧、政治智慧的浓缩。它从另一侧面呼应了周代思想界尊天时更敬人事的时代特征。

2. 本体论与方法论:"道隐无名"与"玄之又玄"

与儒家很少谈鬼神、专注于人事之道不同,老子虽然也很少谈鬼神,但却以极大的热情探讨自然之道——宇宙万物的本体。这个本体就是"道"。"道者万物之奥。"①"道……似万物之宗。"②"道"为什么是万物的本体呢?因为万物是由"道"派生的。"道"是万物之祖、宇宙之始。"有物混成,先天地生,寂兮寥兮,独立而不改,周行而不殆,可以为天地母。吾不知其名,字之曰'道'。"③"天得一(指道,下同)以清,地得一以宁,神得一以灵,谷得一以盈,万物得一以生,侯王得一以为天下正。"④

作为本体,"道"的基本形态是"无",超越五觉形象和名言概念,五官感受不到,概念语言也无法表达。"道可道,非常道;名可名,非常名。"⑤"道隐无名。"⑥"天下万物生于有,有生于无。"⑦"道冲,而用之或不盈。"⑧"道之出口,淡乎其无味,视之不足见,听之不足闻,用之不足既。"⑨"视之不见,名曰夷;听之不闻,名曰希;搏之不得,名曰微。此三者,不可致诘,故混而为一。

---

① 《老子》第六十二章。奥:河上公注为藏,王弼注为庇荫。陈鼓应《老子注释及评介》,中华书局1985年版,第303页。
② 《老子》第二十四章。宗:陈鼓应注为宗主。
③ 《老子》第二十五章。
④ 《老子》第三十九章。
⑤ 《老子》第一章。
⑥ 《老子》第四十一章。
⑦ 《老子》第四十章。
⑧ 《老子》第四章。冲:陈鼓应解为古"盅"字,意为"虚"。
⑨ 《老子》第三十五章。

其上不皦,其下不昧,绳绳兮不可名,复归于无物。是谓无状之状,无象之象,是谓恍惚。迎之不见其首,随之不见其后。执古之道,以御今之有。能知古始,是谓道纪。"①

"道"是如何派生万物的呢?"道生一,一生二,二生三,三生万物。万物负阴而抱阳,冲气以为和。"②"道"本来是空无所有的,所谓"'无'名天地之始";不过它在向万物运动的过程中首先演变为元一未分之气,即"元气",它就是被称作"道生一"的"一"和"万物之母"的"有";由元一未分之气又分解出阴阳二气,阴阳二气相互激荡化生出天、地、人三才,由此再化生出万物。

"道"作为物之本体是"无",又通过元一之气化生万物,体现为形形色色的"有"。"道"者物之体,"德"者物之用,所谓"道生之(指万物),德畜之"。"道"在万物中的存在样态,就是"德","孔德之容,惟道是从"③。所以,"道"与"德"是一体的,"万物莫不尊道而贵德"。"道之尊,德之贵,夫莫之命而常自然。"④"道"是体之"无"与用之"有"的对立统一。"'无',名天地之始;'有',名万物之母。"⑤"故常'无',欲以观其妙;常'有',欲以观其徼。""此两者,同出而异名,同谓之玄。"⑥这就叫"有无相生"⑦。"道之为物,惟恍惟惚。惚兮恍兮,其中有象;恍兮惚兮,其中有物;窈兮冥兮,其中有精;其精甚真,其中有信。"⑧它"湛兮,似或存"⑨,隐没不见,又似乎存在,既无形无色、无声无味,又生形生色、有声有味。于是,"无"一"有"万、"道"一"德"万,这开辟了后世理学家"理"一"分"殊的思想源头。

在《老子》的论述中,"道"既是本体论,又是方法论。作为宇宙万物的本体,"道"的"有无相生"的特征奠定了相反相成、对立转化的方法论。老子称之为"正言若反"⑩"反者道之动"⑪。老子有言:"玄之又玄,众妙之门。"⑫"玄"通本体之"无"。"玄之又玄",即无之又无、空亦复空,唐代道教学者把

---

① 《老子》第十四章。
② 《老子》第四十二章。冲:陈鼓应解为激荡;和,陈鼓应解为和谐体。笔者按:此句意为:万物依靠阴阳二气而生,是阴阳二气互相冲击激荡的和谐产物。
③ 《老子》第二十一章。
④ 《老子》第五十一章。
⑤ 《老子》第一章。
⑥ 《老子》第一章。
⑦ 《老子》第二章。
⑧ 《老子》第二十一章。
⑨ 《老子》第四章。
⑩ 《老子》第七十八章。
⑪ 《老子》第一章。
⑫ 《老子》第一章。

它叫作"重玄",与西方哲学所讲的否定之否定的"辩证法"是相通的。"玄之又玄"、否定之否定的另一种表现形态,就是"去太""去甚"①,反对片面化、走极端。

"道"的相反相成的辩证法特点,表现在各种矛盾的对立两极关系中。"明道若昧,进道若退,夷道若纇(不平),上德若谷,广德若不足,建(健)德若偷(惰),质真若渝(污浊),大白若黩(黑垢),大方无隅,大器晚成,大音希声,大象无形。"②"大成若缺,其用不弊;大盈若冲,其用不穷。大直若屈,大巧若拙,大辩若讷。"③"难易相成,长短相形,高下相盈,音声相和,前后相随。"④"曲则全,枉则直,洼则盈,敝则新,少则得,多则惑。"⑤"企者不立,跨者不行,自见者不明,自是者不彰,自伐者无功,自矜者不长。"⑥"将欲歙之,必故张之;将欲弱之,必故强之;将欲废之,必故兴之;将欲取之,必故与之。"⑦"祸兮福所倚,福兮祸所伏。"⑧"信言不美,美言不信。善者不辩,辩者不善。知者不博,博者不知。"⑨"合抱之木,生于毫末;九层之台,起于累土;千里之行,始于足下。"⑩"图难于其易,为大于其细;天下难事,必作于易;天下大事,必作于细。"⑪"善行,无辙迹;善言,无瑕谪;善数,不用筹策;善闭,无关键而不可开;善结,无绳约而不可解。"⑫

值得重点一提的是,"道"的相反相成,特别体现为"长生"与"不生"的对立统一。"天长地久。天地所以能长且久者,以其不自生,故能长生。"⑬"不自生",即不自求长生。"夫唯无以生为者,是贤于贵生。"⑭自求长生,以"生生之厚"去谋生,可能会破坏自然规律,加速生命的死亡。"人之生,动之于死地,亦十有三。夫何以?以其生生之厚。"⑮老子以反常的思路耐人寻味地

---

① 《老子》第二十九章。
② 《老子》第四十一章。
③ 《老子》第四十五章。
④ 《老子》第二章。
⑤ 《老子》第二十二章。
⑥ 《老子》第二十四章。
⑦ 《老子》第三十六章。
⑧ 《老子》第五十八章。
⑨ 《老子》第八十一章。
⑩ 《老子》第六十四章。
⑪ 《老子》第六十三章。
⑫ 《老子》第二十七章。
⑬ 《老子》第七章。
⑭ 《老子》第七十五章。
⑮ 《老子》第五十章。

指出:"吾所以有大患者,为吾有身。及吾无身,吾有何患?"①人人都好生恶死,殊不知若无生,何来死? 生其实是人生一切痛苦之根源,而死未尝不是痛苦的结束。如此看来,佛教的一切皆苦,以无生为生,早在老子中就有了思想的胚芽。

"道"的相反相成,还体现为善与恶、美与丑的对立统一。"天下皆知美之为美,斯恶已;皆知善之为善,斯不善已。"②"唯之与阿,相去几何? 美之与恶,相去若何?"③"上德不德,是以有德;下德不失德,是以无德。"④"正复为奇,善复为妖。"⑤"故善人者,不善人之师;不善人者,善人之资。"⑥

老子说:"古之善为道者,微妙玄通,深不可识。"⑦这"微妙玄通"、难以把握的特点大概就是得道者相互包含、对立转化的方法论呈现的样态。

3. 人性论与认识论:"无智无欲"与"涤除玄鉴"

在老子的视野中,"人"处于一个什么样的位置、具有什么样的人性呢?

老子从其宇宙生成论出发,认为人是由"道"通过阴阳二气交合产生的。人虽然只是万物中的一个物种,但却与天、地并列称为"三才",顶天立地,具有凌驾于其他物种之上的崇高地位。所以老子说:"域中有四大,而人居其一焉。"⑧

老子虽然天、地、人、道四者并尊,但又认为,"人法地,地法天,天法道,道法自然。"⑨人为道所生,因而秉有道的本性,这个本性就是"自然"。这个"自然"亦即无意志。《老子》第五章说:"天地不仁,以万物为刍狗;圣人不仁,以百姓为刍狗。"圣人造福万民,就像天地长养万物一样,不是精心计算、有意而为的结果,而是顺应自然、不加干涉的产物。自然无意志,包括无智与无欲两个方面。人性本来如此。《老子》第三章指出:美好的"圣人之治",就是使人们都回归无智无欲的本性:"虚其心,实其腹,弱其志,强其骨,常使民无知(智)无欲。"

比较一下"无智"与"无欲",去除过分的心智显得更为重要。当时诸侯

---

① 《老子》第五十七章。
② 《老子》第二章。
③ 《老子》第二十章。
④ 《老子》第三十八章。
⑤ 《老子》第五十八章。
⑥ 《老子》第二十七章。
⑦ 《老子》第十五章。
⑧ 《老子》第二十五章。
⑨ 《老子》第二十五章。

之间发动兼并战争,嘴上都说得很好听,满口的仁义圣贤。"大道废,有仁义;智慧出,有大伪。"①"故失道而后德,失德而后仁,失仁而后义,失义而后礼。夫礼者,忠信之薄,而乱之首。"②所以老子主张:"绝圣弃智,民利百倍;绝仁弃义,民复孝慈;绝巧弃利,盗贼无有。"③"不尚贤,使民不争;不贵难得之货,使民不为盗;不见可欲,使民心不乱……使夫智者不敢为也。"④老子还指出:"古之善为道者,非以明(智)民,将以愚之。民之难治,以其智多。故以智治国,国之贼;以不智治国,国之福。"⑤可见,老子所强调的"无智"或"弃智",不是否定人的认识能力,而是反对过多的伪智、狡智而已。

如果说去除仁义道德那些虚伪的智慧是心灵的任务,那么,去除过分的欲望则是感官的任务。老子曾肯定"圣人为腹不为目"⑥,并不否认人满足基本欲望的合理性,但同时认为过分的欲望不符合人的感官本性,主张"少私寡欲"⑦,对欲望加以节制。现实社会中诸侯贵族的奢侈追求与利益争夺偏离了人欲清虚自然的本来状态:"五色令人目盲;五音令人耳聋;五味令人口爽;驰骋畋猎,令人心发狂;难得之货,令人行妨。"⑧可见,贪婪的过分的欲望是导致灾祸的根源:"祸莫大于不知足,咎莫大于欲得。"⑨所以英明君主的首要任务,就是带头克制个人欲望,使民众的欲望回归自然淳朴的本真状态:"我无为,而民自化;我好静,而民自正;我无事,而民自富;我无欲,而民自朴。"⑩

老子标举"无智",反对人们钩心斗角,另一方面并未否定人具有认识能力。他曾说:"知人者智,自知者明。"⑪"知常曰明。"⑫"涤除玄鉴。"⑬这里,"知人""自知""知常""玄鉴"都是对人的认知能力的肯定。如何认识对象、认识自己呢?这就是要深刻洞悉、把握本体,即"玄鉴""知常"。如何"玄鉴""知常"呢?其认识方法就是"见素抱朴"⑭"复根守初"。"夫物芸芸,各复归

---

① 《老子》第十八章。
② 《老子》第三十八章。
③ 《老子》第十九章。
④ 《老子》第三章。
⑤ 《老子》第六十五章。
⑥ 《老子》第十二章。
⑦ 《老子》第十九章。
⑧ 《老子》第十二章。
⑨ 《老子》第四十六章。
⑩ 《老子》第五十七章。
⑪ 《老子》第三十三章。
⑫ 《老子》第十六章。
⑬ 《老子》第十章。
⑭ 《老子》第十九章。

其根。归根曰静,静曰覆命。复命曰常,知常曰明。"①"致虚极,守静笃,万物并作,吾以观复。"②"复根守初""见素抱朴"的具体做法是"致虚极,守静笃","常无,欲以观其妙"。虚静而观,即无智而观。"不出户,知天下;不窥牖,见天道。""圣人不行而知,不见而明,不为而成。"③"塞其(指欲)兑(口),闭其门,挫其锐,解其纷,和其光,同其尘,是谓玄同。""为学日益,为道日损。"④"学不学。"⑤"绝学无忧。"⑥这种无智而知常、无学而玄鉴的智慧和学问,也就是后来佛家般若学追求的"无智之智""无学之学"。这是一种带着神秘色彩的清心寡欲、内视反省、超验契合的认识方法,也是一种难得糊涂、看似愚钝、与众不同的大智。"众人皆有余,而我独若遗。我愚人之心也哉!俗人昭昭,我独昏昏。"⑦在老子看来,婴儿的天性最符合老子的无智要求,所以老子屡屡教人用"致婴儿"的方式去认识对象,把握本体。"含德之厚,比于赤子。"⑧"常德不离,复归于婴儿。"⑨"营魄抱一,能无离乎?专气致柔,能婴儿乎?涤除玄鉴,能无疵乎?"⑩"圣人在天下,歙歙(收敛意欲)焉,为天下浑其心,百姓皆注其耳目,圣人皆孩(婴孩)之。"⑪

老子肯定人的认知"道"的能力,目的是叫人践行"道"。普通大众不能理解无上妙"道",甚至会笑话它,只有"上士"能够践行它:"上士闻道,勤而行之……下士闻道,大笑之。"⑫真正强大的圣人是能够认识道、践行道的"自胜者"。"胜人者有力,自胜者强。"⑬

4. 内圣论与外王论:"守柔曰强"与"无为而治"

老子以"天道"为起点和依据,论析"圣人之道"。"圣人"一词在《老子》中频频出现。老子论述的"圣人之道"包括内圣之道、外王之道两方面。老子的内圣之道,可概括为"守柔曰强"⑭,外王之道可概括为"无为而治"。

---

① 《老子》第十六章。
② 《老子》第十六章。
③ 《老子》第四十七章。
④ 《老子》第四十八章。
⑤ 《老子》第六十四章。
⑥ 《老子》第十九章。
⑦ 《老子》第二十章。
⑧ 《老子》第五十五章。
⑨ 《老子》第二十八章。
⑩ 《老子》第十章。
⑪ 《老子》第四十九章。
⑫ 《老子》第四十一章。
⑬ 《老子》第三十三章。
⑭ 《老子》第五十二章。

"圣人",老子也称"君子"。如何修养自我的人格,成为"君子""圣人"呢?老子依据"弱者道之用"①的辩证法,总体上主张以"天下之至柔驰骋天下之至坚"②。在现实中常常见到这样的现象:"草木之生也柔脆,其死也枯槁。""人之生也柔弱,其死也坚强。""木强则折。""兵强则灭。""天下莫柔弱于水,而攻坚强者莫之能胜。"③可见:"坚强者死之徒,柔弱者生之徒。""强大处下,柔弱处上。"④"弱之胜强,柔之胜刚,天下莫不知。"⑤做人也应当"守其雌","知其雄"⑥,以柔克刚、以弱制强。

具体怎么做呢?

一是以静驭动,以无驭有。"重为轻根,静为躁君。"⑦"知(智)者不言,言者不知(智)。"⑧"圣人欲不欲,不贵难得之货。"⑨"知足不辱,知止不殆。"⑩"知足之足,常足矣。"⑪

二是以退为进,以不争求胜。"上善若水,水善利万物而不争。处众人之所恶,故几于道。……夫唯不争,故无尤。"⑫"天之道,不争而善胜,不言而善应,不召而自来。"⑬"天之道,利而不害;圣人之道,为而不争。"⑭"夫唯不争,故天下莫能与之争。"⑮

三是以与为取,在利他中利己。"得与亡孰病?甚爱必大费;多藏必厚亡。"⑯"圣人欲不欲,不贵难得之货。"⑰"圣人后其身而身先,外其身而身存。非以其无私邪?故能成其私。"⑱

四是守辱求荣,不自我矜夸。"大丈夫处其厚,不居其薄;处其实,不居

---

① 《老子》第四十章。
② 《老子》第四十三章。
③ 《老子》第七十八章。
④ 《老子》第七十六章。
⑤ 《老子》第七十八章。
⑥ 《老子》第二十八章。
⑦ 《老子》第二十六章。
⑧ 《老子》第五十六章。
⑨ 《老子》第六十四章。
⑩ 《老子》第四十四章。
⑪ 《老子》第四十六章。
⑫ 《老子》第八章。
⑬ 《老子》第七十三章。
⑭ 《老子》第八十一章。
⑮ 《老子》第二十三章。
⑯ 《老子》第四十四章。
⑰ 《老子》第六十四章。
⑱ 《老子》第七章。

其华。"①"知其荣,守其辱,为天下谷。为天下谷,常德乃足。"②"君子……虽有荣观,燕处超然。"③"圣人被褐而怀玉。"④"圣人……光而不耀。"⑤"圣人……自爱不自贵。"⑥"不自见,故明;不自是,故彰;不自伐,故有功;不自矜,故长。"⑦

五是居安思危,防患于未然。"天下难事,必作于易;天下大事,必作于细。"⑧"为之于未有,治之于未乱。"⑨"民之从事,常于几成而败之。慎终如始,则无败事。"⑩"持而盈之,不如其已;揣而锐之,不可长保;金玉满堂,莫之能守;富贵而骄,自遗其咎。"⑪

圣王明君,老子也多以"圣人"称之。只有修身入圣,才有资格成为明君圣王。于是,《老子》中论述的许多圣人之道,其实是外王之道。

老子提出的圣王之道,是建立在对当时诸侯混战政治乱象的批判及其根源的剖析之上的。老子认为,当时天下最大的问题是"无道"。"大道甚夷,而人好径(邪径)。朝(朝廷)甚除(腐败),田甚芜,仓甚虚;服文采,带利剑,厌饮食,财货有余;是为盗夸(盗魁)。非道也哉!"⑫"民之饥,以其上食税之多,是以饥;民之难治,以其上之有为,是以难治;民之轻死,以其求生之厚,是以轻死。"⑬"夫天下多忌讳,而民弥贫;人多利器(权谋),国家滋昏;人多伎(技)巧,奇物(邪事)滋起;法令滋彰,盗贼多有。"⑭因此,解决社会症结的根本出路是以"道"治天下。"道……虽小,天下莫能臣。侯王若能守之,万物将自宾。"⑮

君王如何以"道"治天下呢?

首先,英明的君王要明白君与民相反相成、对立统一的辩证法,放低自己的身段,通过勤勤恳恳地为人民服务,获得人民的拥戴。"贵以贱为本,高

---

① 《老子》第三十八章。
② 《老子》第二十八章。
③ 《老子》第二十六章。
④ 《老子》第七十章。
⑤ 《老子》第二十八章。
⑥ 《老子》第七十二章。
⑦ 《老子》第二十三章。
⑧ 《老子》第六十三章。
⑨ 《老子》第六十四章。
⑩ 《老子》第六十四章。
⑪ 《老子》第九章。
⑫ 《老子》第五十三章。
⑬ 《老子》第七十五章。
⑭ 《老子》第五十七章。
⑮ 《老子》第三十二章。

以下为基。是以侯王自称孤、寡、不谷。……故至誉无誉。"①"人之所恶,唯孤、寡、不谷,而王公以为称。"②"圣人终不为大,故能成其大。"③"圣人欲上民,必以言下之;欲先民,必以身后之。""圣人处上而民不重,处前而民不害",故"天下乐推而不厌"④。"故贵以身为天下者,若可寄天下;爱以身为天下者,若可托天下。"⑤"受国之垢(屈辱),是谓社稷主;受国不祥(灾难),是为天下王。"⑥

其次,老子又引导、告诫、鼓励君王大行与民为善之策,多做造福于民之事。他指出,天道虽然没有意志,不分亲疏,但客观上又庇佑、降福于为善之人。"天道无亲,常与善人。"⑦"天将救之,以慈卫之。"⑧老子虽然批评儒家被诸侯国君异化的仁爱,但实际上也主张"为人与人"、行慈行善。"圣人不积,既以为人己愈有,既以与人己愈多。"⑨"圣人常无心,以百姓心为心。"对于善者,"吾善之";对于"不善者","吾亦善之",从而就能得到最大的善报⑩。"圣人常善救人,故无弃人;常善救物,故无弃物。是谓神明。"⑪老子还标举"三宝",都显示了他的爱民情怀:"我有三宝,持而保之。一曰慈,二曰俭,三曰不敢为天下先。""夫慈以战则胜,以守则固。"⑫老子面对的社会,是"损不足以奉有余"、贫富差别严重对立的社会。老子从大爱无私的爱民情怀出发,指出"损有余而补不足"是亘古以存、必须遵循的"天之道",告诫君王"高者抑之,下者举之;有余者损之,不足者补之","有余以奉天下"⑬。老子的爱民,还体现在对战争的态度上。"师之所处,荆棘生焉;大军之后,必有凶年。""以道佐人主者,不以兵强天下。"⑭"夫兵者,不祥之器,物或恶之,故有道者不处。""兵者不祥之器,非君子之器,不得已而用之。""胜……而美之者,是乐杀人。夫乐杀人者,则不可得志于天下矣。"⑮不难看出,老子与儒家

---

① 《老子》第三十九章。
② 《老子》第四十二章。
③ 《老子》第六十三章。
④ 均见《老子》第六十六章。
⑤ 《老子》第十三章。
⑥ 《老子》第七十八章。
⑦ 《老子》第七十九章。
⑧ 《老子》第六十七章。
⑨ 《老子》第八十一章。
⑩ 《老子》第四十九章。
⑪ 《老子》第二十七章。
⑫ 均见《老子》第六十七章。
⑬ 均见《老子》第七十七章。
⑭ 《老子》第三十章。
⑮ 《老子》第三十一章。

爱民惠民的仁政存在巨大的交叉、重合之处,这为后来儒道合一奠定了客观依据。

再次,君王要懂得因应之理,借力用力,通过调动群臣的积极性能动性,"无为而无不为",实现天下大治。君王的"无为",指统治者不任意妄为、轻举妄动,能克制自己过度的情欲享受,保证民众休养生息丰衣足食;同时不自以为是,越俎代庖,干涉大臣做事的自主性。所谓"无不为",即君主如果能够任用能臣、用得其所,懂得尊重和发挥群臣的自主性、积极性,就能自己无为而事无不为,从而达到天下大治。老子反复重申:"道常无为而无不为,侯王若能守之,万物将自化。"①"为无为,则无不治。"②"爱民治国,能无为乎?"③"损之又损,以至于无为,无为而无不为。取天下常以无事。及其有事,不足以取天下。"④"圣人处无为之事,行不言之教。"⑤"不言之教,无为之益,天下希及之。"⑥"清静为天下正。"⑦后来韩非讲君臣异术,君道知人,臣道知事,等等,即由此而来。

复次,天下大治的理想社会是怎样的呢?老子为人们描绘了一幅"小国寡民"的图景:"小国寡民。使有什伯之器而不用;使民重死而不远徙;虽有舟舆,无所乘之;虽有甲兵,无所陈之。使人复结绳而用之。至治之极。甘其食,美其服,安其居,乐其俗,邻国相望,鸡犬之声相闻,民至老死不相往来。"⑧在老子描绘的理想国中,疆土不大,人口稀少,君主无为而治,养育万民,百姓安居乐业,返璞归真;人与人、国与国之间没有争斗,相安无事,天下共享太平安康。

最后,君主在造福天下、国泰民安后,还要功成弗居,把成绩归功于臣民,把责任留给自己。只有具有这样的"玄德",君王的位置才坐得稳,天下才能长治久安。这就叫"夫唯弗居,是以不去"⑨。老子反复告诫君王:"作而弗始,生而弗有,为而弗恃,功成而不居。"⑩"生而不有,为而不恃,长而不宰。

---

① 《老子》第三十七章。
② 《老子》第三章。
③ 《老子》第十章。
④ 《老子》第四十八章。
⑤ 《老子》第二章。
⑥ 《老子》第四十三章。
⑦ 《老子》第四十五章。
⑧ 《老子》第八十章。
⑨ 《老子》第二章。
⑩ 《老子》第二章。

是谓玄德。"①"生之畜之,生而不有,为而不恃,长而不宰。是谓玄德。"②总之,要"果而勿矜,果而勿伐,果而勿骄。果而不得已,果而勿强"③。

通过对《老子》五千言的仔细研判,可知老子的思想结构。在神、道关系上,神由"道"派生和决定,自然无意志,不能赐福降灾,走向无神论。在天、人关系上,尊天更敬人,天道体现出人道实质。本体论即道德论,"道"是宇宙本源、万物本体,体用合一,有无相生,"德"为"道"之用。方法论即"重玄""去太"、相反相成。人性论是"绝圣弃智""少私寡欲"。认识论是"见素抱朴""涤除玄鉴"。内圣论是以退为进、以予为取、守柔致强。外王论是"贵以贱为本""无为而无不为"。社会理想是"小国寡民"、至德之世。这为人们系统理解老子思想的整体,或许提供了另一种解读维度。

三、关尹子:"得道之清者,物莫能累"

关尹子,名喜,与老子同时,是道家人物的重要代表。"关尹"是"关令尹"的简称。"关令尹"是守关之官的官名。"关令尹喜",简称"尹喜",尊称"关尹子"。《吕氏春秋·审分览·不二》列举春秋战国时期思想界"十豪",关尹子是其中之一,所谓"关尹贵清"。《列子》《庄子》《吕氏春秋》对"关尹"或"关尹子"多有称引。据说关尹子为甘肃天水人,精天文历数,官至周代大夫,后转任函谷关令。其间遇老子,得授《道德经》,后著《关尹子》(又名《关令子》)。关尹子被道教奉为楼观派祖师、文始派祖师,其书《关尹子》也被奉为道教的《文始真经》,在道教徒中影响很大④。

《关尹子》早先是实有其书的。西汉后期刘向《列仙传·关令尹》记录:"关令尹喜者,周大夫也。善内学,常服精华,隐德修行,时人莫知。……老子亦知其奇,为著书授之。……尹喜亦自著书九篇,号曰《关令子》。"东汉班固《汉书·艺文志》著录《关尹子》九篇,题周尹喜撰。但汉以后亡佚,《隋书·经籍志》和《旧唐书》《新唐书》的《经籍志》皆不著录此书。至南宋孝宗时,徐藏从永嘉孙定家得到《关尹子》,前有刘向校定序,后有葛洪序,此书重见天日,《宋史·艺文志》复见著录。刘向序云:"关尹子名喜,号关尹子,或曰关令子,隐德行,人易之。尝请老子著《道德经》上下篇,列御寇、庄周皆称

---

① 《老子》第五十一章。
② 《老子》第十章。
③ 《老子》第三十章。
④ 本节以《关尹子的独特主张及其思想脉络》为题,刊于《学术界》2021年第10期。

道家。"所著《关尹子》,在刘向校雠时有九篇本、七篇本两个版本,"除错不可考",刘向"增阙断续者九篇"。"书篇皆寓名有章,章首皆'关尹子曰'四字,篇篇叙异,章章义异,其旨同;辞与《老》《列》《庄》异,其归同。浑质崖戾,汪洋大肆,然有式则,使人泠泠轻轻,不使人狂。盖公(汉惠帝时黄老学者)授曹相国参。曹相国薨,书(《关尹子》)葬(陪葬)。至孝武皇帝时,有方士来,以七篇(七篇本《关尹子》)上,上以仙(仙书)处之。淮南王安好道聚书,有此不出。臣向父德(刘向之父刘德)因治淮南事,得之。臣向幼好焉,寂士清人能重爱黄老,清静不可阙,臣向昧死上。"不过,自《关尹子》见书之日起,人们对此书的真伪便产生怀疑。南宋林希逸认为:"盖自秦而下,书多散亡,求而后出。得之有先后,存者有多寡,至校雠而后定。校雠之时,已自错杂。及典午中原之祸,书又散亡。至江南而复出,所以多有伪书杂乎其间,如《关尹子》亦然。好处尽好,杂处尽杂。"一种观点认为,此书为宋人伪作,作伪者就是孙定。南宋陈振孙《直斋书录解题》卷九说:"案《汉志》有《关尹子》九篇,而《隋》《唐》及《国史志》皆不著录。徐藏子礼得之于永嘉孙定,首载刘向校定序,篇末有葛洪后序。未知孙定从何传授,殆皆依托也。序亦不类(刘)向文。"明代宋濂《诸子辨》亦疑为孙定所为:"书前有刘向序……文既与向不类,事亦无据。疑即定之所为也。间读其书,多法释氏及神仙方伎家,而借吾儒言以文之,如'变识为智''一息得道''婴儿蕊女''金楼绛宫''青蛟白虎''宝鼎红炉'①'诵咒土偶'之类,聃之时无是言也,其为假托,殆无疑者。"近人余嘉锡《四库提要辩证》则认为是宋人伪作。"此书其出最晚,其词甚近,盖为宋之文士所作。与《子华子》等文笔亦不相上下,其非唐以前古书,可望而知之,不必论其用字也。若如宋濂之言,则'婴儿蕊女''金楼绛宫'等字,六朝以下诸道书常有之,可谓《关尹》为六朝书耶?《子华子》之出,尚早于《关尹》,然以朱子攻之甚力,至于此书,乃颇爱其文辞。除《提要》外,如马骕纂《绎史》,不采《子华子》,顾独谓《关尹》虽伪托,而名理殊有可采。张之洞作《书目答问》,以《鹖子》《子华子》《尉缭子》皆伪书不录,而谓《六韬》《关尹》《邓析》《燕丹》伪而近古。以宋人之作与先秦古书并论,且谓之近古,不知其古安在?此非浅学如余者所能解也。"

另一种观点认为《关尹子》是唐、五代间方士文人所为。明胡应麟《四部正讹》指出:"藏、定二子……或俱子虚乌有,亦未可知也。篇首刘向《序》称'浑质涯戾,汪洋大肆,然有式则,使人泠泠轻轻,不使人狂'等语,盖晚唐人

---

① "婴儿蕊女""金楼绛宫""青蛟白虎""宝鼎红炉",见《关尹子·筹篇》。朱海雷《关尹子、慎子今译》"蕊女"作"药女",浙江大学出版社2012年版。

学昌黎声口,无论西京,即东汉至开元亦无有也。至篇中字句体法,全仿释典成文。如'若有人起生死心,厌生亡心'等语,无论《庄》《列》,即《鹖冠》至《亢仓》亦无有也。且《隋志》既不载,新、旧《唐志》亦无闻,而特显于宋,又颇与齐丘《化书》相似。故吾尝疑五代间方士掇拾柱下(即老子)之余文,傅合天竺(佛教)之章旨,以成该书。虽中有绝倒之谈,似非浅近所办,第云关尹(所著),则万无斯理。"认定是五代间方士所造伪书。《四库全书总目》则说:"宋濂疑孙定所为,然定为南宋人,而《墨庄漫录》载黄庭坚诗'寻师访道鱼千里'句,已称关尹子语,则其书未必出于定,或唐、五代间方士解文章者所为也。"①

流传至今的《关尹子》,就是这个争议不断、被疑为唐五代或宋人所托的本子。

明清时期,《关尹子》在《子汇子》《道藏》《子书百家》等丛书中一再印行。由于《关尹子》被道教徒奉为《文始真经》,所以《关尹子》通过明代编纂的《道藏》得以保存。《道藏》保存的《关尹子》有三种。一、洞神部本文类"慕"字号《无上妙道文始真经》。二、洞神部玉诀类"维""贤"字号《文妙真经注》,注者为神峰逍遥子牛道淳。三、洞神部玉诀类《文始真经言外旨》,抱一子陈显微述。三种版本原文均相同,而以牛道淳作注的《文始真经》本通行于世。近人严灵峰主持的《图书目录总集》关于《关尹子》的部分,辑列历代《关尹子》版本最丰,达 42 个②。张元济校勘明代以来的各种主要版本,成《文始真经校勘记》于 1934 年出版,为研究和理解今本《关尹子》提供了缜密的校勘和上佳的注释。当代朱海雷《关尹子今译》(浙江大学出版社 2012 年版)依据张元济这本著作的注释,给今人研究《关尹子》提供了便利。

今本《关尹子》不是原本,而是出自后人的整理补充,这是可以确定的。它出于唐五代至北宋时期的可能性最大。这不仅因为今本《关尹子》中杂有不少道教内丹修炼的用语,而且时时可见佛教的非有、非无、非亦有亦无、非非有非无的中观方法论、神不灭论等思想话语的痕迹,而这些都是要到道教内丹派和佛教崇尚中观方法的三论宗、禅宗、天台宗等宗派在唐代充分发展了之后才可以做到。然而我们要指出的是,唐宋托古者不是无中生有、凭空造构,而是依据不少先秦两汉资料加以弥补、演绎而成。今本《关尹子》与

---

① 参蒋伯潜:《诸子通考·关尹子考》,上海古籍出版社 2013 年版。
② 朱海雷:《今本〈关尹子〉书目简介》,朱海雷《关尹子、慎子今译》,浙江大学出版社 2012 年版,第 141—143 页。

《庄子》《列子》《吕氏春秋》等先秦古籍所载的关尹子思想基本上是吻合的，作为研究关尹子的参考依据并无不可。林希逸指出：《关尹子》虽然"杂处尽杂"，但"好处尽好"。张之洞《书目问答》肯定：《关尹子》"伪而近古"。这些都说明，今本《关尹子》有可取之处，不可一概否定。要之，只要我们本着不绝对化的参考态度，依据今本《关尹子》来认识了解历史上的那个关尹子的思想风貌，完全是可以的。

《关尹子》一书的结构比较奇特。全书分九篇，分别是一宇、二柱、三极、四符、五鉴、六匕、七釜、八筹、九药。有解释说："宇者，道也。柱者，建天地也。极者，尊圣人也。符者，精神魂魄也。鉴者，心也。匕者，食也；食者，形也。釜者，化也。筹者，物也。药者，杂治也。"大体揭示了各篇的主题，但各篇所论与这些主题的联系并不十分明晰。总体看来，该书的思想以道家和五行学说为主，兼融儒家，在阐释道家思想时常常借用佛家思想和话头，留下了明显的以佛释道的痕迹，这是我们在阐述时必须提醒读者注意的。

1. 万物本体与天道特征：天地人物，合之曰"道"

《史记·老子韩非列传》记载关尹子曾与老子有过交集，受到过老子著作的影响："老子修道德，其学以自隐无名为务。居周久之，见周之衰，乃遂去。至关，关令尹喜曰：子将隐矣，强为我著书。于是老子乃著书上、下篇，言道德之意五千余言而去，莫知其所终。"《庄子·天下》也曾将关尹子与老子并列，指出二人都是古代道家学说的代表人物："以本为精，以物为粗，以有积为不足，澹然独与神明居。古之道术有在于是者，关尹、老聃闻其风而悦之。……关尹、老聃乎，古之博大真人哉！"《关尹子》绝大部分记载的思想，是道家思想，不过在阐释道家思想时，又融入了五行思想和佛家学说。

老子的道家学说虽以谈论天道为主，但其旨归却在人道。而人道之本，在天道。天道之"道"乃是修身济世的最高准则。《关尹子》指出："得道之尊者，可以辅世；得道之独者，可以立我。"①只有"圆尔道，方尔德"，才能"平尔行，锐尔事"。尽管"事同于人"，但"道独于己"。凡事虽然"成之于天"，但同时"作之于人"。人的所作所为的根本依据，就是体悟"道"，依此"谋之于事，断之于理"②。"得道之清者，物莫能累，身轻矣，可以骑凤鹤；得道之浑者，物莫能溺，身冥矣，可以席蛟鲸。"③然而，人们只看到"道"在事物中的表现，却

---

① 《关尹子·釜篇》。朱海雷《关尹子、慎子今译》，浙江大学出版社 2012 年版。下同。按：此书《关尹子》解释部分多有错漏。
② 均见《关尹子·药篇》。
③ 《关尹子·釜篇》。

不认识"道"的本体是怎么回事。"皆知道之事,不知道之道。"①"道"到底是什么呢?

"道"是万物背后的本体。天下万物,异名而同实,即道。"天物怒流,人事错错然,……言之如吹影,思之如镂尘,圣智造迷,鬼神不识。惟不可为,不可致,不可测,不可分,故……合曰道。"②

"道"所以是万物的本体,是因为它是派生万物的宇宙之源。"道"与万物的关系,是由无生有的关系。所以"道"的最根本的特质是空无。"昔之论道者,或曰凝寂,或曰邃深,或曰澄澈,或曰空同,或曰晦冥。"③"惟无所得,所以为道。""道终不可得,彼可得者,名德不名道;道终不可行,彼可行者,名行不名道。"④

"道"由无生有的中介是"气"。"以一气生万物,犹弃发可换,所以分形;以一气合万物,犹破唇可补,所以合形。"⑤"知道无气能运有气者,可以召风雨;知道无形能变有形者,可以易鸟兽。"⑥"五云之变,可以卜当年之丰歉;八风之朝,可以卜当时之吉凶。是知休咎灾祥,一气之运耳。"⑦"生死者,一气聚散尔。"⑧总之,世间万物都是"道"通过元气大化的产物。人的存在也是如此。人"以神存气,以气存形"。没有"气",人的形体骨骸就不能存在。而人之气,又是通过精神的"神"来吸附、凝聚的。所以人与道的关系是"合形于神,合神于无"的关系。人通过"五物(即五行之物)"来"养形",维持自己的肉体存在;通过"五味"来"养气",维持人的精神存在。于是,"天地万物"与"吾之形气"融为一体,"无一物非吾之形","无一物非吾之气"⑨。由道生气、由气生物的过程是自然无意志的:"天无不覆,有生有杀,而天无爱恶;日无不照,有妍有丑,而日无厚薄。"⑩

"道"派生了万物,但并不孤立抽象地存在,而是寄寓、依附于万物之中。"苟离于寓,道亦不立。""一灼之火能烧万物,物亡而火何存;一息之道能冥万物,物亡而道何在?"⑪物中含道,但物本身并不等于道。"以道寓物者,是

---

① 《关尹子·宇篇》。
② 《关尹子·宇篇》。
③ 《关尹子·药篇》。
④ 《关尹子·宇篇》。
⑤ 《关尹子·匕篇》。
⑥ 《关尹子·釜篇》。
⑦ 《关尹子·柱篇》。
⑧ 《关尹子·符篇》。
⑨ 均见《关尹子·匕篇》。
⑩ 《关尹子·极篇》。
⑪ 《关尹子·柱篇》。

物非道"①。"一陶能作万器,终无有一器能作陶者、能害陶者;一道能作万物,终无有一物能作道者、能害道者。"②

"道"由无生有,所以是"无"与"有"、"虚"与"实"的对立统一。"道本至无,以事归道者,得之一息;事本至有,以道运事者,周之百为。""有即无,无即有。知此道者,可以制鬼神。""实即虚,虚即实。知此道者,可以入金石。"③

道所生物,在时间上无始无终,在空间上无边无际,所以道又是"古"与"今"、"上"与"下"的对立统一。"知道非时之所能拘者,能以一日为百年,能以百年为一日。""古即今,今即古,知此道者,可以卜龟筮。""知道非方之所能碍者,能以一里为百里,能以百里为一里。""上即下,下即上,知此道者,可以侍星辰。"④

物由道生,本性皆道,万物齐同,所以物我合一、人我合一。"物即我,我即物。"⑤"不可谓之在我,不可谓之在彼;不可谓之非我,不可谓之非彼。"⑥"天地万物,无一物是吾之物。物非我,物不得不应;我非我,我不得不养。虽应物,未尝有物;虽养我,未尝有我。"⑦"人即我,我即人。""知夫性一者,无人无我。"⑧"世之人,以我思异彼思、彼思异我思,分人、我者,殊不知梦中人亦我思异彼思、彼思异我思,孰为我、孰为人。世之人,以我痛异彼痛、彼痛异我痛分人、我者,殊不知梦中人亦我痛异彼痛,彼痛异我痛,孰为我、孰为人?"⑨

既然物我合一、人我合一,此死而彼生,所以"道"无生无死,亦生亦死。"知夫性一者……无死无生。"⑩"生死是气之聚散,亦生亦死、无生无死。""计生死者,或曰死已有,或曰死已无,或曰死已亦有亦无,或曰死已不有不无。""殊不知我之生死,如马之手,如牛之翼,本无有,复无无。"⑪

"道"也是"动"与"静"、"化"与"不化"的统一。"万物变迁,虽互隐见,气一而已,惟圣人知一而不化。""圣人任化,所以无化。""譬如大海,变化亿万

---

① 《关尹子·极篇》。
② 《关尹子·宇篇》。
③ 《关尹子·极篇》。
④ 均见《关尹子·釜篇》。
⑤ 《关尹子·釜篇》。
⑥ 《关尹子·鉴篇》。
⑦ 《关尹子·药篇》。
⑧ 《关尹子·釜篇》。
⑨ 《关尹子·七篇》。按:此有后人佛家话语窜入。
⑩ 《关尹子·釜篇》。
⑪ 均见《关尹子·符篇》。

蛟鱼，水一而已。我之与物，蓊然蔚然，在大化中，性一而已。""天下之理，轻者易化，重者难化。譬如风云须臾变灭，金玉之性历久不渝。人之轻明者，能与造化俱化而不留，殆有未尝化者存。"①所以圣人之道，一方面与时俱变，一方面化而不化。"古今之俗不同，东西南北之俗又不同，至于一家一身之善又不同，吾岂执一豫格后世哉。惟随时同俗，先机后事，捐忿塞欲，简物恕人，权其轻重，而为之自然，合神不测，契道无方。"②

要之，"道"作为派生天地万物的"天道"或自然本体，实际上是体与用、无与有、古与今、上与下、物与我、生与死乃至一与多、大与小等对立因素的浑融统一："古之善揲蓍灼龟者，能于今中示古，古中示今；高中示下，下中示高；小中示大，大中示小；一中示多，多中示一；人中示物，物中示人；我中示彼，彼中示我。""是道也，其来无今，其往无古；其高无盖，其低无载；其大无外，其小无内；其外无物，其内无人；其近无我，其远无彼。不可析，不可合，不可喻，不可思。惟其浑沦，所以为道。"③

由"道"派生的这个世界是怎样的呢？《关尹子》将世界万物合起来概括为"道"，分开来概括为"天""命""神""元"："天物怒流，人事错错然……故曰'天'、曰'命'、曰'神'、曰'元'。""无一物非'天'，无一物非'命'，无一物非'神'，无一物非'元'。""物既如此，人岂不然。人皆可曰'天'，人皆可曰'神'，人皆可致'命'通'元'。""是以善吾道者，即一物中，知'天'尽'神'，致'命'造'元'。学之，徇异名，析同实。得之，契同实，忘异名。"④但是对于何为"天""命""神""元"，《关尹子》并未给予具体解释。同时，《关尹子》又从五行生物方面将天下万物概括为"天""地""人""物"："水为精为天，火为神为地，木为魂为人，金为魄为物。"⑤从物象的分类上看，世界是"天物"和"人事"，或者说"天""地""物"与"人"共生共在的混合体。它们在本体上，可以归纳为"天""命""神""元"，而其最后的本体则可归纳为"道"。

2. 主体论与认识论："精神魂魄"与"心性情意"

"道"产生了世界万物。面对客观外物，人类作为认识和反应主体，有什么心理特征呢？《关尹子》在《符篇》和《鉴篇》中对此作出了独特论析。

《符篇》集中分析的是主体的"精神魂魄"心理素质，也兼及"意"。"天地

---

① 均见《关尹子·釜篇》。
② 《关尹子·药篇》。
③ 均见《关尹子·筹篇》。
④ 《关尹子·宇篇》。
⑤ 《关尹子·柱篇》。

万物,皆吾精、吾神、吾魄、吾魂。"①天地万物都是主体"精神魂魄"的认识对象。"道"生万物,不仅经过"气"这个中介,而且经过"五行"这个中介。"水潜,故蕴为五精(心、肺、肝、脾、肾五脏所藏的精气);火飞,故达为五臭;木茂,故华为五色;金坚,故实为五声;土和,故滋为五味。其常五,其变不可计;其物五,其杂不可计。"②水、火、土、木、金五行产生五精、五臭、五色、五声、五味,人的精、神、意、魂、魄也是它的产物。五行的运行规律是"水生木,木生火,火生土,土生金,金生水","相攻相克,不可胜数"③。"一者不存,五者皆废。""圣人假物以游世,五行不得不对。"④"五行之运,因精有魂,因魂有神,因神有意,因意有魄,因魄有精,五行回环不已。""五行互生灭之,其来无首,其往无尾,则吾之精一滴无存亡尔,吾之神一欻无起灭尔。"⑤其中,"水为精为天,火为神为地,木为魂为人,金为魄为物。运而不已者为时,包而有在者为方,惟土(引者按:为意)终始之,有解之者,有示之者。"⑥在精、神、意、魂、魄五者中,精、神、意为人活着时的心理反应,魂、魄是人死后的心理反应。

人活着时,心灵有精、神、意的活动。"夫精水、神火、意土,三者本不交,惟人以根合之。""精者水……神者火。""精神,水火也。""精,在天为寒,在地为水,在人为精。神,在天为热,在地为火,在人为神。""惟以我之精,合天地万物之精,譬如万水可合为一水;以我之神,合天地万物之神,譬如万火可合为一火。"由于精与水相联系,神与火相联系,所以导致"无人无我":"水可析可合,精无人也;火因膏因薪,神无我也。""合乎精,故所见我独,盖精未尝有人;合乎神,故所见人同,盖神未尝有我。""惟无我无人,无首无尾,所以与天地冥。"⑦"意"是从"精神"到"魂魄"的过渡。"火生土,故神生意;土生金,故意生魄。""神之所动,不名神,名意;意之所动,不名意,名魄。"按照五行之运的规律,"盖无火(神)则无土(意);无意(土)则无魄(金)矣。"⑧

人死为鬼,魂魄就是鬼的心理特征。"鬼者,人死所变。""鬼云为魂,鬼白为魄。"⑨《关尹子》还栩栩如生地说:"云者风,风者木;白者气,气者金。风

---

① 《关尹子·符篇》。
② 《关尹子·筹篇》。
③ 均见《关尹子·筹篇》。
④ 均见《关尹子·符篇》。
⑤ 均见《关尹子·符篇》。
⑥ 《关尹子·柱篇》。
⑦ 均见《关尹子·符篇》。人我、无我,是佛家话头。可证今本《关尹子》为后人补编。
⑧ 均见《关尹子·符篇》。
⑨ 均见《关尹子·符篇》。

散故轻清,轻清者上天。金坚故重浊,重浊者入地。轻清者,魄从魂升;重浊者,魂从魄降。""魂魄半之,则在人间:升魂为贵,降魄为贱;灵魂为贤,厉魄为愚;轻魂为明,重魄为暗;扬魂为羽,钝魄为毛;明魂为神,幽魄为鬼。其形其居,其识其好,皆以五行契之。""有以仁升者,为木星佐;有以义升者,为金星佐;有以礼升者,为火星佐;有以智升者,为水星佐;有以信升者,为土星佐。"魂魄对应的五行元素是金、木。"魄,在天为燥,在地为金,在人为魄。魂,在天为风,在地为木,在人为魂。"因此,我与物可以融为一体。"以我之魄,合天地万物之魄,譬如金之为物,可合异金而镕之为一金。以我之魂,合天地万物之魂,譬如木之为物,可接异木而生之为一木。""既能浑天地万物以为魂,斯能浑天地万物以为魄。凡造化所妙皆吾魂,凡造化所有皆吾魄。"①

由于精神魂魄与五行相关,处于五行相生的链条中,所以活着的仁德精神与死后的魂魄又存在一定的联系:"精主水,魄主金,金生水,故精者魄藏之。神主火,魂主木,木生火,故神者魂藏之。""惟水之为物,能藏金而息之,能滋木而荣之,所以(精)析魂魄。惟火之为物,能镕金而销之,能燔木而烧之,所以(神)冥魂魄。""吸气(魄、金)以养精(水),如金生水;吸风(魂、木)以养神(火),如木生火,所以假外以延精神;漱水以养精,精之所以不穷;摩火以养神,神之所以不穷,所以假内以延精神。"精神魂魄又与儒家仁义礼智的修养有关:"人勤于礼者,神不外驰,可以集神;人勤于智者,精不外移,可以摄精。仁则阳而明,可以轻魂;义则阴而冥,可以御魄。"②

《符篇》之后,《鉴篇》集中论述了人的"心性情意"的认识活动,提出了"御物以心"、以"性"制"情"的认识论,对人的"精神"特点及关系作出了进一步的补充分析。

主体对客观外物的认识活动是怎样的呢?如果"心"失去了静止的本"性",动"情"动"意"动"思",就会产生虚妄的"识"。"心感物,不生心生情;物交心,不生物生识。"③"即吾心中可作万物,盖心有所之,则爱从之,爱从之,则精从之。""盖心有所结,先凝为水。心慕物涎出,心悲物泪出,心愧物汗出。"④"人之善琴者,有悲心,则声凄凄然;有思心,则声迟迟然;有怨心,则声回回然;有慕心,则声裴裴然。所以悲思怨慕者,非手非竹非丝非桐。得

---

① 均见《关尹子·符篇》。
② 均见《关尹子·符篇》。
③ 《关尹子·符篇》。
④ 均见《关尹子·筹篇》。

之心,符之手;得之手,符之物。"①"心忆者犹忘饥,心忿者犹忘寒,心养者犹忘病,心激者犹忘痛。""好仁者多梦松柏桃李,好义者多梦兵刀金铁,好礼者多梦簠簋笾豆,好智者多梦江湖川泽,好信者多梦山岳原野。"②"人之平日,目忽见非常之物者,皆精有所结而使之然。人之病日,目忽见非常之物者,皆心有所歉而使之然。苟知吾心能于无中示有,则知吾心能于有中示无。"③由于"象由心变"④,所以"物尚非真"。"物尚非真,何况于识!识尚非真,何况于情!""贤愚真伪者,系我之识。知夫皆识所成,故虽真者,亦伪之。""而彼妄人,于至无中,执以为有;于至变中,执以为常。"⑤这种由"物"交"心",由"情"生"意"生"思"生"识"乃至生"物"的虚妄过程就这样不停地循环流转。"物来无穷,我心有际,故我之良心受制于情,我之本情受制于物……造化役之,固无休息。"⑥要摆脱情意对心的这种奴役,必须认识到情意的虚妄性,以虚静之性控制心,以虚空之心控制物:"情生于心,心生于性。情,波也,心,流也,性,水也。来干我者,如石火顷,以性受之,则心不生物。""流者舟也,所以流之者是水非舟;运者车也,所以运之者是牛非车;思者心也,所以思之者是意非心。""意有变,心无变;意有觉,心无觉。惟一(专一、静止)我心,则意者尘往来尔,事者欻起灭尔。吾心有大常者存。""(若)无一心,五识并驰,心不可一;无虚心,五行皆具,心不可虚;无静心,万化密移,心不可静。"只有致力于专一虚静之心的修养,防止被情感所左右产生虚妄之识,洞悉物本无物的虚空真谛,才是应取的态度和正确的认识。"以能制一情者,可以成德;能忘一情者,可以契道。""善弓者师弓不师羿……善心者师心不师圣。""知心无物,则知物无物;知物无物,则知道无物。""天地虽大,能役有形,而不能役无形;阴阳虽妙,能役有气,而不能役无气。……而我之心无气无形。知夫我之一心无气无形,则天地阴阳不能役之。"⑦因此,《关尹子》反对情意应物起舞,要求"圣人御物以心,摄心以性"⑧。事物缘心之情而生,正如"瓦石之类,置之火即热,置之水即寒,呵之即温,吸之即凉","特因外物有去有来,而彼瓦石实无去来";又"譬如水中之影,有去有来,所谓水者,实无去来"。"盖风雨雷电皆缘气而生,而气缘心生。犹如内想大火,久之觉热;内想大

---

① 《关尹子·极篇》。
② 《关尹子·匕篇》。
③ 《关尹子·鉴篇》。
④ 《关尹子·釜篇》。
⑤ 均见《关尹子·鉴篇》。此处明显留下了编著者的佛家话头痕迹。
⑥ 《关尹子·鉴篇》。
⑦ 均见《关尹子·鉴篇》。
⑧ 《关尹子·匕篇》。

水,久之觉寒。知此说者,天地之德皆可同之。"①

这里尤其值得注意的是《关尹子》对情的批判态度。"一情冥(无也)为圣人,一情善为贤人,一情恶为小人。一情冥者,自有之无,不可得而示;一情善恶者,自无起有,不可得而秘。"②最高的境界是无情("情冥"),只要有情,哪怕是有善情,也等而下之。心为情所蔽,就会乱象丛生,好比被各种各样的鬼所迷住一样。"心蔽吉凶者,灵鬼摄(控制)之;心蔽男女者,淫鬼摄之;心蔽幽忧者,沈鬼摄之;心蔽放逸者,狂鬼摄之;心蔽盟诅者,奇鬼摄之;心蔽药饵者,物鬼摄之。""为鬼所摄者,或解奇事,或解异事,或解瑞事。""惟圣人能神神而不神于神(控制神而不被神所控制),役万物而执其机,可以会之,可以散之,可以御之。日应万物,其心寂然。"③通过对情感活动的批判,《关尹子》强调心灵在面对外物、认识外物时要"致虚极,守静笃"(《老子》),保持凝然不动的道体本性,这样就会认识到万物空无的本体属性,与道冥合。

3. 圣人之道:因应自然、以退为进、不留形迹、无执权变、圣不离俗

"人之有道者,莫不中道。"④通过对世界万物的本体属性和认识主体的精神活动、情感活动、认识活动特点的分析,《关尹子》提出了为修身济世、"立我""辅世"服务的"圣人之道"。这个"圣人之道"以道家为主,儒家为辅,并打着浓厚的佛家烙印。

首先是因应、自然之道。因应"天命""时符""人为""万物"为我所用,为天下安康服务。"圣人不以一己治天下,而以天下治天下。……所以尧舜禹汤之治天下,天下皆曰自然。""圣人之道天命,非圣人能自道;圣人之德时符,非圣人能自德;圣人之事人为,非圣人能自事。是以圣人不有道,不有德,不有事。""圣人之治天下,不我贤愚,故因人之贤而贤之,因人之愚而愚之。不我是非,故因事之是而是之,因事之非而非之。""圣人师万物。""圣人师蜂立君臣,师蜘蛛立网罟,师拱鼠制礼,师战蚁置兵。"⑤"天不能冬莲春菊,是以圣人不违时;地不能洛橘汶貉,是以圣人不违俗;圣人不能使手步足握,是以圣人不违我所长;圣人不能使鱼飞鸟驰,是以圣人不违人所长。夫如是

---

① 均见《关尹子·柱篇》。可见后人编订时留下的佛教思想痕迹,亦可见释老有相通之处。
② 《关尹子·宇篇》。
③ 均见《关尹子·鉴篇》。
④ 《关尹子·极篇》。
⑤ 均见《关尹子·极篇》。

者,可动可止,可晦可明,惟不可拘,所以为道。"①因应自然是老子道家主张,不过《关尹子》又融进了儒家的礼教尊卑概念和仁义礼智概念:"天下之理,夫者倡,妇者随;牡者驰,牝者逐;雄者鸣,雌者应。""圣人之道,或以仁为仁,或以义为仁,或以礼、以智、以信为仁。仁义礼智信,各兼五者,圣人一之不胶。""圣人知我无我,故同之以仁;知事无我,故权之以义;知心无我,故戒之以礼;知识无我,故照之以智;知言无我,故守之以信。"掌握因应之道,"以此中天下,可以制礼;以此和天下,可以作乐;以此公天下,可以理财;以此周天下,可以御侮;以此因天下,可以立法;以此观天下,可以制器。"②"不可非世是己,不可卑人尊己,不可以轻忽道己,不可以讪谤德己,不可以鄙猥才己。"

其次是以退为进的相反相成之道,包括以下为上、以后为先、以愚为智、以怯为勇、以卑为尊、以小为大。"圣人不先物。""能克己,乃能成己;能胜物,乃能利物;能忘道,乃能有道。""困天下之智者不在智而在愚;穷天下之辩者不在辩而在讷;伏天下之勇者不在勇而在怯。""智之极者,知智果不足以周物,故愚;辨之极者,知辨果不足以喻物,故讷;勇之极者,知勇果不足以胜物,故怯。""少言者,不为人所忌;少行者,不为人所短;少智者,不为人所劳;少能者,不为人所役。""勿以拙陋,曰道之质当乐敏捷;勿以愚暗,曰道之晦当乐轻明;勿以傲易,曰道之高当乐和同;勿以汗漫,曰道之广当乐要急;勿以幽忧,曰道之寂当乐悦豫。""勿轻小事,小隙沈舟;勿轻小物,小虫毒身;勿轻小人,小人贼国。能周小事,然后能成大事;能积小物,然后能成大物;能善小人,然后能契大人。"③"天下之物,无得以累之,故本之以谦;天下之物,无得以外之,故含之以虚;天下之物,无得以难之,故行之以易。"④

再次,不留形迹,超越言行学识。"勿以行观圣人,道无迹;勿以言观圣人,道无言;勿以能观圣人,道无为;勿以貌观圣人,道无形。"⑤"若以言、行、学、识求道,互相展转,无有得时。""不知吾道无言、无行,而即有言、有行者求道,忽遇异物,横执为道。殊不知舍源求流,无时得源;舍本就末,无时得本。""(虽)非有道不可言,不可言即道;(虽)非有道不可思,不可思即道。"⑥"目视雕琢者明愈伤,耳闻交响者聪愈伤,心思元妙者心愈伤。"⑦"天下至理,竟非言意。苟知非言非意在彼微言妙意之上,乃契吾说。""圣人无所见,故

---

① 《关尹子·药篇》。
② 均见《关尹子·极篇》。
③ 均见《关尹子·药篇》。
④ 《关尹子·极篇》。
⑤ 《关尹子·极篇》。
⑥ 均见《关尹子·宇篇》。
⑦ 《关尹子·鉴篇》。

能无不见;无所闻,故能无不闻。""言某事者,甲言利,乙言害,丙言或利或害,丁言俱利俱害,必居一于此矣,喻道者不言。"①

第四,"无执""权变",即不偏执于一端,"变之以权"。所谓"无执"是佛教大乘空宗般若经翻译到中国后兴起的一个概念,指不著一边的中观之道,简称"中道"。意指不偏执于一端,无可无不可。在先秦其他古籍中,笔者未发现这个用语。因此笔者认为这是佛教般若经、中观经在唐宋流行后唐宋学者整理假托留下的痕迹。但"无执"的方法论思想却是道家本有的思想,是物由道生、本性齐同、不把事物的差别绝对化思想导致的必然结果。所以《关尹子》反复强调"无执一",不偏执于一端。"均一物也,众人惑其名,见物不见道;贤人析其理,见道不见物;圣人合其天,不见道不见物。……不执之即道,执之即物。"②"目之所见,不知其几何,或爱金,或爱玉,是执一色为目也;耳之所闻,不知其几何,或爱钟,或爱鼓,是执一声为耳也。惟圣人不慕之,不拒之,不处之。"③对于是非、巧拙、胜负、生死也应采取"无执"的态度:"无恃尔所谓利害是非,尔所谓利害是非者,果得利害是非之乎?"④"两人射相遇,则巧拙见;两人弈相遇,则胜负见;两人道相遇,则无可示。无可示者,无巧无拙,无胜无负。""若知道之士,不见生,故不见死。""若有厌生死心,超生死心,止名为妖,不名为道。"⑤对"心""物""道"的态度也是如此:"圣人以知心一、物一、道一(一,指承认各自不同的一);三者又合为一(三者一体,同为道的显现,否定了原来的三者差别);不以一格(阻碍)不一,不以不一害一。"⑥绝对的肯定不行,绝对的否定也不行,应当采取非此非彼的方法:"万物在天地间,不可执谓之万,不可执谓之五(五行之五),不可执谓之一;不可执谓之非万,不可执谓之非五,不可执谓之非一。或合之,或离之。"⑦佛教"中道"的"无执"方法,是不断否定、无所停留的方法,即非有、非无、非非有非无。这个痕迹也鲜明体现在《关尹子》的论述中。"蝍蛆食蛇,蛇食蛙,蛙食蝍蛆,互相食也。圣人之言亦然。言有无之弊,又言非有非无之弊,又言去非有非无之弊。言之如引锯然,惟善圣者不留一言。"⑧由于不执一端,变化无常,所以"无执"的方法又是流动变化的方法:"圣人之道,本无首,末无

---

① 均见《关尹子·药篇》。
② 《关尹子·筹篇》。
③ 《关尹子·药篇》。
④ 《关尹子·鉴篇》。
⑤ 均见《关尹子·宇篇》。
⑥ 《关尹子·宇篇》。
⑦ 《关尹子·筹篇》。
⑧ 《关尹子·极篇》。

尾,所以应物不穷。"①"天下之理,是或化为非,非或化为是,恩或化为仇,仇或化为恩,是以圣人居常虑变。"②"天下之物,无得以窒之,故变之以权。""云之卷舒,禽之飞翔,皆在虚空中,所以变化不穷,圣人之道则然。"③《关尹子》强调的"无执"方法,既是道家的"齐物"思想推导出来的必然结果,又掺和了佛家的"无我"思想。"无我"是佛教缘起论世界观的一个基本思想。"诸法无我"是原始佛教"三法印"之一。"我"指永恒的自我本体,或者叫物自体。佛教认为世间万物因缘而生,没有自体,所以"无我"。不仅客观的"法"(物)"无我",而且主体的"人"也"无我"。大乘唯识宗认为万物皆由心识所生,识有境无,外物缘心而空。这在《关尹子》中也留下了鲜明痕迹。"是非好丑,成败盈虚,造物者运矣,皆因私识执之而有,于是以无遣之犹存,以非有非无遣之犹存。"④"有人问于我曰:尔何族、何氏、何名、何字、何食、何衣、何友、何仆、何琴、何书、何古、何今?我时默然,不对一字。或人扣之不已,我不得已而应之曰:'尚自不见我,将何为我所?'""枯龟无我,能见大知;磁石无我,能见大力;钟鼓无我,能见大音;舟车无我,能见远行。故我一身,虽有智有力,有行有音,未尝有我。""虽有知有为,不害其为无我。"⑤由于"执之皆事,不执之皆道",所以得道之人均以"无执"为特点:"闻道之后,有所为、有所执者,所以之人;无所为、无所执者,所以之天。为者必败,执者必失。"⑥同时,"无执",也成为关尹子对学道之士的忠告和要求:"学道之士,遇微言妙行,慎勿执之,是可为而不可执。若执之者,则腹心之疾,无药可疗。"⑦

第五,体不离用、道不离器,圣俗合一。"知物之伪者,不必去物。譬如见土牛木马,虽情存牛马之名,而心忘牛马之实。"⑧"圣人曰道,观天地人物皆吾道,倡和之,始终之,青黄之,卵翼之……殊不知圣人鄙杂厕别分居,所以为人,不以此为己。""圣人之于众人,饮食衣服同也,屋宇舟车同也,富贵贫贱同也。众人每同圣人,圣人每同众人。彼仰其高俯其大者,其然乎,其不然乎?""鱼欲异群鱼,舍水跃岸即死;虎欲异群虎,舍山入市即擒。圣人不异众人,特物不能拘尔。""圣人以有言有为有思者,所以同乎人;未尝言未尝为未尝思者,所以异乎人。""所谓圣人之道者,胡然孑孑尔,胡然彻彻尔,胡

---

① 《关尹子·宇篇》。
② 《关尹子·釜篇》。
③ 均见《关尹子·极篇》。
④ 《关尹子·鉴篇》。
⑤ 均见《关尹子·七篇》。
⑥ 均见《关尹子·宇篇》。
⑦ 《关尹子·药篇》。
⑧ 《关尹子·筹篇》。

然堂堂尔,胡然臧臧尔。惟其能遍偶万物,而无一物能偶之,故能贵万物。""若龙若蛟,若蛇若龟,若鱼若蛤,龙皆能之。蛟,蛟而已,不能为龙,亦不能为蛇为龟为鱼为蛤。圣人龙之,贤人蛟之。"①"利害心愈明,则亲不睦;贤愚心愈明,则友不交;是非心愈明,则事不成;好丑心愈明,则物不契。是以圣人浑之。""行虽至卓,不离高下;言虽至公,不离是非;能虽至神,不离巧拙;貌虽至殊,不离妍丑。圣人假此,以示天下;天下冥此,乃见圣人。""贤人趋上而不见下,众人趋下而不见上,圣人通乎上下,惟其宜之。岂曰离贤人众人,别有圣人也哉。"②

《关尹子》以道家和五行学说为主,兼融儒家,以佛释道,呈现出独特的思想脉络。"道"通过"气"和"五行"化生万物。天地人物,本体曰"道"。"道"寓物中,是一与多、无与有、古与今、上与下、物与我、生与死的浑融统一。"五行之运",产生了人的"精神意魂魄"。精神性的心灵失去虚静的本性,情意应物起舞,就会生识生物。以虚静的心性控制情意活动,就会体认到无识无物的道之真谛。得道圣人修身济世之道,是因应自然、以退为进、不留形迹、无执权变、圣不离俗。该书作为唐宋人补撰的先秦子书,虽然带有唐宋人以佛释道的痕迹,但伪而近古,可以作为今人了解春秋道家人物关尹子思想的参考。

关尹子之后,老子有一位著名高足庚桑楚(又称庚桑子、亢仓子),主张"全汝形,抱汝生,无使汝思虑营营"③,对庄子产生过重要影响。《庄子》中有《庚桑楚》篇。唐以后出现过《亢仓子》记录庚桑楚的思想,共有九篇,分别为《全道》《用道》《政道》《君道》《臣道》《贤道》《顺道》《农道》《兵道》。《四库全书提要》子部十四云:"案《亢仓子》一卷,旧本题庚桑楚撰。唐柳宗元尝疑之。宋晁公武《读书志》高似孙《子略》皆称唐开元天宝年间,尊《庚桑子》为《洞灵真经》,求其书不获。襄阳处士王士源采诸子文义类者,撰而献之。""今考《孟浩然集》首有宣城王士源序,自称修《亢仓子》九篇。又有天宝九载韦滔序,亦称宣城王士源'藻思清远,深鉴文理,常游山水,不在人间,著《亢仓子》数篇传之后代'云云,则此书乃士源补撰。"其书"杂剽《老子》《庄子》《列子》《文子》《商君书》《吕氏春秋》、刘向《说苑》《新序》之词而联络贯通",留下了"危代以文章取士"、"一乡一县一州被青紫章服"、为避唐太宗讳而以"人"易"民"、以"代"易"世"的时代痕迹。由于刘向的《别录》、班固的《汉

---

① 均见《关尹子·极篇》。
② 均见《关尹子·极篇》。
③ 转引自《庄子·庚桑楚》。另见《亢仓子·全道篇》。

书·艺文志》《隋书·经籍志》均无《亢仓子》一书的记录,《亢仓子》被确认为是唐人王士源所补撰①,且内容包括儒家、法家、农家、兵家各种思想,显得比较驳杂,而这些思想在先秦诸子的著作中屡见论述,所以本书不予评述。

四、文子:"明于天人之分,通于治乱之本"

老子之后,有其弟子文子留下一部《文子》。文子,佚其名字和国籍,楚平王时人。师承老子,又曾问学于子夏与墨子。初游楚,与楚平王问答。后至齐,齐王问如何治国,文子纵谈道德仁义礼法,其言见《文子》。关于《文子》,刘向《七略》著录《文子》九篇。《汉书·艺文志》道家著录沿袭此说。梁阮孝绪《七录》作十卷。《隋书·经籍志》《旧唐书·经籍志》《新唐书·艺文志》均作十二卷,今本十二卷十二篇,与此相同。北魏李暹为《文子》作注,今不存。唐玄宗于天宝元年(公元 742 年)诏封文子为"通玄真人",尊《文子》一书为《通玄真经》,道教奉为"四子"真经之一。唐武宗时道教学者徐灵府(号默希子)注《文子》,留存至今,成为今人解读《文子》依据的底本②。由于此书既本老子道德论,又取儒家仁义说及法家、兵家学说,内容颇为驳杂,论述有些矛盾,故引起人们的质疑。唐代柳宗元作《辩文子》,认为它或出自"人之增益",或出自"众为聚敛",总之"窃取他书以合之者多",是一部"驳书"。宋以后,人们普遍怀疑《文子》是一部后人依托的"伪书"。因而,在现有中国思想史著作中,既没有《文子》这本书的研究和介绍,也没有"文子"这个思想家。然而,1973 年河北省定县八角廊村 40 号汉墓出土的文献使"伪书"说不攻自破。在出土的大批竹简中,有《文子》残简。其中与今本《文子》相同的文字有六章,还有一些不见于今本《文子》,或可能是《文子》佚文。这雄辩地说明:《文子》是汉初已有的先秦古籍③。

《文子》中有许多文字与《淮南子》相似或相同。过去"伪书"说盛行时,人们普遍认为是《文子》抄袭了《淮南子》。汉初出土竹简证明《文子》为先秦古籍后,可见是《淮南子》参考、综合或抄袭了《文子》。借用当代注家王利器的话说,就是"《淮南子》为《文子》之疏义"④。《文子》当中的不少语句,我们在《荀子》《吕氏春秋》及李斯的《谏逐客书》等著作中也可以看到。关于《文

---

① 张成权:《〈亢仓子〉其书及其思想》,《合肥联合大学学报》1999 年第 3 期。
② 王利器:《文子疏义》序,中华书局 2019 年版,第 13 页。王利器《文子疏义》即据此而为。
③ 徐慧君、李定生校注:《文子要诠》"论文子",复旦大学出版社 1988 年版,第 3 页。
④ 王利器:《文子疏义》序,中华书局 2019 年版,第 13 页。

子》究竟编订、成书于先秦何时，现无确解。若依文子生卒年代，视《文子》为春秋末期文子留下的著作，则《文子》对《荀子》《吕氏春秋》等战国时期的诸子著作的成书影响亦很大。

《文子》一书的主要宗旨和内容，是对老子道德思想的继承和发展。它的许多论述，都是对《老子》论断的论证和阐释。如《文子·下德》："人之性情皆愿贤己而疾不及人。愿贤己则争心生，疾不及人则怨争生。怨争生则心乱而气逆，故古之圣王退争怨，争怨不生则心治而气顺。故曰：'不尚贤，使民不争。'"即便它对儒家的仁义思想有所兼顾吸取，其等级也是置于道家道德范畴之下的。所以宋元之际的注家杜道坚说："《文子》，《道德》之疏义。"①《文子》十二篇都是以答疑、对话的形式展开的。现存《文子》行文的主体是"老子曰"，或"文子问""老子曰"。这个答疑的"老子"显然是文子的假托，实际上就是"文子"本人。在出土竹简《文子》中，提问的"文子"变成了"平王"（楚平王），答问的"老子"变成了"文子"。《定县40号汉墓出土竹简简介》指出："凡简文中的文子，今本都改成了老子，并从答问的先生，变成了提问的学生。平王被取消，新添了一个老子。"可见，今本《文子》中阐述思想观点的"老子"就是"文子"。王利器指出："战国之末，已流传有黄老所依托之老子，与著《道德》五千言之老子，显为二人。一者道原，一者绪余，故予倡为两个老子之说。"②文子就是先秦"两个老子"中作为"绪余"的那个"老子"，是对作为"道原"的那个老子的诠释和发展。

文子对老子的发展，集中体现在将道家的"道德""自然""无为"与儒家的"上仁""上义""上礼"结合起来、统一起来，并以道家清虚无为的"道德"统辖儒家有所作为的"仁义"。而这在先秦好多著作（如《鹖子》《管子》《吕氏春秋》）中已露端倪，并成为汉代思想界的主要特征。

《文子·上义》指出："凡学者，能明于天人之分，通于治乱之本……可谓达矣。"《文子》十二篇都是围绕"治乱之本"立论的。而这"治乱之本"又是从"天人之分"入手的。"明于天人之分，通于治乱之本"，可视为《文子》一书的整体思想结构③。

1. "上因天时，下尽地理，中用人力"

《文子》谈论的中心问题，是国家的治乱之本。如何治国才能达到天下

---

① 王利器：《文子疏义》序引，中华书局2019年版，第13页。杜道坚，曾作《文子缵义》。
② 王利器：《文子疏义》序，中华书局2019年版，第13页。
③ 本节以《"明于天人之分，通于治乱之本"——〈文子〉思想体系新探》为题，发表于《学术界》2020年第7期。

安宁？虽然那个时候鬼神观念仍然存在，但《文子》认为，对于君主而言，关键不在于祭神敬鬼，而在于行善积德。"天道无亲，唯德是与。"①"夫祸之至也，人自生之；福之来也，人自成之。"②"天下安宁，要在一人。人主者，民之师也；上者，下之仪也。上美之则下食之，上有道德则下有仁义，下有仁义则无淫乱之世矣。积德成王，积怨成亡。"③"故善为政者，积其德。"④"圣人之于善也，无小而不行；其于过也，无微而不改。行不用巫觋，而鬼神不敢先，可谓至贵矣。"⑤君主所行之"善"就是道家清虚无为的道德："所谓善者，静而无为，适情辞余，无所诱惑，循性保真。"⑥这个道德，以不动欲念、无为因应为特点，"上因天时，下尽地理，中用人力"⑦。如此就能"天与之，地助之，鬼神辅之"⑧。

那么，以"天""地""人"为代表的万物是怎么派生的呢？是由"道"派生的。"夫道者，德之元，大之根，福之门，万物待之而生，待之而成，待之而宁。"⑨"道，至大者无度量。……往古来今谓之'宙'，四方上下谓之'宇'，道在其中而莫知其所。"⑩"大常之道，生物而不有，成化而不宰，万物恃之而生，莫知其德；恃之而死，莫能能怨。""夫道者，高不可极，深不可测，苞裹天地，禀受无形，原流泏泏，冲而不盈，浊以静之徐清，施之无穷，无所朝夕，卷之不盈一握，约而能张，幽而能明，柔而能刚，含阴吐阳，而章三光；山以之高，渊以之深，兽以之走，鸟以之飞，麟以之游，凤以之翔，星历以之行。"⑪道生万物的过程是怎样的呢？是一生二，二生三、四、五的过程。一是元一之气、太极之道。二是阴阳二气。三是天地人，四是四时，五是五行。"道生万物，理于阴阳，化为四时，分为五行，各得其所。"⑫"天地未形，窈窈冥冥，浑而为一，寂然清澄，重浊为地，精微为天，离而为四时，分而为阴阳，精气为人，粗气为虫，刚柔相成，万物乃生。"⑬人与其他动物的根本区别，在于人为阴阳二气中

---

① 《文子·符言》。
② 《文子·微明》。
③ 《文子·道德》。
④ 《文子·下德》。
⑤ 《文子·微明》。
⑥ 《文子·下德》。
⑦ 《文子·上仁》。
⑧ 《文子·道德》。
⑨ 《文子·道德》。
⑩ 《文子·自然》。
⑪ 《文子·道原》。
⑫ 《文子·自然》。
⑬ 《文子·九守》。

的"精气"所生,而其他动物则为"粗气"所生。人由于为气之精者所生,所以不仅有形体,而且有精神:"夫精神者所受于天也,骨骸者所禀于地也。"①作为精神、骨骸统一的生命体,人是天地间暂时的存在。人死后,"精神入其门,骨骸反其根","我尚何存?"②

由于天、地、人都是由"道"派生的,所以,人与天地是同构的:"人与天地相类。"③"天地之间,一人之身也;六合之内,一人之形也。"④因此,"天之与人,有以相通"⑤,可以相互感应。"人受天地变化而生,一月而膏,二月血脉,三月而胚,四月而胎,五月而筋,六月而骨,七月而成形,八月而动,九月而躁,十月而生。形骸已成,五藏乃形。肝主目,肾主耳,脾主舌,肺主鼻,胆主口。外为表,中为里。头圆法天,足方象地;天有四时、五行、九解、三百六十日,人有四支、五藏、九窍、三百六十节;天有风雨寒暑,人有取与喜怒;胆为云,肺为气,脾为风,肾为雨,肝为雷。"⑥"故精诚内形,气动于天,景星见,黄龙下,凤皇至,醴泉出,嘉谷生,河不满溢,海不波涌。"⑦"天气下,地气上,阴阳交通,万物齐同,君子用事,小人消亡,天地之道也。天气不下,地气不上,阴阳不通,万物不昌,小人得势,君子消亡,五谷不植,道德内藏。"⑧"政失于春,岁星盈缩,不居其常;政失于夏,荧惑逆行;政失于秋,太白不当,出入无常;政失于冬,辰星不效其乡(向)。四时失政,镇星摇荡,日月见谪,五星悖乱,彗星出。"⑨

既然天人同构,相互感应,所以人主必须效法天地阴阳之德,如此才能保证天下安康。"圣人法天顺地……以天为父,以地为母,阴阳为纲,四时为纪。"⑩"天静以清,地定以宁,万物逆之死,顺之生。"⑪"古之得道者,静而法天地,动而顺日月,喜怒合四时,号令比雷霆,音气不戾八风,诎伸不获五度。"⑫"高莫高于天也,下莫下于泽也。天高泽下,圣人法之,尊卑有叙,天下定矣。""天覆万物,施其德而养之,与而不取,故精神归焉。与而不取者,上

---

① 《文子·九守》。
② 《文子·九守》。
③ 《文子·九守》。
④ 《文子·下德》。
⑤ 《文子·精诚》。
⑥ 《文子·九守》。
⑦ 《文子·精诚》。
⑧ 《文子·上德》。
⑨ 《文子·精诚》。
⑩ 《文子·九守》。
⑪ 《文子·九守》。
⑫ 《文子·自然》。

德也。""地载万物而长之,与而取之,故骨骸归焉。与而取者,下德也。""地势深厚,水泉入聚;地道方广,故能久长。圣人法之,德无不容。""阳灭阴,万物肥,阴灭阳,万物衰,故王公尚阳道则万物昌,尚阴道则天下亡。""阴进阳退,小人得势……阳气动,万物缓而得其所,是以圣人顺阳道。""阳不下阴,则万物不成;君不下臣,德化不行。故君下臣则聪明,不下臣则暗聋。"①"春政不失禾黍滋,夏政不失雨降时,秋政不失民殷昌,冬政不失国家宁康。"②"帝者体太一,王者法阴阳,霸者则四时,君者用六律。""体太一者,明于天地之情,通于道德之伦,聪明照于日月,精神通于万物,动静调于阴阳,喜怒和于四时。""法阴阳者,承天地之和,德与天地参,光明与日月并照,精神与鬼神齐灵。""则四时者,春生夏长,秋收冬藏,取与有节,出入有量,喜怒刚柔,不离其理。""用六律者,生之与杀也,赏之与罚也,与之与夺也,非此无道也。伐乱禁暴,兴贤良,废不肖,匡邪以为正,攘险以为平,矫枉以为直。"③"列金木水火土之性,以立父子之亲而成家;听五音清浊六律相生之数,以立君臣之义而成国;察四时孟仲季之序,以立长幼之节而成官;列地而州之,分国而治之,立大学以教之。此治之纲纪也。"④

治国以人法天,"上因天时、下尽地理"固然重要,但"因民之欲,乘民之力"⑤也至关重要。"以道治天下,非易人性也,因其所有而条畅之,故因即大,作即小。古之渎水者,因水之流也;生稼者,因地之宜也;征伐者,因民之欲也。能因,则无敌于天下矣。物必有自然而后人事有治也,故先王之制法,因民之性而为之节文。……因其性即天下听从,拂其性即法度张而不用。""圣人之牧民也,使各便其性,安其居,处其宜,为其所能,周其所适,施其所宜,如此即万物一齐,无由相过。""乘众人之智者即无不任也,用众人之力者即无不胜也。用众人之力者,乌获不足恃也;乘众人之势者,天下不足用也。……故圣人举事,未尝不因其资而用之也。""昔尧之治天下也,舜为司徒,契为司马,禹为司空,后稷为田畴,奚仲为工师。其导民也,水处者渔,林处者采,谷处者牧,陵处者田。地宜其事,事宜其械,械宜其材,皋泽织网,陵阪耕田,如是则民得以所有易所无,以所工易所拙。"⑥

要之,人君治理天下,必须按照"道"的因应、无为特点,充分尊重天、地、

---

① 均见《文子・上德》。
② 《文子・精诚》。
③ 均见《文子・下德》。
④ 《文子・上礼》。
⑤ 《文子・自然》。
⑥ 均见《文子・自然》。

人的自然特性,利用和发挥"三才"的有利力量,实现天时、地利、人力的和谐发展。"仰取象于天,俯取度于地,中取法于人。调阴阳之气,和四时之节,察陵陆水泽肥墩高下之宜,以立事生财,除饥寒之患,辟疾疢之灾;中受人事,以制礼乐,行仁义之道,以治人伦。"①"执道以御民者,事来而循之,物动而因之;万物之化无不应也,百事之变无不耦也。"②"知天之所为,知人之所行,即有以经于世矣。"③

《文子》关于君主将天地人三者有利的因素利用起来、调动起来、集中起来成就王业的思想,汉代的董仲舒概括为"王道通三":"古之造文者,三画而连其中,谓之王。三画者,天、地与人也;而连其中者,通其道也。取天、地与人之中以为贯而参通之,非王者庸能当是!"④

2. "治国之本"在于"治身","治身"之道在于"十守"

"人君者,上因天时,下尽地理,中用人力",这是《文子》治国的战略思想和基本理念。这是"明天人之分"。"明天人之分"的目的是"通治乱之本"。如何"通治乱之本"呢? 一句话,就是"执道以御民"。"夫道……内以修身,外以治人。"⑤其中,"修身"是"治人"之本。己身不修,无以治国。因此,"治国之本""在于治身"。文子指出:"未尝闻身治而国乱者也","身乱而国治者,未有也"⑥。"为天下之要也,不在于彼而在于我,不在于人而在于身,身得则万物备矣。"⑦"真人者……贵治身而贱治人。""圣人忘乎治人,而在乎自理。"⑧"能强者,必用人力者也;能用人力者,必得人心者也;能得人心者,必自得者也。未有得己而失人者也,未有失己而得人者也。"⑨"声自召也,类自求也,名自命也,人自官也,无非己者。"⑩"怨人不如自怨,勉求诸人,不如求诸己。"⑪"夫所谓大丈夫者,内强而外明。内强如天地,外明如日月,天地无不覆载,日月无不照明。"⑫

---

① 《文子·上礼》。
② 《文子·道原》。
③ 《文子·微明》。
④ 《春秋繁露》卷十一《王道通三》。
⑤ 《文子·道德》。
⑥ 《文子·上仁》。
⑦ 《文子·九守》。
⑧ 均见《文子·道原》。
⑨ 《文子·下德》。
⑩ 《文子·上德》。
⑪ 《文子·上德》。
⑫ 《文子·精诚》。

人君如何修身呢？简单说就是扬善去恶。"见善如不及，宿不善如不祥。苟向善，虽过无怨；苟不向善，虽忠来恶。"①不过，这个"善"的标准却是相对的。文子深刻揭示："天下是非无所定，世各是其所善，而非其所恶。夫求是者，非求道理也，合于己；非去邪也，去迕于心者。"比如"金木水火土，其势相害，其道相待。故至寒伤物，无寒不可；至暑伤物，无暑不可。故可与不可皆可。是以大道无所不可。""可与不可，相为左右，相为表里。"②文子指出：要懂得用权变的观点看待善恶："上言者常用也，下言者权用也。唯圣人为能知权。言而必信，期而必当，天下之高行。直而证父，信而死女，孰能贵之？故圣人论事之曲直，与之屈伸，无常仪表。""夫权者，圣人所以独见。""不知权者，善反丑矣。"③他坦陈："今吾欲择是而居之，择非而去之，不知世所谓是非也。"④那么，文子不为世俗的是非所左右，自己选择、认定的是非善恶标准是什么呢？这方面，《文子》各篇的论述有些自相矛盾。他一会儿以道家清虚的道德为善，批判儒家的仁义学说，一会儿又以仁义为善："善行贵乎仁义。"⑤造成这种矛盾的主要原因，一方面可能是由于《文子》最后成书并非出自一人之手，二是由于道家的道德与儒家的仁义之间客观上存有某种相通之处。

从《文子》的大量论述来看，文子认可的"善"是道家的道德。这种道德的根本特点，是顺应事物自身的自然本性。人为精气所生，是形、神的统一体。在二者中，顺应精神的本性比顺应形体、感官的本性显得更为重要。"夫形者生之舍也，气者生之元也，神者生之制也，一失其位即三者伤矣。故以神为主者，形从而利；以形为制者，神从而害。"⑥人的精神本性是虚静清明的，而人的感官本性则往往会破坏、打破这种虚静和清明。所以道德善的本旨，在于守住精神的清明，以神制形，以心制欲，以内制外，使人的情感欲望符合虚静简朴的精神本性。"原人之性无邪秽，久湛于物即易，易而忘其本即合于其若性。水之性欲清，沙石秽之；人之性欲平，嗜欲害之，唯圣人能遗物反己。是故圣人不以智役物，不以欲滑和。""人生而静，天之性也；感物而动，性之欲也；物至而应，智之动也；智与物接，而好憎生焉；好憎成形，而智怵于外，不能反己，而天理灭矣。是故圣人不以人易天。"⑦"不闻道者，无以

---

① 《文子·道德》。
② 《文子·自然》。
③ 均见《文子·道德》。
④ 《文子·道德》。
⑤ 《文子·上义》。
⑥ 《文子·九守》。
⑦ 《文子·道原》。

反性。""衣食礼俗者,非人之性也,所受于外也。故人性欲明,嗜欲害之,唯有道者能遗物反己。有以自鉴,则不失物之情;无以自鉴,则动而惑营。夫纵欲失性,动未尝正,以治生则失身,以治国则乱人。"①"治身,太上养神,其次养形。神清意平,百节皆宁,养生之本也;肥肌肤,充腹肠,养生之末也。"②"人有顺逆之气生于心。心治则气顺,心乱则气逆,心之治乱在于道德。得道则心治,失道则心乱。""圣人不胜其心,众人不胜其欲。"③"君子行正气,小人行邪气。内便于性,外合于义,循理而动,不系于物者,正气也;推于滋味,淫于声色,发于喜怒,不顾后患者,邪气也。邪与正相伤,欲与性相害,不可两立,一起一废,故圣人捐欲而从性。目好色,耳好声,鼻好香,口好味,合而说之,不离利害,嗜欲也。耳目鼻口不知所欲,皆心为之制,各得其所。"④"夫喜怒者,道之邪也;忧悲者,德之失也;好憎者,心之过也;嗜欲者,生之累也。人大怒破阴,大喜坠阳,薄气发喑,惊怖为狂,忧悲焦心,疾乃成积。人能除此五者,即合于神明。"⑤以神制形、以心制欲是最有助于长生的,因而对人来说是最大的善。反之,以形制神、以欲制心是最妨碍生命存在的。"夫人所以不能终其天年者,以生生之厚。夫唯无以生为者,即所以得长生。"⑥"故知生之情者,不务生之所无以为;知命之情者,不忧命之所无奈何。目悦五色,口惟滋味,耳淫五声,七翘交争,以害一性。日引邪欲竭其天和,身且不能治,奈治天下何!"⑦"能尊生,虽富贵不以养伤身,虽贫贱不以利累形。"⑧"原天命,治心术,理好憎,适情性,即治道(指修身之道)通矣。原天命即不惑祸福,治心术即不妄喜怒,理好憎即不贪无用,适情性即欲不过节。不惑祸福即动静顺理,不妄喜怒即赏罚不阿,不贪无用即不以欲害性,欲不过节即养生知足。凡此四者,不求于外,不假于人,反己而得矣。"⑨

道家的道德善,不仅要求顺应人性中精神的清虚平静本性,而且要求主体的人通过修养,向清虚无为的道德本体靠近、复归,成为得道之"真人""圣人""大丈夫"。"夫道者,小行之小得福,大行之大得福,尽行之天下服。""天子有道则天下服,长有社稷;公侯有道则人民和睦,不失其国;士庶有道则全

---

① 《文子·下德》。
② 《文子·下德》。
③ 不胜其心,指凡事皆心为主,莫能胜也。不胜其欲,指凡事皆欲为主,莫能胜也。
④ 《文子·符言》。
⑤ 《文子·道原》。
⑥ 《文子·九守》。
⑦ 《文子·下德》。
⑧ 《文子·上仁》。
⑨ 《文子·符言》。

其身,保其亲;强大有道,不战而克;小弱有道,不争而得;举事有道,功成得福。君臣有道则忠惠,父子有道则慈孝,士庶有道则相爱。故有道则知,无道则苛。由是观之,道之于人,无所不宜也。"①"故静漠者神明之宅,虚无者道之所居。"②"道者,虚无、平易、清静、柔弱、纯粹素朴。此五者,道之形象也。""虚无者道之舍也,平易者道之素也,清静者道之鉴也,柔弱者道之用也。反者道之常也,柔者道之刚也,弱者道之强也。""真人体之以虚无、平易、清静、柔弱、纯粹、素朴,不与物杂,至德天地之道,故谓之真人。""圣人内修其本,而不外饰其末,厉其精神,偃其知见,故漠然无为而无不为也,无治而无不治也。所谓无为者,不先物为也;无治者,不易自然也;无不治者,因物之相然也。""大丈夫恬然无思,淡然无虑,以天为盖,以地为车,以四时为马,以阴阳为御,行乎无路,游乎无怠,出乎无门。"③"圣人审动静之变,而适受与之度,理好憎之情,和喜怒之节。""圣人心平志易,精神内守,物不能惑。"④

在此基础上,文子提出修身的"十守"原则:"守虚""守无""守平""守易""守清""守真""守静""守法""守弱""守朴"。"守虚"指"心者形之主也,神者心之宝也,形劳而不休即蹶,精用而不已则竭,是以圣人遵之不敢越"。"守无"指"轻天下即神无累,细万物即心不惑,齐生死则意不慑,同变化则明不眩"。"守平"指"食足以充虚接气,衣足以盖形御寒,适情辞余,不贪得,不多积"。"守易"指"无益于性者,不以累德;不便于生者,不以滑和";"量腹而食,制形而衣,容身而居,适情而行"。"守清"指"神清心平""智公鉴明"。"守真"指"量腹而食,度形而衣","势利不能诱,声色不能淫"。"守静"指"静漠恬淡""和愉虚无""外不乱内""静不动和"。"守法"指"法天"或效法"天地之道",这"天地之道"即"虚静之道":"虚静为王,虚无不受,静无不持。知虚静之道,乃能终始。""守弱"指君主卑谦,去除奢骄之气,"和弱其气,平夷其形",以退为进。"守朴"指"机械智巧,不载于心","有精而不使,有神而不用","审于无假,不与物迁"⑤。

此外,文子还提出人道修养的一些要求:"凡人之道,心欲小,志欲大,智欲圆,行欲方,能欲多,事欲少。""心欲小"指小心谨慎:"虑患未生,戒祸慎微,不敢纵其欲也"。"志欲大"指"兼包万国,一齐殊俗"的帝王理想。"智欲圆"指变化流转的思维方法。"行欲方"指操守廉洁方正。"能欲多"指文武

---

① 《文子·道德》。
② 《文子·九守》。
③ 均见《文子·道原》。
④ 《文子·下德》。
⑤ 《文子·九守》。按:篇目称"九守",其实论及十守。

备具,"事欲少"指"乘要以偶众,执约以治广,处静以持躁"。"心小者,禁于微也;志大者,无不怀也;智圆者,无不知也;行方者,有不为也;能多者,无不治也;事少者,约所持也。"①

文子还论及关于道德本体的特殊的认识论,即由作为认识对象的道德本体的无形之形决定,主体的认识是"不知之知""不言之言",它比由有形之形的认识对象所决定的"有知之知""有言之言"要高明得多。前者是"浅知""粗知""不知",后者才是"深知""精知""至言"。"夫道不可闻,闻而非也;道不可见,见而非也;道不可言,言而非也。孰知形之不形者乎!"与此相应,"知之浅不知之深,知之外不知之内,知之粗不知之精,知之乃不知,不知乃知之。孰知知之为不知,不知之为知乎!""其知之乃不知,不知而后能知之也。""夫知言之谓者,不以言言也。""故至言去言,至为去为。浅知之人,所争者末矣。"②

文子强调的回归人的精神的清虚本性和道德本体的自然本性的善,与儒家的仁义理念是不同的,前者属于"无心""自然"之举,后者属于"有心"、计较之智。"有心者之于平,不如无心者。使廉士守财,不如闭户而全封;以为有欲者之于廉,不如无欲者也。"③所以文子主张"废仁义":"仁义立而道德废矣。"④"清虚者,天之明也;无为者,治之常也。去恩慧,舍圣智,外贤能,废仁义,灭事故,弃佞辩,禁奸伪,则贤不肖者齐于道矣。"⑤善为政者,"御之以道,养之以德,无示以贤,无加以力。""御之以道则民附,养之以德则民服,无示以贤则民足,无加以力则民朴。""四者诚修,正道几矣。"⑥因此,文子曾反对儒家的贤人政治:"立仁义,修礼乐,即德迁而为伪矣。民饰智以惊愚,设诈以攻上,天下有能持之,而未能有治之者也。夫智能弥多,而德滋衰,是以至人淳朴而不散。""夫先知远见之人,才之盛也,而治世不以责于人;博闻强志,口辩辞给,人知之溢也,而明主不求于下;傲世贱物,不从流俗,士之伉行也,而治世不以为化民。""故国治可与愚守也","不待古之英隽"⑦。

然而同时,文子所强调的道德善并不绝对排斥儒家的仁义礼智,只不过认为是比道家的道德等而下之的延伸、补救境界。"物生者道也,长者德也,爱者仁也,正者义也,敬者礼也。"⑧"道者,物之所道也;德者,生之所扶也;仁

---

① 均见《文子·微明》。
② 均见《文子·微明》。
③ 《文子·符言》。
④ 《文子·精诚》。
⑤ 《文子·自然》。
⑥ 《文子·道德》。
⑦ 《文子·下德》。
⑧ 《文子·道德》。

者,积恩之证也;义者,比于心而合于众适者也。""仁莫大于爱人,智莫大于知人。爱人即无怨刑,知人即无乱政。""君子非义无以活,失义则失其所以活;小人非利无以活,失利则失其所以活。故君子惧失义,小人惧失利。"①"积惠重货,使万民欣欣,人乐其生者,仁也;举大功,显令名,体君臣,正上下,明亲疏,存危国,继绝世,立无后者,义也"。"是故道散而为德,德溢而为仁义。"②所以,在无法坚持道家的道德善的情况下,恪守儒家的仁义也不失为一种善的选择:"虽有智能,必以仁义为本而后立。智能并行,圣人一以仁义为准绳,中绳者谓之君子,不中绳者谓之小人。君子虽死亡,其名不灭;小人虽得势,其罪不除。"③"古之存己者,乐德而忘贱,故名不动志;乐道而忘贫,故利不动心。"④"德过其位者尊,禄过其德者凶。""不以德贵者,窃位也;不以义取者,盗财也。""圣人安贫乐道,不以欲伤生,不以利累己,故不违义而妄取。"⑤

于是,文子所强调的个人修养的善,是老子的道德与儒家的仁义的统一。道家因应自然、归真返璞的道德为最高的善,儒家的仁义道德则是不得已的退而求其次的善。

文子提醒人们:个体的善修养好了,并不一定就能得到相应的使用。"君子能为善,不能必得其福;不忍而为非,而未必免于祸。""命所遭于时也,有其才不遇其世,天也。"于是文子提出"逢时即进,不时即退"的人生策略:"君子逢时即进,得之以义,何幸之有! 不时即退,让之以礼,何不幸之有!"⑥这与孔子的"有道则见,无道则隐"思想可以形成互补。

3. 治国之道之一:以道家的道德为上

《庄子·养生主》说:"道之真以治身,其绪余以为国家,其土苴以治天下。由此观之,帝王之功,圣人之余事也。"庄子的这个思路,明显是受《文子》影响所致,是对《文子》思想的提炼和概括。

君主在修身之余,如何治国才能达到天下昌盛呢? 在这个问题上,《文子》各篇的论述有分歧。综合比较权衡,可知文子治国的总体战略是:道家清虚无为的道德为上,儒家仁义理智礼乐为次,法家的刑法和兵家的义兵

---

① 《文子·微明》。
② 均见《文子·微明》。
③ 《文子·上义》。
④ 《文子·符言》。
⑤ 《文子·上仁》。
⑥ 《文子·符言》。

为末。

以道家道德治天下,是文子最高的政治理想。"古之为君者,深行之谓之道德。""古者修道德,即正天下。""上德者,天下归之。"①"帝者贵其德。"②文子强调:君主必须"以道莅天下","执道以御民"。"以道莅天下,天下之德也;无道治天下,天下之贼也。"③

"道"的本体论特点是执一无为。"一"者,道也。道生万物的过程是由一生万的过程,"一"因而成为万物的本体。君主统辖天下,必须具有定于一尊的权威,从而执一驭万。"古之王者,以道莅天下,为之奈何?"文子曰:"执一无为,因天地与之变化。""民有道所同行,有法所同守,义不能相固,威不能相必,故立君以一之。君执一即治,无常即乱。""君失一,其乱甚于无君也。君必执一而后能群矣。"④"渊不两蛟,雌不二雄,一即定,两即争。"⑤可见君道是"执一"之道,是定于一尊的专制之道。它是平息群争的保证。

"一"还有要害的意思。"执一"即抓住要害,虚静无为。"无为者,道之宗也。得道之宗,并应无穷。"⑥所以君道是"无为"之道。天下的事情千头万绪,君主一人就是有三头六臂也做不完。只有懂得"执一无为",借助群臣的力量,才能事无不为,将千头万绪的天下治理好。"执一者,见小也,小故能成其大也;无为者,守静也,守静能为天下正。"⑦"王道者,处无为之事,行不言之教,清静而不动,一度而不摇,因循任下,责成而不劳。""是故,群臣辐辏并进,无愚智贤不肖,莫不尽其能。君得所以制臣,臣得所以事君,即治国之所以明矣。"⑧可见,无为是王道或者叫君道,有为是臣道,二者不能相乱。于是文子提出了"君臣异道"这个春秋战国时期诸子学说的经典话题。"君臣异道即治,同道即乱,各德其宜,处有其当,即上下有以相使也。"⑨"君道者,非所以有为也,所以无为也。智者不以德为事,勇者不以力为暴,仁者不以位为惠。""独任其智,失必多矣……危亡之道也。"⑩文子深刻剖析说:"人君舍其所守,而与臣争事,则制于有司","守职者以听从取容,臣下藏智而不用,反以事专其上。""人君者,不任能而好自为,则智日困而自负责;数穷于

---

① 均见《文子·上仁》。
② 《文子·自然》。
③ 均见《文子·道德》。
④ 均见《文子·道德》。
⑤ 《文子·上德》。
⑥ 《文子·下德》。
⑦ 《文子·道德》。
⑧ 均见《文子·自然》。
⑨ 《文子·上义》。
⑩ 均见《文子·道德》。

下,则不能申理;行堕于位,则不能持制。智不足以为治,威不足以行刑,则无以与天下交矣。""人主愈劳,人臣愈佚。"这就叫"越俎代庖","代大匠斫","希有不伤其手矣。"① 所以文子反复强调:"夫人君不出户以知天下者,因物以识物,因人以知人。故积力之所举,即无不胜也;众智之所为,即无不成也。"②"故善用道者,乘人之资以立功。""非淡漠无以明德,非宁静无以致远,非宽大无以并覆,非正平无以制断。以天下之目视,以天下之耳听,以天下之心虑,以天下之力争,故号令能下究,而臣情得上闻;百官修达,群臣辐凑。""故不用之,不为之,而有用之,而有为之。不伐之言,不夺之事,循名责实,使自有司,以不知为道……则百官之事,各有所考。"③

无为的另一要求是"寡其所求,去其诱慕,除其贵欲,捐其思虑"④。君主只有清心寡欲,政令少出,百姓才能丰衣足食、相安无事。所以君道又是清虚、寡欲之道。"夫失道者,奢泰骄佚,慢倨矜傲……为乱首。"⑤"夫人从欲失性,动未尝正也,以治国则乱。"⑥"上多欲即下多诈,上烦扰即下不定,上多求即下交争,不治其本而救之于末,无以异于凿渠而止水,抱薪而救火。"鉴于此,"圣人事省而治求,寡而赡,不施而仁,不言而信,不求而得,不为而成。怀自然,保至真,抱道推诚,天下从之如响之应声,影之像形,所修者本也。"⑦"夫至人之治也,弃其聪明,灭其文章,依道废智,与民同出乎公。"⑧"人主之思,神不驰于胸中,智不出于四域,怀其仁诚之心,甘雨以时,五谷蕃殖,春生夏长,秋收冬藏,月省时考,终岁献贡,养民以公。威厉以诚,法省不烦,教化如神,法宽刑缓,囹圄空虚,天下一俗,莫怀奸心。此圣人之思也。"⑨"清静之治者,和顺以寂寞,质真而素朴,闲静而不躁,在内而合乎道,出外而同乎义。其言略而循理,其行悦而顺情,其心和而不伪,其事素而不饰。不谋所始,不议所终,安即留,激即行。通体乎天地,同精乎阴阳,一和乎四时,明朗乎日月。与道化者,为人机巧诈伪莫载乎心。是以天覆以德,地载以乐,四时不失序,风雨不为虐,日月清静而扬光,五星不失其行。此清静之所明也。"⑩

"道"的方法论特点是相反相成。高以下为基,贵以贱为本。"以卑取

---

① 均见《文子·上仁》。
② 《文子·下德》。
③ 均见《文子·上仁》。
④ 《文子·道原》。
⑤ 《文子·道德》。
⑥ 《文子·道原》。
⑦ 均见《文子·精诚》。
⑧ 《文子·道原》。
⑨ 《文子·精诚》。
⑩ 《文子·下德》。

尊",是君道的另一种要求。"夫道,退故能先,守柔弱故能矜,自卑下故能高人,自损弊故实坚,自亏缺故盛全,处浊辱故新鲜,见不足故能贤,道无为而无不为也。"①"圣人之欲贵于人者,先贵人;欲尊于人者,先尊人;欲胜人者,先自胜;欲卑人者,先自卑。故贵贱尊卑,道以制之。夫古之圣王以其言下人,以其身后人,即天下乐推而不厌,戴而不重,此德重有余而气顺也。故知与之为取,后之为先,即几于道矣。"②"夫道者……始于柔弱,成于刚强,始于短寡,成于众长。十围之木始于把,百仞之台始于下。此天之道也。圣人法之,卑者所以自下,退者所以自后,俭者所以自小,损之所以自少。卑则尊,退则先,俭则广,损则大。此天道所成也。"③君之于民,虽然高高在上,但必须"以卑取尊,以退取先"④。"民者,国之基也。"⑤"人主之有民,犹城中之有基、木之有根;根深即本固,基厚即上安。""国有常,而利民为本。"⑥"三皇五帝,法籍殊方,其得民心,一也。"可见,"善为君者,法江海。江海无为以成其大,窳下以成其广,故能长久。"⑦"所谓得天下者,非谓履其势位,称尊号,言其运天下心,得天下力也!有南面之名,无一人之誉,此失天下也。故天下得道,守在四夷;天下失道,守在诸侯。诸侯得道,守在四境;诸侯失道,守在左右。"⑧如果君主不懂得君与民相反相成之道,为逞一人之欲肆意凌辱臣民,最终就会被臣民推翻。"天下时有亡国破家,无道德之故也。""以一人与天下为仇,虽欲长久,不可得也。""尧舜以是昌,桀纣以是亡。"⑨

于是,文子提出了一个富有现代价值的君主本质论和起源论。"君主"的本质是利民为本,深得民心,万民拥戴。"帝者,天下之适也;王者,天下之往也。天下不适不往,不可谓帝王。故帝王不得人不能成,得人失道亦不能守。"⑩君主产生的依据是为民兴利除害,除暴安良,主持公道,而不是相反。"古之立帝王者,非以奉养其欲也。圣人践位者,非以逸乐其身也。为天下之民强陵弱,众暴寡,诈者欺愚,勇者侵怯,又为其怀智诈不以相教,积财不以相分,故立天子以齐一之。为一人之明不能遍照海内,故立三公九卿以辅翼之。为绝国殊俗,不得被泽,故立诸侯以教诲之。是以天地四时无不应

---

① 《文子·上仁》。
② 《文子·符言》。
③ 《文子·道德》。
④ 《文子·道原》。
⑤ 《文子·上仁》。
⑥ 均见《文子·上义》。
⑦ 均见《文子·自然》。
⑧ 《文子·下德》。
⑨ 均见《文子·道德》。
⑩ 《文子·道德》。

也,官无隐事,国无遗利;所以衣寒食饥,养老弱,息劳倦无不以也。"①"所为立君者,以禁暴乱也。"②所以,古代的圣王乃至贤臣从来不"贪禄慕位"、养尊处优,为了"起天下之利,除万民之害"日夜操劳,食不甘味、形容憔悴:"神农形悴,尧瘦臞,舜黧黑,禹胼胝,伊尹负鼎而干汤,吕望鼓刀而入周,百里奚传卖,管仲束缚,孔子无黔突,墨子无暖席。非以贪禄慕位,将欲事起天下之利,除万民之害也。"③

符合以上道家道德种种特点的社会,文子称之为"至德之世":"至德之世,贾便其市,农乐其野,大夫安其职,处士修其道,人民乐其业,是以风雨不毁折,草木不夭无,河出图,洛出书。"④按照文子的标准,这样的社会只是在伏羲氏之前的上古时期存在过:"上古真人,呼吸阴阳,而群生莫不仰其德以和顺。当此之时,领理隐密,自成纯朴,纯朴未散,而万物大优。"⑤伏羲氏之后,就人心不古,进入钩心斗角的衰世了。"世之衰也,至伏羲氏,昧昧懋懋,皆欲离其童蒙之心,而觉悟乎天地之间,其德烦而不一。及至神农、黄帝,核领天下,纪纲四时,和条阴阳,于是万民莫不竦身而思,戴听而视,故治而不和。下至夏、殷之世,嗜欲达于物,聪明诱于外,性命失其真。施及周室,浇醇散朴,离道以为伪,险德以为行,智巧萌生,狙学以拟圣,华诬以胁众,琢饰《诗》《书》,以贾名誉,各欲以行其智伪,以容于世,而失大宗之本。"⑥在这个时期,要防止社会变成"乱世",走向"治世",君主就只能用"仁义理智礼乐"教化天下。

4. 治国之道之二:其次仁义理智礼乐

面对伏羲以来情欲纷争的衰世,文子提出了以"仁义理智礼乐"教化天下的治国对策。"廉耻陵迟,及至世之衰……是以贵仁。""人鄙不齐,比周朋党……怀机械巧诈之心,是以贵义。""男女群居,杂而无别,是以贵礼。""性命之情,淫而相迫于不得已,则不和,是以贵乐。""故仁义礼乐者,所以救败也"⑦。"古之为君者……浅行之谓之仁义,薄行之谓之礼智。"此四者,"国家之纲维也"。⑧ "道

---

① 《文子·自然》。
② 《文子·上义》。
③ 《文子·自然》。
④ 《文子·道德》。
⑤ 《文子·上礼》。
⑥ 《文子·上礼》。
⑦ 均见《文子·下德》。
⑧ 均见《文子·上仁》。

狭然后任智。""王者尚其义,霸者通于理。"①"上仁者,海内归之;上义者,一国归之;上礼者,一乡归之。""修仁义即正一国,修礼智即正一乡。"②虽然文子在仁、义、礼、智(理)的功能之间又作过一些高下之分,但总体上说,它们是作为衰世的道德教化手段存在的,可视为一个整体。一方面,"德衰然后饰仁义","故知道德,然后知仁义不足行也"③,"仁义礼智"作为比至德之世的道德等而下之的衰世道德,只是一种"下德",而非"至德";另一方面,在人心不古、钩心斗角的衰世,"仁义礼智"又是君主规范人欲、治理天下不得不用的道德范畴和教化手段,尽管是"下德",但也有其历史意义,所以《文子》中又设"上仁""上义""上礼"篇加以崇奉。文子指出:"治之本,仁义也。"④"故乱国之主,务于地广,而不务于仁义。"⑤"上义者,治国家,理境内,行仁义,布德施惠,立正法,塞邪道"⑥。"非修礼乐,廉耻不立;民无廉耻,不可以为治;不知礼义,不可以行法。""圣王在上……刑错而不用,礼乐修而任贤德也。"⑦"故德者民之所贵也,仁者民之所怀也,义者民之所畏也,礼者民之所敬也。此四者……圣人之所以御万物也。""君子无德则下怨,无仁则下争,无义则下暴,无礼则下乱。四经不立,谓之无道。无道不亡者,未之有也。"⑧

文子提到的仁、义、理、智、礼、乐概念,有的是相互交叉、包含的。仁、义、礼、乐其实都渗透着理,是智的表现。重要的是仁、义、礼、乐。"爱者仁也,正者义也,敬者礼也"⑨,"乐"者"和"也。"仁"是讲爱人的,"义"是讲正己的,"礼"是讲敬人的,"乐"是使人追求快乐的情感归于中和的。"仁"是克制人的自私情感的,"义"是克制人的放纵欲望的。"礼""乐"是满足并节制人的自然情欲的。"为礼者,雕琢人性,矫拂其情。目虽欲之禁以度,心虽乐之节以礼。""礼者,非能使人不欲也,而能止之。""乐(音乐之乐)者,非能使人勿乐(快乐之乐)也,而能防之。"⑩君主遵守仁义礼乐的要求,爱人正己,以礼敬人,乐不失和,则泽被百姓;君主以仁义礼乐教化天下,人人爱人正己,以礼敬人,乐不失和,则天下安宁。

---

① 均见《文子·自然》。
② 均见《文子·上仁》。
③ 均见《文子·下德》。
④ 《文子·上义》。
⑤ 《文子·上仁》。
⑥ 《文子·上义》。
⑦ 《文子·上礼》。
⑧ 均见《文子·道德》。
⑨ 《文子·道德》。
⑩ 均见《文子·上礼》。

从上古的"道德"到后世的"仁义礼乐",虽然层级有所下降,但在克制过度欲望、制止社会纷争、照顾民情民心、实现天下安康这个大方向上,二者是一致的,内涵有相通之处。"君子之道,静以修身,俭以养生。静即下不扰,下不扰即民不怨;下扰即政乱,民怨即德薄。"①"夫道德者,所以相生养也,所以相畜长也,所以相亲爱也,所以相敬贵也。"所以"道德"与"仁义礼"是相通的。"畜之养之,遂之长之,兼利无怿,与天地合,此之谓德。""为上不矜其功,为下不羞其病,大不矜,小不偷,兼爱无私,久而不衰,此之谓仁也。""为上则辅弱,为下则守节,达不肆意,穷不易操,一度顺理,不私枉桡,此之谓义也。""为上则恭严,为下则卑敬,退让守柔,为天下雌,立于不敢,设于不能,此之谓礼也。""修其德则下从令,修其仁则下不争,修其义则下平正,修其礼则下尊敬,四者既修,国家安宁。"②背离了仁义,也就背离了道德。

于是,崇尚仁君、批判暴君,成为《文子》的一个主题。"古者明君,取下有节,自养有度,必计岁而收,量民积聚,知有余不足之数,然后取奉。……其惨怛于民也,国有饥者,食不重味,民有寒者,冬不被裘,与民同苦乐,即天下无哀民。""暗主即不然,取民不裁其力,求下不量其积,男女不得耕织之业,以供上求,力勤财尽,有旦无暮,君臣相疾。""乱主……处一主之势,竭百姓之力,以奉耳目之欲,志专于宫室台榭,沟池苑囿,猛兽珍怪;贫民饥饿,虎狼厌刍豢;百姓冻寒,宫室衣绮绣。故人主畜兹无用之物,而天下不安其性命矣。""贪主暴君,涸渔其下,以适无极之欲,则百姓不被天和履地德矣。""故有道以理之,法虽少,足以治;无道以理之,法虽众,足以乱。"③

从道家清虚无为的道德出发,文子曾反对尚贤,批评用贤是"道狭然后任智"④的产物。但立足于衰世,要用儒家的仁义礼乐拯救天下,又必须借助于贤人政治。所以文子说:"故圣人举贤以立功。"⑤"故天下之高,以为三公;一州之高,以为九卿;一国之高,以为二十七大夫;一乡之高,以为八十一元士。"⑥据此他重新解释了"仁义礼智乐",将它们与"贤"联系在了一起:"知贤之谓智,爱贤之谓仁,尊贤之谓义,敬贤之谓礼,乐贤之谓乐。"⑦对于贤才的种类和层级,他提出了自己独特的看法:"智过万人谓之'英',千人者谓之'俊',百人者谓之'杰',十人者谓之'豪'。明于天地之道,通于人情之理,大

---

① 《文子·上仁》。
② 均见《文子·道德》。
③ 均见《文子·上仁》。
④ 《文子·自然》。
⑤ 《文子·上义》。
⑥ 《文子·上礼》。
⑦ 《文子·上仁》。"尊贤之谓义",原为"尊仁之谓义",据杜道坚《文子缵义》校改。

足以容众,惠足以怀远,智足以知权,'人英'也。德足以教化,行足以隐义,信足以得众,明足以照下,'人俊'也。行可以为仪表,智足以决嫌疑,信可以守约,廉可以使分财,作事可法,出言可道,'人杰'也。守职不废,处义不比,见难不苟免,见利不苟得,'人豪'也。""英、俊、豪、杰,各以大小之材处其位,由本流末,以重制轻,上唱下和。四海之内,一心同归,背贪鄙,向仁义,其于化民,若风之靡草。"①如何考察、选拔贤才呢?文子提出:一是要放在不同的环境中看表现:"故论人之道:贵即观其所举,富即观其所施,穷即观其所受,贱即观其所为。视其所患难,以知其所勇;动以喜乐,以观其守;委以财货,以观其仁;振以恐惧,以观其节。"②二是要"屈寸申尺,小枉大直",取其大者:"天下宝之者,不以小恶妨大美。""屈寸而申尺,小枉而大直,圣人为之。""自古及今,未有能全其行者也。故君子不责备于一人。""故人有厚德,无间其小节;人有大誉,无疵其小故。""夫人情莫不有所短,成其大略是也。""今志人之所短,忘人之所长,而欲求贤于天下,即难矣。"③

君主既然用贤,就必须虚怀纳言。"得万人之兵,不如闻一言之当;得隋侯之珠,不如得事之所由;得和氏之璧,不如得事之所适。"④"使言之而是,虽商夫刍荛,犹不可弃也;言之而非,虽在人君卿相,犹不可用也。是非之处,不可以贵贱尊卑论也。其计可用,不差其位;其言可行,不贵其辩。""暗主则不然。群臣尽诚效忠者,希不用其身也;而亲习邪枉,贤者不能见也;疏远卑贱,竭力尽忠者不能闻也。有言者,穷之以辞;有谏者,诛之以罪。如此而欲安海内,存万方,其离聪明亦以远矣。"⑤

5. 治国之道之三:再次刑兵

"德薄然后任刑。"⑥随着社会的演变,利益的争斗愈演愈烈。到了春秋时期,诸侯混战,天下大乱。"仁义礼乐"的教化已经不管用了,必须求助于"刑兵"、武力来维护国家安全和社会稳定。这个时候,如果仍然恪守上古的道德或五帝时的仁义,就会被时代抛弃。"仁者,人之所慕也,义者,人之所高也。为人所慕,为人所高,或身死国亡者,不周于时也,故知义而不知世权者,不达于道也。""五帝贵德,三王用义,五伯任力,今取帝王之道,施五伯之

---

① 均见《文子·上礼》。
② 《文子·上义》。
③ 均见《文子·上义》。
④ 《文子·符言》。
⑤ 均见《文子·上仁》。
⑥ 《文子·自然》。

世,非其道也。"①

不过文子的刑兵主张,渗透着儒家的仁义思想,是以仁义道德为指导的。

先来看其刑法主张。首先是刑法在治国中所处的地位。文子指出:"治之本,仁义也;其末,法度也。""法之生也,以辅义。重法弃义,是贵其冠履而忘其首足也。"②"故有道以理之,法虽少,足以治;无道以理之,法虽众,足以乱。"③他强调:"治国,太上养化,其次正法。""民交让争处卑,财利争受少,事力争就劳,日化上而迁善,不知其所以然,治之本也。""利赏而劝善,畏刑而不敢为非,法令正于上,百姓服于下,治之末也。"④

其次是立法的动机。"夫法者,天下之准绳也。""悬法者,法不法也。""古之置有司(法律部门)也,所以禁民不得恣也。其立君也,所以制有司使不得专行也。法度道术,所以禁君使无得横断也。"⑤立法的动机或目的,是为了禁止和惩罚违法者的恣意妄为。违法者既包括基层民众,也包括执法官吏,还包括君主。其中,执法官吏负责惩处基层民众的违法行为,君主负责查处执法官吏的违法行为,而法律条文本身则禁止君主的违法行为。所以法令是"天下"人约束自己行为的"准绳"。立法的目的不是为了惩罚犯罪,以刑谋利,而是为了让人回归正道,免于犯罪。"所贵圣人者,非贵其随罪而作刑也,贵其知乱之所生也。若开其锐端,而纵之放僻淫佚,而弃之以法,随之以刑,虽残贼天下不能禁其奸矣。"⑥所以文子反对严刑峻法:"末世之法,高为量而罪不及也,重为任而罚不胜也,危为其难而诛不敢也。"⑦"至刑不滥。""善罚者,刑省而奸禁。"⑧

再次是立法的依据以及法随时变的问题。立法的依据是道义人心、世事人理。"法非从天下也,非从地出也,发乎人间,反己自正。""法生于义,义生于众适,众适合乎人心。此治之要也。""当于世事,得于人理,顺于天地,祥于鬼神,即可以正治矣。"⑨不同的时代有不同的世事人理,所以法律不能食古不化。"知法之所由生者,即应时而变。""天下几有常法哉?""故圣人法

---

① 《文子·微明》。五伯:春秋五霸。
② 《文子·上义》。
③ 《文子·上仁》。
④ 《文子·下德》。
⑤ 均见《文子·上义》。
⑥ 《文子·下德》。
⑦ 《文子·下德》。
⑧ 《文子·上义》。
⑨ 《文子·上义》。

与时变,礼与俗变。衣服器械,各便其用;法度制令,各因其宜。故变古未可非,而循俗未足多也。"文子批评当时死守旧法者:"今为学者,循先袭业,握篇籍,守文法,欲以为治,非此不治,犹持方枘而内圆凿也,欲得宜适亦难矣。"①"执一世之法籍,以非传代之俗,譬犹胶柱调瑟。圣人者,应时权变,见形施宜。世异则事变,时移则俗易;论世立法,随时举事。上古之王,法度不同,非古相返也,时务异也。是故不法其已成之法,而法其所以为法者,与化推移。"②文子还以历史上的例子说明:"五帝异道而德覆天下,三王殊事而名后世,因时而变者也。"正如"制礼乐者而不制于礼乐"一样,"制法者"也应当"不制于法"③。

复次是司法的公正和立法者、执法者的以身作则问题。司法只有去除私心,坚持公正,才能发生有效的作用。"夫权衡规矩,一定而不易,常一而不邪,方行而不留。""衡之于左右,无私轻重,故可以为平;绳之于内外,无私曲直,故可以为正;人主之于法,无私好憎,故可以为令。"④"法定之后,中绳者赏,缺绳者诛。虽尊贵者不轻其赏,卑贱者不重其刑。犯法者,虽贤必诛;中度者,虽不肖无罪。是故,公道而行,私欲塞也。"⑤立法者必须带头执法,这样才能上行下效:"人主之制法也,先以自为检式,故禁胜于身,即令行于民。""有诸己,不非于人;无诸己,不责于所立。立于下者,不废于上;禁于民者,不行于身。"⑥对于赏罚,也必须出以公心,轻重适度:"明主之赏罚,非以为己,以为国也。适于己而无功于国者,不施赏焉;逆于己而便于国者,不加罚焉。"⑦"是故重为惠,重为暴,即道迕矣。""为惠者布施也,无功而厚赏,无劳而高爵,即守职者懈于官,而游居者亟于进矣。""为惠者即生奸,为暴者即生乱,奸乱之俗,亡国之风也。"⑧同时应以仁施法,反对严刑峻法。"法烦刑峻即民生诈,上多事下多态,求多即得寡,禁多即胜少,以事生事,又以事止事,譬犹扬火而使无焚也。"⑨

再来看文子的军事思想。

首先,"以正治国,以奇用兵"⑩。必须从战略上明确:"用兵,危道也。"

---

① 均见《文子·上义》。
② 《文子·道德》。
③ 均见《文子·上礼》。
④ 均见《文子·下德》。
⑤ 均见《文子·上义》。
⑥ 均见《文子·上义》。
⑦ 《文子·微明》。
⑧ 均见《文子·自然》。
⑨ 《文子·道德》。
⑩ 《文子·上礼》。

"君子务于道德，不重用兵也。"①"教人以道，导之以德而不听，即临之以威武；临之不从，即制之以兵革。"②因此，文子反对穷兵黩武："天下虽大，好用兵者亡；国虽安，好战者危。"③"杀无罪之民，养不义之主，害莫大也；聚天下之财，赡之人之欲，祸莫深焉；肆一人之欲，而长海内之患，此天伦所不取也。"④"夫亟战而数胜者，即国亡。亟战即民罢，数胜即主骄，以骄主使罢民，而国不亡者即寡矣。主骄即恣，恣即极物，民罢即怨，怨即极虑，上下俱极而不亡者，未之有也。"⑤"兵之胜败皆在于政。政胜其民，下附其上，即兵强；民胜其政，下叛其上，即兵弱。"⑥"先为不可胜之政，而后求胜于敌。"⑦"修正于境内，而远方怀德；制胜于未战，而诸侯宾服也。"以强大的国力震慑敌人，"不战而屈人之兵，善之善者也"⑧。

其次，用兵必须具有正义性、合法性。"存亡平乱、为民除害"，是判断用兵是否具有正义性的根本依据。只有在关系到国家和人民生死存亡的时候，才可以用兵。"古之用兵者，非利土地而贪宝赂也，将以存亡平乱、为民除害也。贪叨多欲之人，残贼天下，万民骚动，莫宁其所。有圣人勃然而起，讨强暴，平乱世，为天下除害，以浊为清，以危为宁，故不得不中绝。"⑨"霸王之道，以谋虑之，以策图之，挟义而动，非以图存也，将以存亡也。"⑩

"为民除害"，涉及"诛无道"的思想。"闻敌国之君有暴虐其民者，即举兵而临其境，责以不义，刺以过行。""逆天地，侮鬼神，决狱不平，杀戮无罪，天之所诛，民之所仇也。兵之来也，以废不义而授有德也。""所为立君者，以禁暴乱也。今乘万民之力，反为残贼，是以虎傅翼，何谓不除！夫畜鱼者，必去其蝙獭；养禽兽者，必除其豺狼，又况牧民乎！是故，兵革之所为起也。"⑪于是文子提出"义兵"主张："以兵王者亦德也。用兵有五：有义兵，有应兵，有忿兵，有贪兵，有骄兵。诛暴救弱谓之'义'，敌来加己不得已而用之谓之'应'，争小故不胜其心谓之'忿'，利人土地，欲人财货谓之'贪'，恃其国家之大，矜其人民之众，欲见贤于敌国者谓之'骄'。义兵王，应兵胜，忿兵败，贪

---

① 《文子·上仁》。
② 《文子·上义》。
③ 《文子·符言》。
④ 《文子·上义》。
⑤ 《文子·道德》。
⑥ 《文子·上义》。
⑦ 《文子·上礼》。
⑧ 《文子·自然》。
⑨ 《文子·上义》。
⑩ 《文子·上义》。
⑪ 均见《文子·上义》。

兵死,骄兵灭,此天道也。"①义兵"克其国不及其民,废其君易其政,尊其秀士,显其贤良,振其孤寡,恤其贫穷,出其囹圄,赏其有功,百姓开户而内之,渍米而储之,唯恐其不来也"。"义兵至于境,不战而止;不义之兵,至于伏尸流血,相交以前。故为地战者,不能成其王;为身求者,不能立其功。举事以为人者,众助之;以自为者,众去之。众之所动,虽弱必强;众之所去,虽大必亡。"②

文子还提出因势利导、不拘一格、以弱胜强的战略战术思想。"夫同利者相死,同情者相成,同行者相助,循己而动,天下为斗。故善用兵者,用其自为用;不能用兵者,用其为己用。用其自为用,天下莫不可用;用其为己用,无一人之可用也。""用兵者,或轻或重,或贪或廉,四者相反,不可一也。轻者欲发,重者欲止,贪者欲取,廉者不利非其有也。故勇者可令进斗,不可令持坚;重者可令固守,不可令凌敌;贪者可令攻取,不可令分财;廉者可令守分,不可令进取;信者可令持约,不可令应变。五者,圣人兼用而材使之。"③"能成霸王者,必胜者也;能胜敌者,必强者也;能强者,必用人力者也;能用人力者,必得人心者也;能得人心者,必自得者也;自得者,必柔弱者已。"④"善用兵者,先弱敌而后战,故费不半而功十倍。故千乘之国,行文德者王;万乘之国,好用兵者亡。王兵,先胜而后战;败兵,先胜而后求胜。此不明于道也。"⑤

五、列子与杨朱:"贵虚""持后"与"贵己""恣意"

列子在《庄子》一书的描写中是一位被神化的人物,其实历史上实有其人。列子,姓列,名御寇,一作圉寇、圄寇,战国前期郑国人。主要活动在东周威烈王时期的郑缗公、韩景侯、魏武侯之间。《汉书·艺文志》道家类"列子"自注:"名圄寇,先庄子,庄子称之。"钱穆《先秦诸子系年》认为列子生卒年份当为公元前450年至前375年。秉承老子道德论,主张贵虚持后,思想主要见于《列子》。

杨朱,战国前期的另一位思想家。其生卒年代,一说约公元前395年至约前335年,一说约公元前450年至前370年。杨姓(或作阳),名朱,字子

---

① 《文子·道德》。
② 均见《文子·上义》。
③ 均见《文子·自然》。
④ 《文子·符言》。
⑤ 《文子·下德》。

居,又称"阳生"。从老子的"贵身"主张中发展出"贵己享乐"的学说,成为战国时期与墨家相对的影响很大的杨朱学派的代表。思想集中见于《列子》中的《杨朱》等篇。

《吕氏春秋·审分览·不二》指出:列子与杨朱,都属于春秋战国时期思想界的"十豪"。二人的思想虽然都导源于老子,但最终的主张却大相径庭。因为同出于道家,主要思想都见于《列子》,所以放在一起做比较性的研究。

关于《列子》一书的真伪,历来有争议。传统的主流观点认为是晋人的伪书。随着20世纪70年代以后许多原来被断定为"伪书"的先秦古籍在汉墓中的出土,其他被戴着"伪书"帽子的先秦古籍也重新受到审视,于是《列子》未必全伪、基本上可当作先秦古籍使用成为新的观点。

先秦不少古籍提及《列子》。该书西汉时仍盛行。西汉末期刘向整理《列子》时,存者为八篇。东汉班固《汉书·艺文志》"道家"类亦载有《列子》八卷,当为原本。西晋永嘉之乱后,《列子》残缺。经东晋张湛搜罗整理,得以补全。今本《列子》八卷,为张湛整理注释本,唐以前视为信书。然自唐代柳宗元《辨列子》起,历代疑伪之声不断,且愈演愈烈[①]。近现代学者梁启超、吕思勉、钱锺书也认为,今本《列子》是一部魏晋人假托的"伪书"[②]。杨伯峻根据以往的辨伪之说,结合自己的语言学考辨,断定今本《列子》"肯定不是班固所著录的原书"[③],而是魏晋人杜撰的"赝品"[④]。根据张湛注中有时不明文义,杨伯峻断言:"此书伪作于张湛之前,张湛或许也是上当受骗者之一。"[⑤]《列子》中的《力命》《杨朱》两篇,"更是晋人思想和言行的反映"[⑥]。1979年,杨伯峻《列子集释》一书由中华书局出版,影响很大,《列子》伪书说几乎成为定论[⑦]。

然而,细考今本《列子》,发现将它视为魏晋人杜撰的"伪书"并不恰当。连断定伪书的杨伯峻也承认,《列子》"作伪者不是毫无所本的","其中若干来源,我们已经从现存的先秦古籍中找到了"[⑧]。清人马叙伦《列子伪书考》

---

① 历代辨伪文章、文摘见杨伯峻:《列子集释》附录三,中华书局1979年版。
② 叶蓓卿译注:《列子》前言,中华书局2011年版,第1页。
③ 杨伯峻:《列子集释》前言,中华书局1979年版,第2页。
④ 杨伯峻:《列子集释》前言,中华书局1979年版,第4页。
⑤ 杨伯峻:《列子集释》前言,中华书局1979年版,第3页。
⑥ 杨伯峻:《列子集释》前言,中华书局1979年版,第4页。
⑦ 笔者过去受此说影响,在写《中国美学通史》的时候,将《列子》置于魏晋时期,当作魏晋人的美学思想资料加以研究评述。见拙著《中国美学通史》第一卷《列子》一节,人民出版社2008年版,第209—218页;《中国美学全史》第二卷,上海人民出版社2018年,第187—195页。
⑧ 杨伯峻:《列子著述年代考》,《列子集释》,中华书局1979年版,第348页。

指出:"盖《列子》晚出而早亡,魏晋以来好事之徒聚敛《管子》《晏子》《论语》《山海经》《墨子》《庄子》《尸佼》《韩非子》《吕氏春秋》《韩诗外传》《淮南》《说苑》《新序》《新论》之言,附益晚说,假为(刘)向序以见重。"他不否认该书聚敛了若干先秦古籍。虽然该书还结合、参照了一些汉代文献,"附益"了一些魏晋"晚说",也不应否定《列子》的先秦史料价值。《四库全书总目提要》认为《列子》中的《周穆王篇》"可信于秦以前书"。张岱年在 1982 年出版的《中国哲学史史料学》(生活·读书·新知三联书店)一书中指出:《列子》"抄录了先秦的一些材料"。《列子》最近的研究成果是叶蓓卿的《列子》译注。在前言中,叶蓓卿指出:"今本《列子》保存了包括古本《列子》在内的若干先秦文献资料,此外也有一部分内容为后世附益而成,应当是由魏晋人在《列子》佚文的基础上多方杂取编订成书。"①今本《列子》属于后人关于古本《列子》和先秦史料的辑佚。辑佚是不同于"伪书"的。许抗生着眼于《列子》保留了大量先秦文献资料,干脆否定伪书说。他在《列子考辨》一文中明确指出:"《列子》基本上是一部先秦道家典籍,基本保存了列子及其后学的思想。它大约作于战国中后期,并非一时一人所著,而是列子学派后学所为,并夹杂有道家杨朱学派后学的著作(《杨朱篇》)。具体地说,《黄帝篇》《汤问篇》很可能成书较早,先于《庄子·内篇》,而《天瑞篇》则作于《庄子》外、杂篇同时或稍晚。其他诸篇大抵亦作于战国中后期。但《列子》一书,在历史上曾遭前后两次散佚而后复得的命运,以此它不免流落于民间,为人们所伪纂、增删或文字上的润色,这是不足为奇的。"②这就完全推翻了《列子》伪书说。结合文本,笔者觉得许氏之说是比较合理、可信的。

一方面,我们应当肯定:今本《列子》基本上属于古本《列子》和先秦文献的辑佚,而非臆造的伪书。《吕氏春秋·审分览》称"列子贵虚";《淮南子·缪称训》称"列子学壶子,观景柱(测度日影的天文仪器)而知持后矣"。列子"贵虚持后"的主张,在今本《列子》的大部分篇章中都可以看到有力的证据。《吕氏春秋·审分览》又说"阳生贵己",刘向《列子新书目录》称"杨子之篇唯贵放逸"。杨朱的"贵己放逸"主张,也可以在《列子》的《杨朱》《力命》等篇中找到具体的材料。不妨假设一下,如果不是魏晋"好事者"多事,给我们保留了今本《列子》,战国时期的两位影响很大的人物列子与杨朱的思想主张今天将无由得见。从这个意义上来说,我们应当感谢魏晋"好事者"在先秦《列子》辑佚整理方面所作的巨大贡献,而不是无端指责他们"作伪"。

---

① 叶蓓卿译注:《列子》前言,中华书局 2011 年版,第 3 页。
② 陈鼓应主编:《道家文化研究》第一辑,上海古籍出版社 1992 年版。

另一方面,我们也应当注意到,今本《列子》乃失而复得的多次修复产物,这个修复工作不是出自一人之手(不同意叶蓓卿"成于一人之手"说,见《列子》译注前言),而是出自不同时间、不同学者之手(赞同许抗生《列子考辨》"并非一时一人所著"之说),这就给今本《列子》带来了不少文意割裂、自相矛盾、令人费解之处。今本《列子》八篇中,主张纵欲享乐的《杨朱》《力命》与主张清虚无欲的前后各篇主旨明显是矛盾、对立的。而无论是主张无智无虑、超越是非的列子,还是主张纵情任欲、及时行乐的杨朱,与主张仁爱忠信的孔墨都扯不到一起,但《列子》中也窜入了这样一些文字。比如《黄帝》篇记载宋康王好勇力不好仁义,名家惠盎通过层层级级的辩说,指出主张爱利之心的孔、墨之道可使人去除以勇力刺击战斗之意,远远"贤于勇力","天下丈夫女子莫不延颈举踵而愿安利之"。如果万乘之主"诚有其志",则四境之内"皆得其利矣"。最后以宋王的折服赞叹作结。《说符》篇中关尹子告诫列子说:仁爱是赢得民心的王道。"度在身,稽在人。人爱我,我必爱之;人恶我,我必恶之。汤武爱天下,故王;桀纣恶天下,故亡,此所稽也。""尝观之神农、有炎之德,稽之虞、夏、商、周之书,度诸法士贤人之言,所以存亡废兴而非由此道者,未之有也。"关尹子属于道家,这里也被儒家化了。《说符》还通过一则故事说明:行仁义者终有好报。"宋人有好行仁义者,三世不懈。家无故黑牛生白犊,以问孔子。孔子曰:此吉祥也。""居一年,其父无故而盲,其牛又复生白犊。其父又复令其子问孔子。……孔子曰:吉祥也。""居一年,其子无故而盲。"但是这两个看起来不祥的反应却在后来得到好的结果。"其后楚攻宋,围其城;民易子而食之,析骸而炊之;丁壮者皆乘城而战,死者大半。此人以父子有疾皆免,及围解而疾俱复。"儒家不仅讲仁爱,也讲忠信。《说符》通过另一个故事,借孔子之口说明:"水且犹可以忠信诚身亲之,而况人乎!"举贤是儒家的另一个政治主张。晋侯问赵文子收拾强盗用什么方法。赵文子曰:"君欲无盗,莫若举贤而任之;使教明于上,化行于下,民有耻心,则何盗之为?"①上述对孔子、墨子仁爱思想的宣扬,不仅无法与道家"贵虚"的主张统一到一起,与杨朱不顾道德名声及时行乐的主张也无法统一到一起。因此,有研究者说《列子》"首尾呼应""自成一体",基本"成于一人之手"②,是很不符合实际的。

下面我们就根据《列子》,来具体看看列子与杨朱的思想结构、人生主张。

---

① 《列子·说符》。
② 叶蓓卿译注:《列子》前言,中华书局 2011 年版,第 3 页。

先说列子。安贫处贱,是士人的常态。列子也不例外,但他是有气节、人格的,也是有智慧的。《列子·说符》记载:"子列子穷,容貌有饥色。客有言之郑子阳(郑国宰相)者曰:列御寇盖有道之士也,居君之国而穷。君无乃为不好士乎?郑子阳即令官遗之粟。子列子出,见使者,再拜而辞。"使者走后,妻子抱怨他说:现在我们挨饿,君王派人来给你送粮食,你却不接受,难道我就该这个苦命吗?列子笑而谓之曰:"以人之言而遗我粟,至其罪我也,又且以人之言,此吾所以不受也。"后来,百姓果然作乱,杀掉子阳,列子得以避祸全身。春秋战国是个乱世。列子目睹"今天下之人皆惑于是非,昏于利害"的迷失,希望以"觉者"的姿态起而"正之"①。他"正之"的主要思想武器,就是"贵虚持后"。而这,又是有一个思想逻辑的。②

1. 列子的宇宙发生观和世界观

列子的虚静持后思想是以道家的宇宙发生观为前提的,所谓"圣人因阴阳以统天地"③。那么,宇宙万物是怎样产生的呢?列子指出:是从无形的太一之道逐渐演化而生的。这个太一之道,最初是"未见气"的以"虚无"为特征的"太易",后来演化为一气未分的"太初",然后演化为形态初成的"太始",最后演化为万物之始的"太素":"有太易,有太初,有太始,有太素。太易者,未见气也;太初者,气之始也;太始者,形之始也;太素者,质之始也。"在"太初""太始""太素"阶段,"气、形、质具而未相离,故曰'浑沦'"。它"视之不见,听之不闻,循之不得",所以又叫"易"。"易"的特点是浑沦一体,没有"形埒"(形状与界限),所以"易变而为一"。"一者,形变之始也。清轻者上为天,浊重者下为地,冲和气者为人;故天地含精,万物化生。"④可见,列子的宇宙发生论继承老子,又用战国时期的易学进行了改造。

这个能化生宇宙万物的"太一"或"太易",列子称为"生生者",也即老子所说的"道"。它"能阴能阳,能柔能刚,能短能长,能圆能方,能生能死,能暑能凉,能浮能沉,能宫能商,能出能没,能玄能黄,能甘能苦,能膻能香"⑤,具有无所不能的神奇功能。它化生万物的活动是无意识的、自然而然的,所谓"无知也,无能也,而无不知也,而无不能也"⑥。《列子·汤问》记载了大禹与

---

① 均见《列子·周穆王》。
② 本节以《本同末异:列子"贵虚""持后"说与杨朱"贵己""恣意"说比较研究》为题,刊于《贵州师范大学学报》2021年第1期。
③ 《列子·天瑞》。
④ 均见《列子·天瑞》。
⑤ 《列子·天瑞》。
⑥ 《列子·天瑞》。

夏革的对话。大禹认为，"六合之间，四海之内，照之以日月，经之以星辰，纪之以四时，要之以太岁。神灵所生，其物异形；或夭或寿，唯圣人能通其道。"但夏革则不以为然："然则亦有不待神灵而生，不待阴阳而形，不待日月而明，不待杀戮而夭，不待将迎而寿，不待五谷而食，不待缯纩而衣，不待舟车而行。其道自然，非圣人之所通也。"①由"太易"化生的万物，就是非圣人之所能作用的"自然"之物。它是天定的，人力不可改变，所以列子又叫作"天命"或"命"。

那么，这个太易之道与其化生的万物的关系是怎样的呢？是生与不生的关系，生物与被生的关系，生物者不被生、被生者不生物的关系。"有（被）生者，有生生者。""生生者"即道。道生万物，永无止境，但道自身是不被派生的，它"自生自化，自形自色，自智自力，自消自息"，按照"生者不能不生，化者不能不化"的自然规律"常生常化"，"无时不生，无时不化"，"生生者未尝终"。这就叫"不生者能生生，不化者能化化"。"不生不化"者，不被化生也，指派生万物的最初实体"道"。反之，被道化生的万物却不能像道那样去化生万物，这就叫"有生不生，有化不化"，"生之所生者死矣"。②"生生者"与"生者"的关系，也决定了二者是体与用、无与有、一与多的相反相成关系。"有形者，有形形者；有声者，有声声者；有色者，有色色者；有味者，有味味者。""形之所形者实矣，而形形者未尝有；声之所声者闻矣，而声声者未尝发；色之所色者彰矣，而色色者未尝显；味之所味者尝矣，而味味者未尝呈。"

由"太易"所生的万物构成了人类生存的世界。这个世界是怎样的呢？首先，世界在时间上无始无终。"殷汤问于夏革曰：古初有物乎？夏革曰：古初无物，今恶得物？后之人将谓今之无物，可乎？殷汤曰：然则物无先后乎？夏革曰：物之终始，初无极已。始或为终，终或为始，恶知其纪？然自物之外，自事之先，朕所不知也。"其次，世界在空间上无边无际。"殷汤曰：然则上下八方有极尽乎？……革曰：……无极之外复无无极，无尽之中复无无尽。无极复无无极，无尽复无无尽。朕以是知其无极无尽也，而不知其有极有尽也。"再次，世界万物是有差异还是无差异的？结论是现象上有差异，但在保全生命本性这个本质上无差异。"汤又问：物有巨细乎？有修短乎？有同异乎？革曰：……虽然，形、气异也，性钧已，无相易已。"这个"无相易"的齐一之"性"，指"生皆全已，分皆足已"。"生"，通"性"，这里指万物

---

① 夏革，汤大臣，汤以为师，经常向他讨教问题。《列子·汤问》主要记载了殷汤与夏革的对话。大禹与夏革不同时。《列子》多寓言及神仙家语，又经后世修复改动，故不可作信史看，正如《庄子》一样，但可作为思想资料研究。
② 均见《列子·天瑞》。

各自的本性。"分",天分,与天赋的本性相通①。这种由于顺应、保全生命本性而万物齐同的思想,后来被庄子继承和发展:"彼正正者,不失其性命之情。故合者不为骈,而枝者不为跂,长者不为有余,短者不为不足。"②郭象通过对《庄子》的注解进一步阐释、揭示齐物论思想:"夫质小者,所资不待大;则质大者,所用不得小矣。故理有至分,物有定极,各足称事,其济一也。""物任其性,事称其能,各当其分,逍遥一也。"③

由万物形态有差别而全性足分的实质无差别,列子推导出事物之间的异同,乃是非此即彼与亦此亦彼的对立统一。"天职生覆,地职形载。"④天地是万物生存的现实世界。行走在天地之间,人们自然会产生万一天塌、地陷怎么办的担忧。《列子·天瑞》篇就记载了这样一个"杞人忧天"的故事。"杞国有人忧天地崩坠,身亡所寄,废寝食者。"有人开导他:"天,积气耳","日月星宿,亦积气中之有光耀者",即使坠落,也不能"中伤"于人;"地,积块耳,充塞四虚,亡处亡块。若躇步跐蹈,终日在地上行止,奈何忧其坏?"但长庐子不同意这种说法:"言其不坏者,亦为未是","忧其坏者,诚为大远","天地不得不坏,则会归于坏","奚为不忧哉"? 对于这两种意见,列子都不以为然:"言天地坏者亦谬,言天地不坏者亦谬。"在他看来,天地的"坏与不坏",都是"吾所不能知"、不可认识和验证的问题,不应当加以思考和回答,"吾何容心哉"? 虽然如此,列子又告诫:"彼一也,此一也",天地的"坏与不坏",也各有道理。后来庄子说:"彼亦一是非,此亦一是","物无非彼,物无非是","因是因非,因非因是","方可方不可,方不可方可"⑤,与此一脉相承。

2. 列子的人性论与人生观

那么,由太易之道所生的"人"在天地万物中处于什么地位呢? 在这个问题上,《列子》的思想有点矛盾。一方面,《列子》从道生万物、万物平等的角度,认为人没有什么高于其他物种的优越之处。鲍氏之子指出:"天地万物与我并生,类也","类无贵贱",同类的生物没有贵贱高低之分⑥。另一方面,它又依据老子"域中有四大,道大、天大、地大、人亦大"的思想,借隐士荣启期之口,声称"天生万物,唯人为贵"⑦。"人"为什么在万物中最高贵呢?

---

① 均见《列子·汤问》。
② 《庄子·骈拇》。正正:至正之误。
③ 郭象:《庄子·逍遥游注》。
④ 《列子·天瑞》。
⑤ 《庄子·齐物论》。
⑥ 《列子·说符》。
⑦ 《列子·天瑞》。

郑国执政大臣子产说："人之所以贵于禽兽者，智虑。"①杨朱说：凭借智虑，人类可以利用万物、驾驭万物为我所用，成为"有生之最灵者"："人者，爪牙不足以供守卫，肌肤不足以自捍御，趋走不足以从利逃害，无毛羽以御寒暑，必将资物以为养，任智而不恃力。故智之所贵，存我为贵。"②这些思考都不是出自列子之口，可作为《列子》关于人的地位的基本观点，也可作为理解列子人性思想的参考。

人的"智虑"是哪里来的？列子说："天地含精，万物化生。""清轻者上为天，浊重者下为地，冲（中）和气者为人。"③人由天地所生，"精神者，天之分；骨骸者，地之分。"④因而，人是精神与骨骸的统一体。"智虑"正是人的"精神"属性的特点。人死之后，骨骸入土，"精神"离开形体归天，就变成"鬼"："精神离形，各归其真，故谓之鬼。鬼，归也，归其真宅。"⑤

人的"精神""智虑"不仅是人驾驭、利用万物的依据，也是人具有道义、区别于禽兽的依据。列子指出："人而无义，唯食而已，是鸡狗也。彊食靡角，胜者为制，是禽兽也。"⑥抛去道义，为利益争斗，这是"兽心"；而坚守道义，才是"人心"。有的人虽有人的形体，但未必有人心，而只有兽心。"有七尺之骸，手足之异，戴发含齿，倚（直立）而趣（走）者，谓之人；而人未必无兽心。"夏桀、殷纣等就是这样的人面兽心的人："状貌七窍，皆同于人，而有禽兽之心。"⑦另有些传说中的人物，"傅翼戴角，分牙布爪，仰飞伏走，谓之禽兽；而禽兽未必无人心"。庖牺氏、女娲氏、神农氏、夏后氏"蛇身人面，牛首虎鼻"，有"非人之状"，但同时有"大圣之德"⑧，所以他们被视为上古圣人。显然，列子肯定、赞美道义是人之为人的根本特性。

人不仅是精神的存在、道义的存在，还是物质的存在、肉体的存在。人的肉体生命所以能存在，完全拜天地所赐。"天有时，地有利"。人类的生存，无非"盗天地之时利"的结果，天时如"云雨之滂润"，地利如"山泽之产育"。因此才能"生吾禾，殖吾稼，筑吾垣，建吾舍"，乃至"陆盗禽兽，水盗鱼鳖"。"夫禾稼、土木、禽兽、鱼鳖"属于"天之所生"，然而由于人能够加以利用，最后都成为"吾之所有"。《列子》这里用了一个"盗"字。偷盗别人拥有

---

① 《列子·杨朱》。
② 《列子·杨朱》。
③ 《列子·天瑞》。
④ 《列子·天瑞》。
⑤ 《列子·天瑞》。
⑥ 《列子·说符》。
⑦ 《列子·黄帝》。
⑧ 《列子·黄帝》。

的"金玉珍宝,谷帛财货"是犯罪,但"偷盗"大自然中"天之所生"的物产,则属于"公道"。人的一生就是"盗天"的过程:"盗阴阳之和以成若生,载若形;况外物而非盗哉?""盗天地之时利"不仅是无害的,而且是有益的,必要的。这就叫"盗天而亡殃"①。

另一方面,《列子》又反复告诫人们,人从天之所赐那儿获得的肉体生命不是属于自己的。"汝身非汝有也","是天地之委形也";"生非汝有,是天地之委和也";"性命非汝有,是天地之委顺也";乃至"孙、子非汝有,是天地之委蜕也"②。人的一生都是天地早已注定的暂时存在,千万不要误以为是永恒的存在。

接着《列子》划分了人一生的四个阶段。"人自生至终,大化有四:婴孩也,少壮也,老耄也,死亡也。"《列子》分析说明每个阶段的特征:"其在婴孩,气专志一,和之至也,物不伤焉,德莫加焉。其在少壮,则血气飘溢,欲虑充起,物所攻焉,德故衰焉。其在老耄,则欲虑柔焉,体将休焉……方于少壮,闲矣。其在死亡也,则之于息焉,反其极(本原)矣。"③值得注意的是对成年后"少壮"时期人性二重性的揭示:既有情欲的"欲",也有思虑的"虑"。人在婴孩时期,身体尚未发展成熟;到了老年时期,身体走下坡路。人性思虑、情欲的二重性,在"少壮"时期发展、表现得最充分。政治家针对的人性,主要应当是人在少壮阶段的"欲虑"二重性。

人的情欲的自然倾向是求乐避苦。什么是人生之乐?《仲尼》篇塑造了一个主张"乐天知命"的孔子,他提出"无乐无知,是真乐真知"。一切随顺自然,不忧不喜,就是人生最大的快乐。隐士荣启期是个随顺自然的乐天派,虽然生活贫寒,年届九十,但常常"鼓琴而歌",自得其乐。他说:"天生万物,唯人为贵。而吾得为人,是一乐也。男女之别,男尊女卑,故以男为贵,吾既得为男矣,是二乐也。人生有不见日月、不免襁褓者,吾既已行年九十矣,是三乐也。贫者,士之常也;死者,人之终也。处常得终,当何忧哉?"④荣启期感到快乐的理由,在其他人看来都不值得快乐,甚至应当感到忧伤。但在荣启期看来,生而为万物中最高贵的人,是一乐;是男不是女,在男尊女卑的社会是二乐;虽然年龄很大,行将就木,但活了一辈子,比起年少夭亡之人幸福得多,此为三乐。至于说平时生活清贫,那是士人选择的生活常态;过完一生后走向死亡,不过是走向人生终点,应当满足和欣慰。卫国的隐士林类也

---

① 《列子·天瑞》。
② 《列子·天瑞》。
③ 《列子·天瑞》。
④ 《列子·天瑞》。

是与荣启期相似的乐天派。他"年且百岁",拾穗果腹,却"并歌并进"。人家一再问他:"先生曾不悔乎,而行歌拾穗?""先生少不勤行,长不竞时,老无妻子,死期将至,亦有何乐而拾穗行歌乎?""寿者人之情,死者人之恶。子以死为乐,何也?"林类笑答:别人以"少不勤行,长不竞时"为忧,我恰恰"所以为乐",因为心无计较正是我长寿的秘诀。老而将死,乃为生命的循环。"死之与生,一往一反。故死于是者,安知不生于彼?……安知吾今之死不愈昔之生乎?"如果该死的时候求生,"安知营营而求生非惑乎?"①

人之情,皆好生而恶死,但列子从自然命定的角度提出不同看法。他认为"可以生而生,天福也;可以死而死,天福也"。反之,可以生而寻死,应当死却求生,试图用人力去改变它,倒是最大的惩罚和痛苦。"可以生而不生,天罚也;可以死而不死,天罚也。"所以对于自然注定的生与死,都当欣慰,反之都值得悲伤。对待生死,应当采取随顺自然的态度。"可以生,可以死,得生得死有矣。""生生死死,非物非我,皆命也,智之所无奈何。""生非贵之所能存,身非爱之所能厚;生亦非贱之所能夭,身亦非轻之所能薄。""自生自死,自厚自薄。"生生死死,皆出于自然。"自然者,默之成之,平之宁之,将之迎之。""死生自命也,……怨夭折者,不知命者也;……当死不惧……知命安时也。""自全也,自亡也,自丧也。"②列子还借孔子之口指出:"人胥知生之乐,未知生之苦;知老之惫,未知老之佚;知死之恶,未知死之息也。"其实死亡不仅是人生的安息,也是生命的回家。"古者谓死人为归人。夫言死人为归人,则生人为行人矣。行而不知归,失家者也……世必谓之为狂荡之人矣。"③孔子虽然有乐天知命的态度,但对生死的问题考虑较少,所谓"不知生,焉知死"。这里记录的孔子对生死的言论,未必是历史上那个真实的孔子,而可视为列子的代言人。《列子》关于生死的思想,直接影响了庄子的生死观,是庄子生死观的重要基础和过渡。

《列子》还通过一个故事揭示了人生苦乐守恒的哲理。"周之尹氏大治产,其下趣役者侵晨昏而弗息。有老役夫,筋力竭矣,而使之弥勤。昼则呻呼而即事,夜则昏惫而熟寐。精神荒散,昔昔(同夕)梦为国君。居人民之上,总一国之事。游燕宫观,恣意所欲,其乐无比。觉则复役。人有慰喻其勤者,役夫曰:人生百年,昼夜各分。吾昼为仆虏,苦则苦矣;夜为人君,其乐无比。何所怨哉?"与此形成鲜明对照的是:"尹氏心营世事,虑钟家业,心

---

① 《列子·天瑞》。
② 均见《列子·力命》。
③ 均见《列子·天瑞》。

形俱疲,夜亦昏惫而寐。昔昔梦为人仆,趋走作役,无不为也;数骂杖挞,无不至也。眠中啽呓呻呼,彻旦息焉。尹氏病之,以访其友。友曰:若位足荣身,资财有余,胜人远矣。夜梦为仆,苦逸之复,数之常也。若欲觉梦兼之,岂可得邪?"最后,富商尹氏从朋友的解释中得到启示,"宽其役夫之程,减己思虑之事,疾并少间"①。人的生活方式、状态没有绝对的苦,如雇工;也没有绝对的乐,如雇主。关键在于选择哪种生活方式,并对这种生活方式的苦乐有足够的思想准备。

由于天命,人生中不可避免地会遇到各种不如人意的苦事。人生取乐的无可奈何的选择是学会忘忧。《列子》讲了个故事说明这一点。宋国的华子中年时得了健忘症,全家人都为他苦恼,花了好多钱,请来史巫、医生给他看病,始终看不好。后来鲁国有个儒生通过改变思路、激发记忆的方式,帮他治好了健忘症。但华子病愈后却大怒,"黜妻罚子,操戈逐儒生"。别人十分意外和不解,问他为什么,华子说出了如下一段话:"曩吾忘也,荡荡然不觉天地之有无。今顿识既往,数十年来存亡、得失、哀乐、好恶,扰扰万绪起矣。"②我担心将来的存亡、得失、哀乐、好恶还像这样扰乱我的心,再求片刻的淡忘,还能得到吗?

3. 列子贵虚持后、重生轻利的人道主张

基于对人性的上述认识,列子提出了他修身治国的人道主张。

人道表面上有"治身"之道与"治国"之道之分,但在《列子》看来,二者是一体的。其中,治身是治国之本。《说符》篇记载了这么个故事:楚庄王问詹何如何"治国",詹何答之以"治身"之道。他说:"臣未尝闻身治而国乱者也,又未尝闻身乱而国治者也。故本在身,不敢对以末。"放弃"治身"之道而仅仅关注"治国"之道,乃是舍本逐末之举。

那么,"治身"之道是什么呢?列子曾以壶丘子为师。他从壶丘子那儿得到的教导是"务外游"不如"务内观"。"外游者,求备于物;内观者,取足于身。取足于身,游之至也;求备于物,游之不至也。"于是列子终身闭门内观。壶丘子说:"游其至矣乎!"这是"游"的最高境界。"至游者,不知所适;至观者,不知所眄。物物皆游矣,物物皆观矣。是我之所谓游,是我之所谓观也。"③可见,"内观"虽然不同于"外游",但又是最高的"游"、真正的"游"。

---

① 《列子·周穆王》。
② 《列子·周穆王》。
③ 《列子·仲尼》。

如何进行"内观"修养呢？根本途径是得"道"。"道"即自然无为，与心机智巧是截然对立的。所以列子提出："圣人恃道化而不恃智巧。"①《列子》引道家人物关尹子的话说，"道"是超越"视听形智"的。"善若道者，亦不用耳，亦不用目，亦不用力，亦不用心。""唯默而得之，而性成之者得之。知而忘情，能而不为，真知真能也。"②

"道"的最突出的特征是"虚静"。"静也虚也，得其居矣。""莫如静，莫如虚。"所以《吕氏春秋》说"列子贵虚"。曾有人问列子："子奚贵虚？"列子的回答是："虚者无贵也。"可见列子崇尚的"虚"是彻底的虚。有所贵即不虚，列子的"虚"是把对"虚无"的崇尚之心也否定掉的③。老子《道德经》第十六章云："致虚极，守静笃。"《文子·精诚》云："若夫圣人之游也，即动乎至虚，游心乎太无，驰于方外，行于无门，听于无声，视于无形，不拘于世，不系于俗。"列子所崇尚的"虚"或"虚静"是对老子、文子思想的继承和发展。由于《列子》的主旨是贵虚，所以唐天宝年间诏号《列子》为《冲虚真经》。北宋景德年间诏号《冲虚至德真经》。

《列子》贵虚，其具体要求包括去心机、去智虑、去是非、去情感，以无心为心、无智为智、无情为情、无是非为是非。

列子反对动用心机。他借人之口赞美孔子"能废心而用形"④，称道心灵"方寸之地虚"，就"几圣人也"⑤。亢仓子就是这样的"圣人"。他"体合于心，心合于气，气合于神，神合于无"。无论"远在八荒之外"还是"近在眉睫之内"的"介（芥）然之有，唯（微小）然之音"⑥，他都能够以这种无心之心认知洞悉。

列子反对动用智慧。"齐智之所知，则浅矣。"⑦智慧表现为思想认知，思想认知表现为外在的语言和行为。所以"无智"与"无知""无言""无为"是一致的。列子以无智为智、无知为知、无言为言、无为为为，并认为这是一种圣智、至知、至言、至为。"至言去言，至为无为。"⑧他分析无知与知、无言与言的辩证关系："用无言为言，亦言；无知为知，亦知。无言与不言、无知与不知，亦言、亦知。"无知无言，虽然"无所言，亦无所知"，但"亦无所不言，亦无

---

① 《列子·说符》。
② 《列子·仲尼》。
③ 《列子·天瑞》。
④ 《列子·仲尼》。
⑤ 《列子·仲尼》。
⑥ 《列子·仲尼》。
⑦ 《列子·黄帝》。
⑧ 《列子·黄帝》。

所不知"①,所以是至言、至知。

列子主张随顺自然,不动爱憎好恶。《黄帝》篇虚构黄帝梦游于一理想国,国中之民就是这种"美恶不滑其心"、无喜怒哀乐之人:"民无嗜欲,自然而已。不知乐生,不知恶死,故无夭殇;不知亲己,不知疏物,故无爱憎;不知背逆,不知向顺,故无利害……云雾不硋(碍也)其视,雷霆不乱其听,美恶不滑(乱也)其心……"醒来后黄帝领悟道:"今知至道不可以情求矣。"《仲尼》篇以寓言的方式,塑造了"几圣人"的龙叔形象:"吾乡誉不以为荣,国毁不以为辱,得而不喜,失而弗忧,视生如死,视富如贫,视人如豕,视吾如人;处吾之家,如逆旅之舍;观吾之乡,如戎蛮之国……爵赏不能劝,刑罚不能威,盛衰利害不能易,哀乐不能移。"

列子反对动用是非判断,主张超越是非概念。《仲尼》篇记载列子的修行历程:"子列子学也,三年之后,心不敢念是非,口不敢言利害,始得老商一眄而已。五年之后,心更念是非,口更言利害,老商始一解颜而笑。七年之后,从心之所念,更无是非;从口之所言,更无利害。……九年之后,横心之所念,横口之所言,亦不知我之是非利害欤,亦不知彼之是非利害欤,外内进矣。而后眼如耳,耳如鼻,鼻如口,无不同。心凝形释,骨肉者融;不觉形之所倚,足之所履,心之所念,言之所藏。"到达心凝形释、超越是非这个境界时,"则理无所隐矣",什么是非之理都能加以把握。

列子之所以反对心智努力,主张不动好恶,是因为在他看来世上任何事情都是自然命定的,人的是非好恶无济于事,人为的努力不可改变。比如北宫子尽管厚于德,但却薄于命,生活过得穷困潦倒;西门子尽管薄于德,却厚于命,日子过得荣华富贵。可见,西门子之达,"非智得也";北宫子之穷,"非愚失也"。二人的穷达"皆天也,非人也",与人的道德修养没有关系②。广而言之,"农有水旱,商有得失,工有成败,仕有遇否,命使然也。"③季梁生病,七日后病危。儿女们围着他哭泣,为他请来三位医生。但最终疾病不是由药石治好的,而是靠他体内的力量自愈的。"疾不由天,亦不由人,亦不由鬼。禀生受形,既有制之者矣,亦有知之者矣。"④子产在郑国执政,采用了邓析所著的《竹刑》,不久又因邓析总给他执政设难杀了他。无论用邓析还是杀邓析,都有不得不如此的理由:"子产非能用《竹刑》,不得不用","子产非能诛

---

① 《列子·仲尼》。
② 《列子·力命》。
③ 《列子·力命》。
④ 《列子·力命》。

邓析,不得不诛也"。而邓析所以反对子产,"非能屈子产,不得不屈"也①,也有自己不得不反对的理由。这种不得不然的理由,列子谓之"命",而试图改变自然的努力,列子谓之"力"。《列子》拟人化地写了一篇《力命》,虚构了人为的"力"与天定的"命"之间的对话,表达了尚命不尚力的主张:

> 力谓命曰:"若之功奚若我哉?"命曰:"汝奚功于物,而欲比朕?"力曰:"寿夭、穷达、贵贱、贫富,我力之所能也。"命曰:"彭祖之智不出尧舜之上,而寿八百;颜渊之才不出众人之下,而寿四八。仲尼之德,不出诸侯之下,而困于陈、蔡;殷纣之行,不出三仁(微子、箕子、比干)之上,而居君位。季札无爵于吴,田恒专有齐国。夷齐饿于首阳,季氏富于展禽。若是汝力之所能,奈何寿彼而夭此,穷圣而达逆,贱贤而贵愚,贫善而富恶邪?"力曰:"若如若言,我固无功于物,而物若此邪,此则若之所制邪?"命曰:"既谓之命,奈何有制之者邪?朕直而推之,曲而任之。自寿自夭,自穷自达,自贵自贱,自富自贫,朕岂能识之哉?朕岂能识之哉?"

在自然天定的命运面前,人力的作用是有限的。与其用人为的努力与命运抗争,或抱怨命运的不公,不如尊天敬命,随遇而安。

命运作为自然的力量,是随时随地不断变化的。随遇而安,还要求与时俱变,因宜适变。"鲁施氏有二子,其一好学,其一好兵。好学者以术干齐侯;齐侯纳之,以为诸公子之傅。好兵者之楚,以法干楚王;王悦之,以为军正。禄富其家,爵荣其亲。"施氏的邻居孟氏也有两个儿子,所学的东西也相同,却被贫困所窘迫。羡慕施氏的富有,便去请教取得荣华富贵的方法。学成后,孟氏的一个儿子到了秦国,用仁义学说劝秦王。秦王说:"当今诸侯力争,所务兵食而已。若用仁义治吾国,是灭亡之道。"不仅没有采纳他的学说,而且处以宫刑,驱逐了他。另一个儿子到了卫国,用作战方法去劝卫侯。卫侯说:"吾弱国也,而摄乎大国之间。大国吾事之,小国吾抚之,是求安之道。若赖兵权,灭亡可待矣。若全而归之,适于他国。为吾之患不轻矣。"于是砍断他的脚,送回到了鲁国。回家以后,孟氏的父子捶胸顿足责骂施氏。施氏说:"凡得时者昌,失时者亡。子道与吾同,而功与吾异,失时者也,非行之谬也。且天下理无常是,事无常非。先日所用,今或弃之;今之所弃,后或用之。此用与不用,无定是非也。投隙抵时,应事无方,属乎智。智苟不足,

---

① 《列子·力命》。

使若博如孔丘,术如吕尚,焉往而不穷哉?"①

贵虚之外,列子另一个重要主张是以后为先。列子的老师壶丘子林(又称壶丘子)提出"持后"的修身之道:"子列子学于壶丘子林。壶丘子林曰:子知持后,则可言持身矣。列子曰:愿闻持后。曰:顾若影,则知之。列子顾而观影:形枉则影曲,形直则影正。然则枉直随形而不在影,屈申任物而不在我,此之谓持后而处先。"②"持后而处先"是对老子以退为进人生策略的独特表述。作为一条人生哲理,在生活中常常可以看到。比如"爵高者人妒之,官大者主恶之,禄厚者怨逮之"。持后之道,在于"吾爵益高,吾志益下;吾官益大,吾心益小;吾禄益厚,吾施益博",这样就可以"免于三怨"③。深通持后之道的孙叔敖因病将死,死前告诫其子:"王亟封我矣,吾不受也,为我死,王则封汝。汝必无受利地!楚越之间有寝丘者,此地不利而名甚恶……可长有者唯此也。"孙叔敖死后,"王果以美地封其子"。"子辞而不受,请寝丘。与之,至今不失。"④

与以后为先、以退为进出于同一思路,列子主张以柔为刚、以弱为强。"天下有常胜之道,有不常胜之道。常胜之道曰柔,常不胜之道曰强。"⑤"色盛者骄,力盛者奋,未可以语道也。……故治国之难在于知贤而不在自贤。"⑥"孔子之劲(力量)能拓(举)国门之关(门闩),而不肯以力闻。墨子为守攻,公输般服,而不肯以兵知。""唯有道之主为能持胜。""夫忧者所以为昌也,喜者所以为亡也。""善持胜者以强为弱。"⑦

理想的"圣人"是什么样的呢?就是清虚持后、自然任运的人。《列子》借孔子之口,说明"善任智勇"的"三王"、"善任仁义"的"五帝"乃至"善任因时"的"三皇"都称不上"圣人",只有"不治而不乱,不言而自信,不化而自行"的"西方之人"才称得上"圣人"⑧。历史上,只有执政了30多年后的黄帝晚年才可接近这个称号。《列子》描述说:黄帝的养身治物之道经历了一个从纵情竭智到无情无智、自然无为的演变过程。黄帝即位开始的15年,养身之道是"娱耳目,供鼻口,焦然肌色皯(gǎn,色枯)黣,昏然五情爽惑"。后来的15年,经世之道是"竭聪明,进智力,营百姓,焦然肌色皯黣,昏然五情爽

---

① 《列子·说符》。
② 《列子·说符》。
③ 《列子·说符》。
④ 《列子·说符》。
⑤ 《列子·黄帝》。
⑥ 《列子·说符》。
⑦ 《列子·说符》。
⑧ 《列子·仲尼》。

惑"。30年后豁然醒悟："朕之过淫矣。养一己其患如此,治万物其患如此。"于是"放万机,舍宫寝,去直待,彻钟县(悬),减厨膳,退而间居大庭之馆,斋心服形,三月不亲政事","思有以养身治物之道","怡然自得"。又经过28年的无为之治,达到"天下大治",实现了"不知亲己,不知疏物,故无爱憎;不知背逆,不知向顺,故无利害"的社会理想,逝世后百姓痛哭怀念不已,"二百余年不辍"①。

由于列子贵虚,所以被神仙化了。《黄帝》篇云:"列子师老商氏,友伯高子,进二子之道,乘风而归。……心凝形释,骨肉都融;不觉形之所倚,足之所履,随风东西,犹木叶干壳。竟不知风乘我邪?我乘风乎?"后来《庄子·逍遥游》说"夫列子御风而行,泠然善也",正本此而来。这御风而行的人,肯定是异于常人的"神人"了。《列子》描写列姑射山上"神人"的神通特异之处:"吸风饮露,不食五谷;心如渊泉,形如处女;不偎不爱,仙圣为之臣;不畏不怒,愿悫为之使;不施不惠,而物自足;不聚不敛,而已无愆。"②据说周穆王时,西极之国有"化人"来,"入水火,贯金石;反山川,移城邑;乘虚不坠,触实不硋。千变万化,不可穷极。"③神仙是亦真亦幻、超越生死之隔的。"有生之气,有形之状,尽幻也。造化之所始,阴阳之所变者,谓之生,谓之死。穷数达变,因形移易者,谓之化,谓之幻。造物者其巧妙,其功深,固难穷难终。因形者其巧显,其功浅,故随起随灭。知幻化之不异生死也,始可与学幻矣。""存亡自在,幡(翻)校(交)四时;冬起雷,夏造冰;飞者走,走者飞。"④由于《列子》讲了许多蹈虚而行、上天入地的"神人""化人"之事,因而后世被道教奉为重要经典,作为道教徒追求得道成仙的依据。

张湛《列子序》指出:"其书大略明群有以至虚为宗,万品以终灭为验,神惠以凝寂常全,想念以著物为表,生觉与化梦等情。巨细不限一域,穷达无假智力,治身贵于肆任。顺性则所至皆适,水火可蹈,忘怀则无幽不照,此其旨也。"这是符合列子的本体论、世界观、人性观、生死观以及修身治国的人道观的。

4. 杨朱的"贵己为我"与"恣欲肆情"主张

《列子》的大多数篇章记载了列子的思想,同时在《杨朱》《力命》《说符》等篇中也记载了杨朱的思想。杨朱与列子同为老子道家思想的继承人,思

---

① 《列子·黄帝》。
② 《列子·黄帝》。
③ 《列子·周穆王》。
④ 《列子·周穆王》。

想有一致、相通的地方,这或许是《列子》把二人放在一书中论述的原因,但二人最后的人生主张分道扬镳,截然对立,这又是我们必须区分并加以注意的。

杨朱与列子相通、一致的地方,是对老子的继承。《淮南子·氾论训》说:"全性保真,不以物累形,杨子之所立也。"保全生命的本性,不做身外之物的殉葬品,这是老子提出、庄子发展的道家主要主张,而杨朱就是从老子到庄子之间的重要过渡。保全生命的本性说到底是保全个体的生命本性。《老子》第十三章说:"贵以身为天下,若可寄天下;爱以身为天下,若可托天下。"杨朱由此提出"贵身""重己",思想也导源于老子。列子从老子追求的自然无为出发,主张无智无情,敬天认命,放弃人为努力。杨朱也认为:身体的好坏,"匪佑自天,弗孽由人"①。向天祈祷,天神并不能使人健康;反省人为的罪过,也不能保证人免于病患。人的健康或疾病都是自然命定的。再比如年龄、资历、才能等差不多的人,长寿与早夭、尊贵与卑贱、名分与荣誉等却大不相同。什么原因呢? 杨朱指出:"皆命也。""夫信命者,亡寿夭;信理者,亡是非;信心者,亡逆顺;信性者,亡安危。""独往独来,独出独入,孰能碍之?"②这里,"理"指自然之理,"性"指自然本性;"心"指无为之心,与自然命定的"命"都是一个意思。杨朱的用意,是随缘任运,尊重自然天命的安排,不要自作聪明,做什么违背自然天命的人为努力。这些都是杨朱与列子相通、一致的地方。

不过,由上述思想出发,杨朱却对老子思想做了不同于列子的发展,以至于不仅与列子截然对立,而且与老子的本意相去甚远。

杨朱的发展主要表现为两点。一是极端利己。这是针对主张极端利人的墨家提出的人生主张。《吕氏春秋》说"阳生贵己",这"阳生"就是指杨朱。《韩非子·显学》批评说:"今有人于此,义不入危城,不处军旅,不以天下大利易其胫一毛。世主必从而礼之,贵其智而高其行,以为轻物重生之士也。"指的就是杨朱学派的谋士。《孟子·滕文公》指出当时的社会状况:"杨朱墨翟之言盈天下,天下之言,不归杨则归墨。杨氏为我,是无君也;墨氏兼爱,是无父也。"《孟子·尽心》指出:"杨子取为我,拔一毛而利天下,不为也;墨子兼爱,摩顶放踵,利天下,为之。""贵己""为我","轻物重生",就是战国中后期人们对杨朱思想的一种概括。这种概括,在《列子·杨朱》篇中可以找到明确的证据。该篇记载杨朱的话:人是有智慧的生物,"智之所贵,存我

---

① 《列子·力命》。
② 《列子·力命》。

为贵"。"古之人,损一毫利天下,不与也;悉天下奉一身,不取也。人人不损一毫,人人不利天下,天下治矣。"杨朱主张"人人不利天下",这具体落实为"人人不损一毫",即便用整个天下利益来换取一点个人利益也"不取也"。这就叫"轻物重生",是一种极端的"贵己""为我"。禽子问杨朱:"去子体之一毛,以济一世,汝为之乎?"杨朱说:"世固非一毛之所济。"禽子问:"假济,为之乎?"杨朱最终没有答应。这个细节,形象地体现了杨朱的自私自利到了什么程度。这种极端利己的主张,明显背离了老子"既以为人己愈有,既以与人己愈多"的思想。

其二,杨朱主张的利己,是对个人食色欲望的极度满足。刘向《列子新书目录》称"杨子之篇唯贵放逸",即是指此。杨朱认为,"既生,不得不全之"。如何保全生命的存在呢?就是要以物养身:"身固生之主,物亦养之主。"虽然他提醒人们"身非我有也","虽全生,不可有其身;虽不去物,不可有其物",不能"有其物有其身",应当"公天下之身,公天下之物",让天下之物满足天下人的个体欲求,但他更加强调在人的生命出生之后应追求维系身体存在的各种功利之物,这就是"丰屋美服,厚味姣色"。除此而外,再追求什么"忠义"之名,属于贪婪的"无厌之性"。愚昧的百姓大众就是这样的。"生民之不得休息,为四事故:一为寿,二为名,三为位,四为货。"其实,"寿"是命定的,不是人为的追求所可延长的。"名"可以带来利益,所谓"以名者为富","乘其名者,泽及宗族,利兼乡党",因而名"不可去""不可宾"。不过同时,"名"也常常会妨碍食色欲望的满足:"凡为名者必廉,廉斯贫;为名者必让,让斯贱。""忠不足以安君,适足以危身;义不足以利物,适足以害生。"这就叫"守名而累实"。对于背离肉体生命存在的无用、有害之名,应当毫不犹豫地加以去除。杨朱指出:"太古之人,知生之暂来,知死之暂往,故从心而动,不违自然所好;当身之娱非所去也,故不为名所劝。从性而游,不逆万物所好,死后之名,非所取也……名誉先后,年命多少,非所量也。"他主张不受名誉和养生要求的约束,无所顾忌地实现心性的自然欲望的满足。

人的心性的自然欲望是什么呢?在列子那儿,是自然无为、无思无虑、无情无欲,但在杨朱这儿,则是食色之欲。人虽然也有智慧,但这种智慧不过是用来满足自我情欲的工具罢了。人完全是肉体情欲的存在。"人之生也奚为哉?奚乐哉?为美厚尔,为声色尔。而美厚复不可常厌足,声色不可常玩闻。乃复为刑赏之所禁劝,名法之所进退;遑遑尔竞一时之虚誉,规死后之余荣;偊偊尔慎耳目之观听,惜身意之是非;徒失当年之至乐,不能自肆于一时。重囚累梏,何以异哉?"天命注定了人不能"久生""不死",任你如何养生都无济于事。"生非贵之所能存,身非爱之所能厚,且久生奚为?""既生,则废(舍弃厚生之举)而任之,究其所欲,以俟于死……无不废,无不任,何遽迟速(指担忧死亡的早晚)于其间乎?"①

杨朱进而提出:人生短暂,要抓住有限的一生及时行乐:"百年,寿之大齐。得百年者,千无一焉。设有一者孩抱以逮昏老,几居其半矣。夜眠之所弭,昼觉之所遗,又几居其半矣。痛疾哀苦、亡失忧惧,又几居其半矣。量十数年之中,逌然而自得、亡介(通芥)焉之虑者,亦亡一时之中尔。"如何及时行乐呢?就是抛弃一切道德名誉的考虑和羁绊,满足生命当下的食色之欲:"万物所异者生也,所同者死也。生则有贤愚、贵贱,是所异也;死则有臭腐、消灭,是所同也。虽然,贤愚、贵贱,非所能也,臭腐、消灭,亦非所能也。"人的贤愚、贵贱乃至死后的臭腐、消灭都是命定的,人力不可改变。"十年亦死,百年亦死,仁圣亦死,凶愚亦死。生则尧舜,死则腐骨;生则桀纣,死则腐骨。腐骨一矣,熟知其异?"既然如此,"且趣当生,奚遑死后?"②舜、禹、周、孔,是拥有天下美名的圣人,但活着时"四体不得暂安,口腹不得美厚","戚戚然以至于死"。"四圣者,生无一日之欢,死有万世之名。"夏桀、殷纣,是"天下之恶归之"的坏蛋,但活着时"不以礼义自苦","恣耳目之所误,穷意虑之所为",快快活活地活了一辈子。"彼二凶也,生有纵欲之欢,死被愚暴之名。"比较起来,"彼四圣虽美之所归,苦以至终,同于死矣。彼二凶虽恶之所归,乐以至终,亦同归于死矣。"还是桀、纣的人生选择对自己更加有利,因而也更加高明可取。杨朱于是总结说:人活着时做的好事、获得的名誉都会在死后随着时间的流逝烟消云散,"矜一时之毁誉,以焦苦其神形",以求"死后数百年中余名"是很傻的。名声"岂足润枯骨"? 活着时尽情追求"生之乐"才是最明智的人生选择③。

郑国宰相子产的兄弟公孙朝、公孙穆兄弟是践行杨朱肆意追求食色欲望满足的人生主张的典型代表。《杨朱》篇记载:"子产相郑,专国之政,三年,善者服其化,恶者畏其禁,郑国以治,诸侯惮之。而有兄曰公孙朝,有弟曰公孙穆。朝好酒,穆好色。朝之室也,聚酒千钟,积麹成封,望门百步,糟浆之气逆于人鼻。方其荒于酒也,不知世道之争危、人理之悔吝、室内之有亡、九族之亲疏、存亡之哀乐也;虽水火兵刃交于前,弗知也。穆之后庭,比房数十,皆择稚齿婑媠者以盈之。方其耽于色也,屏亲昵,绝交游,逃于后庭,以昼足夜;三月一出,意犹未惬。乡有处子之娥姣者,必贿而招之,媒而

---

① 《列子·杨朱》。
② 《列子·杨朱》。
③ 均见《列子·杨朱》。

挑之,弗获而后已。"子产为他的两个不守礼法的兄弟忧心忡忡,便采取邓析的建议,"喻以性命之重,诱以礼义之尊"。但遭到朝、穆兄弟的拒绝和反驳:"吾知之久矣,择之亦久矣,岂待若言而后识之哉?凡生之难遇,而死之易及;以难遇之生,俟易及之死,可孰念哉?而欲尊礼义以夸人,矫情性以招名,吾以此为弗若死矣。为欲尽一生之欢,穷当年之乐,唯患腹溢而不得恣口之饮,力惫而不得肆情于色,不遑忧名声之丑,性命之危也。且若以治国之能夸物,欲以说辞乱我之心,荣禄喜我之意,不亦鄙而可怜哉!我又欲与若别之。夫善治外者,物未必治,而身交苦;善治内者,物未必乱,而性交逸。以若之治外,其法可暂行于一国,未合于人心;以我之治内,可推之于天下,君臣之道息矣。吾常欲以此术而喻之,若反以彼术而教我哉?"子产一下子无言以对。他把这些话告诉邓析,邓析不但没有批评子产的两个兄弟,反而称道子产的这两个醉生梦死的兄弟是"真人",转而批评子产以道德治国取得成功不过出于偶然而已。

《杨朱》篇描写的管子也是像杨朱一样不计虚名追求富贵、主张及时行乐、"肆之而已,勿壅勿阏"的人。他告诫晏婴,真正的"养生"不是克制五官之欲,而是根据五欲的自然要求,"恣耳之所欲听,恣目之所欲视,恣鼻之所欲向,恣口之所欲言,恣体之所欲安,恣意之所欲行"。至于死了以后怎么办,不必在意。"焚之亦可,沈之亦可,瘗之亦可,露之亦可,衣薪而弃诸沟壑亦可,衮衣绣裳而纳诸石椁亦可,唯所遇焉"。不负此生,及时行乐,活得痛快,才是最重要的。

杨朱贵我、纵欲的人生主张,成为战国时期独立的一派。《荀子·非十二子》指出:当时社会"饰邪说,交奸言,以枭乱天下"者,有六派、十二个代表人物,其中第一个派别就是它嚣、魏牟代表的纵欲学派:"纵情性,安恣睢,禽兽行,不足以合文通治,然而其持之有故,其言之成理,足以欺惑愚众。"它嚣、魏牟的言论今天看不到了,但《列子》中记录的杨朱的言论,以及杨朱化了的管子及公孙朝、公孙穆兄弟的言论,则弥补了这个缺失,使这派的人生主张得到了淋漓尽致的体现。

这种主张,虽然与列子同样导源于老子,但终端已与列子大相径庭。有学者说今本《列子》"首尾呼应又自成一体,篇章之间逻辑线索排布较为清晰"[①],这是不求甚解导致的不当之论,并不符合《列子》思想内容的实际情况。

---

① 叶蓓卿译注:《列子》前言,中华书局 2011 年版,第 3 页。

杨朱的主张也远离了老子学说清虚无欲的主旨,因而庄子主张"钳杨墨之口"①,批评杨朱"多骈旁枝之道""非天下之至正也"②,最终将杨朱学派逐出道家门户之外。

六、《庄子》:"不失其性命之情"

庄子(约公元前 369—前 286 年,一说约前 369—前 275 年)③,名周,战国时蒙(今河南、安徽交界)人。与孟子约同时。孟子见齐宣王、梁惠王时,庄子还没有在齐、魏等国开展学术活动;庄子开展学术活动时,孟子已离开魏国。庄子大概没有和孟子见过面,除和惠施经常往来、进行论辩外,朋友不多,门徒也有限。庄子出身于没落贵族,遭遇乱世,为保生全性,多次拒绝了诸侯的延聘,一生过着平淡的隐居生活。据《史记·老子韩非列传》记载,庄子曾在蒙地做过"漆园吏",即管理漆园的小官。楚威王听说庄子很有才干,曾派人"厚币迎之,许以为相",庄子表示"终身不仕,以快吾志"。《庄子》一书也有相关的记载。《杂篇·列御寇》云:"或聘于庄子,庄子应其使曰:'子见夫牺牛乎? 衣以文绣,食以刍叔(通菽)。及其牵而入于大庙,虽欲为孤犊,其可得乎!'"不仅不接受聘用,而且把准备聘用他的人好好挖苦了一通。同篇中还举了两个事例,说明庄子鄙薄世间的荣华富贵:

> 宋人有曹商者,为宋王使秦。其往也,得车数乘;(秦)王说之,益车百乘。反于宋,见庄子,曰:"夫处穷闾厄巷,困窘织屦,槁项黄馘者,商之所短也;一悟万乘之主而从车百乘者,商之所长也。"庄子曰:"秦王有病召医。破痈溃痤者得车一乘,舐痔者得车五乘,所治愈下,得车愈多。子岂治其痔邪? 何得车之多也? 子行矣!"

> 人有见宋王者,锡(赐)车十乘。以其十乘骄稚(骄)庄子。庄子曰:"河上有家贫恃纬(编)萧(荻蒿)而食者,其子没于渊,得千金之珠。其父谓其子曰:'取石来锻之! 夫千金之珠,必在九重之渊而骊龙颔下。子能得珠者,必遭其睡也。使骊龙而寤,子尚奚微之有哉!'今宋国之

---

① 《庄子·胠箧》。
② 《庄子·骈拇》。
③ 关于庄子的生卒年,学界有几种不同的说法。马叙伦认为是公元前 369—前 286 年,范文澜认为是公元前 328—前 286 年,闻一多认为是公元前 375—前 295 年,任继愈主编《中国哲学史》认为是约公元前 355—前 275 年。

深,非直九重之渊也;宋王之猛,非直骊龙也;子能得车者,必遭其睡也。使宋王而寤,子为齑粉夫!"

《外篇·山木》也有同样的记载:"庄子衣大布而补之,正緳(通絜,腰带)系履而过魏王。魏王曰:'何先生之惫邪?'庄子曰:'贫也,非惫也。士有道德不能行,惫也;衣弊履穿,贫也,非惫也,此所谓非遭时也。王独不见夫腾猿乎?其得枬梓豫章也,揽蔓其枝而王长其间,虽羿、蓬蒙不能眄睨也。及其得柘棘枳枸之间也,危行侧视,振动悼栗,此筋骨非有加急而不柔也,处势不便,未足以逞其能也。今处昏上乱相之间,而欲无惫,奚可得邪?此比干之见剖心征也夫!"也把慰问他的魏王羞辱了一顿。由此可见庄子的人格取向和操守。

庄子是战国中后期道家思想的集大成者。司马迁评庄子:"其学无所不窥,然其要本归于老子言。"① 庄子思想,主要留存在《庄子》一书中。该书据《汉书·艺文志》记载是 52 篇,现存的《庄子》是 33 篇,从大类上分《内篇》7 篇、《外篇》15 篇、《杂篇》11 篇。历来多数学者认为,"内篇"为庄子本人所作,"外篇"和"杂篇"多为庄子后学所作。总体看来,《外篇》《杂篇》的思想与《内篇》是一致的。这里剖析的庄子思想,是庄子及其后学的整个庄周学派的思想。

1. 对"百家之学"的总结与对孔子仁学的批判

在提出自己学说之前,庄子对春秋战国以来诸子百家的各种学说有一个总结和评估。这一总结、评估出现在两处。一是在《内篇·刻意》中,庄子批评了五种学说:一、"刻意尚行,离世异俗,高论怨诽,为亢而已矣。此山谷之士,非世之人,枯槁赴渊者之好也。"这类人指愤世嫉俗的隐逸之士。二、"语仁义忠信,恭俭推让,为修而已矣。此平世之士,教诲之人,游居学者之所好也。"儒家之流就属于这样的人。三、"语大功,立大名,礼君臣,正上下,为治而已矣。此朝廷之士,尊主强国之人,致功并兼者之所好也。"管仲、商鞅之类的法家之流大概就属于这类人。四、"就薮泽,处闲旷,钓鱼闲处,无为而已矣。此江海之士,避世之人,闲暇者之所好也。"伯夷、叔齐之流大概就属于这样的人。五、"吹呴呼吸,吐故纳新,熊经鸟申,为寿而已矣。此道引之士,养形之人,彭祖寿考者之所好也。"这类人大概指追求长生不老、注重身体锻炼的神仙方术之士。

---

① 《史记·老庄申韩列传》。

另一处总结出现在《杂篇·天下》中。《天下》是《庄子》的最后一篇,带有全书后序的性质。通篇是对当时"百家之学"的陈述评判。较之《刻意》偶有涉及,该篇总结得更加完整,堪称"先秦百家争鸣局面的一个总结"[①],对后世的影响也很大。稍后《荀子》将春秋战国诸子学说总结为"十二子",《吕氏春秋》总结为"十豪",《庄子·天下》实开其端也。

《天下》篇指出:当时,"天下大乱,贤圣不明,道德不一"。"天下之治方术者多矣,皆以其有为不可加矣!""百家之学""多得一察焉以自好","各为其所欲焉以自为方"。诸子都认为自己的学说是天下最好的学说。庄子认为,这些学说"犹百家众技也",虽然"皆有所长,时有所用",但都"不该不遍",充其量不过是"一曲之士"。如果"往而不反",就会造成"道术将为天下裂"的后果。总而言之,庄子对这些学说是不满意的。

《天下》列举、批评的学说,有墨家、杂家、名家及道家支流,涉及的人物有十个。

一是墨翟、禽滑厘为代表的墨家。基本特征是:"不侈于后世,不靡于万物,不晖于数度,以绳墨自矫,而备世之急。古之道术有在于是者,墨翟、禽滑厘闻其风而说之。"《庄子》对他们的评价是:"墨翟、禽滑厘之意则是,其行则非也。""为之大过,已(克制)之大顺(太甚)。"如果照此实行,"将使后世之墨者,必以自苦腓无胈、胫无毛相进而已矣"。

二是宋钘、尹文为代表的杂家学派。这派学说具有杂家的调和色彩。其特征是:"不累于俗,不饰于物,不苟于人,不忮于众,愿天下之安宁以活民命,人我之养毕足而止。""见侮不辱,救民之斗,禁攻寝兵,救世之战。"对这派的评价是:"以禁攻寝兵为外,以情欲寡浅为内","其为人太多,其自为太少"。

三是彭蒙、田骈、慎到为代表的道家支流,主张因应自然、齐物是非。"公而不党,易而无私,决然无主,趣物而不两,不顾于虑,不谋于知,于物无择,与之俱往。""齐万物以为首……知万物皆有所可,有所不可。""慎到弃知去己,而缘不得已。泠汰于物,以为道理。……夫无知之物,无建己之患,无用知之累,动静不离于理,是以终身无誉。""田骈亦然,学于彭蒙……至于莫之是、莫之非而已矣。"对这派的评价是:虽然有新意,但"彭蒙、田骈、慎到不知道","其所谓道非道,而所言之韪不免于非"。

四是惠施、桓团、公孙龙子为代表的名家学派。"惠施多方,其书五车,其道舛驳,其言也不中。"他"历物之意",提出了一系列反常的命题,"辩者以

---

① 姚汉荣、孙小力、林建福:《庄子直解》,复旦大学出版社2000年版,第853页。

此与惠施相应,终身无穷"。桓团、公孙龙之徒也加入了名辩学派的行列。"饰人之心,易人之意,能胜人之口,不能服人之心,辩者之囿也。"对这派的评价是:"由天地之道观惠施之能,其犹一蚊一虻之劳者也。其于物也何庸!""骀荡而不得,逐万物而不反,是穷响以声,形与影竞走也,悲夫!"

在列举了上述四派十个代表人物之外,《天下》还列举到关尹、老聃为代表的道家先祖一派。庄子对这派学说评价比较高。而这派学说也是庄子学说之所本。"以本为精,以物为粗,以有积为不足,澹然独与神明居。""建之以常无有,主之以太一,以濡弱谦下为表,以空虚不毁万物为实。""未尝先人而常随人。""人皆取先,己独取后。""人皆取实,己独取虚。""人皆求福,己独曲全。""以深为根,以约为纪。""常宽容于物,不削于人。"对这派的评价是:"关尹、老聃乎,古之博大真人哉!"但尚有"未至于极"的遗憾,而填补这个遗憾、完善老子道家学说的使命,就责无旁贷地落到了庄子身上。

庄子在总结当时百家之学、避其所短、扬弃所长的基础上,进一步优化了老子的道家学说,形成了独特的庄周学派。《天下》篇对庄周学派的主张作了总结:"独与天地精神往来,而不敖倪于万物。""万物毕罗,莫足以归。""寂漠无形,变化无常。"因为"以天下为沉浊,不可与庄语",所以"以卮言为曼衍,以重言为真,以寓言为广","以谬悠之说,荒唐之言,无端崖之辞,时恣纵而不傥,不奇见之也。"其思维方法是"不谴是非,以与世俗处"。"其辞虽参差,而諔诡可观,彼其充实不可以已。"所论的内容主旨是修己、治天下的"内圣外王之道"。较之其他学说都不能"见天地之纯,古人之大体",庄子学说能够"判天地之美,析万物之理,察古人之全"。

值得注意的是,在《庄子·天下》对"百家之学"的总结中,没有看到孔子儒家学派的身影。是孔子创立的儒家学派在当时影响不够大、不那么重要吗?事实并非如此。在《庄子》各篇中,孔子出现的频率大概是最高的,但或是作为批判的对象来对待的,或是作为老子的虔诚学生来处理的,为的是反衬老子学说的高明。

庄子所以一再批判孔子,主要是因为孔子倡导的仁义学说不符合他所认可的人的道德本性,但却影响很大。庄子认为心如止水、不动情感和心智是人的本性。仁义礼智背离了这种本性,所以庄子站在道家的立场批判孔子。"枝于仁者,擢德塞性以收名声",此"多骈旁枝之道,非天下之至正也"。[1] "仁义憯然,乃愤吾心,乱莫大焉。"[2] "仁义,先王之蘧庐也,止可以一

---

[1] 《庄子·外篇·骈拇》。
[2] 《庄子·外篇·天运》。

宿而不可久处。"①《庄子》多处抬高老子贬低孔子。《田子方》记载:"孔子见老聃……老聃曰:'吾游心于物之初……得至美而游乎至乐,谓之至人。……喜怒哀乐不入于胸次。……'孔子出,以告颜回曰:'……微夫子之发吾覆也,吾不知天地之大全也。'"《史记》记载,历史上孔子比老子小20岁左右,曾有过向老子请教的经历。《庄子》抓住这个事实加以放大。孔子多次向老子虔诚求教,虚心向学。经过老子的指教,最后也道家化了。如《山木》所记孔子语:"古之真人,知者不得说,美人不得滥,盗人不得劫,伏戏、黄帝不得友。死生亦大矣,而无变乎己,况爵禄乎!"《人间世》记云:

> 仲尼曰:"若亦知夫德之所荡而知之所为出乎哉?德荡乎名,知出乎争。名也者,相轧也;知也者,争之器也。二者凶器,非所以尽行也。"
> 回曰:"敢问心斋。"仲尼曰:"若一志,无听之以耳而听之以心;无听之以心而听之以气。听止于耳,心止于符。气也者,虚而待物者也。唯道集虚。虚者,心斋也。"

《大宗师》记载:

> 颜回曰:"回益矣。"仲尼曰:"何谓也?"曰:"回忘仁义矣。"曰:"可矣,犹未也。"他日,复见,曰:"回益矣。"曰:"何谓也?"曰:"回忘礼乐矣。"曰:"可矣,犹未也。"他日,复见,曰:"回益矣。"曰:"何谓也?"曰:"回坐忘矣。"仲尼然曰:"何谓坐忘?"颜回曰:"堕肢体,黜聪明,离形去知,同于大通,此谓坐忘。"仲尼曰:"同则无好也,化则无常也。而果其贤乎!丘也请从而后也。"

这里,不仅孔子道家化了,而且孔子的大弟子颜回也完全道家化了。

《庄子》不仅抬高老子贬低孔子,而且抬高渔父贬低孔子。渔父"须眉交白,被发揄袂",是类似于老子一样的高人。《渔父》篇记载渔父与孔子弟子子贡的一段对话。渔父听了子贡对老师仁义主张的介绍后发表了一段评论:"仁则仁矣,恐不免其身;苦心劳形以危其真。呜呼,远哉其分于道也!"子贡回来后,将这段评论转告孔子。孔子起身相追渔父,对他一拜再拜,"曲腰磬折"请渔父赐教,伏轼而叹:"……道之所在,圣人尊之。今渔父之于道,可谓有矣,吾敢不敬乎!"

---

① 《庄子·外篇·天运》。

《庄子》不仅通过抬高老子、渔父来贬低孔子,而且通过诸侯国君臣的批评来贬低孔子。如鲁哀公问颜阖:"吾以仲尼为贞干,国其有瘳乎?"颜阖回答:"殆哉圾乎仲尼!……为后世虑,不若休之。"①

盗跖任情纵欲,违反清虚的道德本性,本来也在庄子批判之列。但由于盗跖反对孔子用仁义道德束缚自己,庄子便与之结成统一战线,借盗跖之口来嘲笑、批判孔子。《庄子·杂篇》中有一篇《盗跖》,讲孔子好友柳下季之弟盗跖横行霸道,为所欲为,孔子从仁义道德的责任感出发主动请缨,帮助柳下季前去教育他的弟弟,但被盗跖狠狠羞辱了一番。"世之所高,莫若黄帝,黄帝尚不能全德,而战涿鹿之野,流血百里。尧不慈,舜不孝,禹偏枯,汤放其主,武王伐纣,此六子者,世之所高也。孰论之,皆以利惑其真而强反其情性,其行乃什可羞也。""世之所谓忠臣者,莫若王子比干、伍子胥。子胥沉江,比干剖心,此二子者,世谓忠臣也,然卒为天下笑。自上观之,至于子胥、比干,皆不足贵也。""人之情,目欲视色,耳欲听声,口欲察味,志气欲盈。人上寿百岁,中寿八十,下寿六十,除病瘦死丧忧患,其中开口而笑者,一月之中不过四五日而已矣。天与地无穷,人死者有时,操有时之具而托于无穷之间,忽然无异骐骥之驰过隙也。不能说其志意,养其寿命者,皆非通道者也。""今子修文、武之道,掌天下之辩,以教后世。缝衣浅带,矫言伪行,以迷惑天下之主,而欲求富贵焉,盗莫大于子。天下何故不谓子为盗丘,而乃谓我为盗跖?……再逐于鲁,削迹于卫,穷于齐,围于陈蔡,不容身于天下。子之道岂足贵邪?""丘之所言,皆吾之所弃也,亟去走归,无复言之!"结果,孔子非但没有劝说成功,反而被盗跖教训了一通,只好灰溜溜离开。《庄子·盗跖》的描写是:"孔子再拜趋走,出门上车,执辔三失,目芒然无见,色若死灰,据轼低头,不能出气。"贬低、嘲讽孔子之情溢于言表。

庄子之所以一再批判、嘲讽孔子,是因为孔子倡导的"仁义礼智"学说背离了人的"性命之情"。而庄子所做的一切,就是要使天下人"不失其性命之情"。

2. "臧":"任其性命之情而已"

在总结"百家之学"、批判儒家仁义学说的基础上,庄子提出了独特的道德概念。这个概念和标准就是"臧"。

自周初至孔子创立的儒家,均以"仁义"为最高的道德"善",并以得到这种"善"为最大的快乐。庄子不同意这种看法。《至乐》篇指出:最大的"善"是保生全性,而"仁义"恰恰相反,残性害生,其实不是真正的"善",不值得为

---

① 《庄子·外篇·田子方》。

之高兴。"烈士为天下见善矣,未足以活身。吾未知善之诚善邪,诚不善邪?……诚有善无有哉?"答案不言而喻。所以,庄子不以为然地说:"吾观夫俗之所乐,举群趣者誙誙然如将不得已而皆曰乐者,吾未之乐也……吾以'无为'诚乐矣,又俗之所大苦也。故曰:至乐无乐,至誉无誉。"为了区别于世俗所说的"善",防止产生误解,庄子提出了一个独特的道德概念"臧"加以替代。后来汉语中"臧否"的"臧"的涵义,即本此而来。什么叫"臧"?《骈拇》指出:"吾所谓'臧'者,非仁义之谓也,臧于其德而已矣;吾所谓'臧'者,非所谓仁义之谓也,任其性命之情而已矣。""臧于其德",意即善在道德,具体涵义是"任其性命之情"。"任"者,随顺;"情"者,实也。"任其性命之情",即随顺生命本性的实际。"臧"即尊重自己的道德本性和生命存在。这个"臧",庄子又叫"正"。《骈拇》篇强调:"彼正正者,不失其性命之情。""正正","至正"之误。"仁义"不是真正的道德。真正的道德是不失生命本性。庄子又称之为"尊生""卫生""达生"。《马蹄》篇指出:"道德不废,安取仁义!性情不离,安用礼乐!"《胠箧》指出:"攘弃仁义,而天下之德始玄同矣。"《在宥》篇指出:"说仁邪,是乱于德也;说义邪,是悖于理也。""天下将安其性命之情",必须杜绝仁义。《达生》指出,"臧"的最高境界是"达生之情"。"达生之情者,不务生之所无以为。"

那么,人的"生之情"、"性命之情"是怎样的?就是清虚寂静,无思无虑,无情无欲。关于"无思无虑",《知北游》说:"无思无虑始知道,无处无服始安道,无从无道始得道。""夫知(智也)者不言,言者不知。故圣人行不言之教。"《知北游》赞美:"形若槁骸,心若死灰,真其实知,不以故自持。……无心而不可与谋。""疏瀹而心,澡雪而精神,掊击而知"。《缮性》告诫人们:"生而无以知(智)为也",应当"以恬养知"。"知与恬交相养,而和理出其性"。

关于无情无欲,《德充符》记载了惠子与庄子的一段对话:

> 惠子谓庄子曰:"人故无情乎?"庄子曰:"然。"惠子曰:"人而无情,何以谓之人?"庄子曰:"道与之貌,天与之形,恶得不谓之人?"惠子曰:"既谓之人,恶得无情?"庄子曰:"是非吾所谓情也。吾所谓'无情'者,言人之不以好恶内伤其身,常因自然而不益生也。"

《庚桑楚》指出:"贵富显严名利六者,勃志也;容动色理气意六者,谬心也;恶欲喜怒哀乐六者,累德也;去就取与知能六者,塞道也。此四六者不荡胸中则正。正则静,静则明,明则虚,虚则无为而无不为也。"所以庄子要求"彻志之勃,解心之谬,去德之累,达道之塞"。

人性无情无欲、无思无虑,那么凭什么去行事作为呢?庄子指出的路径是"动而以天行"①。"以天行",即随顺天性自然而行。这又叫作"不得已"。"不得已之类,圣人之道。""动以不得已之谓德。"②因而,"不智"是"至智"、"不仁"是"至仁"、"去为"是"至为"。《庚桑楚》云:"至知不谋,至仁无亲。"《天运》云:"至仁无亲。"《齐物论》云:"大仁不仁。"若动用心智,"仁义"就蜕变成了有所图谋的算计,不仅不是"至仁""大仁",而且会导致以"正义"为借口的不义战争。所以《大宗师》说:"有亲,非仁也。""利泽施乎万世,不为爱人。"真正的仁义应是:"赍万物而不为义,泽及万世而不为仁,长于上古而不为老,覆载天地刻雕众形而不为巧。"《胠箧》说:"天下每每大乱,罪在于好知。""夫好知之乱天下也,自三代以下者是已。"《知北游》说:"至为去为。""圣人处物不伤物。不伤物者,物亦不能伤也。"骨子里,庄子也主张爱人利物的"仁",只是他追求的"仁"是为而不恃的"上仁",而不是儒家所谓的"下仁"。《天地》篇借老子之口表达这个主张:"爱人利物之谓仁。""德人者……四海之内共利之之谓悦,共给(资财供给)之之谓安。"《徐无鬼》篇指出:"圣人并包天地,泽及天下,而不知其谁氏。是故生无爵,死无谥,实不聚,名不立,此之谓大人。"

于是,"臧"就是"任其性命之情"、"安其性命之情"、"不失其性命之情",意即归朴返真,回归人的清虚平淡、自然无为的本性。这种本性,庄子又称之为"道德"本性。人的道德本性为什么会是这样的呢?因为人及天地万物都是由"道德"派生的。"道德"的本性是清虚无为、无意志。它所派生的万物,包括人,也就先天地具备了这种"道德"本性。在"道德"中,"道"是更为根本的本体概念。关于"道"的本体状态和功能,《大宗师》说:"夫道,有情有信,无为无形;可传而不可受,可得而不可见;自本自根,未有天地,自古以固存;神鬼神帝,生天生地;在太极之先而不为高,在六极之下而不为深,先天地生而不为久,长于上古而不为老。"《知北游》说:"道不可闻,闻而非也;道不可见,见而非也;道不可言,言而非也!知形形之不形乎!道不当名。"《天地》说:"夫道,渊乎其居也,漻乎其清也。""视乎冥冥,听乎无声。冥冥之中,独见晓焉;无声之中,独闻和焉。故深之又深而能物焉;神之又神而能精焉。"关于"道"从无到有、化生万物的过程,《庚桑楚》说:"出无本,入无窍。""万物出乎无有。有不能以有为有,必出乎无有。"《天地》指出:"泰初有无,

---

① 《庄子·外篇·刻意》。
② 均见《庄子·杂篇·庚桑楚》。

无有无名。一之所起,有一而未形。物得以生谓之'德';未形者有分,且然无间谓之'命';留动而生物,物成生理谓之'形';形体保神,各有仪则谓之'性'。""故形非'道'不生,生非'德'不明。"《天道》云:"夫道,于大不终,于小不遗,故万物备。广广乎其无不容也,渊乎其不可测也。"由于"道"生万物,所以"道"寓万物,理一分殊。《知北游》云:

> 东郭子问于庄子曰:"所谓道,恶乎在?"庄子曰:"无所不在。"东郭子曰:"期而后可。"庄子曰:"在蝼蚁。"曰:"何其下邪?"曰:"在稊稗。"曰:"何其愈下邪?"曰:"在瓦甓。"曰:"何其愈甚邪?"曰:"在屎溺。"东郭子不应。

庄子谈"道"生天、生地、生人、生万物的本原功能和"道"在万物之中的本体特征,始终联系、聚焦、指向一点,即人对自身从"道"那儿秉承的道德本性的复归。《天地》说:"存形穷生,立德明道,非王德者邪!荡荡乎!忽然出,勃然动,而万物从之乎!此谓王德之人。""性修反德,德至同于初。同乃虚,虚乃大……与天地为合。其合缗缗,若愚若昏,是谓玄德,同乎大顺。"《天道》云:"极物之真,能守其本,故外天地,遗万物,而神未尝有所困也。通乎道,合乎德,退仁义,宾礼乐,至人之心有所定矣。"至此,庄子所提出的全新的道德善标准得到了清楚的表达。庄子以此为依据,展开了对"内圣外王之道"的独特论述。

3. 修身成圣之道:"支离其形"以"卫生","支离其德"以"养神"

"内圣外王之道"这个概念是《庄子·天下》中提出来的。在庄子看来,外王本自内圣,内圣而后外王。"贵以身于为天下,则可以托天下;爱以身于为天下,则可以治天下。"[①]兼济天下取决于时命,不是个人能够决定的,但做好自己,修身成圣,却是自己可以决定的。"天下无道,则修德就闲。"[②]"不当时命而大穷乎天下,则深根宁极而待,此存身之道也。"[③]庄子将"臧"的道德标准"安其性命之情"贯穿在"内圣外王之道"之中,同时又结合特定的修养对象和使命,展开了不同的表述,提出了不同的要求。

关于修身成圣之道,"安其性命之情"集中表现为两点。一是"全生""卫

---

① 《庄子·内篇·胠箧》。
② 《庄子·外篇·天地》。
③ 《庄子·外篇·缮性》。

生",通过回归清虚自然的道德本性保全生命存在。《养生主》论如何保身全生:"缘督以为经……可以全生……可以尽年。"遵循虚无的自然之道,便可以保全生命,可以享尽天年。庄子所说的"生",既指生命,也指天性,二者是相通的。保全了天性,就保全了生命存在。《庚桑楚》论"卫生之经",对如何通过守卫天性保全生命作了具体阐释:"卫生之经,能抱一乎?能勿失乎?能无卜筮而知吉凶乎?能止乎?能已乎?能舍诸人而求诸己乎?能翛然乎?能侗然乎?能儿子乎?……行不知所之,居不知所为,与物委蛇,而同其波。是卫生之经已。""相与交食乎地而交乐乎天,不以人物利害相撄,不相与为怪,不相与为谋,不相与为事,翛然而往,侗然而来,是谓卫生之经已。""能儿子乎?儿子不知所为,行不知所之,身若槁木之枝而心若死灰。若是者,祸亦不至,福亦不来。祸福无有,恶有人灾也!"

其二,这种生命存在,是符合自我本性的生命存在,而不是曲从其他物种生命本性的存在。这就是道家一再强调的"贵己""保身"①。庄子称之为"自适其适"。道生万物。万物各有不同的生命本性。理想的道德善状态是万物各顺应其物种本性生长化育,共生共荣。从"自适其适"的角度看,长者不为有余,短者不为不足;泰山不为大,芥子不为小;燕雀不必羡慕大鹏,大鹏也不必瞧不起燕雀。物适其性,就是"逍遥"的幸福境界。这里,最值得防范的偏向是站在自我"性命之情"的立场,鄙薄或渴慕其他的"性命之情"及其生存状态。《庄子》首篇《逍遥游》讲的就是这个道理。《逍遥游》以对比的手法,塑造了学鸠、斥鷃与大鹏的形象,用能力有限却洋洋自得的学鸠、斥鷃去反衬"绝云气,负青天"、"抟扶摇羊角而上者九万里"的鲲鹏。飞得不远的学鸠、斥鷃自我感觉很好,无法理解直上云霄九万里的鲲鹏,甚至嘲笑鲲鹏"奚以之九万里而南为",暴露了自己见识短浅的无知和可笑。同理,那些"知效一官、行比一乡、德合一君、而征一国"的官吏贤士,"其自视"也像学鸠、斥鷃一样愚蠢可笑。真正的"至人""神人""圣人"是像"鲲鹏"一样的人,超越功名这些身外之物,无所依待,所谓"至人无己,神人无功,圣人无名"。然而,在现实生活中,像学鸠、斥鷃这样不知"自适其适"的蠢人是很多的。鲁国国君就是典型的例子。《达生》记载:"昔者有鸟止于鲁郊,鲁君说之,为具太牢以飨之,奏九韶以乐之,鸟乃始忧悲眩视,不敢饮食。此之谓以己养养鸟也。"《至乐》记载:"昔者海鸟止于鲁郊,鲁侯御而觞之于庙,奏九韶以为乐,具太牢以为膳。鸟乃眩视忧悲,不敢食一脔,不敢饮一杯,三日而死。此以己养养鸟也,非以鸟养养鸟也。"庄子推衍开去总结说:"咸池九韶之乐,张

---

① 《庄子·养生主》:"缘督以为经,可以保身。"

之洞庭之野,鸟闻之而飞,兽闻之而走,鱼闻之而下入,人卒闻之,相与还而观之。鱼处水而生,人处水而死。彼必相与异,其好恶故异也。""褚小者不可以怀大,绠短者不可以汲深"①,否则,一切都是徒劳。

在万物中,人的"性命之情"是什么呢？就是清虚自然、无情无智。然而,"自三代以下者,天下莫不以物易其性矣。小人则以身殉利,士则以身殉名,大夫则以身殉家,圣人则以身殉天下。故此数子者,事业不同,名声异号,其于伤性以身为殉,一也。"②

这里特别值得一提的是帝王的功业究竟应当怎么看。在世俗人眼里,帝王之尊至高无上,值得为之献身。但在庄子看来,比起自己的生命存在,即便是帝王之尊也是微不足道的。"帝王之功……非所以完身养生也。"③为争夺帝王的地位牺牲,或在帝王的位置上为天下人献身,就好比"以隋侯之珠弹千仞之雀","所用者重而所要者轻",是得不偿失的。为比"帝王之功"等而下之的名利所做的牺牲,就更不值得了。"今世俗之君子,多危身弃生以殉物,岂不悲哉！"④由此出发,庄子对历史上一直被儒家赞美的古代圣王如尧、舜、禹、汤以及古代名士如狐不偕、务光、伯夷、叔齐、箕子提出了截然相反的尖锐批评:"今世之人居高官尊爵者,皆重失之,见利轻亡其身,岂不惑者！"⑤指出他们的愚蠢在于"役人之役,适人之适,而不自适其适者也"⑥。对于许由、子州支父、子州支伯、善卷等人从"完身养生"出发拒绝尧、舜禅让王位的举动大加称道。⑦ 比如尧让天下于许由,许由不愿以身殉天下,拒而不受,说:"子治天下,天下既已治也;而我犹代子,吾将为名乎？名者,实之宾也;吾将为宾乎？鹪鹩巢于深林,不过一枝;偃鼠饮河,不过满腹。归休乎君,予无所用天下为！庖人虽不治庖,尸祝不越樽俎而代之矣！"⑧对周太王古公亶父从"尊生"出发迁国于岐山的举动也大加赞赏:

> 大(同太)王亶父居邠,狄人攻之;事之以皮帛而不受,事之以犬马而不受,事之以珠玉而不受,狄人之所求者土地也。大王亶父曰:"与人之兄居而却杀其弟,与人之父居而杀其子,吾不忍也。子皆勉居矣！为

---

① 《庄子·至乐》。
② 《庄子·骈拇》。
③ 《庄子·让王》。
④ 均见《庄子·让王》。
⑤ 《庄子·让王》。
⑥ 《庄子·大宗师》。
⑦ 例见《庄子·让王》。
⑧ 《庄子·逍遥游》。

吾臣与为狄人臣奚以异！且吾闻之，不以所用养害所养。"因杖策而去之。民相连而从之，遂成国于岐山之下。

庄子赞美说："夫大王亶父，可望能尊生矣。能尊生者，虽贵富不以养伤身，虽贫贱不以利累形。"①

修身成圣之道是顺应人的生命本性，保全自我的生命存在。具体说来，如何保全自我的生命存在呢？庄子由外而内，从形体到精神，提出了养形之道与养神之道。

养形之道就是"支离其形"、不为世用。庄子通过寓言，塑造了一系列形体畸形丑陋的人物。因为他们畸形丑陋，无法被社会取用，所以得以保生全性。庄子誉之为"畸于人而侔于天"②。比如庄子虚构的"支离疏"这个人："支离疏者，颐隐于齐，肩高于顶，会撮指天，五管在上，两髀为胁。挫针治繲，足以糊口；鼓筴播精，足以食十人。上征武士，则支离攘臂于其间；上有大役，则支离以有常疾不受功；上与病者粟，则受三钟与十束薪。"恰恰由于"支离其形"，支离疏得以"养其身，终其天年"③。同理，生长完好、尽其天年的栎社树，"以为舟则沉，以为棺椁则速腐，以为器则速毁，以为门户则液樠，以为柱则蠹"。正由于是"不材之木"、"无所可用"，所以"能若是之寿"④。商丘大木也是如此："仰而视其细枝，则拳曲而不可以为栋梁；俯而视其大根，则轴解而不可以为棺椁；舐其叶，则口烂而为伤；嗅之，则使人狂酲三日而不已。"正因为"此果不材之木也"，所以"至于此其大也"⑤。"牛之白颡者，与豚之亢鼻者，与人有痔病者"，巫祝以为不祥，所以"不可以适河"成为牺牲品，因而得以保全生命，"此乃神人之所以为大祥也"。所以说："畸人者，畸于人而侔于天。"⑥

庄子由此推想开去："夫支离其形者，犹足以养其身，终其天年，又况支离其德者乎！"⑦形体畸形残缺，得以保生全性，如果在精神上不合世俗的仁义礼智要求，不为君主朝廷所用，那就更有助于达到保全自我生命存在的目的了。《德充符》通过五个寓言故事，用对比的手法，虚构、肯定了内在道德完满的人。无脚的王骀、申徒嘉、叔山无趾，丑陋的哀骀它，畸形的瓮盎大瘿

---

① 《庄子·让王》。
② 《庄子·大宗师》。
③ 《庄子·人间世》。
④ 《庄子·人间世》。
⑤ 《庄子·人间世》。
⑥ 《庄子·大宗师》。
⑦ 《庄子·人间世》。

不仅形体残缺,有"全生之形",而且无忠无能,有全生之德,因而是"德充符"——道德完满的象征符号。《天地》称之为"德人",进一步描绘"神全"之道:"执道者德全,德全者形全,形全者神全。神全者,圣人之道也。""功利机巧必忘夫人之心","天下之非誉无益损焉,是谓全德之人"!"德人者,居无思,行无虑,不藏是非美恶。四海之内共利之之谓悦,共给之之谓安。"《刻意》总结说:"纯粹而不杂,静一而不变,淡而无为,动而以天行,此养神之道也。"

无论"支离其形",还是"支离其德",都是为了通过"无用"不为世用,避祸全生。反之,如果"有用",就会以身殉天下。这就叫"人之君子,天之小人"①。由此,庄子对"有用"与"无用"作了重新解释。丑陋的形体、畸形的道德,不合社会的取用标准,在世俗人看来属于"无用",但因此得以"完身""全生",实际上恰恰有"大用"。反之,形体完美、道德上符合仁义标准的人,在世俗社会看来很"有用",于是被朝廷征用,搭上身家性命,实际上是最大的"无用"。《人间世》总结出一段名言:"山木,自寇也;膏火,自煎也;桂可食,故伐之;漆可用,故割之。人皆知有用之用,而莫知无用之用也。"《则阳》强调:"知无用,而始可与言用矣。"《逍遥游》指出:"无所可用,安所困苦哉!"

在通过"支离其形"以"卫生",通过"支离其德"以"养神",通过"无用"以保身全生的基础上,庄子提出了不同于儒家"圣人"的人格理想。庄子所说的"圣人",有时是儒家概念,是他批判的对象;有时是道家概念,与他提出的"真人""德人"概念是一致的,或者说是"真人""德人"概念的异名,是他肯定、追慕的人格境界。庄子强调的"内圣"之"圣",就是这样的"圣人"。《知北游》描述说:"圣人者,原天地之美而达万物之理。是故至人无为,大圣不作,观于天地之谓也。"《刻意》说:"圣人休休焉则平易矣。平易则恬淡矣。平易恬淡,则忧患不能入,邪气不能袭,故其德全而神不亏。"圣人的典范不是尧、舜,而是许由、子州支父、子州支伯、善卷这样的"自适其适"、"德全而神不亏"的"真人"。

"真人"的特点是什么?《刻意》说:"能体纯素,谓之真人。""素也者,谓其无所与杂也;纯也者,谓其不亏其神也。"《大宗师》说:"何谓真人?古之真人,不逆寡,不雄成,不谟士(事情)。""不以心捐道,不以人助天,是之谓'真人'。""古之真人,其寝不梦,其觉无忧,其食不甘,其息深深。""古之真人,不知说生,不知恶死;其出不欣,其入不距;翛然而往,翛然而来而已矣。""真人"不动心机,随顺自然,在对待生死的问题上尤其通达。庄子反复说明:生死是一个自然过程,不以人的意志为转移,所以明智的态度是生不喜、死

---

① 《庄子·大宗师》。

不忧。《知北游》说:"生也死之徒,死也生之始,孰知其纪!人之生,气之聚也。聚则为生,散则为死。若死生为徒,吾又何患!"《大宗师》主张:"以无为首,以生为脊,以死为尻",以"死生存亡之一体"。并提出:"夫大块载我以形,劳我以生,佚我以老,息我以死。故善吾生者,乃所以善吾死也。"《庚桑楚》云:"以无有为首,以生为体,以死为尻。孰知有无死生之一守者,吾与之为友。"《至乐》指出:"杂乎芒芴之间,变而有气,气变而有形,形变而有生,今又变而之死,是相与为春秋冬夏四时行也。""死生为昼夜。且吾与子观化而化及我,我又何恶焉!"《养生主》谓:"适来,夫子时也;适去,夫子顺也。安时而处顺,哀乐不能入也,古者谓是帝之县解。"命不当生而求生,生就成了"附赘悬疣"①:"假之而生生者,尘垢也。"②当死而死,死亡不仅不值得恐惧和痛苦,反而值得欣慰。所以庄子为自己的妻子之死"鼓盆而歌"③;吩咐弟子自己死后不用厚葬,让自己的尸体回归大自然④;甚至认为死亡作为生之劳累的解脱,其快乐如同做君王一样,属于远高于生之快乐的"至乐"⑤。能够安然对待生死,就能安然对待人世的一切利害荣辱得失。这样的"真人",庄子有时又叫作"神人"。这是做人的最高境界。所以庄子又称之为"至人"。

4. 外王济世之道:"在宥天下""天道人道""至德之世"

庄子曾经说:"道之真以治身,其绪余以为国家,其土苴以治天下。由此

---

① 《庄子·大宗师》。
② 《庄子·至乐》。
③ 《庄子·至乐》。另参《大宗师》:"子桑户死。未葬。孔子闻之,使子贡往侍事焉,或编曲,或鼓琴,相和而歌曰:'嗟来桑户乎!嗟来桑户乎!而已反其真,而我犹为人猗!'子贡趋而进曰:'敢问临尸而歌,礼乎?'二人相视而笑曰:'是恶知礼意!'子贡反,以告孔子曰:'彼何人者邪?修行无有,而外其形骸,临尸而歌,颜色不变,无以命之,彼何人者邪?'孔子曰:'彼,游方之外者也;而丘,游方之内者也。内外不相及,而丘使汝往吊之,丘则陋矣。彼方且与造物者为人,而游乎天地之一气。彼以生为附赘县疣,以死为决㾴溃痈。夫若然者,又恶知死生先后之所在!假于异物,托于同体;忘其肝胆,遗其耳目,反覆终始,不知端倪;芒然彷徨乎尘垢之外,逍遥乎无为之业。彼又恶能愦愦然为世俗之礼,以观众人之耳目哉!'"
④ 《庄子·列御寇》:"庄子将死,弟子欲厚葬之。庄子曰:'吾以天地为棺椁,以日月为连璧,星辰为珠玑,万物为赍送。吾葬具岂不备邪?何以加此!'弟子曰:'吾恐乌鸢之食夫子也。'庄子曰:'在上为乌鸢食,在下为蝼蚁食,夺彼与此,何其偏也。'"
⑤ 《庄子·至乐》:"庄子之楚,见空髑髅,髐然有形,撽以马捶因而问之,曰:'夫子贪生失理,而为此乎?将子有亡国之事,斧钺之诛,而为此乎?将子有不善之行,愧遗父母妻子之丑,而为此乎?将子有冻馁之患,而为此乎?将子之春秋故及此乎?'于是语卒,援髑髅,枕而卧。夜半,髑髅见梦曰:'子之谈者似辩士。视子所言,皆生人之累也,死则无此矣。子欲闻死之说乎?'庄子曰:'然。'髑髅曰:'死,无君于上,无臣于下;亦无四时之事,从然以天地为春秋,虽南面王乐,不能过也。'庄子不信,曰:'吾使司命复生子形,为子骨肉肌肤,反子父母妻子闾里知识,子欲之乎?'髑髅深矉蹙额曰:'吾安能弃南面王乐而复为人间之劳乎!'"

观之,帝王之功,圣人之余事也。"①"天下有道,则与物皆昌。"②"当时命而大行乎天下,则反一无迹。"③当修身成圣、把自己的人格做好之后,如果有机会,也有余力经邦济世,那就应该运用"反一无迹"的"道之真""以为国家",从而"与物皆昌"、实现天下的共生共荣。

庄子所处的社会,情欲横流,礼崩乐坏。一方面,诸侯国之间的兼并战争连绵不绝。比如那个盗跖,"从卒九千人,横行天下,侵暴诸侯。穴室枢户,驱人牛马,取人妇女。贪得忘亲,不顾父母兄弟,不祭先祖。所过之邑,大国守城,小国入保,万民苦之。"④另一方面,在战争中挣扎的老百姓目睹朝不保夕、生命无常,不少人产生了及时行乐、醉生梦死的人生观,比如《盗跖》篇中托名的"无足"就是纵欲派的代表人物。他提出:"且夫声色滋味权势之于人,心不待学而乐之,体不待象而安之。夫欲恶避就,固不待师,此人之性也。天下虽非我,孰能辞之!"庄子对此均极不认同。他认为情欲横流"遁其天,离其性",不符合人的虚静本性,会导致极为严重的恶果:"故卤莽其性者,欲恶之孽为性","并溃漏发,不择所出,漂疽疥痈,内热溲膏是也"⑤。《在宥》指出:"天下脊脊大乱,罪在撄(扰乱)人心。"人心不静,情欲失范,是天下大乱之源。"天下大治",千万必须"无撄人心"。君主如何"无撄人心"呢?就是要清虚无为,让天下人的"性命之情"都得到满足和安顿。"君子不得已而临莅天下,莫若无为。无为也而后安其性命之情。"于是庄子提出一个独特的"治天下"概念"在宥天下"。"'在'之也者,恐天下之淫其性也;'宥'之也者,恐天下之迁其德也。""在宥天下"的意思,即"天下不淫其性,不迁其德","安其性命之情"。

如何"在宥天下",使天下人"不淫其性,不迁其德","安其性命之情"呢?庄子对君主提出"天道",对大臣提出"人道",主张君行"天道",臣行"人道"。《在宥》指出:"有天道,有人道。无为而尊者,天道也;有为而累者,人道也。""主者,天道也;臣者,人道也。""天道"贵"因",特点是"无为",但因人而为,故无不为。臣道"有为",所以能帮助君主"无不为"。《天道》告诫说:君上"无为"之"天道"与臣下"有为"之"人道"不可颠倒搞乱。君上"无为",但臣下不可"无为"。"上无为也,下亦无为也,是下与上同德。下与上同德则不臣。"臣下"有为",但君上不可"有为"。"下有为也,上亦有为也,是上与下同

---

① 《庄子·杂篇·让王》。
② 《庄子·外篇·天地》。
③ 《庄子·外篇·缮性》。
④ 《庄子·杂篇·盗跖》。
⑤ 《庄子·杂篇·则阳》。

道。上与下同道则不主。"君上的"无为"与臣下的"有为"必须紧密结合起来,才能实现"天下大治"。"上必无为而用天下,下必有为为天下用,此不易之道也。""本在于上,末在于下;要在于主,详在于臣。"

从君道无为方面说,《在宥》强调:"民"至卑,但"不可不因",为君之道,必须"恃于民而不轻"。《天道》指出:君主治天下的"无为"之"天道",实际上是"乘天地、驰万物"的"用人群之道"。具体做法是:"知(智)虽落天地,不自虑也;辩虽雕万物,不自说也;能虽穷海内,不自为也。"君主"无为也,则用天下而有余;有为也,则为天下用而不足"。"君天下"之道"原于德而成于天",即"虚静恬淡寂漠无为"之道。"玄古之君天下,无为也,天德而已矣。""夫帝王之德,以天地为宗,以道德为主,以无为为常。""静而圣……无为也而尊,朴素而天下莫能与之争美。""夫虚静恬淡寂漠无为者,天地之平而道德之至,故帝王圣人休焉。"正因为君主用臣所为、用民所为而无所不为,所以天下大治时就不应当居功自傲,而应当功成弗居。所谓"泽及万世而不为仁"。《应帝王》亦云:"游心于淡,合气于漠,顺物自然而无容私焉,而天下治矣。""明王之治,功盖天下而似不自己,化贷万物而民弗恃。""无为名尸,无为谋府,无为事任,无为知主。体尽无穷,而游无朕。尽其所受乎天而无见得,亦虚而已……故能胜物而不伤。"

从"有为"的"人道""臣道"一端看,它实际上也是取法"天道"的产物。《天道》指出:"天尊地卑,神明之位也;春夏先秋冬后,四时之序也。""尊卑先后,天地之行也","圣人取象焉",因而制定了"尊卑先后"的"人道"。不仅"君先而臣从",乃至"父先而子从,兄先而弟从,长先而少从,男先而女从,夫先而妇从"都属于"人道"。一方面,庄子承认:"宗庙尚亲,朝廷尚尊,乡党尚齿,行事尚贤,大道之序也。"另一方面,庄子又指出,这些"人道"属于"末学":"三军五兵之运,德之末也;赏罚利害,五刑之辟,教之末也;礼法度数,形名比详,治之末也;钟鼓之音,羽旄之容,乐之末也;哭泣衰绖,隆杀之服,哀之末也。""末学"之道,虽然古已有之,不得不用,但"非所以先也","须精神之运"灵活处理。比如臣应从君,但"忠臣不谄其君";子应从父,但"孝子不谀其亲"。

由此可见,治理天下必须把因而不为的"天道"、"君道"与等而下之的"人道"、"臣道"(包括儒家之道)相反相成地结合在一起。正如《天道》所总结:"古之明大道者,先明天而道德次之,道德已明而仁义次之,仁义已明而分守次之,分守已明而形名次之,形名已明而因任次之,因任已明而原省(考察)次之,原省已明而是非次之,是非已明而赏罚次之,赏罚已明而愚知处宜,贵贱履位,仁贤不肖袭情(符合事实)。必分其能,必由其名。以此事上,以此畜下；以此治物，以此修身。知谋不用，必归其天（天性、自然）。此之谓太平，治之至也。"

在庄子看来，政治的理想状态是怎样的呢？这就是归朴返真，少私寡欲，自然无为，相安无事，天下共荣。《天地》指出："至德之世，不尚贤，不使能，上如标枝，民如野鹿。端正而不知以为义，相爱而不知以为仁，实而不知以为忠，当而不知以为信，蠢动而相使不以为赐。是故行而无迹，事而无传。"《马蹄》篇云："夫至德之世，同与禽兽居，族与万物并。恶乎知君子小人哉！同乎无知，其德不离；同乎无欲，是谓素朴。素朴而民性得矣。……毁道德以为仁义，圣人之过也。""至德之世，其行填填，其视颠颠。当是时也，山无蹊隧，泽无舟梁；万物群生，连属其乡；禽兽成群，草木遂长。是故禽兽可系羁而游，鸟鹊之巢可攀援而窥。"这样的理想社会，历史上存在过，那就是赫胥氏时代。《马蹄》描绘说："夫赫胥氏时，民居不知所为，行不知所之，含哺而熙，鼓腹而游。民能以此矣！""赫胥氏"又称"华胥氏"，是伏羲氏之前的远古部落首领。在现实中，《山木》描绘的南越之国也是："南越有邑焉，名为'建德之国'。其民愚而朴，少私而寡欲；知作而不知藏，与而不求其报；不知义之所适，不知礼之所将；猖狂妄行，乃蹈乎大方；其生可乐，其死可葬。"这个南越的"建德之国"，或出于庄子虚构，或是当时南方边陲民风淳朴、尚未开化的原始部落。而历史上为儒家竞相传颂的三皇五帝及夏商周三王，庄子却给予了尖锐的批判。《缮性》批判三皇五帝："逮德下衰，及燧人、伏羲始为天下，是故顺而不一。德又下衰，及神农、黄帝始为天下，是故安而不顺。德又下衰，及唐、虞始为天下，兴治化之流，枭淳散朴，离道以善，险德以行，然后去性而从于心。心与心识知，而不足以定天下，然后附之以文，益之以博。文灭质，博溺心，然后民始惑乱，无以反其性情而复其初。由是观之，世丧道矣。"《天运》批判"三皇五帝"："三皇五帝之治天下，名曰治之，而乱莫甚焉。三皇之知，上悖日月之明，下睽山川之精，中堕四时之施。其知（智）惨于蛎虿之尾，鲜规之兽。莫得安其性命之情者，而犹自以为圣人，不可耻乎？其无耻也！"《在宥》将尧与桀放在一起批判："昔尧之治天下，使天下欣欣焉人乐其性，是不恬也；桀之治天下也，使天下瘁瘁焉人苦其性，是不愉也。夫不恬不愉，非德也。非德也而可长久者，天下无之。"《盗跖》举例指出，即便用仁义的标准来看，尧、舜、商汤、周武王等为人传颂的仁君圣王也是有问题的："尧杀长子，舜流母弟，疏戚有伦乎？汤放桀，武王杀纣，贵贱有义乎？王季为适（通嫡），周公杀兄，长幼有序乎？"庄子不仅从"至德之世"的理想出发批判三皇五帝和三王之治，而且对儒家称道的贤人之治也给予否定。《徐无鬼》指出："夫尧知贤人之利天下也，而不知其贼天下也。夫唯外乎贤者知之矣。"《盗跖》亦云："比干剖心,子胥抉眼,忠之祸也;直躬证父,尾生溺死,信之患也;鲍子立干,申子自埋,廉之害也;孔子不见母,匡子不见父,义之失也。此上世之所传、下世之所语,以为士者正其言,必其行,故服其殃,离其患也。""儒者伪辞,墨子兼爱,五纪六位将有别乎?"《秋水》以河川与海洋、河伯与北海若的对比,说明以三皇五帝、伯夷仲尼这样的仁王贤人为高,正如同河伯未见大海时目睹于秋水汹涌就沾沾自喜一样荒谬可笑。"井蛙不可以语于海者,拘于虚也;夏虫不可以语于冰者,笃于时也;曲士不可以语于道者,束于教也。……五帝之所连,三王之所争,仁人之所忧,任士(贤士)之所劳,尽此矣! 伯夷辞之以为名,仲尼语之以为博,此其自多也,不似尔(河伯)向之自多于水乎!"在庄子描绘的"至德之世"面前,三皇五帝之世属于小巫见大巫,不值一提。

5. 方法论:亦此亦彼、是非相通、不主故常

庄子认为最高的善"臧"是"自适其适","安其性命之情",主张以此"修身""治物"。不同的物种有不同的生命本性,因而有不同的是非标准。同一物种的不同个体也有不同的天性差异,因而也有不同的是非评价。"世俗之人,皆喜人之同乎己,而恶人之异于己也。""同于己而欲之,异于己而不欲"。[①] 因此,是非评价就呈现出相对性。庄子主张"齐物",用变化的换位思考的方法看到是非善恶的相对性与相通性,反对执着于一种是非标准。儒墨强调"仁义",将这视为唯一的道德善,排斥其他所有的道德学说。庄子不仅不同意"仁义"是真正的"善",也不同意这种绝对化的思维方法。《齐物论》批评说:"有儒、墨之是非,以是其所非而非其所是。"庄子指出:"欲是其所非而非其所是,则莫若以明"。这个明智的认识方法,就是亦此亦彼、是非齐一、无可不可、不主故常的思维方法。

《庄子》中有一篇《齐物论》,对此做了集中的深刻论述。首先,不同的物种有不同的"生命之情",合己为是,反之为非。"民湿寝则腰疾偏死,鳅然乎哉? 木处则惴栗恂惧,猨猴然乎哉? 三者孰知正处? 民食刍豢,麋鹿食荐,蝍蛆甘带,鸱鸦耆鼠,四者孰知正味? 猨猵狙以为雌,麋与鹿交,鳅与鱼游。毛嫱丽姬,人之所美也;鱼见之深入,鸟见之高飞,麋鹿见之决骤,四者孰知天下之正色哉?"站在"秋毫"的角度看,"天下莫大于秋毫之末,而太山为小";站在"殇子"的角度看,"莫寿乎殇子,而彭祖为夭"。由此类推,不同的物种、不同的个体,都有各自不同的是非评价,"举莛与楹,厉与西施,恢诡谲

[①] 《庄子·在宥》。

怪，道通为一"。由此，庄子总结说："物无非彼，物无非是。自彼则不见，自知则知之。故曰：彼出于是，是亦因彼。彼是方生之说也。……因是因非，因非因是。""是亦彼也，彼亦是也。彼亦一是非，此亦一是非。果且有彼是乎哉？果且无彼是乎哉？彼是莫得其偶，谓之道枢。""可乎可，不可乎不可。""方可方不可，方不可方可。""恶乎然？然于然。恶乎不然？不然于不然。物固有所然，物固有所可。无物不然，无物不可。""是不是，然不然。"因为是非评价具有相对性、局限性，所以一谈论是非，于大道就有所缺失。"夫道未始有封。""是非之彰也，道之所以亏也。"所以，"大道不称，大辩不言，大仁不仁。"庄子推崇"不道之道""不言之辩"。庄子以真幻相即作喻，说明是非相通："昔者庄周梦为胡蝶，栩栩然胡蝶也。自喻适志与！不知周也。俄然觉，则蘧蘧然周也。不知周之梦为胡蝶与？胡蝶之梦为周与？周与胡蝶则必有分矣。此之谓物化。"又以名指与所指的不即不离关系，说明是非相即："以指喻指之非指，不若以非指喻指之非指也；以马喻马之非马，不若以非马喻马之非马也。天地一指也，万物一马也。"不仅是非相通，而且有无相通："有'始'也者，有'未始有始'也者，有'未始有夫未始有始'也者。有'有'也者，有'无'也者，有'未始有无'也者，有'未始有夫未始有无'也者。俄而'有''无'矣，而未知'有''无'之果孰'有'、孰'无'也？"

《齐物论》之外，《知北游》对万物齐一、彼此相通的世界观及方法论做了补充论述。首先，有无齐一："光曜问乎无有曰：'夫子有乎？其无有乎？'光曜不得问而孰视其状貌：窅然空然，终日视之而不见，听之而不闻，搏之而不得也。光曜曰：'至矣，其孰能至此乎！予能有无矣，而未能无无也。及为无有矣，何从至此哉！'"其次，古今齐一、生死齐一：

> 冉求问于仲尼曰："未有天地可知邪？"仲尼曰："可，古犹今也。"冉求失问而退。明日复见，曰："昔者吾问'未有天地可知乎'，夫子曰'可，古犹今也'。昔日吾昭然，今日吾昧然。敢问何谓也？"仲尼曰："昔之昭然也，神者先受之；今之昧然也，且又为不神者求邪！无古无今，无始无终。未有子孙而有孙子可乎？"冉求未对。仲尼曰："已矣，末应矣！不以生生死，不以死死生。死生有待邪？皆有所一体。有先天地生者物邪？物物者非物，物出不得先物也，犹其有物也。犹其有物也无已！圣人之爱人也终无已者，亦乃取于是者也。"

再次，美丑相通、万物齐一："故万物一也。是其所美者为神奇，其所恶者为臭腐。臭腐复化为神奇，神奇复化为臭腐。故曰：'通天下一气耳。'圣人故贵一。"

《庄子》另有《秋水》篇,从"适性"的角度说明有无齐一、是非齐一:"以道观之,物无贵贱;以物观之,自贵而相贱。""以差(不同的生命本性)观之,因其所大而大之,则万物莫不大;因其所小而小之,则万物莫不小。知天地之为稊米也,知毫末之为丘山也,则差数(不同物种、个体的适性奥秘)睹矣。以功观之,因其所有而有之,则万物莫不有;因其所无而无之,则万物莫无。知东、西之相反而不可以相无,则功分定矣。以趣观之,因其所然而然之,则万物莫不然;因其所非而非之,则万物莫不非。知尧、桀之自然而相非,则趣操睹矣。""万物一齐,孰短孰长?道无终始,物有死生,不恃其成。一虚一满,不位乎其形。年不可举,时不可止,消息盈虚,终则有始。是所以语大义之方、论万物之理也。"

《骈拇》将背离本性的所作所为比喻为骈肢旁拇,主张从保存生命本性的道德善标准出发评价是非善恶,举"凫胫虽短,续之则忧;鹤胫虽长,断之则悲"为例,说明只要符合"性命之情","合者不为骈,而枝者不为跂;长者不为有余,短者不为不足。"《大宗师》据此说:"与其誉尧而非桀也,不如两忘而化其道。"《则阳》则站在名家的角度,说明"言"与"意"的不即不离关系:"言而足,则终日言而尽道;言而不足,则终日言而尽物。道,物之极,言默不足以载。非言非默,议有所极。""筌者所以在鱼,得鱼而忘筌;蹄者所以在兔,得兔而忘蹄;言者所以在意,得意而忘言。吾安得夫忘言之人而与之言哉!"

既然物性不同,适性之善的形态也不同,所以对于善的表现形态的认识也就应当"不主故常"、不拘一格。《天运》篇记载黄帝关于"至乐(音乐之乐)"的一段话:"夫至乐者,先应之以人事,顺之以天理,行之以五德,应之以自然。然后调理四时,太和万物。四时迭起,万物循生。一盛一衰,文武伦经。一清一浊,阴阳调和,流光其声。蛰虫始作,吾惊之以雷霆。其卒无尾,其始无首。一死一生,一偾一起,所常无穷,而一不可待。""吾又奏之以阴阳之和,烛之以日月之明。其声能短能长,能柔能刚,变化齐一,不主故常。在谷满谷,在坑满坑。涂却守神,以物为量。其声挥绰,其名高明。是故鬼神守其幽,日月星辰行其纪。吾止之于有穷,流之于无止。""吾又奏之以无怠之声,调之以自然之命。故若混逐丛生,林乐而无形,布挥而不曳,幽昏而无声。动于无方,居于窈冥,或谓之死,或谓之生;或谓之实,或谓之荣。行流散徙,不主常声。世疑之,稽于圣人。圣也者,达于情而遂于命也。天机不张而五官皆备。此之谓天乐。"[①]最美的音乐"至乐"是"天乐"。它是

[①] 《天运》的上述引文,诸本有异。此处引自郭象注,陆德明音义本《庄子》,上海古籍出版社1986年"二十二子"版,第46页。

道家适性自然的道德的表现,能够"达于情而遂于命",给人带来至高无上的快乐"至乐"①;在表现方式上是"不主故常",反对执着于一端,不知因宜适变。

《庄子》中举了好多例子说明这一点。比如《山木》篇论"无用"与"全生"的关系:

> 庄子行于山中,见大木枝叶盛茂,伐木者止其旁而不取也。问其故,曰:"无所可用。"庄子曰:"此木以不材得终其天年。"
>
> 夫子出于山,舍于故人之家。故人喜,命竖子杀雁而烹之。竖子请曰:"其一能鸣,其一不能鸣,请奚杀?"主人曰:"杀不能鸣者。"
>
> 明日,弟子问于庄子曰:"昨日山中之木,以不材得终其天年;今主人之雁,以不材死。先生将何处?"庄子笑曰:"周将处乎材与不材之间。材与不材之间,似之而非也,故未免乎累。若夫乘道德而浮游则不然,无誉无訾,一龙一蛇,与时俱化,而无肯专为;一上一下,以和为量,浮游乎万物之祖,物物而不物于物,则胡可得而累邪!……若夫万物之情,人伦之传……胡可得而必乎哉!"

《徐无鬼》举管仲推荐继承人为例,说明治天下不可不执着于单一的是非标准,不知变通:

> 管仲有病,桓公问之曰:"仲父之病病矣,可不讳云,至于大病,则寡人恶乎属国而可?"管仲曰:"公谁欲与?"公曰:"鲍叔牙。"曰:"不可。其为人洁廉,善士也;其于不己若者,不比之;又一闻人之过,终身不忘。使之治国,上且钩乎君,下且逆乎民。其得罪于君也将弗久矣!"公曰:"然则孰可?"对曰:"勿已则隰朋可。"

不过,亦是亦非、"方可方不可",这样也会导致"天下是非无所定"的相对主义。这是庄子所不赞成的。在他看来,他提出的"安其性命之情"的"臧",就是天下最大的善。他发展、完善的道家学说,是诸子百家中最好的学说。在《至乐》篇中,庄子一方面承认"天下是非果未可定",另一方面又补充强调"'无为'可以定是非"。他提出的顾及、顺应各个物种、个体"生命之

---

① 按:《庄子》说的"至乐"有二义,一指最大的快乐,二指最美的音乐。二者是相通的,最美的音乐能够带来最大的快乐。最美的音乐是道家适性自然的道德的表现,是"天乐"。

情"的"无为"之道,就是天下局限性最小、公约性最大、因而最为完美的"善"。"至乐、活身,唯'无为'几存。请尝试言之。天'无为'以之清,地'无为'以之宁,故两(指天地)'无为'相合,万物皆化。……故曰天地'无为'也而无不为也,人也孰能得'无为'哉!"《刻意》在评价了其他五种诸子学说之后,评价自己的学说:"若夫不刻意而高,无仁义而修,无功名而治,无江海而闲,不道引而寿,无不忘也,无不有也,淡然无极而众美从之。此天地之道,圣人之德也。"《天下》评价庄周学派:其思维方法是"不谴(责问)是非,以与世俗处"。其特征是:"其书虽瑰玮,而连犿无伤也。其辞虽参差,而諔诡可观。彼其充实,不可以已。"其功能是:"上与造物者游,而下与外死生、无终始者为友。"其境界是:"判天地之美,析万物之理,察古人之全。""其于本也,弘大而辟,深闳而肆;其于宗也,可谓稠(通调)适而上遂(达)矣。""其应于化而解于物也,其理不竭……未之尽者(不可穷尽)。"

庄子在总结、甄别春秋战国"百家之学"的基础上,继承老子学说,批判孔子及墨家学说,以"任其性命之情""安其性命之情""不失其性命之情"为特色和标志,对"道德"和"善"作出了独特的解释与限定。以此为"内圣之道",他提出了卫生全德、养形养神的修养要求和"真人""圣人"的人格理想;以此为"外王之道",他提出了君道无为、臣道有为而的基本原则和"至德之世"的社会理想。在方法论上,从"自适其适"出发,主张亦此亦彼,是非齐一,无可不可,不主故常。在承认是非相对性的基础上,肯定、强调无为适性是天下最大的道德善,庄子学说是百家之学中最好的学说。

七、《鹖冠子》:杂合诸子学说的道家殿军之作

《鹖冠子》由战国时期鹖冠子的 12 篇论文、他与弟子庞煖的 5 篇对话以及庞煖的 2 篇论文《世贤》《武灵王》构成。关于其作者,《汉书·艺文志》称是楚人,"居深山,以鹖为冠",平常总爱戴着一顶用鹖鸟的羽毛装饰的帽子,以"鹖冠子"为号。应劭《风俗通义》佚文也说:"鹖冠氏,楚贤人,以鹖为冠,因氏焉。"《鹖冠子》传世最早的文本,是唐贞观年间魏徵《群书治要》所引。该书节录了《博选》《著希》《世贤》三篇的部分文字。其次是唐马总《意林》所引,节录了要语两条。完整的传本,为宋徽宗年间陆佃的《鹖冠子解》19 篇。后世的各种传本,实际上均以此为祖本。

自唐代柳宗元作《辨鹖冠子》一文,断定先秦道家殿军之作《鹖冠子》是

"好事者伪为其书"所致,后世多认同此说,为其翻案的几乎没有。① 于是,关于《鹖冠子》的研究就鲜有人问津,现有中国思想史著作的先秦部分几乎都将《鹖冠子》排除在外。然而,1973年,长沙马王堆汉墓出土大量帛书,"有《黄帝书》,很多观点和语句与《鹖冠子》相同",李学勤据此指出:这"确证后者是先秦古书,而且是黄老一派的重要古籍"②。黄怀信在《鹖冠子校注》前言中通过扎实的考证具体说明:"《鹖冠子》作者确系一名出生于楚、游学并定居于赵,喜以当地所产鹖鸟羽毛为冠饰并以之为号,曾做过庞煖老师的已佚名的隐士。"③"今本《鹖冠子》的最终撰写年代,当在公元前236至前282年之间",它"确是一部先秦文献"④。

作为战国后期成书的一部子书,《鹖冠子》虽然是道家的殿军之作,在宇宙发生论方面以黄老学说与阴阳家学说为主,在社会理想论方面吸收了道家小国寡民的成分,在治国安邦论方面吸收了道家的因势利导思想,但面对春秋以来繁荣兴盛的诸子学说,它在政治学说中又吸取了阴阳家、儒家、兵家、法家学说,体现出综合的杂家倾向,摆脱了早期道家的忘世特色,明确提出"尊君卑臣"⑤,声称"所期"是"使百姓释己而以上为心者"⑥。面对当时楚国、赵国的各种社会乱象,提出"良医化之","治之无名,使之无形"⑦,防患于未然,治病于未萌。本书即基于《鹖冠子》的道家主体与杂家取向,来系统剖析其黄老、阴阳合一的宇宙发生论及结构序列论、儒道合一的社会理想论及大政方针论、自成系统的兵家思想和法治思想,努力全面揭示《鹖冠子》的思想结构和逻辑肌理,填补先秦思想史研究的这个薄弱环节⑧。

1. 黄老及阴阳家的宇宙发生论及尊天地、因势命、先人事的宇宙结构论

《鹖冠子》不是就事论事的政治著作,在论述人伦政治之外,它有着宇宙发生的大视野,并从这个大视野出发,提出了尊天地、因势命、先人事的宇宙结构论。

在宇宙发生论方面,《鹖冠子》继承了老子的思想,并借用阴阳家学说作了改造。老子认为,"道"是宇宙万物的源头和本体。《鹖冠子》也认为:"道

---

① 李学勤:《读鹖冠子研究》,《人文杂志》2002年第3期。
② 李学勤:黄怀信《鹖冠子校注》序言,中华书局2014年版,第3页。
③ 黄怀信:《鹖冠子校注》前言,中华书局2014年版,第3页。
④ 黄怀信:《鹖冠子校注》前言,中华书局2014年版,第10页。
⑤ 黄怀信:《鹖冠子校注·天则》,中华书局2014年版,下同。
⑥ 黄怀信:《鹖冠子校注·天则》。
⑦ 黄怀信:《鹖冠子校注·世贤》。
⑧ 本节以《〈鹖冠子〉的思想结构及其政治主张》为题,发表于《辽宁大学学报》2021年第3期。

者,开物者也。""道者,通物者也。"①关于宇宙发生的过程,老子曾有过描述:"道(无)生一(元气),一生二(阴阳),二生三(天地人),三生万物。"②《鹖冠子》的认识则比老子具体、丰富多了:"有一(道也)而有气,有气而有意(生意),有意而有图(象),有图而有名(名称),有名而有形(形实),有形而有事(人事),有事而有约(公约、法制)。"天下万物,"莫不发于气、通于道、约于事、正于时、离于名、成于法者也。"③此外,《鹖冠子》的描述还糅合了阴阳、五行、术数学说等因素:"东方者,万物立止(足,基址)焉,故调以徵;南方者,万物华羽焉,故调以羽;西方者,万物成章焉,故调以商;北方者,万物录臧(藏)焉,故调以角;中央者,太一之位,百神仰制焉,故调以宫。""所始为东方,万物唯隆,以木华物,天下尽木也,使居东方主春;以火照物,天下尽火也,使居南方主夏;以金割物,天下尽金也,使居西方主秋;以水沉物,天下尽水也,使居北方主冬;土为大都,天下尽土也,使居中央守地。"④"道"生万物,无物非"道","道"无处不在,但又"混沌不分",无形可见:"道者……图弗能载,名弗能举,口不可以致其意,貌不可以立其状。"⑤"天,文也;地,理也;月,刑也;日,德也;四时,检也;度数,节也;阴阳,气也;五行,业也;五政,道也;五音,调也;五声,故也;五味,事也;赏罚,约也。此皆有验,有所以然者,随而不见其后,迎而不见其首;成功遂事,莫知其状;图弗能载,名弗能举;强为之说曰:芴乎芒乎,中有象乎,芒乎芴乎,中有物乎,窅乎冥乎,中有精乎,致信究情,复反无貌。"⑥这个无处不在的"道"就是客观存在、不可改变的自然规律:"自然,形也,不可改也;奇耦,数也,不可增减也;成败,兆也,非而(通能)长也。故其得道以立者,地能立之;其得道以仆者,地弗能立也。其得道以安者,地能安之;其得道以危者,地弗能安也。其得道以生者,天能生之;其得道以死者,天弗能生也。其得道以存者,天能存之;其得道以亡者,天弗能存也。"⑦

在道生万物的元素、序列中,《鹖冠子》更多地关注天、地、人、命。《博选》篇指出:"道凡四稽(考察):一曰天,二曰地,三曰人,四曰命。"在此基础上,《鹖冠子》论析了人与天、地、命的关系,强调圣人敬天、尊命而不做天、命的奴隶,高扬了人的主观努力在治理天下中至高无上的地位和作用。

---

① 黄怀信:《鹖冠子校注·度万》。
② 《老子》第四十二章。
③ 黄怀信:《鹖冠子校注·环流》。
④ 黄怀信:《鹖冠子校注·泰鸿》。
⑤ 黄怀信:《鹖冠子校注·度万》。
⑥ 黄怀信:《鹖冠子校注·夜行》。
⑦ 黄怀信:《鹖冠子校注·能天》。

为什么对天、地特别关注呢？因为"万物乘于天地"①。"天者,万物所以得立也;地者,万物所以得安也。"②天、地是怎么产生的呢？"天、地成于元气。"③天、地有什么特点呢？"天者,气之所总出也;地者,理之必然也。"④"无规(而)圆者,天之文也;无矩(而)方者,地之理也。""天循文以动,地循理以作者也。"⑤此外,"天也者,神明之所根也,醇化四时,陶埏无形,刻镂未萌,离(附丽)文将然者也;地者,承天之演,备载以宁者也。"⑥因此,"天者神也,地者形也。""天地者,形、神之正也。"⑦《鹖冠子》特别指出:"所谓天者,非是苍苍之气之谓天也;所谓地者,非是肼肼之土之谓地也。"⑧天、地不只是纯粹的自然物,它们是特定的道德化身:"所谓天者,言其然(成就)物而无胜者也;所谓地者,言其均(均平)物而不可乱者也。"⑨"故天道先贵覆者,地道先贵载者。"⑩在天、地中,天包含日之德、月之刑、星之序、时之则,"莫能增其高、尊其灵",地位更加重要。《鹖冠子》指出:"天者,诚其日德也;日诚出诚入,南北有极,故莫弗以为法则。天者,信其月刑也;月信死信生,终则有始,故莫弗以为政。天者,明星其稽也;列星不乱,各以序行,故小大莫弗以章。天者,因时其则也;四时当名代而不干,故莫弗以为必然。天者,一法其同也,前后左右,古今自如,故莫弗以为常。"由于天具有"诚、信、明、因、一"五大美德,"故莫能与争先"⑪。

在天地所承载、化育的万物中,人最重要。与天、地自然物相比,人是好生恶死的生物:"所谓人者,恶死乐生者也"⑫。大凡称霸天下者,"未有离天人而能善与国者也"⑬。因此,《鹖冠子》明确提出"先人""以人为本"的主张。《近迭》篇在对天地、四时、阴阳性能、作用作出客观考量后提出"先人"的"圣人之道"。"庞子问鹖冠子曰:圣人之道何先？鹖冠子曰:先人。……庞子曰:何以舍天而先人乎？鹖冠子曰:天高而难知,有福不可请,有祸不可避,

---

① 黄怀信:《鹖冠子校注·泰录》。
② 黄怀信:《鹖冠子校注·道端》。
③ 黄怀信:《鹖冠子校注·泰录》。
④ 黄怀信:《鹖冠子校注·泰录》。
⑤ 均见黄怀信:《鹖冠子校注·泰录》。
⑥ 黄怀信:《鹖冠子校注·泰鸿》。
⑦ 均见黄怀信:《鹖冠子校注·度万》。
⑧ 黄怀信:《鹖冠子校注·度万》。
⑨ 黄怀信:《鹖冠子校注·度万》。
⑩ 黄怀信:《鹖冠子校注·天则》。
⑪ 黄怀信:《鹖冠子校注·王鈇》。
⑫ 黄怀信:《鹖冠子校注·博选》。
⑬ 黄怀信:《鹖冠子校注·天则》。

法天则戾;地广大深厚,多利而鲜威,法地则辱;时举错代更无一,法时则贰。三者不可以立化树俗,故圣人弗法。庞子曰:阴阳何若?鹖冠子曰:神灵威明与天合,勾萌动作与地俱,阴阳寒暑与时至。三者圣人存则治,亡则乱,是故先人。"《度万》篇记录鹖冠子语:"天地阴阳,取稽于身……十变九道,稽从身始;五音六律,稽从身出。""身"者,人自身也。人自身是天下万物的核心、原点与起点。《泰录》篇指出:"若上圣皇天者,先圣之所倚威立有命也,故致治之自(从也)在己者也。"张之纯《鹖冠子菁华录》:"自,从也。此言致治之自不在天而在己,所谓人定胜天也。"所以《鹖冠子》强调在尊重天、地自然规律的同时,发挥人的神明、智慧的主观能动性,尽人力,为人事,改造自然、驾驭自然。《天则》指出:"人道,先贵事者。"《泰录》指出:"神圣之人,后、先天地而尊者也。后天地生,然知天地之始;先天地亡,然知天地之终。……尊重焉(天地),故能改动(改造)之;敏明(聪明)焉,故能制断之。"《博选》指出:"君也者,端(正)神明者也。神明者,以人为本者也。"在这里,《鹖冠子》高度肯定了人的"精神""神明"——聪明才智在改造天地自然中的崇高作用。《泰鸿》篇记载,泰皇问泰一:"天、地、人事,三者孰急?"泰一回答:"爱精养神内端者,所以希天。"该篇还指出:"圣人之道与神明相得,故曰道德。"《泰录》篇强调:"精神者,物之贵大者也。"《度万》篇指出:"彼虽至人,能以练其精神,修其耳目,整饰其身,若合符节。"因此能够"小大曲制,无所遗失,远近邪直,无所不及"。"故圣人者,后天地而生而知天地之始,先天地而亡而知天地之终;力不若天地,而知天地之任;气不若阴阳,而能为之经;不若万物多,而能为之正;不若众美丽,而能举善指过焉;不若道德富,而能为之崇;不若神明照,而能为之主;不若鬼神潜,而能著其灵;不若金石固,而能烧其劲;不若方圆治,而能陈其形。"《鹖冠子》中虽然有"法天居地……神圣之鉴也"的说法①,但"法天居地"的真实含义是尊重和利用天地的自然规律之意,而不是放弃人事努力、完全听命于天地之命的意思。因此,"法天居地"的说法与上述"法天则戾""法地则辱"的观点是不矛盾的。

所谓"命",在《鹖冠子》中有两层意思。一是君主的命令。"所谓命者,靡不在君者也。"②二是指自然规律。"命者,自然者也。命之所立,贤不必得,不肖不必失。"③《鹖冠子》所重视的"命",主要是这种意思。在这个意义上,"命"又叫作"势",即客观时势的"势"。"彼安危,势也;存亡,理也。何可

---

① 黄怀信:《鹖冠子校注·泰录》。
② 黄怀信:《鹖冠子校注·博选》。
③ 黄怀信:《鹖冠子校注·环流》。

责于天道？鬼神奚与？"①《备知》还举例说明这个问题："昔汤用伊尹,周用太公,秦用百里,楚用申麃,齐用管子。此数大夫之所以高世者,皆亡国之忠臣所以死也。由是观之,非其智能难与也,乃其时命者不可及也。唯无如是,时有所至而求,时有所至而辞,命有所至而阖,命有所至而辟。""今世非无舜之行也,不知(于)尧之故也；非无汤、武之事也,不知伊尹、太公之故也。费仲、恶来得辛纣之利而不知武王之伐之也,比干、子胥好忠谏而不知其主之煞(杀)之也。费仲、恶来者,可谓知心矣,而不知事；比干、子胥者,可谓知事矣,而不知心。圣人者必两备而后能究一世。"所以《度万》总结说："故圣人者,取之于势。"真正圣明的君王懂得知命因势,"按数循法"②,运用术数来把握势命,切忌"无数而自因,无法而自循"③。于是《鹖冠子》中又出现了不少关于术数的论述。

《鹖冠子》总结说："道者,圣(者)之所吏(使)也,至(者)之所得也。"④道派生万物,而又渗透、体现在万物之中,突出表现为天、地之理和时势之命。称霸天下的圣王至人说到底乃是得道、用道者。这得道和用道集中表现为尊重、把握并善于利用天地之理和时势之命,把人事做得更好。在此意义上,"天、地、人事,三者复一也"。⑤

2. "上下相疑"的现实批判与"居处同乐"的社会理想

从道生万物出发,《鹖冠子》主张在尊天地、因势命的前提下将人事做好,在危机四伏、岌岌可危的战国乱世使楚国立于不败之地。然而当时的社会现实状况是怎样的呢？《鹖冠子》指出,这是一个"过生于上,罪死于下"⑥的"浊世""乱世"。从道家的观点看,这个社会大化消隐,至德无存,"碎智"(又称"粗智")横行,斤斤计较,蝇营狗苟,以静为扰,以安为危。"至世之衰……其化薄而出于相以有为也。故为者败之,治者乱。"⑦"夫乱世者,以粗智为造(精)意。"⑧"主知不明,以贵为道,以意为法。""群臣无明佐之大数而有滑政之碎智。""以静为扰,以安为危,百姓家困人怨,祸孰大焉！"⑨从儒家

---

① 黄怀信：《鹖冠子校注·能天》。
② 黄怀信：《鹖冠子校注·近迭》。
③ 黄怀信：《鹖冠子校注·近迭》。原文为"无法而自备循",备为衍字。
④ 黄怀信：《鹖冠子校注·能天》。
⑤ 黄怀信：《鹖冠子校注·泰鸿》。
⑥ 黄怀信：《鹖冠子校注·度万》。
⑦ 黄怀信：《鹖冠子校注·备知》。
⑧ 黄怀信：《鹖冠子校注·著希》。
⑨ 均见黄怀信：《鹖冠子校注·备知》。

的观点看,这个时代以利为主,"反义""逆德"、背"仁"弃"忠",导致"父子相图,兄弟相疑",君臣相离:"至世之衰,父子相图,兄弟相疑……为者败之,治者乱。败则僞,乱则阿;阿则理废,僞则义不立。"①"夫乱世者……以利为情。若不相与同恶,则不能相亲。相与同恶,则有相憎。说者言仁,则以为诬;发于义,则以为夸;平心而直告之,则有弗信。"②其中最重要的问题,是君主骄纵昏昧、闭目塞听,大臣伪而不忠、结党营私,贤臣遭祸,小人受宠:"时君(现时之君)……遇人暴骄,万民离流,上下相疑,复而如环,日夜相烧,谏者弗受,言者危身,无从闻过。故大臣伪而不忠。……夫小人之事其君也,务蔽其明,塞其听,乘其威,以灼热人,天下恶之,其崇日凶,故卒必败,祸及族人。"③"今世之处侧者皆乱臣也,其智足以使主不达,其言足以滑政,其朋党足以相宁于利害。"④"贤人之潜乱世也,上有随君,下无直辞。君有骄行,民多讳言。故人乖其诚,能士隐其实情。心虽不说,弗敢不誉。事业虽弗善,不敢不力;趋舍虽不合,不敢弗从。""贤者之于乱世也,绝豫而无由通,异类而无以告,苦乎哉。"⑤

在批判"乱世"的社会现实的基础上,《鹖冠子》提出了它的社会理想。"毋易天生,毋散天朴,自若则清,动之则浊。"⑥"寒者得衣,饥者得食,冤者得理,劳者得息,圣人之所期也。"⑦"为善者可得举,为恶者可得诛。莫敢道一旦之善,皆以终身为期。素无失次,化立而世无邪。化立俗成,少则同济,长则同友,游敖(遨)同品(区之误也),祭祀同福,死生同爱,祸灾同忧,居处同乐,行作同和,吊贺同杂(集之衍也),哭泣同哀,欢欣足以相助,侦谍足以相止。"⑧这是一个大化流行、人心纯朴、人与人之间没有钩心斗角,同呼吸共命运、互助互爱、有福同享、有难同当的至德之世。它有道家小国寡民的影子,更多的是儒家大同之世的成分。在这种理想社会中,君主的圣明仁德显得特别重要。"圣王者,有听微决疑之道,能屏谗权实,逆淫辞,绝流语,去无用,杜绝朋党之门,嫉妒之人不得著明,非君子、术数之士莫得当前。故邪弗能奸,祸不能中。""有道之取政,非于(以)耳目也。夫耳之主听,目之主明。一叶蔽目,不见太山;两豆塞耳,不闻雷霆。道开而否,未

---

① 黄怀信:《鹖冠子校注·备知》。
② 黄怀信:《鹖冠子校注·著希》。
③ 黄怀信:《鹖冠子校注·道端》。
④ 黄怀信:《鹖冠子校注·备知》。
⑤ 均见黄怀信:《鹖冠子校注·著希》。
⑥ 黄怀信:《鹖冠子校注·泰鸿》。
⑦ 黄怀信:《鹖冠子校注·天则》。
⑧ 黄怀信:《鹖冠子校注·王鈇》。

之闻也;见遗不掇,非人情也。"①"时君遇人有德,君子至门,不言而信,万民附亲……是以为人君亲其民如子者,弗召自来……天下好之,其道日从,故卒必昌。"②《鹖冠子》在这里借他人之酒杯,浇胸中之块垒。他期望当朝的楚国国君也是一位贤明之君,能够听取他的忠良之言、采纳他的治国良方。

3. 外王之道:"君道知人,臣术知事"与"服义行仁,以一王业"

在提出了道儒合一的社会理想之后,《鹖冠子》重点论述了称霸天下的外王之道。这同样体现了道儒兼融的特色。

外王本于内圣,圣王来自圣人。"圣人者德之正也。"③要实现称霸天下的宏伟理想,君主必须先将自己修养成以理节情的圣人。在这点上,道家主张至人无情,自然无为,儒家主张圣人节情,克己复礼,殊途而同归。《世兵》指出:"列士徇名,贪夫徇财。""众人域域(惑惑),迫于嗜欲。""圣人""列士"与"众人"的最大区别,是"众人"唯利是图,"迫于嗜欲",而"至人遗物,独与道俱";"圣人捐物,从理与舍"。这就叫"欲喻至德之美者,其虑不与俗同;欲验九天之高者,行不径(由)请(情)"。《博选》篇对"君子"的解释也说明了这一点:"夫君子者……嗜利而不为非,时动而不苟作。体虽安之而弗敢处(享)享,然后礼生焉。心虽欲之而弗敢言,然后义生焉。夫义节欲而治,礼反情而辨(治)者也。故君子弗径情而行也。"只有不随情任欲、为所欲为,能够按照道德、理性克制、规范自己的行为,才能成为君子、圣人,也才能成为圣明、贤德的君王。

明王圣君以理节情,归真返璞,由此经邦济世,基本方针就是清虚无为。《泰录》指出:"故天地成于元气,万物乘于天地,神圣乘于道德,以究其理。"这个"道德"偏指无形的本体"道":"不见形窅(形也),而天下归美焉。"这个"道"体现在君道上就是至简无为。"天之不违,以不离一(简也)。天若离一,反还为物。不创不作,与天地合德。节玺相信,如月应日。此圣人之所以宜世也。"在这方面,如果君主心智太多,动作频频,不仅无益,反而有害。"知足以滑正,略足以恬祸,此危国之不可安,亡国之不可存也。"④因此,"有道南面执政,以卫神明,左右前后,静侍中央。开原(源)流洋,精微往来,倾倾绳绳。内持以维,外纽以纲。行以理势,纪以终始。同一殊职,立为明官。

---

① 均见黄怀信:《鹖冠子校注·天则》。
② 黄怀信:《鹖冠子校注·道端》。
③ 黄怀信:《鹖冠子校注·度万》。
④ 均见黄怀信:《鹖冠子校注·天则》。

五范(刑)四时,各以类相从。昧玄生色,音声相衡。"①

君主无为,何以能够达到天下之事无不为的结果呢?那是合理、得当地依靠、任用大臣去作为的结果。所以《鹖冠子》提出了"君道知人,臣术知事"的政治策略。《道端》篇对此论之甚详:"夫寒温之变,非一精之所化也;天下之事,非一人之所能独知也;海水广大,非独仰一川之流也。是以明主之治世也,急于求人,弗独为也。与天与地,建立四维,以辅国政。""事不任贤,无功必败。"因而,"君道知人,臣术知事。"②。

如何依靠群臣治理天下呢?《泰鸿》提出儒家"善善"(以善为善)的治国理念:"鹖冠子曰:常知善善,昭缪(穆)不易,一揆至今。不知善善,故有身死国亡,绝祀灭宗。"善政就是"顺爱之政":"顺爱之政,殊类相通;逆爱之政,同类相亡。""顺爱"的核心是"仁义":"同和者,仁也;相容者,义也。仁义者,所乐同名也。"因此,《泰录》提出:"扶义本仁,积顺之所成,先圣之所生也。"《道端》提出:"服义行仁,以一王业。"并解释说:"夫仁者,君之操也;义者,君之行也;忠者,君之政也;信者,君之教也;圣人者,君之师傅也。"《学问》记载:"庞子曰:礼、乐、仁、义、忠、信,愿闻其合之于数(定数、治国之术)。鹖冠子曰:所谓礼者,不犯者也;所谓乐者,无菑(灾)者也;所谓仁者,同好者也;所谓义者,同恶者也;所谓忠者,久愈亲者也;所谓信者,无二响者也。圣人以此六者,卦(卜)世得失逆顺之经。"

仁义顺爱的对象是臣民。于是"因民"成为《鹖冠子》外王思想的一个重要组成部分。《天则》指出:"田不因地形,不能成谷;为化不因民,不能成俗。""因民"就是依靠民众的力量。"为之以民,道之要也。唯民知极,弗之代也。此圣王授业,所以守制也。"《环流》指出:"故所谓道者,无己者也;所谓德者,能得人者也。"人民就是"道德"取法、依据的对象。得人者得天下。《度万》以类比的方法告诫君主:"凤凰者,鹑火之禽,阳之精也;骐麟者,元枵之兽,阴之精也;万民者,德之精也。德能致之,其精毕至。"君主只有以仁德赢得万民的拥戴,才能称霸天下。

由于《鹖冠子》主张君主无为而通过群臣百官去作为,因而"任贤使能"③成为其外王思想的又一个要点。"人者,以贤圣为本者也。"④具体而言,根据德能的不同程度,"圣贤"又分为"俊""豪""英":"是以德万人者谓之俊,德千

---

① 黄怀信:《鹖冠子校注·泰鸿》。
② 黄怀信:《鹖冠子校注·道端》。
③ 黄怀信:《鹖冠子校注·天则》。
④ 黄怀信:《鹖冠子校注·博选》。

人者谓之豪,德百人者谓之英。"①就一般情况而言,"人者,莫不蔽于其所不见,鬲(隔)于其所不闻,塞于其所不开,诎(屈)于其所不能,制于其所不胜。""世俗之众,笼乎此五也而不通。"因此,古代的君王通过兴办教育,"呼往(当作狂)发蒙""达昏开明"②,使人超凡入圣。"诐(颇)辞者,革(颠倒)物者也,圣人知其所离;淫辞者,因物者也,圣人知其所合;诈辞者,沮(坏)物者也,圣人知其所饰;遁(隐)辞者,请(求)物者也,圣人知其所极(穷尽);正辞者,惠物者也,圣人知其所立。"③具体说来,由凡成圣,必须经过长期乃至终身的求教、学习、修养,其学习、把握的内容大体包括"九道"。《学问》记载:"庞子曰:何谓九道?鹖冠子曰:一曰道德,二曰阴阳,三曰法令,四曰天官,五曰神征,六曰伎艺,七曰人情,八曰械器,九曰处兵。庞子曰:愿闻九道之事。鹖冠子曰:道德者,操行所以为素(本)也;阴阳者,分数所以观气变也;法令者,主道治乱,国之命也;天官者,表仪祥兆,下之应也;神征(验)者,风采光景,所以序怪也;伎艺者,如胜(承担)同任,所以出无独异也;人情者,小大、愚知、贤不肖、雄俊豪英相万(万倍)也;械器者,假乘焉,世用国备也;处兵者,威柄所持,立不败之地也。九道形心,谓之有灵。"有道之君,总是善于识用这些杰出的贤圣之士获得成功的:"无道之君,任用么麽,动即烦浊;有道之君,任用俊雄,动则明白。"④

于是,对贤士的考察遴选,就成为君道的重中之重:"异而后可以见人……临利而后可以见信,临财而后可以见仁,临难而后可以见勇,临事而后可以见术数之士。"⑤"富者观其所予,足以知仁;贵者观其所举,足以知忠。观其大祥(端也),长不让少,贵不让贱,足以知礼达;观其所不行,足以知义;受官任治,观其去就,足以知智;迫之不惧,足以知勇;口利辞巧,足以知辩;使之不隐,足以知信;贫者观其所不取,足以知廉;贱者观其所不为,足以知贤;测深观天,足以知圣。"⑥"贤圣者,以博选为本者也。"⑦在对贤圣的遴选中,《鹖冠子》将人分成"五至":"博选者,以五至为本者也。""人有五至:一曰伯(百也)己(百倍于己之贤者),二曰什己(十倍于己之贤者),三曰若己,四曰厮役,五曰徒隶。"指出君主对人有什么样的态度,就会招致什么样的人来效力:"故北面而事之,则伯己者至;先趋而后息,先问而后默,则什己者

---

① 黄怀信:《鹖冠子校注·度万》。
② 均见黄怀信:《鹖冠子校注·天权》。
③ 黄怀信:《鹖冠子校注·能天》。
④ 黄怀信:《鹖冠子校注·道端》。么麽:指小人。么,通幺,细小。麽:细小。
⑤ 黄怀信:《鹖冠子校注·天则》。
⑥ 黄怀信:《鹖冠子校注·道端》。
⑦ 黄怀信:《鹖冠子校注·博选》。

至;人趋己趋,则若己者至;凭几据杖,指麾而使,则厮役者至;乐嗟苦咄,则徒隶之人至矣。"《鹖冠子》总结说:"帝者与师处,王者与友处,亡主与徒处。"把贤人当作师傅相待,就能称帝;把贤人当作朋友相待,只能称王;把贤人当作徒隶使唤,就会沦为亡国之君。只有"举贤用能",君主才能无为而无不为:"是以先王置士也,举贤用能,无阿于世。仁人居左,忠臣居前,义臣居右,圣人居后。左法仁,则春生殖;前法忠,则夏功立;右法义,则秋成熟;后法圣,则冬闭藏。""此四大夫者,君之所取于外也。"君主所用的不只是这四大夫,而且包括各种特长的百官:"故临货分财使仁,犯患应难使勇,受言结辞使辩,虑事定计使智,理民处平使谦,宾奏赞见使礼,用民获众使贤,出封越境适绝国使信,制天地御诸侯使圣。"用人得当,则群臣献功。"下不怨上,辩士之功;释怨解难,智士之功;事至而治,难至而应,忠臣之功;正言直行,矫拂王过,义臣之功;存亡继绝,救弱诛暴,信臣之功;正不易言,贞谦之功;废私立公,礼臣之功;尊君卑臣,贤士之功;敌国惮之,四境不侵,圣人之功。"由于用得其所,百官效力,所以君王可以"高而不坠,安而不亡"①。

4. 义兵思想:"人道先兵"与"兵者礼义忠信也"

战国后期,诸侯国之间的兼并战争愈演愈烈。在治国的人事中军事建设显得格外重要,所以《鹖冠子》提出"人道先兵"②这样一个富有时代特色的命题。军事建设的最终目的是打胜仗。所以军事思想的核心问题是总结制胜之道。"昔善讨者,非以求利,将以明数;昔善战者,非以求胜,将以明胜。"③"明数"即弄明白征讨的规律;"明胜"即弄明白取胜的缘由。《鹖冠子》的军事思想,主要围绕着这个主题来讨论。

首先,军事建设要从天、地、人、赏、罚五方面入手。"用兵之法:天之,地之,人之,赏以劝战,罚以必众。"④五者中,天、地、人最重要。"天不能以早为晚",所以要尊重天时。"地不能以高为下",所以要依托地利。"人不能以男为女",所以要考虑人和⑤。"彼兵者,有天、有人、有地。兵极(尽)人,人极地,地极天。天有胜,地有维,人有成。故善用兵者慎以天胜,以地维,以人成。"⑥在人和中,赏、罚的合理至关重要。"赏不能劝不胜任,罚不能必不

---

① 黄怀信:《鹖冠子校注·道端》。
② 黄怀信:《鹖冠子校注·近迭》。
③ 黄怀信:《鹖冠子校注·天权》。
④ 黄怀信:《鹖冠子校注·兵政》。
⑤ 均见黄怀信:《鹖冠子校注·兵政》。
⑥ 黄怀信:《鹖冠子校注·天权》。

可。"不能对不该赏的人加以奖赏,不能对不可罚的人实施处罚。天、地、人、赏、罚各有各的客观规律,不可人为改变,必须加以研究和尊重:"因物之然,而穷达存焉。"① 要之,"兵之胜也,顺之于道,合之于人。""其弗知者,以逆为顺,以患为利……故其兵禽。"② 战争取胜的根本原因有二,一是顺应天地自然的规律,二是符合人和的要求,有人事的努力相配合。

其次,在"顺之于道,合之于人"、有把握取胜的情况下,确立不战而胜的用兵理念。《鹖冠子》强调,不战而胜才是用兵的最高境界。"设兵取国,武之美也;不动取国,文之华也。"③"百战而胜,非善之善者也;不战而胜,善之善者也。""太上用计谋,其次因人事,其下战克。"④ 因此,穷兵黩武是得不偿失的:"今或僵尸百万,流血千里,而胜未决也,以为功,计之每已不若。"⑤ 正是穷兵黩武,造成了赵武灵王六世祖赵襄子的破亡:"若夫耳闻金鼓之声而希功,目见旌旗之色而希陈,手握兵刃之枋而希战,出进合斗而希胜,是襄主之所破亡也。"⑥ 这个思想与老子是一脉相承的:"善为士者,不武;善战者,不怒;善胜敌者,不与。"⑦

再次,如何达到不战而胜的境界呢? 根本原因不是靠军事实力,而是靠正义的力量去征服对手的人心,所以《鹖冠子》提出了"义兵",打造正义之师的思想。"昔夏广而汤狭,殷大而周小,越弱而吴强,此所谓不战而胜,善之善者也。"⑧ 弱小的商国、周国、越国为什么最终能取代强大的夏朝、殷朝、吴国呢? 因为它们奉行礼义忠信,赢得了民心的归附。所以鹖冠子总结出一个命题:"兵者,礼义忠信也。"只有在敌人"失道""不义"的情况下,才可以发动"以贱逆贵""以小侵大"的战争,因为这个战争是正义的。"主道所高,莫贵约束;得地失信,圣王弗据。"正义之师攻城略地、占领敌国后,必须懂得自我约束,"不杀降人","行枉则禁,反正则舍"⑨。"入以禁暴,出正无道,是以其兵能横行诛伐而莫之敢御。"⑩ 得道则战无不胜。反之,失道则节节败退,面临灾祸的惩罚。"夫地大国富,民众兵强,曰足士有余力,而不能以先得志于天下者,其君不贤,而行骄溢也。……反义而行之,逆德以将之,兵诎而辞

---

① 均见黄怀信:《鹖冠子校注·兵政》。
② 黄怀信:《鹖冠子校注·兵政》。
③ 黄怀信:《鹖冠子校注·天权》。
④ 黄怀信:《鹖冠子校注·武灵王》。
⑤ 黄怀信:《鹖冠子校注·武灵王》。
⑥ 黄怀信:《鹖冠子校注·武灵王》。
⑦ 《老子》六十八章。与:陈鼓应解释为争斗、对斗。
⑧ 黄怀信:《鹖冠子校注·武灵王》。
⑨ 均见黄怀信:《鹖冠子校注·近迭》。
⑩ 黄怀信:《鹖冠子校注·王鈇》。

穷,令不行,禁不止,又奚足怪哉?"①这种"以义为兵"思想,又一次体现了对儒家学说的择取。

5. "法不败是,令不伤理"与举报连坐、严刑止罪

在以"仁"治国、以"义"用兵之外,《鹖冠子》还论述到法令在治理天下中的地位、作用、特点以及立法、司法中要注意的问题。

在《鹖冠子》看来,万物"莫不发于气,通于道……成于法者也。""从此化彼者法也。"②法在治理天下、维护社会稳定的政治实践中地位很重要:"法也者,守内者也;令也者,出制者也。"③法是君主、官府备用的一种系统的制度:"法者曲制,官备主用也。"④法不仅是惩恶的刑法,而且包括奖善的赏令。"法之所贵",乃在"举善不以窅窅,拾(捡)过不以冥冥"⑤,不徇私情,不暗箱操作,光明正大地奖善惩恶。

因此,圣人在立法的时候,去私就公、坚持公正至关重要。"生法者我也。""生成在己,谓之圣人。""惟圣人究道之情。""唯道之法,公政(正)以明。"⑥"法者,天地之正器也。用法不正,元德不成。"⑦"法者,使去私就公。"⑧法令的公正要求法令的设置必须体现基本的是非标准。"是者,法之所与亲也;非者,法之所与离也。是与法亲故强,非与法离故亡。"⑨只有这样,法令才能促使人们去自觉地遵守,所谓"人以成则(法则),士以为绳(绳墨)",法令的使用才能起到扬善去恶、阴阳调和的积极作用。"夫法不败是(是非之是),令不伤理,故君子得而尊,小人得而谨,胥靡得以全……故法错而阴阳调。"⑩

为了保证法令的贯彻实施,《商君书》曾经发明了相互检举揭发、责任共担的连坐制。《鹖冠子·王鈇》承此而来,也有细致的考虑和详赡的论述。首先,从基层到上层,设置伍、里、扁、乡、县、郡等不同的行政区划,分别设伍长、有司、扁长、乡师、啬夫、大夫为其最高长官。"鹖冠子曰:其制邑理都,

---

① 黄怀信:《鹖冠子校注·近迭》。
② 均见黄怀信:《鹖冠子校注·环流》。
③ 黄怀信:《鹖冠子校注·度万》。
④ 黄怀信:《鹖冠子校注·天则》。
⑤ 黄怀信:《鹖冠子校注·天则》。
⑥ 均见黄怀信:《鹖冠子校注·环流》。
⑦ 黄怀信:《鹖冠子校注·泰鸿》。
⑧ 黄怀信:《鹖冠子校注·度万》。
⑨ 黄怀信:《鹖冠子校注·环流》。
⑩ 均见黄怀信:《鹖冠子校注·度万》。

使瞳（习惯）习者五家为伍，伍为之长；十伍为里，里置有司；四里为扁，扁为之长；十扁为乡，乡置师；五乡为县，县有啬夫治焉；十县为郡，有大夫守焉。"然后让每个行政单元的人们之间相互监督："事相斥正，居处相察，出入相司。"具体说来即："父与父言义，子与子言孝，长者言善，少者言敬，旦夕相薰苎（熏陶），以此慈孝之务。若有所移徙去就，家与家相受，人与人相付（应为保），亡（逃亡）人奸物（徒），无所穿窬，此其人情物理也。"如果有人违法，其他人不举报，发现后不仅当事人要接受处罚，行政单元的长官也要承担连带责任，同样接受处罚："伍人有勿故不奉上令……而不辄以告里有司，谓之乱家，其罪伍长以同。里中有不敬长慈少，出等异众，不听父兄之教，有所受闻，不悉以告扁长，谓之乱里，其罪有司而贰其家。扁不以时循行教诲，受闻不悉以告乡师，谓之乱扁，其罪扁长而贰其家。乡不以时循行教诲，受闻不悉以告县啬夫，谓之乱乡，其罪乡师而贰其家。县啬夫不以时循行教诲，受闻不悉以告郡，善者不显，命曰蔽明，见恶而隐，命曰下比，谓之乱县，其诛啬夫无赦。郡大夫不以循行教诲，受闻虽实，有所遗脱，不悉以教柱国，谓之乱郡，其诛郡大夫无赦。""下情六十日一上闻，上惠七十二日一下究"，"畔者不利"，"不肖者不失其贱，而贤者不失其明"，这样就可以保证层层级级的民众为善而不为恶，"上享其福禄，而百事理行"，最终达到"其刑设而不用""莫能挠其强"的结果。

《鹖冠子》是战国后期道家的殿军之作。它以黄老道家与阴阳家学说为本根，兼融儒家、兵家、法家等学说，提出了称霸天下的治国良方。在天人关系上，《鹖冠子》从黄老及阴阳家的宇宙发生论出发，提出尊天地、因势命、先人事的基本主张，肯定了人道在政治生活中的决定地位。在人道环节，《鹖冠子》从儒道合一、共利同乐的社会理想出发，提出了"服义行仁，以一王业""君道知人，臣术知事"的政治方针；面对当时激烈的兼并战争，提出"人道先兵"的口号和以"义"用兵的军事思想；在坚持以"仁"治国的同时，又提出严刑止罪的法治主张。这就是《鹖冠子》的整体思想结构。

第十二章　法家的思想主张

　　法家是春秋战国时期提倡以法治国的重要学派。春秋时期的管仲曾被视为法家学派的先驱。但今本《管子》综合诸家，体现了鲜明的杂家特色，法家学说只是其政治学说的辅助部分。战国中期的商鞅、申不害、慎到留下《商君书》《申子》《慎子》，分别论述"法""术""势"，成为今天可见的早期法家著作。战国末期的韩非综合前辈法家思想，留下一部《韩非子》，批判儒墨仁爱学说，强调用严刑峻法维护君主专制，成为法家的集大成著作。

　　商鞅是战国中期辅佐秦孝公变法图强的法家代表人物。在以"帝王之道"游说尧舜、汤武仁德未果后，以变法图强的"霸道"获得了孝公的信任和重用，以法因时而变的旗号实施了两次变法。商鞅变法图强的主张包括三个要点。一是辟儒尚法。铲除"仁义""和平""善良""孝悌"等儒家思想言论，"愚民""弱民"，削弱民智，实行以"重罚"为特点的严厉的法律制度。二是务农强兵。通过奖赏法令的激励引导，对内聚民务农，对外驱民勇战，使国家成为经济上的富国、军事上的强国。三是自治与专制。一方面通过互相监视、告密检举，实行民众自治，另一方面通过严格、公平执法，维护定于一尊的君主专制。

　　如果说商鞅思想的标志是"法"，申不害思想的标志则是"术"。申不害，战国中期郑国人。以法术之"术"获得韩昭侯赏识，用为丞相，内修政教外应诸侯，使韩国君权得到加强，国家走向强大。在大夫弑君、危机四伏的时代，申不害主张加强君主的"独断"专制。"君必明法，以一群臣"。"法"是君主统一群臣的根本手段。与此同时，君主还必须掌握驭臣之"术"，善于暗中以"术"辅助公开之"法"。所谓"君设其本，臣操其末"；"君知其道，臣知其事"。进而调动和监督大臣去依法行事，达到天下大治。

　　慎到是战国中期赵国人，曾长期在齐国稷下讲学，传播法家思想。他继承商鞅、申不害加强君主专制的主张，强调君主拥有高高在上、大权独揽的权势之"势"的重要性，提出"国之大道"是"民一于君"，而天子的职责是"天下为公"，统一天下的法令必须是排除私利的"至公"之法，同时对驭臣之

"术"作了进一步深入探讨,提出了因人之情而治人、因臣之智而为事、因民之能而为资的"因循"主张。

战国末期韩国的韩非是法家学说的集大成者。适应秦王嬴政统一六国、称霸天下的需要,韩非将商鞅的"法"、申不害的"术"、慎到的"势"综合起来,建构了一套以势强君、以术驭臣、以法制民的完整的君主专制理论。他不相信鬼神的存在,主张"循天顺人"。在人道问题上,他集中探讨了霸王之道,主张加强君主集权的绝对"权势",暗中以"术"驭臣,无为而无不为;依据"因人之情"而又"不从其欲"的政治理念,提出禁止私利的"公法"要求、"禁言诛心""监督连坐"等严刑峻法,奖励农战、打击儒侠的政策主张以及禁恶止乱、富国强兵、天下一统的社会理想。韩非说明:轻罪重罚不是暴政,恰恰有助于百姓守法避刑。他既肯定君主专制集权,又反对君主事必躬亲;既维护君主绝对权势,又强调君主不以私干法;既强调削弱大臣权力的"人主之道",又崇尚"明君"、批判桀纣这样为所欲为的"暴君"。这些都是值得仔细辨别、合理评价的。

一、《商君书》:辟儒尚法、务农强战

《商君书》是商鞅及其后学的著作汇编,它是迄今保存比较完整的早期法家著作。

商鞅(约公元前395—前338年),战国中期卫国(今河南内黄,一说为濮阳)人,称卫鞅。"姓公孙氏"①,又名公孙鞅。因在河西之战中立功获封商邑,号为"商君",所以又叫"商鞅"。

商鞅年轻时受尸佼杂家学说和李悝、吴起法家学说影响,好刑名法术之学,有奇才,深得魏国国相公叔痤赏识。公叔痤病重时向魏惠王推荐商鞅作为自己的继承人,但未被采信。公元前362年,秦孝公继位,颁布求贤令,访求强国之道。商鞅离开魏国,携带李悝的《法经》投奔秦国,前后四次游说秦孝公。第一次说"帝道",第二次说"王道",孝公认为太过"久远,吾不能待","安能邑邑待数十百年以成帝王乎"② 直到第三次以立马见效的"霸道"说之,才引起孝公的兴趣。于是第四次,商鞅调整思路,投其所好,大讲霸道中的强国学说,获得孝公的重用。一部《商君书》,"强国"是主题,因而"强"字

---

① 《史记·商君列传》。
② 《史记·商君列传》。

的出现频率很高。

当时的天下,尧、舜的帝道,汤、武的王道在政治学说中占主导地位。孔子据此创立了儒家的仁义学说,影响很大。秦国也不能不受影响。这在商鞅看来,恰恰是削国、弱国、亡国之道。所以他给秦孝公出的强国的主意,就是变法,即废除儒家帝王之道,实施务农强战的法家之道。秦孝公被说动了。公元前359年,孝公会集臣工商议变法之事,主张变法的商鞅通过与主张守成的一派激烈论辩,最后胜出。秦孝公命商鞅颁布《垦草令》,拉开了全面变法的序幕。其主要内容是促进农业生产,保障国库收入。《垦草令》在秦国成功实施后,秦孝公于公元前356年任命商鞅为左庶长,实行第一次变法。主要内容有:改革户籍制度,推行小家庭制,重农抑商,奖励耕织;实行什伍连坐法,明令军法奖励军功,废除世卿世禄制度。为便于向函谷关以东发展,秦孝公于公元前349年迁都咸阳后命商鞅实施第二次变法。主要内容有:燔诗书而明法令、塞私门之请,执行分户令,广开阡陌封疆,废井田、制辕田。

商鞅变法强国的理念主要有三方面。一是辟儒尚法。铲除"仁义""和平""善良""孝悌"等儒家思想和言论,"愚民""弱民",实行以刑赏为特点的严格的法律制度。二是务农强兵。通过赏罚法令的调节,对内聚民务农,对外驱民勇战①,使国家成为经济上的富国、军事上的强国。三是自治与专制。一方面通过互相监视、告密检举,实行民众自治,另一方面通过严格、公平执法,维护定于一尊的君主专制。

商鞅通过十多年的变法,使秦国成为富裕强大的国家。关于变法的效果,《史记·商君列传》说:"行之十年,秦民大说,道不拾遗,山无盗贼,家给人足。民勇于公战,怯于私斗,乡邑大治。"不过由于实施高压政策,积累了民怨,得罪了权贵。公元前338年,秦孝公逝世,其子秦惠文王继位。商鞅被太傅公子虔指为谋反,战死后,其尸身被带回咸阳,处以车裂示众。

商鞅的尚法、重农战的强国思想是怎样形成的呢?《商君书》究竟是怎样论述尚法、重农战的主张的呢?对这些主张及商鞅究竟应当给予怎样的评价呢?②

1. "不贵义而贵法":实施法治的现实必要性和历史必然性

《商君书》记录的是商鞅迎合秦孝公需要提出的加强国君专制权威的强

---

① 《史记·秦本纪第五》:"三年,卫鞅说孝公变法修刑,内务耕稼,外劝战死之赏罚。"
② 本节以《商鞅的变法称霸思想:辟儒尚法、务农强战》为题,发表于《上海政法学院学报》2020年第4期。

君之道,以及使秦国迅速走向强大的强国之道。商鞅提出的强君、强国之道与儒、墨、道家大不相同,对此他自视甚高。他引"论至德者不和于俗,成大功者不谋于众"的成言向秦孝公说明:"有高人之行者,固见负于世;有独知之虑者,必见骜于民。"①内圣而后外王,是先秦儒家、道家的基本思路。受此影响,商鞅认为,"得天下者,先自得者也;能胜强敌者,先自胜者也。"②希望称霸天下的国君如何"自得""自胜"呢?就是要"有必信之性","知必然之理,必为之(时)势","见本然之政"。如此才能"为必治之政","兵出而无敌,令行而天下服从"。而这"必然之理,必为之势"必须转化、凝聚成"使天下不得不信之法"③。它是治理民众,最终达到天下大治的根本途径。"能制天下者,必先制其民者也;能胜强敌者,必先胜其民者也。故胜民之本在制民……民本,法也。故善治者,塞民以法。"④

周朝建立后,吸取殷鉴,推行礼教德治。春秋时孔子综合前代的德治思想,创立以仁爱为本的儒家学说。不过,春秋以后,诸侯国之间发动的兼并战争连绵不断,到战国时愈演愈烈。这是一个靠实力,特别是武力说话的时代,仁义道德学说显得迂阔而不切实际,在争霸天下的形势下失去了作用,但大多数国家依然沿用儒家的王道学说在治理国家。"今世君……释法而以知,背功而以誉。故军士不战,而农民流徙。"⑤商鞅对此很不以为然:"所谓义者,为人臣忠,为人子孝,少长有礼,男女有别;非其义也,饿不苟食,死不苟生。此乃有法之常也。""仁者能仁于人,而不能使人仁;义者能爱于人,而不能使人爱。是以知仁义之不足以治天下也。"⑥仁义之类的王道学说是常法、旧法,在当时所处的战国时代不仅不足以称霸天下,反而是远离农战的"巧言虚道",是削弱国家实力的"虱子""蠹虫"。《农战》篇指出:"国之所以兴者,农战也。今民求官爵,皆不以农战,而以巧言虚道,此谓劳民。劳民者,其国必无力;无力者,其国必削。""善为国者,仓廪虽满,不偷于农;国大、民众,不淫于言。"这些"巧言虚道"有哪些表现形态呢?《商君书》称之为"六虱"。"六虱:曰礼乐;曰《诗》《书》;曰修善,曰孝弟;曰诚信,曰贞廉;曰仁义;曰非兵,曰羞战。"⑦这"六"是虚数,非确指⑧,实际数目或指十二、或指

---

① 《商君书·更法》。
② 《商君书·画策》。
③ 均见《商君书·画策》。
④ 《商君书·画策》。
⑤ 《商君书·君臣》。
⑥ 《商君书·画策》。
⑦ 《商君书·靳令》。
⑧ 蒋礼鸿:《商君书锥指》,中华书局1986年版,第80页。

十、或指八。"十二"即前述"六虱"所涉及的事:"国有十二者,上无使农战,必贫至削。十二者成群,此谓君之治不胜其臣,官之治不胜其民,此谓六虱胜其政也。"①"十"指的是:"《诗》、《书》、礼、乐、善、修、仁、廉、辩、慧,国有十者,上无使守战。国以十者治,敌至必削,不至必贫。"②"国用《诗》、《书》、礼、乐、孝、弟、善、修治者,敌至必削国;不至,必贫国。""国有十者,上无使战,必削至亡;国无十者,上有使战,必兴至王。"③"八"指的是:"辩慧,乱之赞也;礼乐,淫佚之征也;慈仁,过之母也;任誉,奸之鼠也。……八者有群,民胜其政;国无八者,政胜其民。……故国有八者,上无以使守战,必削至亡。国无八者,上有以使守战,必兴至王。"④综合而论,大敌当前,秦国要立于不败之地,必须去除形形色色的儒家言论,坚持奖励农战、增强国力的刑赏之法:"守十者乱,守一者治。法已定矣,而好用六虱者亡。"⑤"圣王者,不贵义而贵法。法必明,令必行,则已矣。"⑥

商鞅建议秦孝公废除德治,严明法治,与他对"仁德"的独特理解也密切相关。在商鞅看来,儒家的仁义是不仁,儒家的德治是乱治;而他提出的严刑峻法才是达到天下大治的真正的仁义、最大的德治。这方面他提出了一个与众不同的命题:"杀刑之返于德,而义合于暴"。《靳令》篇曾经明确肯定过"仁义":"圣君独有之,故能述仁义于天下。"但君主采用的儒家仁义学说治理天下,却遗患无穷:"今夫世俗治者,莫不释法度而任辩慧,后功力而进仁义。"因而民"不务耕战","食屈于内","兵弱于外"。"凡世莫不以其所以乱者治,故小治而小乱,大治而大乱。人主莫能世治其民,世无不乱之国。""奚谓以其所以乱者治?夫举贤能,世之所治也,而治之所以乱。世之所谓贤者,言正也;所以为善正也,党也。听其言也,则以为能;问其党,以为然。故贵之不待其有功,诛之不待其有罪也。此其势正使污吏有资而成其奸险,小人有资而施其巧诈。"⑦而采用激励农战的严刑峻法,则可以避免犯罪,增强国力,给人民带来最大的利益。这就叫"以杀去杀""以刑去刑"⑧。商鞅又称之为"德生于刑""德生于力"。"刑生力,力生强,强生威,威生德:德生于刑。"⑨"力生强,

---

① 《商君书·靳令》。
② 《商君书·农战》。
③ 《商君书·去强》。
④ 《商君书·说民》。
⑤ 《商君书·靳令》。
⑥ 《商君书·君臣》。
⑦ 均见《商君书·慎法》。
⑧ 《商君书·画策》。
⑨ 《商君书·说民》。

强生威,威生德:德生于力。"①因此,商鞅主张以法治国,认为这是对人民最大的仁德。"法任而国治矣。""夫利天下之民者莫大于治,而治莫康于立君,立君之道莫广于胜法,胜法之务莫急于去奸,去奸之本莫深于严刑。""故王者刑用于将过,则大邪不生;赏施于告奸,则细过不失。治民能使大邪不生、细过不失,则国治。国治必强。……此吾以杀刑之反(返)于德而义合于暴也。"②"重刑,连其罪,则民不敢试。民不敢试,故无刑也。"所以说:"明刑不戮。""明刑之犹至于无刑也。"③如果满足于道德善言的教化,仅仅采用德治手段,恰恰会导致百姓更大的犯罪,结果使其遭受更重的惩罚,乃是对百姓最大的不仁。所以商鞅提出:"法已定矣,不以善言害法。"④"上舍法,任民之所善,故奸多。"⑤"故以刑治则民威,民威则无奸,无奸则民安其所乐。以义教则民纵,民纵则乱,乱则民伤其所恶。吾所谓利者,义之本也;而世所谓义者,暴之道也。夫正民者,以其所恶,必终其所好;以其所好,必败其所恶。"⑥"治主无忠臣,慈父无孝子,欲无善言,皆以法相司也,命相正也。不能独为非,而莫与人为非。"⑦对臣民最为仁德的君主不是仁君,而是严君;能够培养出孝子的不是慈父,而是严父。于是,在《商君书》中,我们就看到了这样的悖论:"重刑少赏,上爱民,民死赏。多赏轻刑,上不爱民,民不死赏。"⑧"重刑少赏",臣民就会努力不犯法,并且会珍惜赏赐的机会,它恰恰是君主"爱民"的表现,尽管表面上正好相反;"多赏轻刑",好像是君主仁德的表现,事实上反而会驱使臣民轻易犯法获刑,也不会珍惜赏赐的机会,所以恰恰是"不爱民"的举动。

《商君书》还从人类历史发展演变的三个阶段出发,论证在当时的秦国废除仁义王道(贤人政治)、实行法治霸道(贵族政治)的必然性。《开塞》篇将人类历史的发展划分为"上世""中世""下世"三个阶段。"上世"是一个"亲亲而爱私"、聚讼纷争的原始阶段。"天地设而民生之。当此之时也,民知其母而不知其父,其道亲亲而爱私。亲亲则别,爱私则险。民众而以别、险为务,则民乱。"适应整治社会混乱、主持社会公正、平息社会纷争的需要,贤人管理社会的"中世"应运而生:"故贤者立中正,设无私,而民说仁。""凡

---

① 《商君书·靳令》。
② 《商君书·开塞》。
③ 《商君书·赏刑》。
④ 《商君书·靳令》。
⑤ 《商君书·弱民》。
⑥ 《商君书·开塞》。
⑦ 《商君书·画策》。
⑧ 《商君书·靳令》。

仁者以爱利为务,而贤者以相出(无私奉献)为道。"①这是一个"上(尚)贤而说仁"的"中正"时代,也是一个以仁爱德治为特点的王道时代。它在历史上发挥过告别人类社会自私的原始阶段、"使私无行"的积极作用。后来单靠贤人仁爱奉献、主持公道不管用了,人类历史进入第三个阶段,即"下世"阶段,出现了负责分配土地、货财、男女资源的"圣人",实施均平制度的"官吏",及统一管理官吏的"君主":"民众而无制,久而相出为道,则有乱。故圣人承之,作为土地、货财、男女之分。分定而无制,不可,故立禁;禁立而莫之司,不可,故立官;官设而莫之一,不可,故立君。"这是一个君臣共同管理天下、"贵贵而尊官"的贵族政治阶段,也是一个靠法制、强力管理天下的霸道阶段。在管理天下的君臣中,君主的地位最高,所以这又是一个君主专制的阶段②。"立君者使贤无用也。"这个时期,原来贤人政治的仁爱、德治失去了作用,君主以统一的法令治国,正是时代所需。"古者,民聚生而群处,乱,故求有上也。然则天下之乐有上也,将以为治也。今有主而无法,其害与无主同;有法不胜其乱,与无法同。"③《君臣》篇也指出:"古者未有君臣、上下之时,民乱而不治。是以圣人列贵贱,制爵位,立名号,以别君臣上下之义;地广,民众,万物多,故分五官而守之;民众而奸邪生,故立法制、为度量以禁之。是故有君臣之义、五官之分、法制之禁,不可不慎也。"《画策》篇指出,时代不同,相应的治理方法也不同。在商鞅所处的战国时代,必须实施严刑峻法,才能达到强国安邦、称霸天下的目的:"神农之世,男耕而食,妇织而衣,刑政不用而治,甲兵不起而王。神农既没,以强胜弱,以众暴寡,故黄帝作为君臣上下之义、义子兄弟之礼、夫妇妃匹之合,内行刀锯,外用甲兵,故时变也……以适于时也。"

由此可见,确立以法治国的方针,是时代发展提出的要求。治国之法不能墨守成规,必须因时而变,与时俱进,是古来的通理。"古有尧、舜,当时而见称;中世有汤、武,在位而民服。此三(为四之讹)王者,万世之所称也,以为圣王也,然其道犹不能取用于后。"④《更法》篇详细记述了商鞅与甘龙、杜挚在秦孝公面前关于是否变法的争论。商鞅指出:"三代不同礼而王,五霸不同法而霸。""前世不同教,何古之法?帝王不相复,何礼之循?伏羲、神农,教而不诛;黄帝、尧、舜,诛而不怒;及至文、武,各当时而立法,因事而制

---

① 《画策》篇列举的神农"刑政不用而治,甲兵不起而王"之世,属于中世。
② 《画策》篇列举的黄帝"作为君臣上下之义、义子兄弟之礼、夫妇妃匹之合,内行刀锯,外用甲兵",属于下世。《修权》篇说"五霸以法正诸侯",则春秋五霸之世亦属于下世。
③ 均见《商君书·开塞》。
④ 《商君书·徕民》。

礼。""汤、武之王也,不修古而兴;殷、夏之灭也,不易礼而亡。"由此可见,"礼、法以时而定;制、令各顺其宜。""治世不一道,便国不必法古。""反古者未必可非,循礼者未足多"。"法者所以爱民也,礼者所以便事也。是以圣人苟可以强国,不法其故;苟可以利民,不循其礼。"《开塞》篇指出:"古之民朴以厚,今之民巧以伪。故效于古者,先德而治;效于今者,前刑而法。""圣人不法古……法古则后于时……周不法商,夏不法虞,三代异势,而皆可以王。故兴王有道,而持之异理。"《一言》篇指出:"圣人之为国也,不法古,不修今,因世而为之治,度俗而为之法。故法不察民之情而立之,则不成;治宜于时而行之,则不干。""今世主皆欲治民,而助之以乱。非乐以为乱也,安其故而不窥于时也。"

最终,秦孝公采纳了商鞅以法治国的建议。

2. "垂法而治"与"重刑轻赏"

按照商鞅的想法,欲霸天下,必先制民。"民之不治者,君道卑也。"①欲制其民,必先树立君道的威严。而树立君道权威的根本途径,是"秉权而立,垂法而治"。如此,则"国制明而民力竭,上爵尊而伦徒举"②。商鞅告诫君主,君主高高在上,并非因为有三头六臂,比他强的人其实有很多,他所以能牢牢控制住局势,就是依靠有法制。"凡人主德行非出人也,知非出人也,勇力非过人也。然民虽有圣知,弗敢我谋;勇力,弗敢我杀;虽众,不敢胜其主;虽民至亿万之数,县重赏而民不敢争,行罚而民不敢怨者,法也。"③具体说来,"国之所以治者三:一曰法,二曰信,三曰权。法者,君臣之所共操也;信者,君臣之所共立也;权者,君之所独制也,人主失守则危。"④在三者中,法治是实现君主权威的保证,所以在强国事业中具有举足轻重的地位。"凡将立国,制度不可不察也,治法不可不慎也。""制度时,则国俗可化,而民从制;治法明,则官无邪。"⑤"明王之治天下也,缘法而治。"⑥"今当世之用事者,皆欲为上圣,举法之谓也。背法而治,此任重道远而无马、牛,济大川而无舡、楫也。"⑦"法令者,民之命也,为治之本也,所以备民也。为治而去法令,犹欲无

---

① 《商君书·一言》。
② 《商君书·一言》。
③ 《商君书·画策》。
④ 《商君书·修权》。
⑤ 《商君书·一言》。
⑥ 《商君书·君臣》。
⑦ 《商君书·弱民》。

饥而去食也,欲无寒而去衣也,欲东而西行也。"①"凡人主德行非出人也,知非出人也,勇力非过人也。然民虽有圣知,弗敢我谋;勇力,弗敢我杀;虽众,不敢胜其主;虽民至亿万之数,县重赏而民不敢争,行罚而民不敢怨者,法也。"②"法者,国之权衡也。"③以法治民,是君主确立至高无上权威的根本之道,"故明主任法"④。

那么,法令的特点是什么呢?是奖惩、赏刑。"凡赏者,文也;刑者,武也。文武者,法之约也。"⑤"人主之所以禁使者,赏罚也。赏随功,罚随罪。"⑥"夫刑者,所以禁邪也;而赏者,所以助禁也。""刑戮者,所以止奸也;而官爵者,所以劝功也。"⑦"明君之使其臣也,用必出于其劳,赏必加于其功。"⑧赏罚的依据是功与罪,即赏功罚罪。而赏罚的设立则根据人性的好恶,罚人之所恶,奖人之所欲。只有这样的法令才能收到惩恶扬善,国泰民安的效果。"人而有好恶,故民可治也。人君不可以不审好恶。好恶者,赏罚之本也。夫人情好爵禄而恶刑罚,人君设二者以御民之志,而立所欲焉。"⑨"以刑治民则乐用;以赏战民则轻死。"⑩"怯民使之以刑,则勇;勇民使之以赏,则死。"⑪"贫者使以刑,则富;富者使以赏(鬻爵),则贫。治国能令贫者富、富者贫,则国多力,多力者王"⑫。

在法令所涉及的赏罚中,有几个操作原则。一是"先刑而后赏"⑬。二是多罚少赏,所谓"治国刑多而赏少,故王者刑九而赏一,削国赏九而刑一"⑭。赏赐之物主要是官爵。少赏是隆爵的一种手段,可加强被赏者的荣誉感和建功获赏的积极性。"明王之所贵,惟爵其实,爵其实而荣显之。不荣,则民不急列位;不显,则民不事爵。爵易得也,则民不贵上爵;列爵禄赏不道其

---

① 《商君书·定分》。
② 《商君书·画策》。
③ 《商君书·修权》。
④ 《商君书·修权》。
⑤ 《商君书·修权》。
⑥ 《商君书·禁使》。
⑦ 《商君书·算地》。
⑧ 《商君书·错法》。
⑨ 《商君书·错法》。
⑩ 《商君书·弱民》。
⑪ 《商君书·说民》。
⑫ 《商君书·去强》。
⑬ 《商君书·一言》。
⑭ 《商君书·开塞》。

门,则民不以死争位矣。"①三是"重罚轻赏"②。这是《去强》篇提出来的,《说民》篇加以论证:"罚重,爵尊;赏轻,刑威。爵尊,上爱民;刑威,民死上。故兴国行罚,则民利;用赏,则上重。""行刑,重其轻者,轻者不生,则重者无从至矣,此谓治之于其治者。行刑,重其重者,轻其轻者,轻者不止,则重者无从止矣,此谓治之于其乱也。故重轻,则刑去事成,国强;重重而轻轻,则刑至而事生,国削。"③《靳令》篇亦云:"行罚,重其轻者……轻者不至,重者不来。此谓以刑去刑,刑去事成。罪重刑轻,刑至事生,此谓以刑致刑,其国必削。"《画策》篇分析指出:严格执法而"尚有奸邪、盗贼者,刑轻也;刑轻者,不得诛也。"反之,"刑重者,民不敢犯,故无刑也;而民莫敢为非,是一国皆善也,故不赏善而民善。"于是商鞅提出了一个特别的命题:"故善治者,刑不善而不赏善,故不刑而民善。""赏善之不可也,犹赏不盗。"④这就叫"求过不求善"⑤,即只追究百姓的过错,通过严刑重罚不让他们犯罪,不要求百姓做什么更好的善事。只罚不奖、多罚少奖是建立在百姓不犯罪的最低要求上的。在商鞅看来,只要不犯罪,就自然做好事了。不过,由于《商君书》不是出于一人之手,在商鞅后学的诠释中也有相反的主张。比如在"重罚轻赏"之外,《内外》《修权》篇又提出"重罚重赏"主张:"赏厚而信,刑重而必。"⑥"赏则必多,威则必严。""赏少,则听者无利也;威薄,则犯者无害也。""赏多威严,民见战赏之多则忘死,见不战之辱则苦生。赏使之忘死,而威使之苦生。"⑦要求重赏,是建立在希望百姓做更多的善事这个更高要求之上的。

赏罚是否合理,是检验法治是否清明的试金石。"明主之使其臣也,用必加于功,赏必尽其劳。人主使其民,信此如日月,则无敌矣。"⑧"明王之治天下也,缘法而治,按功而赏。凡民之所疾战不避死者,以求爵禄也。明君之治国也,士有斩首、捕虏之功,必其爵足荣也,禄足食也;农不离廛者,足以养二亲,治军事。故军士死节,而农民不偷也。"⑨合理的赏罚也是法得以顺利推行的依据。"法制不明,而求民之行令也,不可得也。"⑩"立爵而民羞之,

---

① 《商君书·错法》。
② 《商君书·去强》。
③ 《商君书·说民》。
④ 均见《商君书·画策》。
⑤ 《商君书·靳令》,另见《开塞》。
⑥ 《商君书·修权》。
⑦ 《商君书·内外》。
⑧ 《商君书·弱民》。
⑨ 《商君书·君臣》。
⑩ 《商君书·君臣》。

设刑而民乐之,此盖法术之患也。""羞辱劳苦者,民之所恶也;显荣佚乐者,民之所务也。故其国刑不可恶而爵禄不足务也,此亡国之兆也。"①

3. 朝廷执法:令出必行、一赏一刑、贵势恃数、防患未然

朝廷设立赏罚合理的法令之后,执法的"信"至关重要。"民信其赏,则事功成;信其刑,则奸无端。""上多惠言而不克其赏,则下不用;数加严令而不致其刑,则民傲死。"②"信"即令出必行。"处君位而令不行,则危。""民不从令,而求君之尊也,虽尧、舜之知,不能以治。"③因此,《商君书》反复强调严格执法。"国皆有禁奸邪、刑盗贼之法,而无使奸邪、盗贼必得之法。为奸邪、盗贼者死刑,而奸邪、盗贼不止者,不必得。""国之乱也,非其法乱也,非法不用也。国皆有法,而无使法必行之法。"④法令的严格执行要靠君主以身作则。"君好法,则臣以法事君……端直之士在前。"⑤"明主慎法制。言不中法者,不听也;行不中法者,不高也;事不中法者,不为也。言中法,则辩之;行中法,则高之;事中法,则为之。故国治而地广,兵强而主尊,此治之至也。"⑥

公平是执法之本。《靳令》提出"法平"概念:"法平,则吏无奸。"《算地》亦云:"上下之称平,则臣得尽其力,而主得专其柄。"《修权》篇指出:"授官予爵不以其劳,则忠臣不进;行赏赋禄不称其功,则战士不用。"《赏刑》提出"一赏""一刑"的要求。"一"即统一公平的意思。"圣人治国也,审一而已矣。""圣人之为国也,一赏一刑。""一赏则兵无敌,一刑则令行。"⑦"所谓一赏者,利禄官爵抟出于兵,无有异施也。""所谓一刑者,刑无等级,自卿相将军以至大夫庶人,有不从王令、犯国禁、乱上制者,罪死不赦。有功于前,有败于后,不为损刑。有善于前,有过于后,不为亏法。""圣人不宥过,不赦刑,故奸无起。"公平执法说到底是不以私干法。"君臣释法任私必乱。故立法明分,而不以私害法,则治。""惟明主爱权重信,而不以私害法。""赏诛之法,不失其议,故民不争。不以爵禄便近亲,则劳臣不怨;不以刑罚隐疏远,则下亲上。""夫废法度而好私议,则奸臣鬻权以约禄,秩官之吏隐下而渔民。……故明

---

① 均见《商君书·算地》。
② 《商君书·修权》。
③ 均见《商君书·君臣》。
④ 均见《商君书·画策》。
⑤ 《商君书·修权》。
⑥ 《商君书·君臣》。
⑦ 均见《商君书·赏刑》。

王任法去私,而国无'隙''蠹'矣。"①

由于人性自私,当彼此利益好恶相同时,司法公平是很难做到的。负责监督司法公正与否的监察人员也存在一个违法犯法、需要别人再监察的问题,这就使得司法公正陷入了难以彻底解决的怪圈。"利合而恶同者,父不能以问子,君不能以问臣。""今恃多官众吏,官立丞、监。夫置丞立监者,且以禁人之为利也;而丞、监亦欲为利,则何以相禁?故恃丞、监而治者,仅存之治也。""仅存之治",指暂时的现象,不会达到真正的公平。要达到真正的公平,必须用一定的手段"数"营造出"事合而利异"的"势",使得以私干法无法实施,奉公守法成为必须。在这样形势下,"夫妻、交友不能相为弃恶盖非而不害于亲,民人不能相为隐。""得势之至,不参官而洁,陈数而物当。""其势难匿者,虽跖不为非焉。"②"势不能为奸,虽跖可信也;势得为奸,虽伯夷可疑也。"③"凡知道者,势、数也。故先王不恃其强,而恃其势;不恃其信,而恃其数。""故先王贵势。""遗贤去知,治之数也。"④

在朝廷执法之外,《定分》篇还提出了通过"法官"宣示法令使民众知法,通过相互监督使民众守法的"自治"思想。首先在全国各层各级设立"法官"及执法之"吏":"天子置三法官,殿中置一法官,御史置一法官及吏,丞相置一法官。诸侯、郡、县皆各为置一法官及吏,皆此秦一法官。郡、县、诸侯一受宝来(禁室)之法令,学问并所谓。吏民知法令者,皆问法官。故天下之吏民无不知法者。"⑤吏民都知晓了法的条款内容,所以"吏不敢以非法遇民,民不敢犯法以干法官也"。如此,则"大诈贞信,巨盗愿悫,而各自治也"。"知诈、贤能者皆作而为善,皆务自治奉公","万民皆知所避就,避祸就福而皆以自治也。故明主因治而终治之,故天下大治也。"⑥因为民众都自治了,"故有道之国,治不听君,民不从官"⑦。

4. 民众自治:"有奸必告,民断于心"与"以奸民治,必治至强"

对于知法而不守法的民众,《商君书》提出了相互举报监督的"告奸"的方法。"有奸必告之,则民断于心,上令而民知所以应。"⑧商鞅主张大义灭

---

① 《商君书·修权》。
② 均见《商君书·禁使》。
③ 《商君书·画策》。
④ 均见《商君书·禁使》。
⑤ "宝来"当为"禁室"之误,见蒋礼鸿:《商君书锥指》,中华书局1986年版,第144页。
⑥ 均见《商君书·定分》。
⑦ 《商君书·说民》。
⑧ 《商君书·说民》。

亲,将对于犯法奸情的举报扩大、渗透到家庭成员中,从"刑赏断于民"达到"刑赏断于家":"王者刑赏断于民心……治则家断,乱则君断。"由于家庭成员之间相互监督自治,就可以做到事不过夜,及时举报及时处理:"家断则有余,故曰日治者王……夜治者强。"由于民众依法自治,所以君主官吏就可无为而治①。

民众的"自治"是通过相互监督举报保证的。这个告奸之举通常也被视为奸举,告奸之民通常被视为奸民,良民一般不会做告奸的事,而天下大治的根本"自治"恰恰是由奸民的告奸之举保证的。所以这种相互监督的告密的方法,《商君书》叫作"以奸民治善民"。《去强》篇声称:"国以善民治奸民者,必乱至削;国以奸民治善民者,必治至强。"什么道理呢?《说民》篇解释说:"合而复者,善也;别而规者,奸也。"民众结合起来就会互相掩盖过失,这就是所谓的"善";使民众疏远分开,互相监督,这就是所谓的"奸"。于是,"用善,则民亲其亲;任奸,则民亲其制。""章善,则过匿;任奸,则罪诛。""过匿,则民胜法;罪诛,则法胜民。民胜法,国乱;法胜民,兵强。故曰:以良民治,必乱至削;以奸民治,必治至强。"②《商君书》提出的这个主张大言不惭,一味站在为最高统治者效力的立场上,连政治的遮羞布都撕掉了。后来被历朝历代的君主或明或暗地祭取。

5. "一于农战":"弱民富国""败者连坐""富国强兵"

商鞅强国思想的核心是法治。法治以刑赏为特征,通过赏罚的调节,目的在于增强国力。在这个问题上,商鞅主张"任力"不"任善":"法枉、治乱,任善、言多;治众、国乱,言多、兵弱。法明、治省,任力、言息;治省、国治,言息、兵强。"③所谓"力",即实力;所谓"善",即仁义之类的言谈。商鞅又叫"任其力不任其德":"故凡明君之治也,任其力不任其德,是以不忧不劳,而功可立也。"④法的旨归在聚集民力、强化民力。"治国能抟民力而一民务者,强。"⑤集中民力的根本在"一民务",即将"民务"集中到一点上。"民非一,则无以致欲,故作一。作一则力抟,力抟则强。"⑥首先是"一于农"。在各种国力中,农业所创造的粮食财富是安身立命之本,是最核心的国力。"圣人明

---

① 《商君书·说民》。
② 均见《商君书·说民》。
③ 《商君书·弱民》。
④ 《商君书·错法》。
⑤ 《商君书·一言》。
⑥ 《商君书·说民》。

君者,非能尽其万物也,知万物之要也。故其治国也,察要而已矣。""圣人知治国之要,故令民归心于农。""明君修政作一,去无用,止浮学事淫之民,一之农,然后国家可富,而民力可抟也。"①"民一,则农。"②然而,农业只是国家内部实力的体现,不能代表外部实力。外部实力即战斗力、军事实力。所以《商君书》在驱使百姓"一之农"之外,又提出"一于战"加以补充:"入使民属于农,出使民一于战。""故圣人之为国也,入令民以属农,出令民以计战……富强之功,可坐而致也。"③

于是,富国强兵,对内发展农业,对外发展战力,入农出战,就成为统一民务、发展国力的两个基本点。"国之所以兴者,农战也。""国待农战而安,主待农战而尊。"④"故治国者,其抟力也,以富国强兵也。""凡将立国……国务不可不谨也,事本不可不抟也……国务一,则民应用;事本抟,则民喜农而乐战。"⑤"为国者,边利尽归于兵,市利尽归于农。边利归于兵者强,市利归于农者富。故出战而强、入休而富者,王也。"⑥

不过,"夫农,民之所苦;而战,民之所危也。"⑦使人民"喜农而乐战"并不容易,需要找到合理的计策。"犯其所苦、行其所危者,计也。"⑧这个计策就是根据人心喜好而立法、调动人的积极性的政策:"圣君之治人也,必得其心,故能用力。"⑨人一方面具有好逸恶劳、贪生怕死的天性,另一方面又具有趋利避害、好荣恶辱的天性。"民之于利也,若水于下也,四旁无择也。"⑩"民之生:度而取长,称而取重,权而索利。""民之性:饥而求食,劳而求佚,苦则索乐,辱则求荣,此民之情也。……故曰:名利之所凑,则民道之。""夫治国者,能尽地力而致民死者,名与利交至。"⑪而且,芸芸众生对利益的追求往往急不可耐,缺乏长远眼光:"愚者暗于成事,知者见于未萌。民不可与虑始,而可与乐成。"⑫而在诸侯国中,人民名利的获得都是掌控在君主手里的。

① 均见《商君书·农战》。
② 《商君书·算地》。
③ 均见《商君书·算地》。
④ 均见《商君书·农战》。
⑤ 均见《商君书·一言》。
⑥ 《商君书·外内》。
⑦ 《商君书·算地》。
⑧ 《商君书·算地》。
⑨ 《商君书·靳令》。
⑩ 《商君书·君臣》。
⑪ 均见《商君书·算地》。
⑫ 《商君书·更法》。

"民徒可以得利而为之者,上与之也。"①君主让民众获取名利要讲究策略、方法:"主操名利之柄而能致功名者,数也。圣人审权以操柄,审数以使民。数者,臣主之术,而国之要也。"②这个"数"就是根据人的趋利、好荣天性设立刑赏,使人民克服好逸恶劳、贪生怕死的天性,乐于务农、勇于死战:"民生则计利,死则虑名。名利之所出,不可不审也。利出于地,则民尽力;名出于战,则民致死。入使民尽力,则草不荒;出使民致死,则胜敌。"③"民之欲利者,非耕不得;避害者,非战不免。境内之民莫不先务耕战,而后得其所乐,故地少粟多,民少兵强。"④"民之内事,莫苦于农,故轻治不可以使之。""民之外事,莫难于战,故轻法不可以使之。"⑤

在加重法令的杠杆作用之外,商鞅提出了奖励垦荒、以粮买爵的农业政策。"故为国之数,务在垦草。"⑥《垦令》篇提出了20种激励人民开垦土地的办法。人民富了就会放纵欲望,难以治理。商鞅认为,民贫则易治,民富则难治。故治国之道,必须"弱民"。民强与国强是势不两立的对立关系。"民有私荣,则贱列卑官;富则轻赏。"反之,"民,辱则贵爵,弱则尊官,贫则重赏。"要之,"民弱国强,国强民弱。"所以,"有道之国,务在弱民。"⑦如何"弱民"呢?就是用卖官鬻爵的方法剥夺富农的财富,这样既可以将财富集中到国库之中,使农民始终处于贫穷状态,又可以保持农民种粮的积极性。"治国者贵民一,民一则朴,朴则农,农则易勤,勤则富。富者废之以爵,不淫(放纵);淫者废之以刑,而务农。"⑧"农有余粮,使民以粟出官爵,官爵必以其力,则农不怠。"⑨

在军事方面,商鞅提出了奖励战功、败者连坐的政策。"凡战者,民之所恶也,能使民乐战者王。"⑩"用兵之道,务在一赏。"⑪"能一民于战者,民勇。""行间之治,连(之)以五(伍),辨之以章,束之以令。拙无所处,罢无所生。是以三军之士从令如流,死而不旋踵。"如此,则"民之见战也,如饿狼之

---

① 《商君书·君臣》。
② 《商君书·算地》。
③ 均见《商君书·算地》。
④ 《商君书·慎法》。
⑤ 均见《商君书·外内》。
⑥ 《商君书·算地》。
⑦ 均见《商君书·弱民》。
⑧ 《商君书·一言》。
⑨ 《商君书·靳令》。
⑩ 《商君书·画策》。
⑪ 《商君书·算地》。

见肉"①。

总之,有战事的时候,按军功的多少授予他们官职和爵位,势必会取胜;无战事的时候,按生产缴纳粮食的多少授予官职和爵位,国家就会富裕。"兴兵而伐,则武爵武任,必胜;按兵而农,粟爵粟任,则国富。"②

6. 贱诗书仁义之学、下辩说技艺之民

商鞅主张尊农战之士,这就决定了他对诗书仁义之学和商贾技艺之民的反对态度。

当时,各诸侯国政坛上流行着游士的《诗》《书》"仁""义"等各种言谈学说,秦国也差不多是这个情况。对此,《农战》篇有描述:"今世主皆忧其国之危而兵之弱也,而强听说者。说者成伍,烦言饰辞,而无实用。主好其辩,不求其实。说者得意,道路曲辩,辈辈成群。民见其可以取王公大人也,而皆学之。夫人聚党与,说议于国,纷纷焉,小民乐之,大人说之。故其民农者寡而游食者众。众则农者殆;农者殆,则土地荒。""学者成俗,则民舍农从事于谈说;高言伪议,舍农游食而以言相高也,故民离上而不臣者成群。此贫国弱兵之教也。"商鞅认为这些远离实际的浮词淫说与强国之道背道而驰。他提出的统一致力于农战、发展国力的强国政策,是在对这些"不求其实"的"烦言饰辞"的批判中阐明、强调的。他希望君主能够明确表态、率先垂范。"道民之门,在上所先。故民,可令农战,可令游宦,可令学问,在上所与。上以功劳与,则民战;上以《诗》《书》与,则民学问。"③"故民之喜农而乐战也,见上之尊农战之士而下辩说技艺之民、而贱游学之人也。"④"夫国庸(用)民之言,则民不畜于农。故惟明君知好言之不可以强兵辟土也,惟圣人之治国作一、抟之于农而已矣。"⑤

与此相类,《商君书》还提出"重本抑末"的主张。《一言》篇说:"能事本而禁末者,富。""本"指农战,特别是农业。"末"指商业和手工业。"事本"包括提高农产品的价格,使商人无法买进谋利。"禁末"包括提高商业及手工业产品的税率,以对它们形成抑制。战国中期,与"豪杰务学《诗》《书》"同时并存的社会现象是"要靡事商贾"。"要靡"即普通大众。这样做的结果是人们远离农战,削弱国力。《农战》篇说:"农战之民千人,而有《诗》《书》辩慧者

---

① 均见《商君书·画策》。
② 《商君书·去强》。
③ 《商君书·君臣》。
④ 《商君书·一言》。
⑤ 《商君书·农战》。

一人焉,千人者皆怠于农战矣;农战之民百人,而有技艺者一人焉,百人者皆怠于农战矣。""豪杰务学《诗》《书》,随从外权,要靡事商贾,为技艺,皆以避农战。民以此为政,则粟焉得无少,而兵焉得无弱也?"《外内》篇说:"民之内事,莫苦于农,故轻治不可以使之。奚谓轻治?其农贫而商富,故其食贱者(者,当作而)钱重。食贱则农贫,钱重则商富;末事不禁,则技巧之人利,而游食者众之谓也。……故曰:欲农富其国者,境内之食必贵,而不农之征必多,市利之租必重。""食贵则田者利,田者利则事者众。食贵,籴食不利,而又加重征,则民不得无去其商贾、技巧而事地利矣。故民之力尽在于地利矣。"

商鞅也曾提出"一教"概念,不过他对于"教化"有特殊要求。这就是明确宣传"博闻、辩慧、信廉、礼乐、修行、群党、任誉、清浊""不可以富贵","壮者务于战,老弱务于守,死者不悔,生者务劝,此臣之所谓一教也"①。

商鞅变法,通过重农强兵,严正执法,开启了秦国走向富裕、强大之路,为后来的统一六国大业奠定了基础,后世为人传颂,自有道理,其经验也可为当今政治家借鉴。不过他死心塌地为君主效劳,主张以法为抓手加强君主专制,片面强调法治手段,排除德治教化,通过废除《诗》《书》推行愚民政策,发明连坐告密制度,对人民实施高压管控,成为秦始皇暴政的思想基础,不仅极大扼杀了底层民众的基本生存欲求,而且埋下了民不聊生、官逼民反的隐患和大秦王朝速朽的导火线,因而为人诟病也不少。其得失是非,是值得人们仔细玩味的一个有意义的话题。

二、《申子》:加强君权,尚法重术

申不害(公元前 385 年—前 337 年),亦称申子,郑国京邑(今河南荥阳京襄城)人。《史记·老子韩非列传》称:"申不害者,京人也,故郑之贱臣。学术以干韩昭侯,昭侯用为相。内修政教,外应诸侯,十五年。终申子之身,国治兵强,无侵韩者。"韩国灭掉郑国后,韩昭侯重用他为丞相,在韩国主持改革,帮助韩昭侯推行"法"治、"术"治,使韩国君主专制得到加强,国家走向强大。作为法家代表人物,以"术"著称于世,著有《申子》,今失传。现能看到的只是后代著作所引的零章断句。比较完整的有唐贞观年间魏徵《群书治要》卷三六所引《大体篇》(按:《韩非子》中有《大体》篇),比较零散的有唐

---

① 《商君书·赏刑》。

马总《意林》所引片言只语①。

1. 君主专制:"能独断者,为天下主"

在战国时期诸侯争霸、诸侯国内大夫篡权屡见不鲜的情形下,君主专制不仅是能集中全国力量抵御外敌入侵、兼并其他诸侯称霸天下的最佳政权形式,也是防止大臣弑君取国,从而自保政治安全的最佳组织形式。"智均不相使,力均不相胜。"②君主要保持对臣民的统治,必须保持君贵臣轻、尊君卑臣的等级和君主独揽一切、决断一切的特权。"明君治国……一言正而天下定,一言倚而天下靡。"③"独视者谓明,独听者谓聪。能独断者,故可以为天下主。"④由于君主拥有的利益太大,所以必然引起大臣的觊觎:"今使乌获、彭祖负千钧(当为金)之重,而怀琬琰之美,令孟贲、成荆带干将之剑卫之,行乎幽道,则盗犹偷之矣。今人君之力,非贤乎乌获、彭祖,而勇非贤乎孟贲、成荆也。其所守者,非特琬琰之美、千金之重也,而欲勿失,其可得耶?"大臣篡权的伎俩不是明夺直抢,而是蒙蔽君主,代君行令:"今人君之所以高为城郭而谨门闾之闭者,为寇戒盗贼之至也。今夫弑君而取国者,非必逾城郭之险而犯门闾之闭也,蔽君之明,塞君之聪,夺之政而专其令,有其民而取其国矣。"春秋战国时期,臣下弑君,成为习气。现实告诉申不害,人君的主要威胁不是来自敌国,而是来自大臣。"夫一妇擅夫,众妇皆乱;一臣专君,群臣皆蔽。故妒妻不难破家也,而群臣不难破国也。是以明君使其臣,并进辐凑,莫得专君焉。"⑤他一再告诫君主,对君臣关系要有清醒的认识,不要相信所有的大臣。加强君权的重点在于防范大臣专权、弑君取国。

2. 尚法:"君必明法""以一群臣"

那么,如何才能强化君权呢?申不害认为,法令是最好的抓手,所以君主尚法。"君必有明法正义,若悬权衡以称轻重,所以一群臣也。"⑥"君之所以尊者,令。令不行,是无君也,故明君慎令。"⑦"圣君任法而不任智,任数而不任说。""黄帝之治天下,置法而不变,使民安乐其法也。""尧之治也,盖明

---

① 参祁志祥:《从申不害的"术"到慎到的"势"》,《上海政法学院学报》2021 年第 5 期。
② 《意林》卷二引。
③ 《意林》卷二引。
④ 《韩非子·外储说右上》引。
⑤ 均见《群书治要》卷三六引。
⑥ 《艺文类聚》卷五四引。
⑦ 《意林》卷二引。

法审令而已。"①公正是法令的基本要求。"天道无私,是以恒正;天道常正,是以清明。"②"镜设精无为,而美恶自备;衡设平无为,而轻重自得。"③申不害还提到正名问题。"圣人贵名之正也。""名者,天地之纲,圣人之符,则万物之情,无所逃之矣。""昔者尧之治天下也,以名。其名正,则天下治。桀之治天下也,亦以名。其名倚,而天下乱。"④法是昭示于天下的名分。正名的含义之一,即保证天下之法的公正。法律只有做到公正无私,臣下才能忠于职守。然而,立法公正难,执法公正也难。《战国策》曾记述了这样一件事:申不害私下请求韩昭侯给自己的堂兄封一个官职,韩昭侯不同意。申不害面露怨色。韩昭侯说:这可是从你那里学到的治国之策啊!你常教寡人要按功劳大小授以官职等级,如今又请求为没有建立功业的兄弟封官,我是答应你的请求而抛弃你的学说呢,还是推行你的主张而拒绝你的请求呢?申不害连忙谢罪。他还要求君主对群臣进行监督、考查,认为这是保证行政工作效率和国治民安的重要手段。以上说的主要是"阳法"。

3. 重术:"君知其道,臣知其事"

确立了统治臣下的公正法令之外,申不害还特别强调"术"。"法"是公开的,是臣民的行动准则。"术"则隐藏在君主心中,是君主用来对付大臣、驾驭大臣的专有方法,所谓"明君治国而晦,晦而行,行而止"。这是由当时复杂的宫廷斗争形势决定的。治理国家不仅要用"阳法",而且要用"阴术"。既然君尊臣卑,就应明确君臣的主次地位:"明君如身,臣如手;君若号,臣如响。"⑤确立了君臣的尊卑、主次地位,君主牢牢把握最终的决定权,并不意味着君主要事必躬亲,恰恰相反,这是君主的大忌。因为君主没有三头六臂,不可能全知全能;天下的事很多,君主一人再有能力也做不完。所以,申不害吸取老子的无为思想,以"无为"为君王南面之术。"地道不作,是以常静;地道常静,是以正方。举事为之,乃有恒常之静者,符信受令必行也。"⑥君主虽然无为,但天下事还是需要有人去做,所以大臣必须有为。君主的职责是掌握道术,调动并监督大臣去作为。他指出:"主处其大,臣处其细。""君设其本,臣操其末;君治其要,臣行其详;君操其柄,臣事其常。""君知其道也,

---

① 《意林》卷二引。
② 《意林》卷二引。
③ 《群书治要》卷三六引。
④ 《群书治要》卷三六引。
⑤ 《群书治要》卷三六引。
⑥ 《意林》卷二引。

臣知其事也。十言十当，百为百富者，人臣之事也，非君人之道也。"①所以君主"治不逾官，虽知（智）不言"。因此，君主必须深通驭臣之术："故善为主者，倚于愚，立于不盈，设于不敢，藏于无事，窜端匿疏，示天下无，是以近者亲之，远者怀之。示人有余者，人夺之；示人不足者，人与之。刚者折，危者覆，动者摇，静者安。"正如"鼓不与于五音，而为五音主"，"有道者不为五官之事，而为治主"②。"术"不是每个君主都能掌握好的，掌握得不好，就会从对"法"的辅助走向干扰。君主精通驭臣之"术"，善于以"术"辅"法"，宫廷就会安定，国家就会兴旺；反之，如果以"术"干"法"，宫廷就会生乱，国家就会动荡，百姓就会遭殃。由于申不害与韩昭侯用"术"有余，"法"的稳定性、透明性不足，常常"不擅其法，不一其宪令"，因此韩昭侯一死，韩国很快陷入衰落。但申不害重"术"并以"术"辅"法"的思想却为加强君主集权提供了依据，也为后世政治家搞阴谋诡计开了先河。

三、《慎子》：贵君依势、立公弃私、事断于法、因臣因民

慎到（约公元前 350—前 280 年③），赵国人，是从道家分化出来的法家代表人物。齐宣王时他曾长期在稷下讲学，对于法家思想在齐国的传播做出了贡献。司马迁《史记·孟子荀卿列传》说《慎子》有"十二论"。徐广注释云："今《慎子》，刘向所定，有四十一篇。"班固《汉书·艺文志》著录为四十二篇，宋代《崇文总目》记为三十七篇。现存《慎子》只有七篇，即《威德》《因循》《民杂》《德立》《君人》《知忠》《君臣》，其中多篇只有很短的篇幅，且与篇目主题不统一，明显有脱漏。另辑有《逸文》数十条④。

1. 强化君主权势："民一于君，国之大道"

慎到生活在战国中期。那是一个臣子推翻君主、诸侯彼此兼并、政权更迭频繁的时代。慎到从维护君主统治的角度谋划说："王者有易政而无易国，有易君而无易民。汤武非得伯夷之民以治，桀纣非得跖跷之民以乱也。

---

① 以上均见《群书治要》卷三六引。
② 以上均见《群书治要》卷三六引。
③ 生卒年采许富宏说，见许富宏：《慎子集校集注》前言，中华书局 2013 年版，第 4 页。
④ 参祁志祥：《从申不害的"术"到慎到的"势"》，《上海政法学院学报》2021 年第 5 期。

民之治乱在于上,国之安危在于政。"①国家政权被推翻,不能归咎于这个国家的臣民特别凶暴,根本原因在于国君的治国之道出现了问题。慎到所言,正是在乱世中加强君主统治、使其国立于不败之地的政治方案。

首先,治国必须加强君主至高无上的统治权。"两贵不相事,两贱不相使。"②君与臣的关系是相互钳制的利害关系。"君臣之间,犹权衡也。权左轻则右重,右重则左轻。轻重迭相橅(更换),天地之理也。"③治国虽然必须用贤,但在乱臣贼子横行的时代,不能把贤人的地位捧得太高:"立君而尊贤,是贤与君争,其乱甚于无君。故有道之国……君立则贤者不尊。"④于是,慎到提出君主专制的主张:"民一于君……是国之大道也。"⑤"立天子者,不使诸侯疑焉;立诸侯者,不使大夫疑焉。"这正如"立正妻者,不使嬖妾疑焉;立嫡子者,不使庶孽疑焉"一样。"疑则动,两则争,杂则相伤,害在有与,不在独也。故臣有两位者国必乱。"朝廷有群臣而国所以不乱的原因,是有高高在上的国君的存在。"恃君而不乱矣,失君必乱。"正如在家庭管理中"子两位而家不乱者父在也;恃父而不乱矣,失父必乱"。"臣疑其君,无不危之国"⑥,所以必须加强君主不容置疑的最高权威。

慎到之学,脱胎于黄老之学。黄老之学强调因循自然。慎到承此而来。他认为,世间万事万物都是随物应机、自然生成的,而不是动用心机、故意而为的。"鸟飞于空,鱼游于渊,非术也。故为鸟为鱼者,亦不自知其能飞能游。苟知之,立心以为之,则必堕必溺。犹人之足驰手捉,耳听目视,当其驰捉听视之际,应机自至,又不待思而施之也。苟须思之而后可施之,则疲矣。"因此,他提出:"任自然者久,得其常者济。"⑦古代的圣王明君深明此理,懂得因循自然、借力发力、君临天下:"古之全大体者,望天地,观江海,因山谷。""守成理,因自然。""不逆天理,不伤情性。""不以智累心,不以私累己。"⑧而君王的权位就属于社会当中的一种自然之"势"。君主要成就霸业,必须学会打造这个"势位",从而凭借这个平台,充分发挥它的效用。

由此慎到提出"势"的概念。这是慎到学说的特色。如果说商鞅重"法",申不害重"术",慎到则重"势"。所谓"势",指的是自然客观的情势,它

---

① 《慎子·逸文》。许富宏:《慎子集校集注》,中华书局2013年版。下同。
② 《慎子·逸文》。
③ 《慎子·逸文》。
④ 《慎子·逸文》。
⑤ 《慎子·逸文》。
⑥ 均见《慎子·德立》。
⑦ 《慎子·逸文》。
⑧ 均见《慎子·逸文》。按:《韩非子·大体》中有类似的表述。

是事业成功的工具和条件。"燕鼎之重乎千钧,乘于吴舟,则可以济。所托者,浮道也。""行海者,坐而至越,有舟也。行陆者,立而至秦,有车也。秦越远途也,安坐而至者,械也。""离朱之明,察秋毫之末于百步之外,下于水尺,而不能见浅深,非目不明也,其势难睹也。"①"毛嫱、西施,天下之至姣也,衣之以皮倛(兽皮),则见者皆走;易之以玄緆(细麻布衣服),则行者皆止。由是观之,则元緆,色之助也。""故腾蛇游雾,飞龙乘云。云罢雾霁,与蚯蚓同,则失其所乘也。"②对于君主而言,高高在上、一言九鼎的权位就是他推行强国政策的必备的"势"。否则,哪怕他有再贤明、有效的治国方略,也无法施行于天下:"故贤而屈于不肖者,权轻也。不肖而服于贤者,位尊也。尧为匹夫,不能使其邻家;至南面而王,则令行禁止。由此观之,贤不足以服不肖,而势位足以屈贤矣。""夫三王五伯之德,参于天地,通于鬼神,周于生物者,其得助博也。"③反之,当时有好多昏君、庸君所以能够颐指气使、为所欲为,不是由于本身有什么高明之处,而是因为他们霸占着有利的权位。"无名而断者,权重也;弩弱而矰高者,乘于风也;身不肖而令行者,得助于众也。"正如"举重越高者不慢于药,爱赤子者不慢于保,绝险历远者不慢于御",君主要能够在弱肉强食的诸侯之林中立于不败之地,完成霸王之业,必须借助至高无上、定于一尊的权势。"此得助则成,释助则废矣。"④

2. 明确天子职责:"立天子以为天下"

那么,君主要成就的王霸之业究竟是什么呢?在这方面,慎到吸收了儒家公天下的王道思想。他说:"小人食于力,君子食于道,先王之训也。故常欲耕而食天下之人矣,然一身之耕,分诸天下,不能人得一升粟,其不能饱可知也。欲织而衣天下之人矣,然一身之织,分诸天下,不能人得尺布,其不能暖可知也。故以为不若诵先王之道而求其说,通圣人之言而究其旨。上说王公大人,次匹夫徒步之士。王公大人用吾言,国必治;匹夫徒步之士用吾言,行必修。虽不耕而食饥,不织而衣寒,功贤于耕而食之、织而衣之者也。"⑤这里,他标举的"先王之道""圣人之言",完全是儒家的说法。

儒家有"天下为公"的社会理想。慎到化用之,提出"天子为公"的职责:"古者,立天子而贵之者,非以利一人也。曰:天下无一贵,则理无由通,通

---

① 均见《慎子·逸文》。
② 均见《慎子·威德》。
③ 均见《慎子·威德》。
④ 均见《慎子·威德》。
⑤ 《慎子·逸文》。

理以为天下也。故立天子以为天下，非立天下以为天子也。"人民不是天子养育的，相反，天子恰恰是人民供养的："百姓之于圣人也，养之也，非使圣人养己也。"所以，天子应当为天下人主持公道服务。同理，"立国君以为国，非立国以为君也"①。"立天子以为天下"，应当说是春秋战国时代诸子学说的普遍共识。如姜太公说："天下非一人之天下，乃天下之天下也。同天下之利者，则得天下；擅天下之利者，则失天下。"②"利天下者，天下启之；害天下者，天下闭之。天下者，非一人之天下，乃天下之天下也。""无取于民者，取民者也；无取于国者，取国者也；无取于天下者，取天下者也。"③墨子说："天下之所以乱者，生于无政长。是故选天下之贤可者，立以为天子。"④管子说："无私者，可置以为政。"⑤"人主之所以使下尽力而亲上者，必为天下致利除害也。""古者三王五伯，皆人主之利天下者也。"⑥"夫五帝三王所以成功立名，显于后世者，以为天下致利除害也。"⑦荀子说："天之生民，非为君也；天之立君，以为民也。"⑧"君人者，爱民而安。"⑨"人主欲强固安乐，则莫若反之民。"⑩商鞅说："尧舜之位（莅）天下也，非私天下之利也，为天下位天下也。……故三王以义亲，五霸以法正诸侯，皆非私天下之利也，为天下治天下。"⑪吕不韦说："天下，非一人之天下也，天下之天下也。阴阳之和，不长一类；甘露时雨，不私一物；万民之主，不阿一人。""昔先圣王之治天下也，必先公。公则天下平矣。平得于公。"⑫慎到所言，进一步强化了这一共识。

基于天子为公的主张，慎到强调君主的道德修养。"天有明，不忧人之暗也；地有财，不忧人之贫也；圣人有德，不忧人之危也。"⑬圣人之德是什么呢？就是利益众生，造福他人："圣人处上，能无害人。"⑭天子取位与交位都以"义"为转移："与天下于人，大事也，煦煦者以为惠，而尧、舜无德色。取天

---

① 均见《慎子·威德》。
② 《六韬·文韬·文师》。
③ 《六韬·武韬·发启》。
④ 《墨子·尚同上》。
⑤ 《管子·牧民》。
⑥ 均见《管子·形势解》。
⑦ 均见《管子·正世》。
⑧ 《荀子·大略》。
⑨ 《荀子·强国》。
⑩ 《荀子·君道》。
⑪ 《商君书·修权》。
⑫ 《吕氏春秋·孟春纪·贵公》。
⑬ 《慎子·威德》。
⑭ 《慎子·威德》。

下于人,大嫌也,洁洁者以为污,而汤、武无愧容。惟其义也。"①由于符合道义,所以"圣人之有天下也,受之也,非取之也"②。在治理天下的时候,也强调君臣道德与家庭伦理:"君明臣直,国之福也。父慈子孝,夫信妻贞,家之福也。"③身为君王,既要有足够的智慧认识和掌握天下为公的道理与规范,又要能够对个人利益装聋作盲,充分肯定:"不聪不明,不能为王;不瞽不聋,不能为公。"④"不能为公"与"不能为王"是并列对举的。如果"不能为公",就"不能为王"。

"公"不仅体现在利天下的"德""义""明""直""慈""孝"等道德要求中,而且体现在治理天下的"礼法"当中。"故蓍龟,所以立公识也;权衡,所以立公正也;书契,所以立公信也;度量,所以立公审也;法制礼籍,所以立公义也。"⑤这个"公义"是对君主私欲的扬弃:"凡立公,所以弃私也。"⑥

3. "至公"之法"合乎人心"与"事断于法,国之大道"

于是由儒家的公义,慎到论述到体现这种公义、为天下人评判是非的法度对于履行君主职责、加强君主专制、保证国家安康强大的重要意义。

首先,慎到强调努力以"至公"之法治天下。"法者,所以齐天下之动,至公大定之制也。"法是以最公平的标准平息天下是非争斗、维系天下稳定的制度。它所以能够"齐天下之动",是因为是"至公之制"。法要体现社会公平原则。"法非从天下,非从地出,发于人间,合乎人心而已。"至公之法是从人民大众普遍的是非判断中提炼、产生出来的。"有权衡者,不可欺以轻重;有尺寸者,不可差以长短;有法度者,不可巧以诈伪。"法度好比评判天下是非的"权衡""尺寸"。只有建立健全公平法制,才能杜绝各种自以为是、强词夺理、肆无忌惮、为所欲为的事情:"故智者所以不得越法而肆谋,辩者不得越法而肆议,士不得背法而有名,臣不得背法而有功。"因此,君主治理国家,必须"寄治乱于法术,托是非于赏罚,属轻重于权衡。""不引绳之外,不推绳之内,不急法之外,不缓法之内。"⑦当时社会上所以乱象丛生,根本原因是没有一个稳定的公平之法可依。"今也国无常道,官无常法,是以国家日缪(谬

---

① 《慎子·逸文》。
② 《慎子·威德》。
③ 《慎子·逸文》。
④ 《慎子·逸文》。
⑤ 《慎子·威德》。
⑥ 《慎子·威德》。
⑦ 均见《慎子·逸文》。

也)。"①当然，法要体现"至公"原则是不容易的，绝对的"至公"也做不到。从"至公"的角度看，法总是有这样或那样的不完善之处，但有一个不尽完善的法度，总比无法可依好得多。它对于统一人心的是非判断、加强君主专制必不可少。"法虽不善，犹愈于无法，所以一人心也。""明君动事分功必由慧，定赏分财必由法，行德制中必由礼。"②

其次，慎到指出：社会在发展，形势在变化，人们对于至公的理解也在发生变化，所以合理的法度要与时俱变。"治国无其法则乱，守法而不变则衰"，"以死守法者，有司也；以道变法者，君长也。"比如"上世用戮""当世用刑"就是这种变化的典型表征。"画衣冠，异章服，谓之戮。""斩人肢体，凿其肌肤，谓之刑。""戮"的处罚虽然比较轻，但在民风淳朴的上古之世对于处罚犯罪已经足够，这就叫"上世用戮而民不犯也"。"刑"的处罚虽然很重，但在人心不古、暴行频发的后世却还是禁而不止，这就叫"当世用刑而民不从"。慎到描述说："至安之世，法如朝露，纯朴不欺，心无结怨，口无烦言。故车马不弊于远路，旌旗不乱于大泽，万民不失命于寇戎，豪杰不著名于图书。不录功于盘盂，记年之牒空虚。故曰：利莫长于简，福莫久于安。"③显然，这只是上古之世的状况。在争夺不止的后世及当代，已是不可恢复的古代理想了。

再次，慎到反对君主以私欲干法，凭一己好恶实施赏罚。"有道之国，法立则私议不行。""事断于法，是国之大道也。""法之功，莫大使私不行；君之功，莫大使民不争。""祸福生乎道法，而不出乎爱恶；荣辱之责在乎己，而不在乎人。""我喜可抑，我忿可窒，我法不可离也；骨肉可刑，亲戚可灭，至法不可阙也。"④"故欲不得干时，爱不得犯法，贵不得逾亲，禄不得逾位……以能受(授)事，以事受(授)利。"⑤"为人君者不多听，据法倚数以观得失。无法之言，不听于耳。无法之劳，不图于功。无劳之亲，不任于官。官不私亲，法不遗爱，上下无事，唯法所在。"⑥慎到尤其指出君主以私干法的危害："君人者，舍法而以身治，则诛赏予夺，从君心出矣。然则受赏者虽当，望多无穷。受罚者虽当，望轻无已。君舍法，而以心裁轻重，则同功殊赏，同罪殊罚矣，怨

---

① 《慎子·威德》。
② 均见《慎子·威德》。
③ 分别见《慎子·逸文》及《慎子·逸文存疑》。许富宏：《慎子集校集注》，中华书局 2013 年版。
④ 分别见《慎子·逸文》及《慎子·逸文存疑》。许富宏：《慎子集校集注》，中华书局 2013 年版。
⑤ 《慎子·威德》。
⑥ 《慎子·威德》。

之所由生也。"①"今立法而行私,是私与法争,其乱甚于无法。"②君主避免以私干法,为的是获得司法的公正性和权威性,保证法令的实施起到赏罚公平、社会和谐的效果:"是以分马者之用策,分田者之用钩。非以钩策为过于人智也,所以去私塞怨也。故曰:大君任法而弗躬,则事断于法矣。法之所加,各以其分。蒙其赏罚而无望于君也,是以怨不生而上下和矣。"③

4. 因人之情而治人、因臣之智而为事、因民之能而为资

从黄老之学脱胎出来的慎到深深吸收了黄老的因应思想,这集中体现在他的君道学说之中。

如前所述,君主一方面应善于打造至高无上的权势,进而借助这种权势推行他的强国之道,另一方面又应当善于根据人情实际制定相应的方针政策,借助大臣的能力去做事,集合民众的长处来成事。"廊庙之材,盖非一木之枝也;粹白之裘,盖非一狐之皮也。治乱安危,存亡荣辱之施,非一人之力也。"④正如"亡国之君,非一人之罪也","治国之君,非一人之力也"。"将治乱,在乎贤使任职",得到众人的拥戴并乐为所用:"尧有不胜之善,而桀有运非之名,则得人与失人也。"⑤尧的"不胜之善"在于"得人",桀的"运非之名"在于"失人"。

如何"得人"呢?慎到著《因循》篇,提出"因循"的概念,主张"因人之情":"天道因则大,化则细。因也者,因人之情也。""人情"的特点是什么呢?是"自为"、利己。"人莫不自为也,化而使之为我,则莫可得而用矣。"⑥"匠人成棺,不憎人死,利之所在,忘其丑也。""家富则疏族聚,家贫则兄弟离,非不相爱,利不足相容也。"⑦人情利己,好像不是好事,但君主恰恰可以利用这种人性,用利益让他们为自己服务。相反,如果人们没有利己的需求,倒无法吸引他们为你效力了,君主绝对不用这些不谋私利之人。"人不得其所以自为也,则上不取用焉。""是故先王见不受禄者不臣。"考虑到人的工作积极性是与获得利益的大小成比例的,所以艰巨的任务决不交给所给利益不多的人:"禄不厚者,不与入难。"可见,"用人之自为,不用人之为我,则莫不可得

---

① 《慎子·君人》。
② 《慎子·逸文》。
③ 《慎子·君人》。
④ 《慎子·知忠》。
⑤ 均见《慎子·知忠》。
⑥ 《慎子·因循》。
⑦ 均见《慎子·逸文》。

而用矣。"这就叫作"因",或"因循"①。

在因人自为之心的前提下,慎到进一步提出因臣智力而为事、因民所能而为资、无为而天下大治的政治主张,又一次显示出道家的痕迹。

君臣异术。君道用人,臣道为事。这是管子、申不害、荀子、吕不韦、鹖冠子等人都论述过的。看来这是当时的一种共识。对此,慎到从君道因臣的角度,提出的一个很有特色的论断:"君臣之道,臣事事而君无事,君逸乐而臣任劳。"他指出这是天下大治之"正道":"人君苟任臣而勿自躬,则臣皆事事矣。""臣尽智力以善其事,而君无与焉,仰成而已,故事无不治,治之正道然也。"如果君主自以为高明,或放不下手来,事事专权独断,亲力亲为,不仅于事无补,而且适得其反、遗患无穷,慎到称之为"逆乱之道":"人君自任,而务为善以先下,则是代下负任蒙劳也,臣反逸矣。""君人者,好为善以先下,则下不敢与君争为善以先君矣,皆私其所知以自覆掩。有过,则臣反责君,逆乱之道也。"再者,"君之智,未必最贤于众也。以未最贤而欲以善尽被下,则不赡矣。若使君之智最贤,以一君而尽赡下则劳,劳则有倦,倦则衰,衰则复反于不赡之道也。"由此可见:"人君自任而躬事,则臣不事事,是君臣易位也。谓之倒逆,倒逆则乱矣。"慎到指出:这是"君臣之顺、治乱之分,不可不察也。"②

除此而外,君主还要学会将芸芸众生的能力调动、汇集起来,因民所长而用之。民众的能力各有不同:"民杂处而各有所能,所能者不同,此民之情也。"明君的特点是不挑剔,不指责,兼包并蓄,各就各位,用得其所。"下之所能不同,而皆上之用也。是以大君因民之能为资,尽包而畜之,无能去取焉。是故不设一方以求于人,故所求者无不足也。大君不择其下,故足。不择其下,则易为下矣。易为下则莫不容,莫不容故多下。""多"者,赞许、肯定。只有懂得称道下层民众的才称得上君主。这就叫"多下之谓太上"。慎到因而总结说:"大君者,太上也,兼畜下者也"③。

四、《韩非子》:以势强君、以术驭臣、以法治民

韩非(约公元前280—前233年),韩国君主之子,为人口吃,不善言谈,但讷于外而敏于中。与李斯同师从荀子,弃其儒家成分,扬其法家学说,综

---

① 均见《慎子·因循》。
② 均见《慎子·民杂》。
③ 均见《慎子·民杂》。

合商鞅、申不害、慎到的"法""术""势"思想,提出君主专制中央集权理论,成为战国末期法家学说的集大成人物。因太过杰出,遭到李斯的嫉恨,留下杀身之祸。

韩非生活的年代是战国末年,此时秦国的实力远在六国之上,在韩非死后的第12年,秦国就统一了六国。韩非出生的韩国是六国中力量最弱的国家。由于韩国的地理位置介于大国之间,秦国要进攻六国,韩国首当其冲;六国要合纵攻秦,韩国又成为战场。韩非一生一直处在强邻侵凌、饱受危难的状况中。作为韩王之子,如何使韩国走向强大、摆脱腹背受敌的困局,就成为他朝思暮想的头等大事。他曾多次上书韩王陈述己见,希望变法图强,均不被采用。于是发愤著书十余万字。传到秦国后,秦王嬴政大为赏识。为了见到韩非,秦国急攻韩国。韩王为形势所迫,便派韩非出使秦国。秦王见到韩非后非常高兴,但并非信任他。韩非曾上书秦王先伐赵、缓伐韩,由此遭到李斯等人的诬陷,入狱被害。

著有《韩非子》一书,五十五篇、十余万字。关于《韩非子》一书的真伪,从宋朝开始就有人怀疑。20世纪二三十年代以后,疑古思潮兴起,对《韩非子》各篇的怀疑达到了顶峰,但大多不能成立。一般认为,《韩非子》是先秦后期法家著作的汇编,其中主要是韩非的作品,也包含了韩非后学的著作①。

1. 神人关系论:"循天顺人""事鬼可亡"

韩非的学说到底是维护君主专制中央集权的政治学说。所以,在神人关系上,韩非信人不信神。这个"人",包括"人心""技能""势位"。既然重视人的"势位",当然就不能不顾及自然的"势位"。自然的"势位"就是"天时""天命"。这是制约人的活动的客观条件。所以韩非说:"因天命,持大体。"②"明君之所以立功成名者四:一曰天时,二曰人心,三曰技能,四曰势位。非天时,虽十尧不能冬生一穗;逆人心,虽贲、育不能尽人力。故得天时则不务而自生,得人心则不趣而自劝,因技能则不急而自疾,得势位则不推进而名成。"③这成就功名的四要素又可概括为"循天顺人"④。"上不天则下不遍覆,心不地则物不毕载。太山不立好恶,故能成其高;江海不择小助,故能成其富。故大人寄形于天地而万物备,历心于山海而国家富。上无忿怒之毒,下无伏怨之患,上下交顺,以道为舍。故长利积,大功立,名成于前,德垂于

---

① 陈明、王青:《韩非子全译》前言,巴蜀书社2008年版,第14页。
② 《韩非子·大体》。
③ 《韩非子·功名》。
④ 《韩非子·用人》。

后，治之至也。"①既然成就功名的根本依据在于"循天顺人"，所以韩非反对迷信鬼神祭祀。"无参验而必之者，愚也；弗能必而据之者，诬也。"②"龟策鬼神"就属于这类不可"参验"、没有什么作用的"弗能"之举，如果信以为真，就愚不可及。"龟策鬼神不足举胜……然而持之，愚莫大焉。"③把精力都放在没有实际效果的鬼神祭祀上，不仅愚蠢至极，而且最终会导致亡国的后果："用时日事鬼神，信卜筮而好祭祀者，可亡也。"④韩非还分析揭示："人处疾则贵医，有祸则畏鬼"，鬼神往往是心理恐惧产生的幻觉。人如果"举动理（合理）则少祸害"，"夫内无痤疽瘅痔之害，而外无刑罚法诛之祸"，那么他就会"轻恬鬼也甚"，即把鬼神的作用看得很轻很淡，鬼神也不会伤害到他。这就叫"治世之民，不与鬼神相害也"；"非其鬼不神也，其神不伤人也"。一方面，尽人事努力后，鬼就不伤人；另一方面，面对"鬼祟也疾人"，即鬼作祟使人生病的情况，人还可以"逐除之"，这就叫"人伤鬼"⑤。于是，在人鬼之战中，通过人的努力，不仅可以避免鬼神对人的伤害，而且可以战胜鬼神对人的伤害。

2. 君主专制论："君人者，势重于人臣"

韩非所致力的人事，是为君主服务的驭民之道、强国之道。为了投合君主需要，他提出君尊臣卑、加强集权的主张。

首先，他吸收慎到的思想，强调高高在上的权势是君主实现政治理想的必不可少的重要条件。"夫有材而无势，虽贤不能制不肖。……桀为天子，能制天下，非贤也，势重也；尧为匹夫，不能正三家，非不肖也，位卑也。千钧得船则浮，锱铢失船则沉，非千钧轻锱铢重也，有势之与无势也。故短之临高也以位，不肖之制贤也以势。人主者，天下一力以共载之，故安；众同心以共立之，故尊。人臣守所长，尽所能，故忠。以尊主御忠臣，则长乐生而功名成。"⑥"慎子曰：飞龙乘云，腾蛇游雾，云罢雾霁，而龙蛇与蚓蚁同矣，则失其所乘也。贤人而诎于不肖者，则权轻位卑也；不肖而能服于贤者，则权重位尊也。尧为匹夫，不能治三人；而桀为天子，能乱天下：吾以此知势位之足恃而贤智之不足慕也。"韩非指出：权势作为一种重要的依托，既有"便治"的有利作用，也有"利乱"的负面作用，关键看掌握权势者是"贤"还

---

① 《韩非子·大体》。
② 《韩非子·五蠹》。
③ 《韩非子·饰邪》。
④ 《韩非子·亡征》。
⑤ 《韩非子·解老》。
⑥ 《韩非子·功名》。

是"不肖"。"势之于治乱,本末有位也。""夫势者,便治而利乱者也。""夫势者……贤者用之则天下治,不肖者用之则天下乱。"我们不能只看到权势积极的一面,忽视权势被不肖者把握产生的恶果。若是桀、纣这样的坏蛋拥有高高在上的权势,权势则如风助火烧,为虎添翼:"夫弩弱而矢高者,激于风也;身不肖而令行者,得助于众也。""夫乘不肖人于势,是为虎傅翼也。桀、纣为高台深池以尽民力,为炮烙以伤民性,桀、纣得成肆行者,南面之威为之翼也。使桀、纣为匹夫,未始行一而身在刑戮矣。"由此可见,当"势"成为"养虎狼之心而成暴风乱之事者"时,"此天下之大患也"。韩非虽属法家,但他心目中的君主典范仍然是尧舜。"尧教于隶属而民不听,至于南面而王天下,令则行,禁则止。则此观之,贤智未足以服众,而势位足以缶贤者也。"①要成为尧舜这样的贤君,必须拥有绝对的权势。这是防止权势被桀、纣这样的"不肖者"占据、杜绝天下大患、创造天下安康的最好途径。同时,保持绝对权势,也是驾驭群臣、控制百姓的根本保证。大臣对君主之所以显得"忠心",不是出于自觉自愿,而是迫于君主的威势不得已而为之:"人臣之于其君,非有骨肉之亲也,缚于势而不得不事也。"②对于百姓,用仁义控制不住,用刑威却非常有效:"民者固服于势,寡能怀于义。"③"夫严家无悍虏,而慈母有败子。吾以此知威势之可以禁暴,而德厚之不足以止乱也。"④因此,韩非强调君主必须拥有至高无上的绝对威势。"势者,胜众之资也。"⑤"万乘之主,千乘之君,所以制天下而征诸侯者,以其威势也。"⑥这个威势就是独断专制的权势:"事在四方,要在中央;圣人执要,四方来效。"⑦"势重者,人君之渊也。君人者,势重于人臣之间。"⑧"主之所以尊者,权也。""明君操权而上重,一政而国治。"⑨君为臣纲,这个君臣之道不可错位。"臣事君,子事父,妻事夫。三者顺则天下治,三者逆则天下乱,此天下之常道也,明王贤臣而弗易也。"⑩国家的最高决定权要集中在君主一人手里。这种权势人人觊觎,"失则不可复得"⑪。因此,君主必须居安思危,对自己拥有的权势倍加警惕。

---

① 均见《韩非子·难四》。
② 均见《韩非子·备内》。
③ 《韩非子·五蠹》。
④ 《韩非子·显学》。
⑤ 《韩非子·八经》。
⑥ 《韩非子·人主》。
⑦ 《韩非子·物权》。
⑧ 《韩非子·喻老》。
⑨ 《韩非子·心度》。
⑩ 《韩非子·忠孝》。
⑪ 《韩非子·喻老》。

其次，为了确保君主的绝对权势，必须对大臣的权力加以削弱和防范。自私自利是人的天性。君臣的关系实质上是利害关系。由于君主拥有的利益太大，所以被臣下算计、推翻的危险也就极大。"为人臣者，窥觇其君心也，无须臾之休。"不仅大臣会算计他，他的夫人、妃子、太子也会算计他，巴望他早死："故后妃、夫人、太子之党成，而欲君之死也。"大臣还会观颜察色，与君主的后宫、王子勾结："为人主而大信其子，则奸臣得乘于子以成其私。""为人主而大信其妻，则奸臣得乘于妻以成其私。"为什么大臣、太子、妻子都希望君主死呢？因为"君不死，则势（权势）不重"；"情非憎君也，利在君之死也"。因此，君主时刻处在被谋害推翻的危险之中。所以君主永远不要相信大臣表面的忠心。骨子里，由于君臣利益不一致，大臣不可能与君主同心同德："当涂之臣得势擅事以环其私，左右近习朋党比周以制疏远。"①他们暗中掩藏着私欲，时刻在试探着君主，觊觎着君主的位权。"下匿其私，用试其上。"只要有机会，就会发展壮大，成为咬人的老虎。"胻大于股，难以趣走。主失其神，虎随其后。主上不知，虎将为狗。主不蚤止，狗益无已。虎成其群，以弑其母。"②对于当时人臣为奸的表现，韩非总结了八个方面，他称之为"八奸"："一曰同床（君主妻妾），二曰在旁（亲信侍从），三曰父兄（叔侄兄弟），四曰养殃（谄谀纵患之臣），五曰民萌（以惠悦民之臣），六曰流行（收买人心制造舆论之臣），七曰威强（私养亡命之徒、耀武扬威之臣），八曰四方（里通外国之臣）。""凡此八者，人臣之所以道成奸，世主所以壅劫、失其所有也，不可不察焉。"③由于"利君死者众，则人主危"，所以韩非提醒君主要倍加小心："故人主不可以不加心于利己死者。"他提醒君主不可以傲慢轻视这种危险："人主怠傲处上，此世所以有劫君杀主也。"④东周以来，由于作为周朝大臣的诸侯王拥有的自主权太大，周天子的权力逐渐被架空。"大臣比周，蔽上为一，阴相善而阳相恶，以示无私，相为耳目，以候主隙。人主掩蔽，无道得闻，有主名而无实，臣专法而行之，周天子是也。"⑤春秋战国时期，诸侯国内君臣之间的斗争愈演愈烈，君位被权臣篡夺的事例比比皆是，如田常篡齐、三家分晋、子哙让国等。君主被大臣劫杀的事情更是屡见不鲜，如春秋时齐国崔杼弑君、楚国王子围绞杀楚王、战国时李兑杀赵主父、淖齿杀齐愍王等。因此，如何防止大臣权力太大，进而篡位，韩非论述得很多。他警告：

---

① 《韩非子·人主》。
② 均见《韩非子·扬权》。
③ 均见《韩非子·八奸》。
④ 均见《韩非子·备内》。
⑤ 《韩非子·备内》。

"人臣太贵，必易主位。"①"人主之所以身危国亡者，大臣太贵，左右太威也。""大臣、左右权势息，则人主之道明矣。"②削弱大臣权力，是保证君主威势的第一要务。"一家二贵，事乃无功；夫妻持政，子无适从。为人君者，数披其木，毋使木枝扶疏。""有道之君，不贵其臣；贵之富之，彼将代之。"削弱大臣权力的方法大抵有三。一是对爱臣不要太亲近、太专信，以免大权旁落。"人主之患在于信人，信人，则制于人。"③"欲治其内，置而勿亲。""毋专信一人而失其都国焉。"④"爱臣太亲，必危其身。"⑤"无私贤哲之臣，无私事能之士。"⑥"偏借其权势，则上下易位矣。此言人臣之不可借权势。"⑦"明君之蓄其臣也，尽之以法，质之以备。故不赦死，不宥刑。赦死宥刑，是谓威淫（散），社稷将危，国家偏威。"⑧二是对奸臣实施法制，课以刑罚，坚决杜绝遗患。"上失扶寸，下得寻常。""上操度量，以割其下。故度量之立，主之宝也。""主施其法，大虎将怯；主施其刑，大虎自宁。法制苟信，虎化为人，复反其真。"⑨三是防止大臣结党营私，形成气候，将谋反的可能扼杀于萌芽状态。"党与之具，臣之宝也。臣之所不弑其君者，党与不具也。""欲为其国，必伐其聚；不伐其聚，彼将聚众。"⑩为了保证君主的最高权力，君主必须时刻对宫廷内部保持高度戒备。

春秋战国时期大臣推翻君主的事情频发，其实责任并不都在于大臣有私心，不少情况是因为君主太无道。汤、武革命，是臣民推翻君主的先例。按照《尚书》《易传》、孟子、荀子的观点，如果君主无道，大臣就有理由把他推翻。《韩非子·难四》中列举了当时一些人的评论，就是这种观点的反映。"或曰：天子失道，诸侯伐之，故有汤、武；诸侯失道，大夫伐之，故有齐、晋。……君有失也，故臣有得也。""或曰：臣主之施（设），分（尊卑差别）也；臣能夺君者，以得相踦也。故非其分而取者，众之所夺也；辞其分而取者，民之所予也。是以桀索岷山之女，纣求比干之心，而天下离；汤身易名（从臣易名为王），武身受詈（周武王推翻君主纣受到指责），而海内服。""汤、武之所

---

① 《韩非子·爱臣》。
② 《韩非子·备内》。
③ 均见《韩非子·备内》。
④ 均见《韩非子·扬权》。
⑤ 《韩非子·爱臣》。
⑥ 《韩非子·有度》。
⑦ 《韩非子·备内》。
⑧ 《韩非子·爱臣》。
⑨ 均见《韩非子·扬权》。
⑩ 均见《韩非子·扬权》。

以王","彼得之而后以君处之也",即顺应民众心愿、符合道义民心之后,人们才把他们奉为君主。韩非子这里引述了时人的观点,并没有加以否定,好像也间接反映了他的看法。其实不然。在《忠孝》篇中,他明确表示反对。"汤、武以义放弑其君,此皆以贤而危主者也。""汤、武为人臣而弑其主,刑其尸,而天下誉之,此天下所以至今不治者也。""所谓贤臣者,能明法辟、治官职以戴其君者也。……汤、武自以为义而弑其君长……故至今……为人臣者有取其君之国者矣。""汤、武或反群臣之义,乱后世之教者也。"最后他提出:"人主虽不肖,臣不敢侵也。"这充分体现了他无条件维护君主利益的立场。

在此基础上,他提出了"贤臣"之道:"贤者之为人臣,北面委质,无有二心。朝廷不敢辞贱,军旅不敢辞难;顺上之为,从主之法,虚心以待令,而无是非也。故有口不以私言,有目不以私视,而上尽制之。为人臣者,譬之若手,上以修头,下以修足;清暖寒热,不得不救;镆铘传体,不敢弗搏。"①贤臣应全心全意地为君主服务,与君主同冷暖共呼吸,帮助君主拾遗补阙。由此出发,他纠正了几种对臣子的似是而非的评价:"今夫轻爵禄,易去亡,以择其主,臣不谓廉。诈说逆法,倍主强谏,臣不谓忠。行惠施利,收下为名,臣不谓仁。离俗隐居,而以诈非上,臣不谓义。外使诸侯,内耗其国,伺其危险之陂,以恐其主……卑主之名以显其身,毁国之厚以利其家,臣不谓智。此数物者,险世之说也,而先王之法所简也。"②君主应当从五方面来防止大臣越权:"人主有五壅:臣闭其主曰壅,臣制财利曰壅,臣擅行令曰壅,臣得行义曰壅,臣得树人曰壅。臣闭其主,则主失位;臣制财利,则主失德;行令,则主失制;臣得行义,则主失明;臣得树人,则主失党。此人主之所以独擅也,非人臣之所以得操也。"③

3. 明君之道:虚静无为,以术驭臣

韩非一方面强调君主要把决定权牢牢掌握在自己手里,另一方面又告诫君主切忌事必躬亲,逞智显能,而应虚静无为,善于以权术驾驭群臣,督促群臣为自己服务。

韩非从以下几方面来论述这个"明君之道"。首先是从君主能力的有限性方面说明,君主不是十全十美、无所不能的人,天下大事必须借助天下人的力量才能办好,事必躬亲必然吃力不讨好,因人之力而治天下是最英明的

---

① 《韩非子·有度》。
② 《韩非子·有度》。
③ 《韩非子·主道》。

君道。他指出：君主"力不敌众，智不尽物。与其用（自己）一人，不如用一国（之人）。""下君尽己之能，中君尽人之力，上君尽人之智。"①"夫物者有所宜，材者有所施，各处其宜，故上下无为。使鸡司夜，令狸执鼠，皆用其能，上乃无事。上有所长，事乃不方；矜而好能，下之所欺；辩惠好生，下因其材。上下易用，国故不治。"②"明君之道，使智者尽其虑，而君因以断事，故君不躬于智；贤者敕其材，君因而任之，故君不躬于能；有功则君有其贤，有过则臣任其罪，故君不躬于名。臣有其劳，君有其成功，此之谓贤主之经也。""故虚静以待，令名自命也，令事自定也。""有言者自为名，有事者自为形，形名参同，君乃无事焉。"③"故圣人执一以静，使名自命，令事自定。""因而任之，使自事之；因而予之，彼将自举也；正与处之，使皆自定之。"④

其次，从心性的修养来看，不动情智的虚静无为是"体道"（回归人性本体）的要求。外王本于内圣，"有其国"者必先"保其身"。"夫能有其国、保其身者，必且体道。""体道，则其智深。"⑤人自身的修养说到底是心性的修养。人的心性天生具有智慧，但心思太多则妨碍这种智慧，使其失去聪明的本性。所以深智、上智是以不过分劳神的虚静无智为特点的。"聪明睿智，天也；动静思虑，人也。……所谓'事天'者，不极聪明之力，不尽智识之任。苟极尽，则费神多；费神多，则盲聋悖狂之祸至，是以啬之。啬之者，爱其精神，啬其智识也。"因此，"圣人之用神也静。""圣人爱精神而贵处静。不爱精神不贵处静，此甚大于兕虎之害。"⑥"圣人之道，去智与巧。智巧不去，难以为常。……主上用之，其国危亡。"⑦人的天性还具有情欲，但情欲过度也不合人性的本来面目："夫香美脆味，厚酒肥肉，甘口而疾形；曼理皓齿，说情而捐精。故去甚去泰，身乃无害。""虚静无为，道之情也……喜之，则多事；恶之，则生怨。故去喜去恶，虚心以为道舍。"⑧因此，韩非强调："人主之道，静退以为宝。"⑨

再次，从君主的驭臣之术来看，君主必须不动声色，莫测高深，以静制动。"凡术也者，主之所以执也。"⑩"君无术则弊于上。""术者，因任而授官，

---

① 均见《韩非子·八经》。
② 《韩非子·扬权》。
③ 均见《韩非子·主道》。
④ 均见《韩非子·扬权》。
⑤ 均见《韩非子·解老》。
⑥ 均见《韩非子·解老》。
⑦ 《韩非子·扬权》。
⑧ 均见《韩非子·扬权》。
⑨ 《韩非子·主道》。
⑩ 《韩非子·说疑》。

循名而责实,操杀生之柄,课群臣之能者也。此人主之所执也。"①君主只有不动好恶,才能对大臣的提议最终作出客观准确的裁定。"虚则知实之情,静则知动者正。"②"重则能使轻,静则能使躁。"③君主只有不显山露水,才能让臣下莫测高深:"君无见其所欲。君见其所欲,臣自将雕琢。君无见其意。君见其意,臣将自表异(伪装)。故曰:去好去恶,臣乃见素;去旧(成见)去智,臣乃自备。"④君主即便有智、有能、有勇,也不宜使用,这样才能让群臣尽虑、立功、尽武:"故有智而不以虑,使万物知其处;有贤而不以行,观臣下之所因;有勇而不以怒,使群臣尽其武。是故去智而有明,去贤而有功,去勇而有强。""不自操事而知拙与巧,不自计虑而知福与咎。"⑤虚静无为,也有助于君主处于一种裁判状态,根据大臣作为的正确与否实施奖罚考绩:"君虚静无事,以暗见疵。""群臣陈其言,君以其主授其事,事以责其功。功当其事,事当其言,则赏;功不当其事,事不当其言,则诛。"于是,"臣不得陈言而不当"。"以赏者赏,以刑者刑,因其所为,各以自成。"⑥"主道者,使人臣必有言之责,又有不言之责。言无端末辩无所验者,此言之责也;以不言避责持重位者,此不言之责也。人主使人臣言者必知其端以责其实,不言者必问其取舍以为之责。则人臣莫敢妄言矣,又不敢默然矣,言、默则皆有责也。"⑦如此这般,"明君无为于上,群臣竦惧乎下",就会"不言而善应,不约而善增"⑧,君主无为而事无不为。此外,虚静也是君主神秘莫测的驭臣之术:"主上不神(神妙不测),下将有因。"⑨"道在不可见,用在不可知。"⑩"其智深,则其会远;其会远,众人莫能见其所极。唯夫能令人不见其事极。不见其事极者为保其身、有其国。"⑪"今人主不掩其情,不匿其端,而使人臣有缘以侵其主,则群臣为子之、田常不难矣。"⑫

韩非此论,既是对老子虚静无为、因循自然的道德思想的继承发展,也

---

① 均见《韩非子·定法》。
② 《韩非子·主道》。
③ 《韩非子·喻老》。
④ 《韩非子·主道》。
⑤ 《韩非子·主道》。
⑥ 均见《韩非子·扬权》。
⑦ 《韩非子·南面》。
⑧ 均见《韩非子·主道》。
⑨ 《韩非子·扬权》。
⑩ 《韩非子·主道》。
⑪ 《韩非子·喻老》。
⑫ 《韩非子·二柄》。子之,战国中期燕相,后燕王哙让国于他。田常,春秋末期齐相,后发动政变,独揽齐国大权。《庄子·胠箧》记载田成子(即田常)盗齐国之事,指他为诸侯大盗。也是后世常引用之成语"窃钩者诛,窃国者侯"的由来。

是对这个时期君道知人、臣道知事、君臣分工思想的丰富深化。

此外，韩非还在《内储说上七术》论及君主驭臣七术。"一曰众端参观，二曰必罚明威，三曰信赏尽能，四曰一听责下，五曰疑诏诡使，六曰挟知而问，七曰倒言反事。此七者，主之所用也。"其中，"疑诏诡使"即传出疑诏考察臣子；"挟知而问"指掌握了事实反而询问臣子；"倒言反事"是故意说反话、做逆理的事来刺探臣子。这就把君主的权术及其与臣子相互利用又相互戒备的利害关系揭示得淋漓尽致。

4. 治理天下，"必因人情"，"不从其欲"

君主一方面掌握国家大事的最终决定权，另一方面又无为而治，以静驭动，借助群臣之能管理天下。那么，君臣联合管理天下的基本理念是什么呢？这就是一方面因应人情，另一方面又不从其欲。

韩非学说本自老子，直接来源是慎子。老子贵因。慎子承此说："天道因则大。"①因借的思想渗透在韩非学说的各个方面。出于"因势"的思想，韩非主张加强君主至高无上的权势，助力思想政策的推行；出于"因为"的思想，韩非主张君主无为，借助群臣之为而无不为；在治国理念上，韩非又提出"因人"的思想。"因人"说到底是因应人的情感好恶，设立合适有效的治人措施。他指出："凡治天下，必因人情。"②这是化用慎子"因也者，因人之情也"而来③。

那么，人情的好恶是什么呢？他吸收慎到的"自为"论和荀子的"性恶"论，提出人性自私自利论。慎到说："人莫不自为也。化而使之为我，则不可得而用也。"韩非本此，指出：人"皆挟自为心"④。"自为心"即自私心，也就是为自己考虑、算计之心。"古者苍颉之作书也，自环者谓之'私'，背私谓之'公'，公私之相背也，乃苍颉固以知之矣。今以为同利者，不察之患也。"⑤人为自己考虑、打算的对象，主要是"利"与"名"。"利之所在民归之，名之所彰士死之。"⑥"夫利者，所以得民也……名者，上下之所同道也。"⑦"利"是人为自己谋划的初级欲求，"名"则是高级欲求。"人情皆喜贵而恶贱"⑧，对于知

---

① 《慎子·因循》。
② 《韩非子·八经》。
③ 《慎子·因循》。
④ 《韩非子·外储说左上》。
⑤ 《韩非子·五蠹》。
⑥ 《韩非子·外储说左上》。
⑦ 《韩非子·诡使》。
⑧ 《韩非子·难二》。

识分子"士"这个阶层来说,对"名"的追求远在"利"之上:"民之急名也,甚其求利也;如此,则士之饥饿乏绝者,焉得无岩居苦身,以争名于天下哉?"①但对于芸芸众生来说,对"利"的追求是更普遍、更基本的追求。"夫安利者就之,危害者去之,此人之情也。"②人的"利"欲中,一种形态表现为情感欲求。"夫民之性,恶劳而乐佚。"③另一种形态则是物质欲求。"好利恶害,人之所有也","喜利畏罪,人莫不然"④。物质利益是人的最基本的利益,所以人们的"自为心"更多地表现为"自利心"。人与人的关系本质上是利害关系。"医善吮人之伤,含人之血,非骨肉之亲也,利所加也。故舆人成舆,则欲人之富贵;匠人成棺,则欲人之夭死也。非舆人仁而匠人贼也,人不贵,则舆不售;人不死,则棺不买。情非憎人也,利在人之死也。""夫卖庸(佣)而播耕者,主人费家而美食,调布(币)而求易(调换)钱(币)者,非爱庸客也。曰:如是,耕者且深,耨者熟耘也。庸客致力而疾耘耕者,尽巧而正畦陌畦時者,非爱主人也。曰:如是,羹且美,钱布且易云也。"⑤人世间的关系没有比夫妻、父子更亲的了,但这种关系其实是一种利益计算关系。"夫妻者,非有骨肉之恩也,爱则亲,不爱则疏。"⑥"父母之于子也,产男则相贺,产女则杀之。此俱出父母之怀衽,然男子受贺,女子杀之者,虑其后便,计之长利也。故父母之于子也,犹用计算之心以相待也,而况无父子之泽乎?"⑦"人为婴儿也,父母养之简(马虎),子长人怨。子盛壮成人,其供养薄,父母怒而诮之。子父至亲也,而或谯或怨者,皆挟相为(要求别人为自己着想)而不周于为己也。"⑧"夫以妻之近与子之亲而犹不可信,则其余无可信者矣。"⑨人世间的关系没有比君与臣更神圣的了,但君与臣的关系实际上也是一种利益买卖、交换、计算关系。"主卖官爵,臣卖智力。"⑩"臣尽死力与君市,君垂爵禄以与臣市。君臣之际,非父子之亲也,计数之所出也。君有道,则臣尽力而奸不生;无道,则臣上塞主明而下成私。"⑪"臣主之利与相异者也。何以明之哉?曰:主利在有能而任官,臣利在无能而得事;主利在有劳而爵禄,臣利在无

---

① 《韩非子·诡使》。
② 《韩非子·奸劫弑臣》。
③ 《韩非子·心度》。
④ 《韩非子·难二》。
⑤ 《韩非子·备内》。
⑥ 《韩非子·备内》。
⑦ 《韩非子·六反》。
⑧ 《韩非子·外储说左上》。
⑨ 《韩非子·备内》。
⑩ 《韩非子·外储说右下》。
⑪ 《韩非子·难一》。

功而富贵；主利在豪杰使能,臣利在朋党用私。"①"害身而利国,臣弗为也；害国而利臣,君不为也。""故君臣异心,君以计畜臣,臣以计事君,君臣之交,计也。"②韩非把君臣之间的这种斗争关系比喻为"上下一日百战"③。鉴于"人臣之情非必能爱其君也,为重利故也"④；"为人臣者窥觇其君心也,无须臾之休"⑤,所以韩非提醒君主:他最亲近的大臣其实是最危险的人。总之,利害关系是人与人之间最本质的关系。人有利则相和,有害则相怨。"以利之为心,则越(疏远)人易和；以害之为心,则父子离且怨。"⑥治理天下的战略方针,必须以自为自利的人情或人性为依据。

当时有一种政治主张,即从民所欲。如管子说:民有"欲智""欲利""欲勇""欲贵"四欲,"从其四欲,则远者自亲"⑦。韩非虽然赞赏过主张法治的管子,但对其从民之欲而治民的主张则不以为然。他明确提出圣人治民"不从其欲"的主张,作为对"凡治天下,必因人情"的补充。可知"因人情"的"因"不是顺应、听从,而是根据、针对。受老师荀子"性恶"论的影响,韩非认为人的自私自利、趋利避害欲望具有作恶的天性。"人有欲,则计会乱；计会乱,而有欲甚；有欲甚,则邪心胜；邪心胜,则事经绝；事经绝,则祸难生。由是观之,祸难生于邪心,邪心诱于可欲。可欲之类,进则教良民为奸,退则令善人有祸。奸起,则上侵弱君；祸至,则民人多伤。然则可欲之类,上侵弱君而下伤人民。夫上侵弱君而下伤人民者,大罪也。""故欲利甚于忧,忧则疾生；疾生而智慧衰；智慧衰,则失度量；失度量,则妄举动；妄举动,则祸害至。"⑧"匹夫有私便,人主有公利。"⑨匹夫的"私便"突出表现为八种现象:"为故人行私谓之'不弃',以公财分施谓之'仁人',轻禄重身谓之'君子',枉法曲亲谓之'有行',弃官宠交谓之'有侠',离世遁上谓之'高傲',交争逆令谓之'刚材',行惠取众谓之'得民'。"它们与人主的"公利"是直接对立的。"'不弃'者,吏有奸也；'仁人'者,公财损也；'君子'者,民难使也；'有行'者,法制毁也；'有侠'者,官职旷也；'高傲'者,民不事也；'刚材'者,令不行也；'得民'者,君上

---

① 《韩非子·孤愤》。
② 《韩非子·饰邪》。
③ 《韩非子·扬权》。
④ 《韩非子·二柄》。
⑤ 《韩非子·二柄》。
⑥ 《韩非子·外储说左上》。
⑦ 《管子·枢言》。
⑧ 均见《韩非子·解老》。
⑨ 《韩非子·八说》。

孤也。此八者,匹夫之私誉,人主之大败也。"①对于与君主利益对立、可能会为祸作恶的情欲天性,君主不能完全顺从它。相反,必须设立有针对性的法律机制来矫正它、规范它。"夫民之性……佚则荒,荒则不治,不治则乱,而赏刑不行于天下者必塞。"这样做才是真正的"利民"。"圣人之治民,度于本,不从其欲,期于利民而已。"所以,用刑法预防民众作恶之念,惩罚百姓所犯之罪,不是"恶民"的举动,恰恰是"爱民"的表现。"故治民者,禁奸于未萌。""夫民之性,喜其乱而不亲其法。……严刑,则民亲法。……亲法,则奸无所萌。""法者,王之本也;刑者,爱之自也。""故其与之刑,非所以恶民,爱之本也。"②"人情者,有好恶,故赏罚可用;赏罚可用,则禁令可立而治道具矣。君执柄以处势,故令行禁止。"③当时还有一种政治主张,即"得民之心"。如孟子提出:"得天下有道:得其民,斯得天下矣;得其民有道:得其心,斯得民矣;得其心有道:所欲与之聚之,所恶勿施尔也。"④管子也提出:"政之所兴,在顺民心;政之所废,在逆民心。"⑤但在韩非看来,普通百姓唯利是图,目光短浅,见识愚蠢,完全顺应民心、让他们欢心是不行的。"今不知治者必曰:'得民之心,欲得民之心而可以为治,则是伊尹、管仲无所用也,将听民而已矣。民智之不可用,犹婴儿之心也。……今上急耕田垦草以厚民产也,而(民)以上为酷;修刑重罚以为禁邪也,而以上为严;征赋钱粟以实仓库,且以救饥馑、备军旅也,而以上为贪;境内必知介而无私解,并力疾斗,所以禽虏也,而以上为暴。此四者,所以治安也,而民不知悦也。'"⑥所以英明的君主治理国家,不为民心所左右。

然而,当时政坛的情况则不是这样。"今学者之说人主也,皆去求利之心,出相爱之道。"⑦这种学说的主要倡导者是儒家和墨家,当时他们是"显学"。韩非认为,这是要求"人主之过父母之亲也",也就是要求君主比父母爱子还要过分地去爱老百姓,这是荒谬的,"诈而诬也"。他不仅劝说"明主不受"⑧,而且对这种完全顺应民众的自利欲求、主张"仁爱"的儒、墨政治学说给予了尖锐的批判:"世之显学,儒、墨也。儒之所至,孔丘也。墨之所至,墨翟也。……孔子、墨子俱道尧、舜,而取舍不同,皆自谓真尧、舜。尧、舜不

---

① 《韩非子·八说》。
② 均见《韩非子·心度》。
③ 《韩非子·八经》。
④ 《孟子·离娄上》。
⑤ 《管子·牧民》。
⑥ 《韩非子·显学》。
⑦ 《韩非子·六反》。
⑧ 均见《韩非子·六反》。

复生,将谁使定儒、墨之诚乎?……无参验而必之者,愚也;弗能必而据之者,诬也。故明据先王,必定尧、舜者,非愚则诬也。愚诬之学,杂反之行,明主弗受也。"①"今世皆曰:'尊主安国者,必以仁义智能',而不知卑主危国者之必以仁义智能也。故有道之主,远仁义,去智能。"②"民者,固服于势,寡能怀于义。仲尼,天下圣人也,修行明道以游海内,海内说其仁、美其义而为服役者七十人。盖贵仁者寡,能义者难也。故以天下之大,而为服役者七十人,而仁义者一人。鲁哀公,下主也,南面君国,境内之民莫敢不臣。民者固服于势……故仲尼反为臣而哀公顾为君。仲尼非怀其义,服其势也。故以义则仲尼不服于哀公,乘势则哀公臣仲尼。今学者之说人主也,不乘必胜之势,而务行仁义则可以王,是求人主之必及仲尼,而以世之凡民皆如列徒,此必不得之数也。""今有不才之子,父母怒之弗为改,乡人谯之弗为动,师长教之弗为变。夫以父母之爱、乡人之行、师长之智,三美加焉,而终不动,其胫毛不改。州部之吏,操官兵,推公法,而求索奸人,然后恐惧,变其节,易其行矣。故父母之爱不足以教子,必待州部之严刑者,民固骄于爱、听于威矣。"③"故善毛嫱、西施之美,无益吾面;用脂泽粉黛,则倍其初。言先王之仁义,无益于治……故明主……不道仁义。"④"仁者,慈惠而轻财者也……慈惠,则不忍;轻财,则好与……不忍,则罚多宥赦;好与,则赏多无功。……故仁人在位,下肆而轻犯禁法,偷幸而望于上。""故存国者,非仁义也。"⑤

儒、墨的仁义、兼爱学说不符合自然人性,因而遭到韩非批判;而过度的贪欲追求与隐士的无欲主张也受到韩非纠正。"无毛羽,不衣则不犯寒;上不属天而下不著地,以肠胃为根本,不食则不能活;是以不免于欲利之心。欲利之心不除,其身之忧也。故圣人衣足以犯寒,食足以充虚,则不忧矣。众人则不然,大为诸侯,小余千金之资,其欲得之忧不除也。胥靡有免,死罪时活,今不知足者之忧终身不解。故曰:'祸莫大于不知足。'"⑥过分追求欲望固然是为祸之源,但要求人们恬淡无欲也不合人情,最主要的是这会取消以奖罚为特征的法令的心理基础:"世之所为烈士者,虽众独行,取异于人,为恬淡之学而理恍惚之言。臣以为恬淡,无用之教也;恍惚,无法之言也。……臣以为人生必事君养亲,事君养亲不可以恬淡;治人必以言论忠信

---

① 《韩非子·显学》。
② 《韩非子·说疑》。
③ 均见《韩非子·五蠹》。
④ 《韩非子·显学》。
⑤ 均见《韩非子·八说》。
⑥ 《韩非子·解老》。

法术,言论忠信法术不可以恍惚。恍惚之言,恬淡之学,天下之惑术也。"①

5. 安邦之本,"不务德而务法"

基于人性自私、人情本恶,治理天下"必因人情""不从人情"的基本理念,韩非吸收商鞅的思想,提出了以刑德、赏罚为两手的法治主张。"人情者,有好恶,故赏罚可用;赏罚可用,则禁令可立而治道具矣。"②"好恶者,上之所制也。民者好利禄而恶刑罚,上掌好恶以御民力,事实不宜失矣。"③人性自私自利,不能全心全意为君主效劳,但如果一个人去除了自私自利之心,君主也就无法使用他了。"夫见利不喜,上虽厚赏,无以劝之;临难不恐,上虽严刑,无以威之:此之谓不令之民也。"④因此,在承认人好利恶害本性的前提下,设计利害之道,让臣民在得利的同时不得不为君主服务,就是最切实有效的治国方略。"圣人之治国也,固有使人不得不爱我之道,而不恃人之以爱为我也。恃人之以爱为我者危矣,恃吾不可不为者安矣。夫君臣非有骨肉之亲,正直之道可以得利,则臣尽力以事主;正直之道不可以得安,则臣行私以干上。明主知之,故设利害之道以示天下而已矣。""明主者,使天下不得不为己视,天下不得不为己听。"⑤所以,君主给臣民利益,不是出于无私的"仁";臣民为君主效力,不是出于无私的"忠"。他们都是出于利己的考量。如果以无私、利他的仁爱相要求,尽管很动听,但却很徒劳。因此说:"君通于不仁,臣通于不忠,则可以王矣。"⑥

那么,这个使君主不得不给利益于臣民、使臣民不得不效力于君主的途径是什么呢?就是法。"圣人者,审于是非之实,察于治乱之情也。故其治国也,正明法,陈严刑,将以救群生之乱,去天下之祸,使强不陵弱,众不暴寡,耆老得遂,幼孤得长,边境不侵,群臣相亲,父子相保,而无死亡系虏之患,此亦功之至厚者也。"⑦人性利己。要让臣民自觉做利他的善事很难,而确保臣民不从利己之心出发作害人的坏事则是维护天下稳定必须做到的基本要求。明君根据人的自私自利天性设定法律禁止人作恶,而不奢望道德引导人们为善。"夫圣人之治国,不恃人之为吾善也,而用其不得为非也。恃人之为吾善也,境内不什数;用人不得为非,一国可使齐。为治者用众而

---

① 《韩非子·忠孝》。
② 《韩非子·八经》。
③ 《韩非子·制分》。
④ 《韩非子·说疑》。
⑤ 均见《韩非子·奸劫弑臣》。
⑥ 《韩非子·外储说右下》。
⑦ 《韩非子·奸劫弑臣》。

舍寡,故不务德而务法。"①"私者,所以乱法也。""夫立法令者,以废私也。法令行而私道废矣。"②因此,法治是治理天下的根本之道。"故治民无常,唯治为法。"③"明主之国,令者,言最贵者也;法者,事最适者也。"④"故明主之国……以法为教……以吏为师。"⑤

治国之法作为惩过之法,要重、要严。公孙鞅曰:"行刑重其轻者,轻者不至,重者不来,是谓以刑去刑也。""公孙鞅之法也重轻罪。重罪者,人之所难犯也;而小过者,人之所易去也。使人去其所易,无离其所难,此治之道。夫小过不生,大罪不至,是人无罪而乱不生也。"⑥受商鞅影响,韩非也主张严刑峻法以治天下。"夫严刑重罚者,民之所恶也,而国之所以治也;哀怜百姓轻刑罚者,民之所喜,而国之所以危也。""夫严刑者,民之所畏也;重罚者,民之所恶也。故圣人陈其所畏以禁其邪,设其所恶以防其奸,是以国安而暴乱不起。"⑦"法重者得人情,禁轻者失事实。"⑧"行刑,重其轻者,轻者不至,重者不来,此谓以刑去刑。"⑨法之所重,不仅体现在以重罚禁止做坏事方面,更要从禁言、禁心做起:"是故禁奸之法,太上禁其心,其次禁其言,其次禁其事。"⑩于是治民之法就成了"禁言"之法、"诛心"之法。哪怕言有出格、心有出轨,都应举报惩处。韩非吸取商鞅的"连坐告奸"主张说:"是故夫至治之国,善以止奸为务。……其法通乎人情,关乎治理也。""去微奸之道奈何?其务令之相窥其情者也。则使相窥奈何?曰:盖里相坐而已。禁尚有连于己者,理不得相窥,唯恐不得免。有奸心者不令得忘,窥者多也。如此,则慎己而窥彼,发奸之密。告过者免罪受赏,失奸者必诛连刑。如此,则奸类发矣。奸不容细,私告任坐使然也。"⑪

这种小过大罚、轻罪重罚、连坐告奸、诛言诛心之法,百姓以为是"暴政",所谓"愚人不知,顾以为暴"⑫。韩非则认为,采取严刑重罚可以保证臣民由惧怕受罚到避免犯罪,实际上是对臣民最大的爱护、最高的"道德"。对

---

① 《韩非子·显学》。
② 《韩非子·诡使》。
③ 《韩非子·心度》。
④ 《韩非子·问辨》。
⑤ 《韩非子·五蠹》。
⑥ 《韩非子·内储说上七术》。
⑦ 均见《韩非子·奸劫弑臣》。
⑧ 《韩非子·制分》。
⑨ 《韩非子·饬令》。
⑩ 《韩非子·说疑》。
⑪ 《韩非子·制分》。
⑫ 《韩非子·奸劫弑臣》。

于桀、纣这样的暴君，《韩非子》多处给予否定。韩非曾明确指出："暴者，心毅而易诛者也……心毅，则憎心见于下；易诛，则妄杀加于人……憎心见，则下怨其上；妄诛，则民将背叛。……暴人在位，则法令妄而臣主乖，民怨而乱心生。""暴者"，"亡国者也"①。

治国必用严刑峻法。这个法要与时俱进，不断根据现实需要修改发展，不要死守先王成法。"法与时转则治，法与世宜则有功……故圣人之治民也，法与时移而禁与能变。"②因此，韩非主张"废先王之教"③，实行改革。"是以圣人不期修古，不法常可，论世之事，因为之备。""上古竞于道德，中世逐于智谋，当今争于气力。""今有美尧、舜、汤、武、禹之道于当今之世者，必为新圣笑矣。"④

那么，君主实行的与时俱进的治国之法有什么特点呢？

首先，法姓"公"，是纠正个人私利，反映社会公利的规范。"故当今之时，能去私曲就公法者，民安而国治；能去私行行公法者，则兵强而敌弱。"⑤"故先王以道为常，以法为本。"⑥

其次，法是君主统治群臣的大纲、制约臣民不为非作歹的工具。"夫为人主而身察百官，则日不足，力不给。……先王之所守要，故法省而不侵。"⑦"诘下之邪，治乱决缪，绌羡齐非，一民之轨，莫如法。厉官威名，退淫殆，止诈伪，莫如刑。"⑧"明主之所导制其臣者，二柄而已矣。二柄者，刑德也。何谓刑德？曰：杀戮之谓刑，庆赏之谓德。为人臣者畏诛罚而利庆赏，故人主自用其刑德，则群臣畏其威而归其利矣。""夫虎之所以能服狗者，爪牙也。使虎释其爪牙而使狗用之，则虎反服于狗矣。人主者，以刑德制臣者也。今君人者释其刑德而使臣用之，则君反制于臣矣。"⑨"法也者，官之所以师也。"⑩"法者，宪令著于官府，刑罚必于民心，赏存乎慎法，而罚加乎奸（犯）令者也。此臣之所师也……臣无法则乱于下。此不可一无，皆帝王之具也。"⑪

---

① 均见《韩非子·八说》。
② 《韩非子·心度》。
③ 《韩非子·问田》。
④ 均见《韩非子·五蠹》。
⑤ 《韩非子·有度》。
⑥ 《韩非子·饰邪》。
⑦ 《韩非子·有度》。
⑧ 《韩非子·有度》。
⑨ 均见《韩非子·有度》。
⑩ 《韩非子·说疑》。
⑪ 《韩非子·定法》。

再次,法也是"矫上之失"、君主自我约束的规矩。"人主释法用私,则上下不别矣。""明主使其群臣不游意于法之外,不为惠于法之内,动无非法。"①"夫令必行,禁必止,人主之公义也;必行其私,信于朋友,不可为赏劝,不可为罚沮(阻),人臣之私义也。私义行则乱,公义行则治,故公私有分。""明主之道,必明于公私之分,明法制,去私恩。"②"法平则吏无奸。"③"释法术而心治,尧不能正一国。"④"释规而任巧,释法而任智,惑乱之道也。"⑤"法不阿贵。""刑过不避大臣,赏善不遗匹夫。"⑥君主"安术"有七:"一曰赏罚随是非,二曰祸福随善恶,三曰死生随法度,四曰有贤不肖而无爱恶,五曰有愚智而无非誉,六曰有尺寸而无意度,七曰有信而无诈。"⑦

再次,法以刑罚为主,也包含奖赏;罚以禁恶,赏以奖善。"是以赏莫如厚而信,使民利之;罚莫如重而必,使民畏之;法莫如一而固,使民知之。故主施赏不迁,行诛无赦。誉辅其赏,毁随其罚,则贤、不肖俱尽其力矣。"⑧"是故欲治甚者,其赏必厚矣;其恶乱甚者,其罚必重矣。""重罚者盗贼也,而悼惧者良民也,欲治者奚疑于重刑名!若夫厚赏者,非独赏功也,又劝一国。受赏者甘利,未赏者慕业,是报一人之功而劝境内之众也。欲治者何疑于厚赏!"⑨"是故明君之行赏也,暖乎如时雨,百姓利其泽;其行罚也,畏乎如雷霆,神圣不能解也。故明君无偷赏,无赦罚。……是故诚有功,则虽疏贱必赏;诚有过,则虽近爱必诛。疏贱必赏,近爱必诛,则疏贱者不怠,而近爱者不骄也。"⑩"治强生于法,弱乱生于阿,君明于此,则正赏罚而非仁下也。爵禄生于功,诛罚生于罪。臣明于此,则尽死力而非忠君也。"⑪

韩非治国重法,通过法治的奖惩,最后落实到激励农战、富国强兵上。"夫耕之用力也劳,而民为之者,曰可得以富也。战之事也危,而民为之者,曰可得以贵也。""故民尽死力以从其上。""境内之民,其言谈者必轨于法,动作者归之于功(农也),为勇者尽之于军。是故无事则国富,有事则兵强,此

---

① 均见《韩非子·有度》。
② 均见《韩非子·饰邪》。
③ 《韩非子·饬令》。
④ 《韩非子·用人》。
⑤ 《韩非子·饰邪》。
⑥ 均见《韩非子·有度》。
⑦ 《韩非子·安危》。
⑧ 《韩非子·五蠹》。
⑨ 均见《韩非子·六反》。
⑩ 《韩非子·主道》。
⑪ 《韩非子·外储说右下》。

之谓王资。"①

从维护法治的权威出发,韩非反对破坏法制的五类人,即:"学者",指儒家;"言谈者",指纵横家;"带剑者",指游侠;"患御者",指依附贵族、逃避兵役的人;"商工之民"。他称之为"五蠹",认为这些人是扰乱法制、无益于耕战的害虫,必须铲除。② 对于当时政坛上流行的显学儒墨和权贵豢养、社会追慕的游侠,韩非批判得尤其尖锐:"博习辩智如孔、墨,孔、墨不耕耨,则国何得焉?修孝寡欲如曾、史,曾、史不战攻,则国何利焉?"③"儒以文乱法,侠以武犯禁,而人主兼礼之,此所以乱也。"④

在据说真伪有争议的《初见秦》篇中,韩非曾向赏识他的秦王说:"臣闻:'不知而言,不智;知而不言,不忠。'为人臣不忠,当死;言而不当,亦当死。"为了表示对秦王的忠心,他冒着言而不当被处死的风险,向秦王进献自己的强国学说。"凡说之难,在知所说之心,可以吾说当之。"⑤秦王之心在统一六国、称霸天下。韩非所言,均是围绕这个用心提供的方案。他融合前期法家的"法""术""势"思想,强调君主的高度集权,否定周朝大臣分权的分封制度和儒家和而不同的议事原则,主张根据人的自私自利特性,设立严刑峻法,惩治人们为非作恶,奖励人们务农死战,实现国富兵强、安定统一的社会理想。在儒墨显学盛行的政坛上,韩非的学说显然独树一帜。尽管韩非很自信,但他深知:"度量虽正,未必听也;义理虽全,未必用也。……小者以为毁誉诽谤,大者患祸灾害死亡及其身。故子胥善谋而吴戮之,仲尼善说而匡围之,管夷吾实贤而鲁囚之……且至言忤于耳而倒于心,非贤圣莫能听。"⑥秦王嬴政究竟有没有采信他的学说呢?从后来秦朝的政治实践来看,看来是采信了。嬴政有两个思想资源,一是《吕氏春秋》,一是《韩非子》。《吕氏春秋》儒法兼收,《韩非子》尚法斥儒,与儒势不两立。秦政更多的是采纳了韩非的主张。正因为韩非的学说对统一六国的王霸之业很管用,所以引来了同学李斯的嫉妒,给自己带来了杀身之祸。然而成也萧何败也萧何。韩非的学说在夺天下时很奏效,在守天下时则容易激化矛盾、官逼民反。于是任用韩学治天下的秦朝十四年后即被推翻。韩非所代表的法家学说在汉以后至清不再是占主流的政治学说,而只是作为儒家仁政学说的一个补充出现而已。

---

① 均见《韩非子·五蠹》。
② 《韩非子·五蠹》。
③ 《韩非子·八说》。
④ 《韩非子·五蠹》。
⑤ 《韩非子·说难》。
⑥ 《韩非子·难言》。

第十三章 杂家的思想主张

从春秋到战国时期，诸子在创宗立派的过程中相互吸收。有些子书杂取、综合诸家学说，已很难归入哪一派，所以历史上关于其归属就有不同的说法。比如《管子》，历史上有人归为法家学派，其实现存《管子》主张以仁德治理天下的儒家思想论述篇幅比强调依法治国的论述多得多，此外还包含其他思想。将《管子》视为杂家著作更为合理。《晏子春秋》以儒家仁爱思想为主，以墨家节俭思想为辅，也体现出杂家特色。管子、晏子的思想，可视为儒家、墨家、法家思想的源头。唐初魏徵所辑《尸子》辑录商鞅之师尸佼的思想，兼宗儒、墨、名、法、阴阳诸家学说，历来被视为杂家著作。吕不韦组织门客编撰的《吕氏春秋》，以道家学说为宇宙发生论和君王权术论，以儒家学说和法家学说为治天下的方法论，兼取阴阳、兵家等思想，综合杂取，成为集大成的政治学巨著。

总体看来，《管子》是"春秋第一相"管仲以及战国时期管仲学派思想学说的结集，结构宏伟，体量巨大，综合各家，由天及人，系统建构了"霸王所始，以人为本"的政治学说。在神人关系上，《管子》尊天敬神的同时又主张"祥于鬼者义于人"，"得人之心而为纪"。从"道生万物"的角度，《管子》认为人由道中的精气所生，是感官欲望与心神理智的统一体，提出"以心治官"的人性主张。以此为据，《管子》阐发了以儒家仁政学说为主、以法家严刑峻法为辅的基本政治主张，并具体论及务本饬末、贵农重粟、轻收重售等经济政策与置兵之要、制胜之理、用兵之数等军事思想。《管子》是管仲成功的政治实践的精彩总结，凝聚着极为深刻的政治智慧，对当下治国理政具有极大的启示意义。

晏子一生曾事奉过齐灵公、庄公、景公，其中事奉景公的时间长达40多年。他不是投君所好"以三心事一君"，而是"以一心事三君"，这"一心"就是与君主"和而不同"、帮助君主谏过纳善的忠心。由此出发，《晏子春秋》主要记录了晏子智谏、直谏齐景公的种种事迹，塑造了一个不顾个人安危荣辱，从国家和人民利益出发匡正君主过失的诤臣形象。他所进谏的基本政治主张主要有三。一是在人神关系上重人轻神,以合民之德去获取神灵的庇佑;二是以民本、仁义为最高的善,主张行善守礼,成为儒家思想的先驱;三是从民利出发反对奢侈,崇尚节俭,并严以自律,成为墨家思想的先声。

《尸子》虽系后人所辑,但所辑多为先秦史料,学界视为先秦子书。原书二十篇,六万余言,今存上卷十三篇及下卷,一万余言。全书一方面显示了融合儒、墨、道、阴阳、名、法、农诸家的杂家特色,另一方面也体现了仁政德治思想为主的儒家基调。围绕如何称王天下这一中心问题,《尸子》提供了以儒家仁义学说为主,以道家无为学说为辅,融合名家审名分、正是非与法家贵势行政、案法而治思想的政治方案。

《吕氏春秋》是战国末期秦相吕不韦集合门客编撰的一部探讨帝王之道的集大成著作。它把"道生万物"的道家思想与"阴阳五行"学说融合在一起,将自然、社会、天国、人间的万物编织成一个同源同构、同类互感的整饬系统,提出物从其类、以人法天、祸福人召、必己慎人的主张,进而提出统一六国的帝王理想以及因势利导、尚德爱民、利群贵公的大政方针,孝亲俭葬、导欲尚农、高义贵信、赏罚必当、以义为战的具体政策,和君术贵因、臣道贵为的君臣分职之术。还基于取天下先取身的思路,对人性的本质及清心寡欲、尊师劝学、保生全性的修养之道作了进一步探讨。《吕氏春秋》杂取百家精义,上揆之天、下验之地、中审之人,从爱民利民、尚贤贵公、外王内圣的角度建构了"执一""不二"的帝王之道,包罗万象,见识不凡,至今仍有极强的现实参考意义。

一、《管子》:"霸王所始,以人为本"

《管子》,原题管子撰。管子,名夷吾,字仲,齐国颍上人。生年无可考,卒于公元前 645 年,春秋前期人。少时家贫,以经商为生。公元前 685 年(周庄王十二年)开始辅佐齐桓公为相,执政 40 年至去世。管仲是个成功的政治家。据《史记·管晏列传》,"管仲既用,任政于齐,齐桓公以霸。九合诸侯,一匡天下,管仲之谋也。"管仲辅佐齐桓公期间,齐"并国三十五"①,吞并了许多异姓小国,由西周初封时处于海滨、方圆百里的小国发展为春秋时代举足轻重的大国。管仲政治上的成功得益于他丰富深刻而开明通达的思想,这些思想都保留在《管子》一书中②。

---

① 《荀子·仲尼》。
② 本节以《"以人为本":〈管子〉思想的系统把握》为题,刊于《澳门理工学报》2021 年第 4 期。

《管子》原有389篇。虽然托名管子,其实"非一人之笔,亦非一时之书"①,而是出自管仲后学之手。因其记载春秋时期齐国政治家管仲及后来的管仲学派的思想言行,作者一般被视为是管仲及其弟子。成书年代大抵始于战国中期至西汉中期。汉代刘向校除其重复者,编订为86篇。今存76篇,分为8类,即《经言》9篇,《外言》8篇,《内言》7篇,《短语》17篇,《区言》5篇,《杂篇》10篇,《管子解》4篇,《轻重》16篇。《韩非子》、贾谊《新书》和《史记》所引《牧民》、《山高》(即《形势》)、《权修》、《乘马》诸篇,学术界认为是管仲遗说。《立政》《幼宫》《枢言》《大匡》《中匡》《小匡》《水地》等篇,学界认为是管仲言行的记述。《心术》上下、《白心》、《内业》等篇另成体系,一般被视为齐国管仲学派对管仲思想的发挥和发展,也有人认为是宋钘、尹文的遗著。

《管子》的内容丰富而庞杂,内容涉及哲学、政治、道德、法律、军事、经济等各个方面,体现出综合各家的杂家特色。在天人关系上,它尊天而贵人,体现出阴阳五行家特色。在哲学世界观、宇宙本体论方面,它吸收道家观念,被《汉书·艺文志》列入道家类。在政治思想方面,它强调克己、修身、民本、惠民的仁政学说,体现出鲜明的儒家倾向。同时强调依法治国,严格执法,所以被《韩非子·五蠹》《隋书·经籍志》列入法家。《管子》还对用兵之道作了大量探讨,阐述了丰富的军事思想,体现了齐国兵家学说的传统优势。如果要对《管子》的思想倾向做个定性概括,那么,笔者觉得视为道体儒用、德主刑辅的杂家学说更为合适。

1. "祥于鬼者义于人":夹杂着阴阳五行学说的天人关系观

《管子》是一部集中讨论人道尤其是政治之道的书。它有没有鬼神、天道观念呢?它对鬼神、天道的态度是怎样的呢?或者说,它的天人关系观是怎样的呢?

《管子》认为鬼神与地上的五谷、天上的群星、人间的圣人一样,都是由物质的精气构成的,是不能否定的客观存在:"凡物之精……下生五谷,上为列星,流于天地之间,谓之鬼神;藏于胸中,谓之圣人。"②"有天道胜无天道。"③鬼神、天道是奖善罚恶的神灵:"欲王天下而失天之道,天下不可得而王也。得天之道,其事若自然;失天之道,虽立不安。"④"其功顺天者天助之,

---

① 叶适:《水心集》。
② 《管子·内业》。
③ 《管子·枢言》。
④ 《管子·四时》。

其功逆天者天违之。天之所助,虽小必大;天之所违,虽成必败;顺天者有其功,逆天者怀其凶,不可复振也。""信明圣者,皆受天赏……惛而忘也者,皆受天祸。"①因此,必须尊天敬神,才能获得人事的吉祥:"顺民之经,在明鬼神,祇山川,敬宗庙,恭祖旧。""不明鬼神,则陋民不悟;不祇山川,则威令不闻;不敬宗庙,则民乃上校(抗上);不恭祖旧,则孝悌不备。"②

不过《管子》在强调尊神的同时,往往与敬人并提:"夫为国之本,得天之时而为经,得人之心而为纪。"③"上之随天,其次随人。人不倡不和,天不始不随。"④而且尊神与敬人往往是互为因果、相互联系的:"祥于鬼者义于人。"⑤"人以德使,鬼神以祥使。"⑥天道常常表现为人道,神意往往是正义的化身。"道之在天者日也,其在人者心也。……爱之利之,益之安之,四者道之出,帝王者用之而天下治矣。"⑦"圣人若天然,无私覆也;若地然,无私载也。"⑧"天行其所行而万物被其利,圣人亦行其所行而百姓被其利。"⑨明白了这一点,尊天敬神就不应局限于卜筮祭祀的外在形式上,而应致力于爱利万民的道德事功中。"能无卜筮而知吉凶乎?"⑩"不卜不筮,而谨知吉凶。"⑪不用求神问卜,依道行事,就可把握吉凶。所以《管子》在主张尊神敬天的同时,又重视自我努力:"能勿求诸人而得之己乎?思之思之,又重思之。思之而不通,鬼神将通之。非鬼神之力也,精气之极也。"⑫反之,如果放弃人事努力,只是从卜筮中寻求福祐,结果往往适得其反。"上恃龟筮,好用巫医,则鬼神骤祟。"⑬"神筮不灵,神龟不卜,黄帝泽参,治之至也。"⑭于是,《管子》强调尊神敬天、以人法天,实际上不过是要求人们取法、遵守以"天道"形态出现的正义的"人道"罢了。

《管子》中所谓的"天",除了指可以奖善惩恶的自然神、至上神,更多的情况下指天时、四时的自然规律。"尊天"即不违天时;以人法天,即尊重自

---

① 均见《管子·形势》。
② 均见《管子·牧民》。
③ 《管子·禁藏》。
④ 《管子·白心》。
⑤ 《管子·白心》。
⑥ 《管子·枢言》。
⑦ 《管子·枢言》。
⑧ 《管子·心术下》。
⑨ 《管子·白心》。
⑩ 《管子·内业》。
⑪ 《管子·白心》。
⑫ 《管子·内业》。
⑬ 《管子·权修》。
⑭ 《管子·五行》。

然规律安排人事。"法天地之位,象四时之行,以治天下。四时之行,有寒有暑,圣人法之,故有文有武。天地之位,有前有后,有左有右,圣人法之,以建经纪。春生于左,秋杀于右;夏长于前,冬藏于后。生长之事,文也;收藏之事,武也。是故文事在左,武事在右,圣人法之,以行法令,以治事理。"①"国有四时,固执王事。""不中者死,失理者亡。""是以圣王治天下……德始于春,长于夏;刑始于秋,流于冬。刑德不失,四时如一。"②春主耕,夏主耘,秋主获,冬主藏。"在趣耕而不耕,民以不令,不耕之害也;宜芸而不芸,百草皆存,民以仅存,不芸之害也;宜获而不获,风雨将作,五谷以削,士民零落,不获之害也;宜藏而不藏,雾气阳阳,宜死者生,宜蛰者鸣,不藏之害也。"③

对四时的尊重又是与阴阳五行观念结合在一起的。阴阳五行,《管子》谓之"二五":

> 桓公曰:"'事名二、正名五而天下治',何谓'事名二'?"对曰:"天策阳也,壤策阴也,此谓'事名二'。""何谓'正名五'?"对曰:"权也,衡也,规也,矩也,准也,此谓'正名五'。其在色者,青黄白黑赤也;其在声者,宫商羽徵角也;其在味者,酸辛咸苦甘也。"④

四时与阴阳是密切联系的。"四者俱犯,则阴阳不和。"⑤阴阳在天体中的对应物是月日,在人间的对应物是刑德:"日掌阳,月掌阴……阳为德,阴为刑。"自然界的阴阳与人间的阴阳是相互感应的:刑德失次,则阴阳失和;反之,阴阳失和,也是刑德易节的征兆。"刑德易节失次,则贼气遬(速)至;贼气遬至,则国多灾殃。""是故春凋、秋荣、冬雷、夏有霜雪,此皆气之贼也。""是故日食,则失德之国恶之;月食,则失刑之国恶之;彗星见,则失和之国恶之;风与日争明,则失生之国恶之。是故圣王日食则修德,月食则修刑,彗星见则修和,风与日争明则修生。此四者,圣王所以免于天地之诛也。"⑥阳生天,阴生地,所以取法阴阳又体现为"以天为父,以地为母",遵从天时地利。"通乎阳气,所以事天也","通乎阴气,所以事地也"⑦。"不务天时,则财不

---

① 《管子·版法解》。
② 均见《管子·四时》。
③ 《管子·牧民》。
④ 《管子·揆度》。
⑤ 《管子·七主七臣》。
⑥ 均见《管子·四时》。
⑦ 均见《管子·五行》。

生；不务地利，则仓廪不盈。"①取法天尊地卑，故有君臣之礼。"天有常象，地有常形，人有常礼。……君失其道，无以有其国；臣失其事，无以有其位。然则上之畜下不妄，而下之事上不虚矣。上之畜下不妄，则所出法制度者明也；下之事上不虚，则循义从令者审也。上明下审，上下同德，代相序也。"②

四时与五行也是密切联系的。在具体论述"春夏秋冬将何行"的问题时，《管子》将五行融入其中：

> 东方曰星，其时曰春，其气曰风，风生木与骨。其德喜嬴，而发出节时。其事：号令修除神位，谨祷弊梗，宗正阳，治堤防，耕芸树艺，正津梁，修沟渎，甃屋行水，解怨赦罪，通四方。然则柔风甘雨乃至，百姓乃寿，百虫乃蕃，此谓星德。……是故春三月以甲乙之日发五政。一政曰论幼孤，舍有罪；二政曰赋爵列，授禄位；三政曰冻解修沟渎，复亡人（土地解冻就修筑沟渠，深埋死者）；四政曰端险阻，修封疆，正千伯；五政曰无杀麑夭（幼鹿），毋蹇华绝芋（掐摘花萼）。五政苟时，春雨乃来。
>
> 南方曰日，其时曰夏，其气曰阳，阳生火与气。其德施舍修乐。其事：号令赏赐赋爵，受禄顺乡，谨修神祀，量功赏贤，以动阳气。九暑乃至，时雨乃降，五谷百果乃登，此谓日德。……是故夏三月以丙丁之日发五政。一政曰求有功发劳力者而举之；二政曰开久坟（积），发故屋，辟故窌以假贷（用长期储备，打开老仓、老窖，把粮食贷给人民）；三政曰令禁扇去笠，毋扱免，除急漏田庐；四政曰求有德赐布施于民者而赏之；五政曰令禁罝设禽兽，毋杀飞鸟。五政苟时，夏雨乃至也。
>
> 中央曰土，土德实辅四时入出，以风雨节，土益力。土生皮肌肤，其德和平用均，中正无私，实辅四时：春嬴育，夏养长，秋聚收，冬闭藏。大寒乃极（至），国家乃昌，四方乃服，此谓岁德。
>
> 西方曰辰，其时曰秋，其气曰阴，阴生金与甲。其德忧哀、静正、严顺，居不敢淫佚。其事：号令毋使民淫暴，顺旅聚收，量民资以畜聚。赏彼群干，聚彼群材，百物乃收，使民毋怠。所恶其察，所欲必得，我信则克。此谓辰德。辰掌收，收为阴。……是故秋三月以庚辛之日发五政：一政曰禁博塞，圉小辩，斗译䨥；二政曰毋见五兵之刃；三政曰慎旅农，趣聚收；四政曰补缺塞坏；五政曰修墙垣，周门闾。五政苟时，五谷皆入。

---

① 《管子·牧民》。
② 《管子·君臣上》。

> 北方曰月,其时曰冬,其气曰寒,寒生水与血。其德淳越、温怒、周密。其事:号令修禁徙民,令静止,地乃不泄,断刑致罚,无赦有罪,以符阴气。大寒乃至,甲兵乃强,五谷乃熟,国家乃昌,四方乃备,此谓月德。月掌罚,罚为寒。……是故冬三月以壬癸之日发五政。一政曰论孤独,恤长老;二政曰善顺阴,修神祀,赋爵禄,授备位;三政曰效会计,毋发山川之藏;四政曰捕奸遁,得盗贼者有赏;五政曰禁迁徙,止流民,圉分异。五政苟时,冬事不过,所求必得,所恶必伏。①

由此可见,以人法天,不仅要尊重天时地宜,而且要尊重阴阳五行:"二五者……人君以数制之人。……人君失二五者亡其国,大夫失二五者亡其势,民失二五者亡其家。此国之至机也,谓之国机。"②

阴阳、四时、五行是夹杂着天人感应的自然规律。《管子》的法天敬神思想,包含着对春秋战国时代阴阳五行学说的吸收综合。"人与天调,然后天地之美生。"③《管子》的尊天主张作为对阴阳四时五行规律的敬畏与尊重,在天人感应、神人相通的思维模式下,就走向了尽人力、修道德的道路,成为尽人力、修道德主张的变相形态。

小结一下,《管子》虽然承认天道、鬼神的存在,认为人事的休咎吉凶与之有关,但却质疑和否定祭祀仪式的作用,主张将尊天敬神的根本途径落实在爱利万民的道德事功中,落实在尊重天地阴阳、四时五行自然规律,发现天象反常就自我反省的人事努力中,这与整个周代思想界重人轻神、以民意为神意、以人道为天道的整体特征是一致的。

2. "道生万物"世界观及其"以心治官"的人性观

由法天敬神走向敬重人事,那么,人的本性是怎样的呢?

《管子》人性观的基础是其世界观。《管子》的世界观、人性观主要是在《宙合》《内业》《白心》《心术》中论述的。它以道家思想为核心,认为道生万物,要求清心寡欲,但同时也吸收了儒家人心有欲有智的思想,并以道家思想加以整合统一。

《管子》认为,世界的原初本体是"道"。它虚无无形,但又具有化育万物的"德",故无所不在:"虚无无形谓之道,化育万物谓之德。"④"道也者,通乎

---

① 《管子·四时》。
② 《管子·揆度》。
③ 《管子·五行》。
④ 《管子·心术上》。

无上,详乎无穷,运乎无生。"①"凡道无根无茎,无叶无荣。万物以生,万物以成,命之曰道。""夫道者,所以充形也……其往不复,其来不舍。谋乎莫闻其音,卒乎乃在于心;冥冥乎不见其形,淫淫乎与我俱生。不见其形,不闻其声,而序其成,谓之道。"②"道之大如天,其广如地,其重如石,其轻如羽,民之所以知者寡。"③"道"派生、化育万物是通过"气"这个中介。"有气则生,无气则死,生者以其气。"④"气",《管子》又称为"精",即精气:"精也者,气之精者。"气生万物,又表述为精生万物:"凡物之精,化则为生。下生五谷,上为列星,流于天地之间,谓之鬼神;藏(之)于胸中,谓之圣人。是故民(当为名)气。"⑤

道生万物,人也由道派生:"人之所失以死,所得以生也。"⑥"彼道不远,民得以产。"⑦"道"通过"气"化生万物,人也由"精气"化生:"人,水也。男女精气合,而水流形。"⑧"凡人之生也,天出其精,地出其形,合此以为人。和乃生,不和不生。"⑨

如果说《管子》道生万物的世界观和人由道生的人生观打上了鲜明的道家烙印,那么,其关于人的生命构造的论述则加入了五行学说的色彩。《管子》描述说:胎儿满三个月就能够含收五味。五味生成五脏:"酸主脾,咸主肺,辛主肾,苦主肝,甘主心。"五脏具备后,生出五种内部组织。"脾生隔(膈膜),肺生骨,肾生脑,肝生革,心生肉。"然后发生为九窍:"脾发为鼻,肝发为目,肾发为耳,肺发为窍。"整个人体"五月而成,十月而生"⑩。不过总体说来,人的身体构造分为感受外物的"官"(感官)与具有认识智慧的"心"两部分。"生而目视、耳听、心虑。"⑪"无以物乱官,毋以官乱心,此之谓内德。"⑫

在此基础上,《管子》提出了它的人性观及相关主张。《管子》认为,感官的特点是感受外物,产生喜怒哀乐等情感。自私自利、好生恶死、好利恶害,

---

① 《管子·宙合》。
② 均见《管子·内业》。
③ 《管子·白心》。
④ 《管子·枢言》。
⑤ 《管子·内业》。
⑥ 《管子·内业》。
⑦ 《管子·内业》。
⑧ 《管子·水地》。
⑨ 《管子·内业》。
⑩ 均见《管子·水地》。
⑪ 《管子·水地》。
⑫ 《管子·心术下》。

是人的天性。"人情非不爱其身也","人情非不爱其子也"①。"民之情莫不欲生而恶死,莫不欲利而恶害。"②"凡人之情:得所欲则乐,逢所恶则忧,此贵贱之所同有也。""夫凡人之情,见利莫能勿就,见害莫能勿避。其商人通贾,倍道兼行,夜以续日,千里而不远者,利在前也。渔人之入海,海深万仞,就波逆流乘危百里,宿夜不出者,利在水也。故利之所在,虽千仞之山无所不上,深源之下,无所不入焉。故善者势利之在,而民自美安,不推而往,不引而来,不烦不扰,而民自富。""故审利害之所在,民之去就,如火之于燥湿,水之于高下。"③《管子》还指出:百姓对于个人利益的追求是急功近利、目光短浅的。"故民未尝可与虑始,而可与乐成功。是故仁者、知者、有道者,不与大(应为人)虑始。"④

心神的特点是能思虑、有智慧。当心神处于清净虚空、与道重合的时候,就具有认知外物之理的智慧。"彼道不离,民因以知。"⑤"虚其欲,神将入舍;扫除不洁,神乃留处。人皆欲智而莫索其所以智乎。智乎,智乎,投之海外无自夺(求)。"⑥"能正能静,然后能定。定心在中,耳目聪明,四肢坚固,可以为精舍。精也者,气之精者也。气,(得)道乃生,生乃思,思乃知,知乃止矣。凡心之形,过知失生。"⑦

关于感官情欲与心神智慧的关系,《管子》指出:感官会在外物的触发下产生情欲,情欲会打破心神的平衡清净,使之失去道德本体状态,不能发挥正常的认知功能。"凡心……所以失之,必以忧乐喜怒欲利。""凡人之生也,必以平正。所以失之,必以喜怒忧患。""凡人之生也,必以其欢。忧则失纪,怒则失端。忧悲喜怒,道乃无处。""形不正,德不来;中不静,心不治。正形摄德……则淫然而自至神明之极,照乎知万物。"⑧可见,《管子》对感官感受外物所产生的喜怒爱恶情欲,是持批判、节制态度的。一方面,《管子》主张:"不以物乱官,不以官乱心。""能去忧乐喜怒欲利,心乃反济。""节其五欲,去其二凶(指喜怒),不喜不怒,平正擅(据)胸。""节欲之道,万物不害。""止怒莫若诗,去忧莫若乐,节乐莫若礼。"⑨另一方面,《管子》又主张加强心

---

① 《管子・小称》。
② 《管子・形势解》。
③ 均见《管子・禁藏》。
④ 《管子・法法》。
⑤ 《管子・内业》。
⑥ 《管子・心术上》。
⑦ 《管子・内业》。
⑧ 均见《管子・内业》。
⑨ 均见《管子・内业》。

神的道德本体修养,发挥心神主宰、控制感官欲望的能动作用,以静制动,以虚御有。"心之在体,君(君主)之位也;九窍之有职,官(百官)之分也。心处其道,九窍循理;嗜欲充益,目不见色,耳不闻声。故曰上离其道,下失其事。"①"我心治,官乃治,我心安,官乃安。"②心神与感官的关系是君臣关系、上下关系、主宰者与被主宰者的关系。心神要能够主宰感官,而不为感官欲望左右,必须与道相合,虚静平正。"执一不失,能君万物。君子使物,不为物使,得一之理。""天主正,地主平,人主安静。""心静气理,道乃可止。""修心静音,道乃可得。""心能执静,道将自定。"③心神清净无欲,就能保证感官的耳聪目明,对事物的正确认识和应对。"夫心有欲者,物过而目不见,声至而耳不闻也。""耳目者,视听之官也,心而无与于视听之事,则官得守其分矣。""人能正静,皮肤裕宽,耳目聪明,筋信而骨强。乃能……鉴于大清,视于大明。""心之所虑,非特知于粗粗也,察于微妙。""目之所以视,非特山陵之见也,察于荒忽;耳之所听,非特雷鼓之闻也,察于淑湫。""中无惑意,外无邪灾,心全于中,形全于外。"④"圣人裁物,不为物使。心安,是国安也;心治,是国治也。"⑤以心智主宰感官欲望的结果,是走向对感官欲求满足的节制:"故立身于中(适中),养有节:宫室足以避燥湿,食饮足以和血气,衣服足以适寒温,礼仪足以别贵贱,游虞足以发欢欣,棺椁足以朽骨,衣衾足以朽肉,坟墓足以道记,不作无补之功,不为无益之事。"⑥

小结一下管子的人性论。人由道中的精气所生,是感官与心灵的统一体;人既有感官情欲,又有心神智慧,具有感性与理性二重性;好生恶死、好利恶害是人的感官欲望的天然追求,具有恶性,平静的心神具有认知是非得失、平息过度情欲的功能,具有善性,这是共同人性,人人没有例外;二重属性中,心智占主导地位,更为重要,应以心智认识到的是非善恶标准去控制自然情欲,使它的活动不逾越理性规范。

3. 主导的政治学说:以儒家仁政主张为本体论

《管子》所以探讨人性,是为了给争霸天下的政治学说提供依据。"夫争天下者,必先争人。""夫霸王之所始也,以人为本。本理则国固,

---

① 《管子·心术上》。
② 《管子·内业》。
③ 均见《管子·内业》。
④ 均见《管子·内业》。
⑤ 《管子·心术下》。
⑥ 《管子·禁藏》。

本乱则国危。"①在人性问题探讨过之后,我们就来看看它的政治主张是什么。

《管子》总的政治主张,是"刑以弊(裁断)之,政以命之,法以遏之,德以养之,道以明之。""罪人当名曰刑,出令时当曰政,当故不改曰法,爱民无私曰德,会民所聚曰道。""致刑,其民庸(用)心以蔽(敬);致政,其民服信以听;致德,其民和平以静;致道,其民付而不争。"②概括而论,《管子》论政主张仁法并用,儒家的仁政学说是其政治学说的本体论,法家的刑法学说是其方法论。这里讨论《管子》政治学说中的儒家仁政论。

学界有一种观点是把《管子》视为法家著作。其实,《管子》中论述仁政主张的篇章比论述法律的篇章多得多,如《牧民》《权修》《治国》《立政》《霸言》《五辅》《君臣》《四称》《枢言》《幼官》《心术》《桓公问》《形势解》《版法解》《中匡》《小匡》《水地》《正》等等。因此,笔者更倾向于将《管子》看作一部以儒家仁政思想为主的杂家著作。

所谓本体论,是指政治家从自觉的动机出发主动推行的学说。《管子》提出:"霸王之事","仁义"是关键,所谓"事有本而仁义其要也"③。齐桓公问管子:"吾欲行广仁大义,以利天下,奚为而可?"管子对曰:"诛暴禁非,存亡继绝,而赦无罪,则仁广而义大矣。"④这是典型的儒家仁政主张。《管子》之所以主张爱利万民的仁政,其动机是站在统治者立场,为了赢得人民拥戴,称霸天下。"人不可不务也,此天下之极也。""古之圣王,所以取明名广誉,厚功大业,显于天下,不忘于后世,非得人者,未之尝闻。"⑤"得天下之众者王,得其半者霸。"⑥"政之所兴,在顺民心;政之所废,在逆民心。"⑦"予之为取者,政之宝也。"⑧从这个意义上说,君与民的命运是联系在一起的:"先王善与民为一体。"⑨仁政虽然在主观上为统治者的利益考虑,客观上却有利于被统治的广大人民大众的利益,所以是中国古代富有积极、进步意义的政治学说。

如何得到人民拥戴呢?根本的一条,就是顺应民心,满足人民的基本需

---

① 均见《管子·霸言》。
② 均见《管子·正》。
③ 《管子·五辅》。
④ 《管子·小问》。
⑤ 均见《管子·五辅》。
⑥ 《管子·霸言》。
⑦ 《管子·牧民》。
⑧ 均见《管子·牧民》。
⑨ 《管子·君臣上》。

求。"民恶忧劳,我佚乐之。民恶贫贱,我富贵之。民恶危坠,我存安之。民恶灭绝,我生育之。""从其四欲,则远者自亲;行其四恶,则近者叛之,故知予之为取者,政之宝也。"①"欲知者知之,欲利者利之,欲勇者勇之,欲贵者贵之。彼欲贵,我贵之,人谓我有礼;彼欲勇,我勇之,人谓我恭;彼欲利,我利之,人谓我仁;彼欲知,我知之,人谓我愍。"②顺应民心,不仅意味着照顾民众的物质生活需求,还意味着倾听民意、允许民言:"夫民别而听之则愚,合而听之则圣。虽有汤武之德,复合于市人之言。是以明君顺人心,安情性,而发于众心之所聚。"③齐桓公曾向管子咨询为政"勿失"之道,管子提出向古代圣王学习,建立"啧室之议"制度,鼓励臣民议论政治得失,从而引以为戒:"毋以私好恶害公正,察民所恶,以自为戒。黄帝立明台之议者,上观于贤也;尧有衢室之问者,下听于人也;舜有告善之旌,而主不蔽也;禹立谏鼓于朝,而备讯唉;汤有总街之庭,以观人诽也;武王有灵台之复,而贤者进也。此古圣帝明王所以有而勿失,得而勿忘(通亡)者也。""人有非上之所过,谓之正士,内(纳)于啧室之议。"④齐桓公最终采纳了管子的建议。史载管仲为齐相时,"俗之所欲,因而予之;俗之所否,因而去之。"⑤齐国之强盛,与管仲实行的顺应民欲、尊重民心、鼓励民言的政策直接相关。

顺应民心、满足民欲的仁政说到底是一种德政。"凡君所以有众者,爱施之德也。"⑥"欲用天下之权者,必先布德诸侯。""无德而欲王者危,施薄而求厚者孤。""霸王之形,德义胜之。"⑦"畜之以道,则民和;养之以德,则民合。""(率)常至命,尊贤授德,则帝;身仁行义,服忠用信,则王;审谋章礼,选士利械,则霸。"⑧以德治国的"德"包括爱民、利民、以礼教化民几个要点。"爱之、生之、养之、成之,利民不德(不以为德),天下亲之,曰德。"⑨爱民、利民意味着统治者顺应民众的自然欲求,以礼教化民意味着统治者通过道德教育引导民众规范、节制自己的自然欲求。

关于爱民,《管子》说:"兼爱无遗,是谓君心。"⑩"众者,不爱则不亲……

---

① 均见《管子·牧民》。
② 《管子·枢言》。
③ 《管子·君臣上》。
④ 《管子·桓公问》。
⑤ 司马迁:《史记·管晏列传》。
⑥ 《管子·版法解》。
⑦ 均见《管子·霸言》。
⑧ 均见《管子·幼官》。
⑨ 《管子·正》。
⑩ 《管子·版法》。

是故明君兼爱以亲之。"①"凡众者,爱之则亲,利之则至。是故明君设利以致之,明爱以亲之。"②齐桓公请问如何为国。管子对曰:"远举贤人,慈爱百姓,外存亡国,继绝世,起诸孤。"③"桓公又问曰:寡人欲修政以干时于天下,其可乎?管子对曰可。公曰:安始而可?管子对曰:始于爱民。"④《管子》主张的爱民的仁政,是以予为取的为一国统治者服务的霸王学说,不同于墨家的兼爱学说。在这个问题上,《管子》虽然也用"兼爱"术语,但同时声明与墨家"视天下之民如其民,视国如吾国"的"兼爱"主张划清界限:"人君唯毋听兼爱之说,则视天下之民如其民,视国如吾国。如是则无并兼攘夺之心,无覆军败将之事。然则射御勇力之士不厚禄,覆军杀将之臣不贵爵,如是则射御勇力之士出在外矣。"因为在诸侯兼并的春秋战国时代,"我能毋攻人可也,不能令人毋攻我。""彼求地而予之,非吾所欲也;不予而与战,必不胜也。""彼以教士,我以驱众;彼以良将,我以无能,其败必覆军杀将。故曰:兼爱之说胜,则士卒不战。"⑤

关于利民,《管子》指出:"百姓无宝,以利为首。"⑥"得人之道,莫如利之。"⑦"民,利之则来,害之则去。民之从利也,如水之走下,于四方无择也。故欲来民者,先起其利,虽不召而民自至。"⑧"圣人者,明于治乱之道……其治人民也,期于利民而止。"⑨"凡治国之道,必先富民。民富则易治也,民贫则难治也。……故治国常富,而乱国常贫。是以善为国者,必先富民,然后治之。"⑩"凡有地牧民者,务在四时,守在仓廪。……仓廪实,则知礼节;衣食足,则知荣辱。"⑪在君利与民利、国富与民富的关系上,统治者要做到分利于民、与民同利:"凡人者,莫不欲利而恶害,是故与天下同利者,天下持之;擅天下之利者,天下谋之。"⑫"天下不患无财,患无人以分之。"⑬《入国》篇谈"九惠之教":"一曰老老,二曰慈幼,三曰恤孤,四曰养疾,五曰合独,六曰问

---

① 《管子·版法解》。
② 《管子·版法解》。
③ 《管子·中匡》。
④ 《管子·小匡》。
⑤ 均见《管子·立政九败解》。
⑥ 《管子·侈靡》。
⑦ 《管子·五辅》。
⑧ 《管子·形势解》。
⑨ 《管子·正世》。
⑩ 《管子·治国》。
⑪ 《管子·牧民》。
⑫ 《管子·版法解》。
⑬ 《管子·牧民》。

疾,七曰通穷,八曰振困,九曰接绝。"这完全是儒家惠民恤民情怀的体现。

民众的自然欲求是无限的,完全听命于它们就会产生社会祸乱。要保证天下所有民众的生活欲求都能得到基本满足,就必须对民众的自然情欲加以规范治理。"道也者,上之所以导民也。"①"圣王之身,治世之时,德行必有所是,道义必有所明。"②于是,《管子》在提出顺应民心、从民所欲的同时,又提出对民众的天性欲望加以反向的教化引导:"为国者,反民性,然后可以与民戚。民欲佚,而教以劳;民欲生,而教以死。劳教定而国富,死教定而威行。"③在《管子》看来,个人情欲的教化规范是治国之本。"有身不治,奚待于人？有人不治,奚待于家？有家不治,奚待于乡？有乡不治,奚待于国？有国不治,奚待于天下？天下者,国之本也;国者,乡之本也;乡者,家之本也;家者,人之本也;人者,身之本也;身者,治之本也。"④治理、规范百姓情欲的有效途径,是"通之以道,畜之以惠,亲之以仁,养之以义,报之以德,结之以信,接之以礼,和之以乐……"⑤"节怒莫若乐,节乐莫若礼。"⑥其中,"德有六兴,义有七体,礼有八经。"什么是"六兴"？"辟田畴,利坛宅,修树艺,劝士民,勉稼穑,修墙屋,此谓厚其生;发伏利,输墆积,修道途,便关市,慎将宿,此谓输之以财;导水潦,利陂沟,决潘渚,溃泥滞,通郁闭,慎津梁,此谓遗之以利;薄征敛,轻征赋,弛刑罚,赦罪戾,宥小过,此谓宽其政;养长老,慈幼孤,恤鳏寡,问疾病,吊祸丧,此谓匡其急;衣冻寒,食饥渴,匡贫窭,振罢露,资乏绝,此谓振其穷。"什么是"义有七体"？"孝悌慈惠,以养亲戚;恭敬忠信,以事君上;中正比宜,以行礼节;整齐撙诎,以辟刑僇;纤啬省用,以备饥馑;敦蒙纯固,以备祸乱;和协辑睦,以备寇戎。凡此七者,义之体也。夫民必知义然后中正,中正然后和调,和调乃能处安,处安然后动威,动威乃可以战胜而守固,故曰义不可不行也。"什么是"八经"？"上下有义,贵贱有分,长幼有等,贫富有度。凡此八者,礼之经也。"⑦君臣父子夫妇各有职责和权利:"为主而惠,为父母而慈,为臣下而忠,为子妇而孝,四者人之高行也。""为主而贼,为父母而暴,为臣下而不忠,为子妇而不孝,四者人之大失也。""为人君而不明君臣之义以正其臣,则臣不知于为臣之理以事其主矣。故曰:君不君则臣不臣。""为人父而不明父子之义以教其子而整齐之,则子不知为人

---

① 《管子·君臣上》。
② 《管子·法禁》。
③ 《管子·奢靡》。
④ 《管子·权修》。
⑤ 均见《管子·幼官》。
⑥ 《管子·心术下》。
⑦ 均见《管子·五辅》。

子之道以事其父矣。故曰：父不父则子不子。"①《管子》还指出："圣王之教民也，以仁错之，以耻使之，修其能，致其所成而止。"②"国有四维，一维绝则倾，二维绝则危，三维绝则覆，四维绝则灭。……何谓四维？一曰礼、二曰义、三曰廉、四曰耻。礼不逾节，义不自进，廉不蔽恶，耻不从枉。"③礼义廉耻的道德教化必须从小事抓起："凡牧民者，欲民之有礼也；欲民之有礼，则小礼不可不谨也；小礼不谨于国，而求百姓之行大礼，不可得也。凡牧民者，欲民之有义也；欲民之有义，则小义不可不行；小义不行于国，而求百姓之行大义，不可得也。凡牧民者，欲民之有廉也；欲民之有廉，则小廉不可不修也；小廉不修于国，而求百姓之行大廉，不可得也。凡牧民者，欲民之有耻也，欲民之有耻，则小耻不可不饰也。小耻不饰于国，而求百姓之行大耻，不可得也。"④礼义廉耻修养的结果，是在利益面前，"非吾仪虽利不为，非吾当虽利不行，非吾道虽利不取"⑤。

《管子》的"得人"学说，还包括人才的培养与使用。关于人才的培养，《管子》提出著名的"百年树人"一说："一年之计，莫如树谷；十年之计，莫如树木；终身之计，莫如树人。一树一获者，谷也；一树十获者，木也；一树百获者，人也。"⑥关于人才的任用，《管子》指出："爵材禄能，则强。"⑦"人主不可以不慎贵，不可以不慎民……慎贵在举贤，慎民在置官。"⑧"君之所审者三：一曰德不当其位；二曰功不当其禄；三曰能不当其官。此三本者，治乱之原也。"⑨《小匡》详细记载了齐桓公不计前嫌接受鲍叔牙的建议任用宿敌管仲为相的故事，并指出：齐桓公所以成功，原因之一在于"能假其群臣之谋以益其智也"。除宰相管仲外，大夫宁戚、隰朋、宾胥无、鲍叔牙等都是重要的辅佐良才。

《管子》的儒家特征，还集中体现在对最高统治者应当是圣王、明君的道德要求上。

从君主的产生机制来看，远古无君主，民众为各自的生存竞相争斗，为了保证大家的生存利益，主持公道、为大家兴利除害、平暴禁恶的"智者"应

---

① 均见《管子·形势解》。
② 《管子·法禁》。
③ 《管子·牧民》。
④ 《管子·权修》。
⑤ 《管子·白心》。
⑥ 《管子·权修》。
⑦ 《管子·幼官》。
⑧ 《管子·枢言》。
⑨ 《管子·立政》。

运而生。"古者未有君臣上下之别,未有夫妇妃匹之合,兽处群居,以力相征。于是智者诈愚,强者凌弱,老幼孤独不得其所。故智者假众力以禁强虐,而暴人止。为民兴利除害,正民之德,而民师之。"①这个"正民之德",能够调动"众力""为民兴利除害"而民众师从的"智者",就发展为君主。他智慧超群,乐意为民众的利益服务,所以说"神圣者王,仁智者君"②。君主从自然产生之日起,就是既仁且智的圣人。否则他就不会被人拥戴,受人师从。

到了正常的君主专制的国家形态出现后,最高统治者的一言一行都起着引领、示范作用。"凡治乱之情,皆道上始。"③"君之在国都也,若心之在身体也。道德定于上,则百姓化于下矣。"④"御民之辔,在上之所贵。道民之门,在上之所先。召民之路,在上之所好恶。"⑤因此,君主的道德修养就显得十分重要。

君主的道德修养不是外在的、强制的,而是君主维系自己地位必须作出的自觉选择。"人主之所以使下尽力而亲上者,必为天下致利除害也。故德泽加于天下,惠施厚于万物,父子得以安,群生得以育,故万民欢尽其力而乐为上用。""莅民如父母,则民亲爱之。""莅民如仇雠,则民疏之。""人主能安其民,则事其主如事其父母。""古者三王五伯皆人主之利天下者也,故身贵显而子孙被其泽;桀、纣、幽、厉皆人主之害天下者也,故身困伤而子孙蒙其祸。"⑥"夫利莫大于治,害莫大于乱。夫五帝三王所以成功立名,显于后世者,以为天下致利除害也。""今使人君行逆不修道,诛杀不以理,重赋敛,竭民财,急使令,罢民力,财竭则不能毋侵夺,力罢则不能毋堕倪。"⑦君主要能够"身贵显而子孙被其泽",避免"身困伤而子孙蒙其祸",就必须敬修"为天下致利除害"的个人道德。

由此可见,君主的道德修养,必须以爱利万民这个标尺为转移。"人主出言不逆于民心,不悖于理义,其所言足以安天下者也,人唯恐其不复言也。""人主身行方正,使人有礼,遇人有理,行发于身而为天下法式者,人唯恐其不复行也。""明主之治天下也,静其民而不扰,佚其民而不劳。"⑧

臣民的利益与君主个人的欲望之间是存在矛盾的。君主为臣民利益着

---

① 《管子·君臣下》。
② 《管子·君臣下》。
③ 《管子·禁藏》。
④ 《管子·君臣下》。
⑤ 《管子·牧民》。
⑥ 均见《管子·形势解》。
⑦ 均见《管子·正世》。
⑧ 均见《管子·形势解》。

想,就必须克制自己的私欲。人是有私欲的,君主也不例外。君主如果不警惕自己的私欲,就会失去处事的公正,导致政治混乱。"无私者,可置以为政。"①"为人君者,倍道弃法,而好行私,谓之乱。"②君主如果穷奢极欲,就会导致民不聊生,政权垮台。"夫明王不美宫室,非喜小也;不听钟鼓,非恶乐也。为其伤于本事,而妨于教也。"③"人君唯毋听观乐玩好,则败。凡观乐者,宫室、台池、珠玉、声乐也,此皆费财尽力伤国之道也。而以此事君者,皆奸人也。而人君听之,焉得毋败?"④

君主虽然克己爱民,为民造福,但切忌将功劳归于自己,将过错归于臣民。为而不恃、戒骄戒满,不断反思,内省己过,是圣王明君的必修功课。"明王有过则反之于身,有善则归之于民。有过而反之身则身惧,有善而归之民则民喜。往喜民,来惧身,此明王之所以治民也。今夫桀纣不然,有善则反之于身,有过则归之于民。归之于民则民怨,反之于身则身骄。往怨民,来骄身,此其所以失身也。"⑤圣王明君既然切忌贪天之功为己有,也就拒绝佞臣的谄谀溢美之词。"人君唯无(毋,发声词)听谄谀饰过之言,则败。奚以知其然也? 夫谄臣者,常使其主不悔其过不更其失者也,故主惑而不自知也。"⑥

不难看出,《管子》对君主的道德修养要求,也是儒家圣王明君的一套要求。《管子》治国学说的主体,是儒家学说。

4. 辅助的政治学说: 以法家严刑峻法学说为方法论

《管子》中的政治学说,除了吸收儒家的仁政学说之外,还有一个重要组成部分,就是法家的刑罚学说。《法禁》《重令》《法法》《任法》《明法》《正世》《禁藏》等篇都集中论述了"依法治国"的理论。仁政德治并不能解决所有社会问题,当出现仁政德治解决不了的社会问题时,就必须用法律加以惩处。仁政是治国之道的常态,法治是治国的辅助手段。德主刑辅,本是儒家政治学说相互联系补充的两个部分。《管子》主张:法律的设立目的不是为了惩罚百姓,而是为了大家都守法,从而法立而不用:"主上视法严于亲戚,吏之举令敬于师长,民之承教重于神宝,故法立而不用,刑设而不行也。"⑦置法治

---

① 《管子·牧民》。
② 《管子·君臣下》。
③ 《管子·禁藏》。
④ 《管子·立政九败解》。
⑤ 《管子·小称》。
⑥ 《管子·立政九败解》。
⑦ 《管子·禁藏》。

民"期于利民而止"①。这就体现了儒家政治学说的爱民情怀。不过,《管子》主张采取严刑峻法,反对法外施恩,以仁爱干法,在法治学说方面更多地吸收了法家思想,体现了法家特色。

值得说明的是,《管子》中德主刑辅的儒家倾向,并非没有相反的证据。比如《任法》篇就指出:"所谓仁义礼乐者,皆出于法。"何以如此呢?《正世》篇解释说:"故为人君者,莫贵于胜。所谓胜者,法立令行之谓胜。""胜故君道立;君道立,然后下从;下从,故教可立而化可成也。夫民不心服体从,则不可以礼义之文教也。"这是先法后礼、礼由法出、法主仁辅的意思。也是后世有人将《管子》归入法家著作行列的依据。不过《权修》篇则提出先礼后法、德主刑辅:"厚爱利,足以亲之;明智礼,足以教之。上身服以先之,审度量以闲(防范)之,乡置师以说道之,然后申之以宪令,劝之以庆赏,振之以刑罚,故百姓皆说为善,则暴乱之行无由至矣。"其实《管子》非一时一人之作,而是整个管子学派在不同时期著作的汇集,当中出现一些矛盾现象并不足怪。就总体倾向来看,法家学说在《管子》的政治学说中只占儒家学说的辅助地位。如果说儒家的仁政学说是《管子》政治主张的本体论,那么,法家的刑罚学说则是《管子》政治主张的方法论。

《管子》反复强调法律对于国家治理的重要性。没有规矩,不成方圆;没有法律,无以治国。"规矩者,方圜之正也。虽有巧目利手,不如拙规矩之正方圜也。故巧者能生规矩,不能废规矩而正方圜。虽圣人能生法,不能废法而治国。故虽有明智高行,倍法而治,是废规矩而正方圜也。"②"是故有法度之制者,不可巧以诈伪;有权衡之称者,不可欺以轻重;有寻丈之数者,不可差以长短。"③"故法者,天下之至道也,圣君之实用也。""法者不可不恒也,存亡治乱之所以出,圣君所以为天下大仪也。"④"法者天下之仪也,所以决疑而明是非也,百姓所县命也。"⑤"凡牧民者,欲民之可御也;欲民之可御,则法不可不审。"⑥法作为治国的规矩,它的公正性至关重要:"夫法者,所以兴功惧暴也;律者,所以定分止争也;令者,所以令人知事也。法律政令者,吏民规矩绳墨也。夫矩不正,不可以求方;绳不信,不可以求直。"⑦

那么,这治国的规矩、公正的法律是由谁制定的呢?是圣明的君主。

---

① 《管子·正世》。
② 《管子·法法》。
③ 《管子·明法》。
④ 均见《管子·任法》。
⑤ 《管子·禁藏》。
⑥ 《管子·权修》。
⑦ 《管子·七主七臣》。

"君一置则仪,则百官守其法。上明陈其制,则下皆会其度矣。""君不能审立其法,以为下制,则百姓之立私理而径于利者必众矣。""故有国之君,苟不能同人心,一国威,齐士义,通上之治,以为下法,则虽有广地众民,犹不能以为安也。"① 法就是由君主制定、由官员执行、由民众遵从的行为规矩。"有生法,有守法,有法于法。夫生法者,君也;守法者,臣也;法于法者,民也。"② 君主虽然制定了法,但法对他本身也有制约作用,使他不能任情而为。所以从法守法不仅是臣民的责任,也是君主的责任。只有君主带头守法,才能形成良好的治安环境。"乱国之道,易国之常,赐赏恣于己者,圣王之禁也。"③ "是故先王之治国也,不淫意于法之外,不为惠于法之内也。动无非法者,所以禁过而外私也。"④ "夫爱人不私赏也,恶人不私罚也,置仪设法以度量断者,上主也。"⑤ "圣君任(依靠)法而不任智……然后身佚而天下治。""君臣上下贵贱皆从法,此谓为大治。"⑥

在立法环节,《管子》主张缓急适中、去繁就简。关于立法的缓急适中,《管子》提出:"治莫贵于得齐(适中)。制民急则民迫,民迫则窘,窘则民失其所葆;缓则纵,纵则淫,淫则行私,行私则离公,离公则难用。故治之所以不立者,齐不得也。"⑦ 关于立法宜简不宜烦,《管子》指出:"以有刑至无刑者,其法易而民全;以无刑至有刑者,其刑烦而奸多。"⑧ "求多者,其得寡;禁多者,其止寡;令多者,其行寡。求而不得,则威日损;禁而不止,则刑罚侮;令而不行,则下凌上。故未有能多求而多得者也,未有能多禁而多止者也,未有能多令而多行者也。故曰:上苛则下不听。"⑨

在量刑环节,《管子》主张宜重不宜轻:"夫民躁而行僻,则……禁不可以不重。故圣人……立重禁,非戾也……禁轻则邪人不畏。……立人之所不畏,欲以禁,则邪人不止。""夫民贪行躁,而诛罚轻,罪过不发,则是长淫乱而便邪僻也。有爱人之心,而实合于伤民,此二者不可不察也。"⑩

在执法环节,《管子》主张宜严不宜宽:"上赦小过,则民多重罪,积之所生也。故曰:赦出则民不敬,惠行则过日益。惠赦加于民,而囹圄虽

---

① 均见《管子·法禁》。
② 《管子·任法》。
③ 《管子·法禁》。
④ 《管子·明法》。
⑤ 《管子·任法》。
⑥ 《管子·任法》。
⑦ 《管子·正世》。
⑧ 《管子·禁藏》。
⑨ 《管子·法法》。
⑩ 均见《管子·正世》。

实,杀戮虽繁,奸不胜矣。故曰:邪莫如蚤(早)禁之。""凡赦者,小利而大害者也,故久而不胜其祸。毋赦者,小害而大利者也,故久而不胜其福。""惠者,多赦者也,先易而后难,久而不胜其祸;法者,先难而后易,久而不胜其福。故惠者,民之仇雠也;法者,民之父母也。"①"凡君国之重器,莫重于令。……行令在乎严罚。罚严令行,则百吏皆恐;罚不严,令不行,则百吏皆喜。"②执法既要防止错杀无辜,也要避免让罪犯漏网:"凡人主者,猛毅则伐,懦弱则杀。猛毅者何也?轻诛杀人之谓猛毅。懦弱者何也,重诛杀人之谓懦弱。此皆有失彼此。凡轻诛者杀不辜,而重诛者失有罪。故上杀不辜,则道正者不安;上失有罪,则行邪者不变。道正者不安,则才能之人去亡;行邪者不变,则群臣朋党;才能之人去亡,则宜有外难,群臣朋党,则宜有内乱。"③

立法者必须在司法问题上以身作则,做好表率:"凡民从上也,不从口之所言,从情之所好者也;上好勇,则民轻死;上好仁,则民轻财。故上之所好,民必甚焉。是故明君知民之必以上为心也,故置法以自治,立仪以自正也。故上不行,则民不从;彼民不服法死制,则国必乱矣。是以有道之君,行法修制,先民服也。"④"法令者,君臣之所共立也;权势者,人主之所独守也。故人主失守则危,臣吏失守则乱。"⑤

执法环节还必须坚持公正:"政者,正也。正也者,所以正定万物之命也。是故圣人精德立中以生正,明正以治国。故正者,所以止过而逮不及也。过与不及也,皆非正也;非正,则伤国一也。……法之侵也,生于不正。"⑥"凡法事者,操持不可以不正,操持不正则听治不公;听治不公则治不尽理,事不尽应。"⑦公正意味着不避亲疏:"不私近亲,不孽疏远,则无遗利,无隐治。"⑧公正还意味着克制好恶:"喜无以赏,怒无以杀;喜以赏,怒以杀,怨乃起,令乃废,骤令不行,民心乃外。"⑨"故为人主者,不重爱人,不重恶人;重爱曰失德,重恶曰失威。威德皆失,则主危也。"⑩

---

① 均见《管子·法法》。
② 《管子·重令》。
③ 《管子·参患》。
④ 《管子·法法》。
⑤ 《管子·七主七臣》。
⑥ 《管子·法法》。
⑦ 《管子·版法解》。
⑧ 《管子·版法解》。
⑨ 《管子·版法解》。
⑩ 《管子·任法》。

5. 经济思想：务本饬末，贵农重粟，轻收重售

从仁政的富民、利民立场出发，《管子》就治理国家的经济政策发表了许多意见。全书大部分篇章都涉及社会经济，有 20 多篇集中论述到经济问题，这在先秦诸子中是仅见的。《管子》的经济思想涉及面相当广泛，大体上可归纳为目标论、生产论、分配论、消费论、轻重论。

经济的目标是"富国富民"。谋求国富是《管子》思想的出发点和归宿。全书开篇第一句即宣称："凡有地牧民者，务在四时，守在仓廪。国多财，则远者来；地辟举，则民留处……"①富国的途径是富民："善为国者，必先富民，然后治之。"②民富是国富的源泉和前提："王者藏于民。""民富君无与贫，民贫君无与富。故赋无钱布，府无藏财，赀藏于民。"③这种藏富于民的思想是儒家仁政爱民情怀的表现，相当可贵。

贵农重粟，是《管子》的基本经济主张。民富国富的根本途径，是农业生产。"一农不耕，民或为之饥；一女不织，民或为之寒。"④"王天下者何也？必国富而粟多也。夫富国多粟生于农，故先王贵之。""先王者善为民除害兴利，故天下之民归之。所谓兴利者，利农事也；所谓除害者，禁害农事也。农事胜则入粟多，入粟多则国富，国富则安乡重家，安乡重家则虽变俗易习、驱众移民，至于杀之，而民不恶也。此务粟之功也。""粟也者，民之所归也；粟也者，财之所归也。""粟者，王之本事也，人主之大务，有人之涂，治国之道也。"⑤在"务五谷"之外，还主张"养桑麻，育六畜"⑥，发展多种副业。贵农重粟，自然重视土地田亩的开垦。"粟也者，地之所归也。""田垦则粟多，粟多则国富。"⑦所以，"慎富在务地。"⑧"事农则田垦。"⑨有了足够的土地，还须不夺民时，不违农时，才能保证粮食的丰收。"不夺民时，故五谷兴丰。"⑩"春仁、夏忠、秋急、冬闭，顺天之时，约地之宜，忠人之和，故风雨时，五谷实，草木美多，六畜蕃息……"⑪

---

① 《管子·牧民》。
② 《管子·治国》。
③ 均见《管子·山至数》。
④ 《管子·轻重甲》。
⑤ 均见《管子·治国》。
⑥ 《管子·牧民》。
⑦ 均见《管子·治国》。
⑧ 《管子·枢言》。
⑨ 《管子·治国》。
⑩ 《管子·巨乘马》。
⑪ 《管子·禁藏》。

在提出"贵农"主张的同时,《管子》又提出"务本饬末"①的生产纲领。"本"指生活必需品的生产,即农业,又叫"本事";"末"指工商业的生产尤其指"雕文刻镂""美衣锦绣"之类生活奢侈品的生产,又叫"末产"。为了防止工商业尤其是奢侈品业对农业的侵夺,《管子》曾明确提出禁止过度发展"末产"。"上不好本事,则末产不禁;末产不禁,则民缓于时事而轻地利;轻地利,而求田野之辟,仓廪之实,不可得也。"②"菽粟不足,末生不禁,民必有饥饿之色,而工以雕文刻镂相稚也,谓之逆。布帛不足,衣服毋度,民必有冻寒之伤,而女以美衣锦绣綦组相稚也,谓之逆。"③"国侈则用费,用费则民贫,民贫则奸智生,奸智生则邪巧作;故奸邪之所生,生于匮不足;匮不足之所生,生于侈;侈之所生,生于毋度。故曰:审度量,节衣服,俭财用,禁侈泰,为国之急也。"④"毋听淫辞,毋作淫巧。……凡人君之所以内失百姓,外失诸侯,兵挫而地削,名卑而国亏,社稷灭覆,身体危殆,非生于谄淫者,未之尝闻也。"⑤"凡为国之急者,必先禁末作文巧。末作文巧禁则民无所游食,民无所游食则必农。……是以先王知众民、强兵、广地、富国之必生于粟也,故禁末作,止奇巧,而利农事。"⑥"工事无刻镂,女事无文章,国之富也。"⑦

因此,提倡俭朴,反对奢靡,成为《管子》的另一相关主张:"明君制宗庙,足以设宾祀,不求其美;为宫室台榭,足以避燥湿寒暑,不求其大;为雕文刻镂,足以辨贵贱,不求其观。……故曰:俭其道乎!"⑧"台榭相望者,亡国之庑也;驰车充国者,追寇之马也;羽剑珠饰者,斩生之斧也;文采綦组者,燔功之窑也。明王知其然,故远而不近也。能去此取彼,则人主道备矣。"⑨不过,《管子》也注意到,随着社会文明的发展,人们日益不满足于吃饱穿暖的物质生活需求,而有更高的超功利("无用")的生活追求,"事末作而民兴之","贱有实,敬无用",如"贱粟米而敬珠玉,好礼乐而贱事业",甚至"雕卵然后瀹之,雕橑然后爨之"⑩(鸡蛋雕画后再煮食,薪柴镂刻后再焚烧)。于是,发展工商业乃至珠玉等奢侈品业,不仅可以满足人们的生活需要,而且

---

① 《管子·幼官》。
② 《管子·权修》。
③ 《管子·重令》。
④ 《管子·八观》。
⑤ 《管子·五辅》。
⑥ 《管子·治国》。
⑦ 《管子·立政》。
⑧ 《管子·法法》。
⑨ 《管子·七主七臣》。
⑩ 均见《管子·侈靡》。

可以增加财政收入,所以《管子》又提出顺应时代发展、理财"莫善于侈靡"的主张作为补充①。《管子》曾将士、农、工、商四民并称为"国之石民"②,肯定商业互通有无、促进农业的作用,肯定手工业提供生产工具、作战兵器和生活用品的作用。可见,《管子》重农并不彻底否定和抹杀工商业乃至奢侈品业,而是主张对此进行整治和合理的控制。所以《管子》的"禁末"实际上应理解为"饬末"之意。

在分配环节,《管子》的基本主张是国家轻赋薄敛,保证劳动者拥有必需的生活财富。关于减轻赋税,分利于民,《管子》说:"圣人之所以为圣人者,善分(利于)民也。"③"薄税敛,毋苟于民,待以忠爱,而民可使亲。"④《海王》篇记载了管仲与齐桓公关于减税的一段对话。桓公想征房屋税,管仲说这等于叫人们拆毁房子。桓公又提出征收树木税、牲畜税、人口税的想法,都被管仲一一否定。此外,《管子》还提出了多劳多得与均贫富的主张。一方面,国家按劳分配,"其积(同绩)多者,其食多;其积寡者,其食寡;无积者,不食"⑤。另一方面,君主又"能散积聚,钧(同均)羡(余)不足,分并财利"⑥。这样,既鼓励了"绩多食多",调动了劳动者的积极性,又避免了"贫富无度"。

在消费环节,《管子》认为"俭则伤事,侈则伤货"⑦,主张在奢侈与节俭之间取得某种平衡。一方面,他反对铺张消费:"能节宫室、通车舆以实藏,则国必富、位必尊;能适衣服、去玩好以奉本,而用必赡、身必安矣"⑧;另一方面,又主张在特定条件下激励饮食、车马、游乐、丧葬等消费,刺激生产、增加就业、促进流通。

"轻重"是《管子》经济思想中的一个独特范畴,《管子·轻重》分甲、乙、丙、丁、戊、己、庚七篇加以论述。其含义有二。一是指市场供求关系形成的物价涨跌:"夫物多则贱,寡则贵,散(抛售)则轻(价跌),聚(囤积)则重(价涨)"⑨。二是指国家遵照上述市场规律轻吸重抛,敛富余而补不足,平衡市场供求关系,从中取得厚利:"夫民有余则轻之,故人君敛之以轻;民不足则

---

① 《管子·侈靡》。
② 《管子·小匡》。
③ 《管子·君臣上》。
④ 《管子·五辅》。
⑤ 《管子·权修》。
⑥ 《管子·国蓄》。
⑦ 《管子·乘马》。
⑧ 《管子·禁藏》。
⑨ 《管子·国蓄》。

重之,故人君散之以重。敛积之以轻,散行之以重,故君必有十倍之利,而财之橫(政府专卖的物价)可得而平也。"①根据这两项原则,《管子》论述了一系列"轻重之策",如国家掌握全部经济统计数字,垄断货币铸造、盐铁专卖、自然资源等,依据地区及季节差价、政令缓急、年成情况,囤积与抛售货物,满足民利,充实国库,还将这种轻重之术推广到政治、军事、外交等各个领域。"轻重"论的核心是国家垄断重要产业和流通手段,依靠物价变动调节社会供求需要,满足国家财政需要。其中关于商品货币、物价规律、市场调节、国家垄断、财政收入及其相互关系的认识与谋略,使《管子》成为中国古代经济思想史上的一部名著,大大推动了古代经济思想的发展。

6. 军事思想：置兵之要、制胜之理、用兵之数

军事思想是《管子》思想中另一个引人注目的组成部分。《管子》中的《七法》《兵法》《幼官》《参患》《制分》《地图》《势》等篇章,都是集中论述军事的论文。《管子》的军事思想与刑罚思想联系较密切。如果发生内乱与外患,仅用仁义、刑罚的手段是不够的,必须诉诸军事战争。"国之所以安危者,莫要于兵。故诛暴国必以兵,禁辟民必以刑。然则兵者外以诛暴,内以禁邪。故兵者尊主安国之经也,不可废也。"②因此,讨论军事,对于国家安危至关重要。"故夫兵,虽非备道至德也,然而所以辅王成霸。"③对于战争的态度,《管子》一方面提出"君之所以尊卑,国之所以安危者,莫要于兵"④,表现了对战争的高度重视；另一方面又说"贫民伤财莫大于兵,危国忧主莫速于兵"⑤,强调了战争的危害。因此,它既主张"兵不可废",又主张"不勤于兵"。在以武力兼并诸侯的春秋战国时代,研究战争规律,加强军队建设,善于准备战争、把握战争、赢得战争,显得尤为重要。"黄帝唐虞,帝之隆也,资有天下,制在一人,当此之时也,兵不废。今德不及三帝,天下不顺,而求废兵,不亦难乎?""是故明君审其所擅,以备其所患也"⑥。所以治理天下必须加强军事力量的建设。"不能强其兵,而能必胜敌国者,未之有也。"⑦

战争的胜利虽然需要用军事实力去保障,但仅凭军事实力并不能保证必

---

① 《管子·国蓄》。
② 《管子·参患》。
③ 《管子·兵法》。
④ 《管子·参患》。
⑤ 《管子·法法》。
⑥ 均见《管子·法法》。
⑦ 《管子·七法》。

然取得战争的胜利。"强未必胜"①,"能强其兵,而不明于胜敌国之理,犹之不胜也"②。于是,制胜之理成为《管子》军事思想的出发点。制胜之理是什么呢?是"义胜之理"③,使战争具有正义性。"成功立事,必顺于礼义。故不礼不胜天下,不义不胜人。故贤知(智慧)之君,必立于胜地,故正天下而莫之敢御也。"④正义的根本是反映民意,为民除暴。《形势解》篇曾肯定:"君不君则臣不臣。"《中匡》篇记载齐桓公与管仲的一段对话。桓公问:"昔三王者,既弑其君,今言仁义,则必以三王为法度,不识其故何也?"管仲回答说:"昔者禹平治天下,及桀而乱之,汤放桀,以定禹功也。汤平治天下,及纣而乱之,武王伐纣,以定汤功也。且善之伐不善也,自古至今,未有改之。君何疑焉?"汤放桀、武王伐纣,均是"臣而代其君"⑤的例子,一般称之为"篡",在位的君主更是谈此色变,但春秋时高举"仁义"大旗发动诸侯兼并战争的人却把汤、武当作仁义的典范加以歌颂,所谓"篡何能歌"⑥,孰是孰非,怎么解释?管仲认为,汤放桀、武王伐纣属于"善之伐不善",为民除害,虽然属于"臣弑其君",仍然符合仁义之道,具有合法性正义性。这里,"臣弑其君"的战争就具有"诛无道"的"革命"意义,与孟子、荀子、《易传》中肯定"革命"的思想是一致的、相通的。

在肯定战争正义性、合法性的同时,《管子》提出了有关军队建设的"强军"思想。首先对入伍的士兵要加以挑选,"为兵之数……存乎选士,而(使)士无敌。"⑦其次对士兵要加强思想素质教育,"畜之(兵)以道,则民和;养之(兵)以德,则民合"⑧,"为兵之数……存乎政教,而(使)政教无敌。"⑨以道德养兵,打造一支正义之师,激发士兵为捍卫正义而献身的自觉与勇气。再次,加强发展综合国力,为战争提供坚实的经济后盾:"国富者兵强,兵强者战胜。"⑩"为兵之数,存乎聚财,而(使)财无敌。"⑪。四是加强先进武器的装备。"凡兵有大论,必先论其器。"⑫"器械功则伐不费。"⑬"为兵之数……存

---

① 《管子·制分》。
② 《管子·七法》。
③ 《管子·幼官》。
④ 《管子·七法》。
⑤ 《管子·白心》。
⑥ 《管子·白心》。
⑦ 《管子·七法》。
⑧ 《管子·兵法》。
⑨ 《管子·七法》。
⑩ 《管子·重令》。
⑪ 《管子·七法》。
⑫ 《管子·七法》。
⑬ 《管子·兵法》。

乎制器,而(使)器无敌。"①五是加强军队平时的作战训练。"为兵之数……存乎服习,而(使)服习无敌。"②。"三官""五教""九章",大抵都属于平时练兵的科目。"三官"即"一曰鼓,鼓所以任也,所以起也,所以进也。二曰金,金所以坐也,所以退也,所以免也。三曰旗,旗所以立兵也,所以利兵也,所以偃兵也"。"五教"即"一曰教其目以形色之旗,二曰教其身以号令之数,三曰教其足以进退之度,四曰教其手以长短之利,五曰教其心以赏罚之诚"。"九章"包括:"一曰举日章,则昼行;二曰举月章,则夜行;三曰举龙章,则行水;四曰举虎章,则行林;五曰举鸟章,则行陂;六曰举蛇章,则行泽;七曰举鹊章,则行陆;八曰举狼章,则行山;九曰举韟章,则载食而驾。九章既定,而动静不过。""三官不缪,五教不乱,九章著明,则危危而无害,穷穷而无难。"③

《管子》还论析了作战的具体方法。战争之前要"遍知天下"④,做到知己知彼。发动战争必须兼顾天时、地利、人和。"天因人,圣人因天。天时不作勿为客,人事不起勿为始。"⑤"凡兵主者,必先审知地图。轘辕之险、滥车之水,名山、通谷、经川、陵陆、丘阜之所在,苴草、林木、蒲苇之所茂,道里之远近,城郭之大小,名邑、废邑、困殖之地,必尽知之。地形之出入相错者,尽藏之,然后可以行军袭邑,举错知先后,不失地利。此地图之常也。"⑥战时要"明于机数"⑦,善于把握战机。要懂得避实就虚、避难就易、避强攻弱的攻击策略:"释实而攻虚,释坚而攻脆,释难而攻易"⑧。

《管子》的军事思想,体现了对齐国兵家传统的继承、综合,丰富了对战争性质、规律的探索。

综上所述,《管子》作为"春秋第一相"管仲以及战国时期管仲学派思想学说的结集,结构宏伟,体量巨大,综合各家,由天及人,系统建构了"霸王所始,以人为本"的政治学说。在神人关系上,《管子》尊天敬神的同时又主张"祥于鬼者义于人","得人之心而为纪"。从"道生万物"的角度,《管子》认为人由道中的精气所生,是感官欲望与心神理智的统一体,提出"以心治官"的人性主张。以此为据,《管子》阐发了以儒家仁政学说为主、以法家严刑峻法为辅的基本政治主张,并具体论及务本饬末、贵农重粟、轻收重售等经济政

---

① 《管子·七法》。
② 《管子·七法》。
③ 均见《管子·兵法》。
④ 《管子·七法》。
⑤ 《管子·势》。
⑥ 《管子·地图》。
⑦ 《管子·七法》。
⑧ 《管子·霸言》。

策与置兵之要、制胜之理、用兵之数等军事思想。《管子》是管仲成功的政治实践的精彩总结,凝聚着极为深刻的政治智慧。

二、《晏子春秋》:纳善于君、仁爱节俭

《晏子春秋》是记叙春秋时代齐卿晏婴思想言行的一部书。现在流行的《晏子春秋》经汉代刘向编订。分内篇、外篇两部分。内篇分谏上、谏下、问上、问下、杂上、杂下六篇,外篇分上、下二篇。每篇由几十个故事构成(谏上25、谏下25、问上30、问下30、杂上30、杂下30,外篇上篇27、下篇18)。因此,《四库全书总目提要》将它归为"史部传记类"。据此,中华人民共和国成立后学界普遍把它视为"记叙文学类"作品,甚至把它当作"我国第一部短篇小说集"①。把它视为"史部传记类"尚可,视为"记叙文学类"作品或"短篇小说集"就不当了。该书记叙晏子的事迹具有文学性,但并非文学作品;具有传奇性,但与以虚构为特征的小说判然有别。如同《论语》《孟子》《庄子》一样,作为晏子的言行录,该书直接或间接记录了晏子的思想,特别是政治主张,其思想价值远远大于它的文学价值。如果把它当作文学作品,那是对该书价值的莫大误解。既然记载先秦诸子言行思想的其他著作称为"子书",该书自然也应归为"子书"。《汉书·艺文志》《隋书·经籍志》《唐书·经籍志》均将此书归入子书,这是有道理的,比《四库全书总目提要》的归类更为合理。

从思想归属上看,《晏子春秋》属于什么学派呢?它当中有大量关于仁义、礼教、民本思想的强调,儒家思想倾向明显;又有博爱、节俭等思想的强调,墨家成分也有;同时有不少晏子智谏齐君对话及传奇故事的记载,纵横家的色彩明显。因此,把它归入杂家更为合适。

关于《晏子春秋》一书的真伪,学界一直有争论。《史记·管晏列传》记载"世多有之",《汉书·艺文志》《隋书·经籍志》《唐书·经籍志》都记有此书,可见历史上实有其书。但从唐代柳宗元开始,对其真实性产生怀疑。柳宗元曾著《辨晏子春秋》,依据《晏子春秋》中存在大量墨子思想,怀疑此书是"墨子之徒有齐人者为之"。宋代官修《崇文总目》亦断定,《晏子春秋》"非婴所撰",后世学者多赞同这个观点。清人吴德旋《初月楼文抄》认为,太史公、

---

① 转引自李万寿《晏子春秋全译》前言第2页(贵州人民出版社2009年版),李万寿亦认为这种说法"有道理"。

刘向所见《晏子春秋》早亡,现在见到的本子是"六朝人好作伪者依仿为之"。从此,《晏子春秋》被疑为伪书,因而长期被学者冷落。然而,1972年4月,考古工作者在山东临沂银雀山一号汉墓(汉武帝时期)中挖掘出4 900多枚竹简,其中整理出来的《晏子》竹简共有102枚,内容分为十六章。参与挖掘研究的专家认为"很可能"是《晏子春秋》的"节选本"①。于是,《晏子春秋》伪书说不攻自破,重新受到研究者重视。

关于《晏子春秋》的作者及成书时间,《隋书·经籍志》《唐书·经籍志》都标明作者为晏婴。不过,现存《晏子春秋》有晏子死后的记载,可见作者不是晏子一人。旧说作者为晏子及晏子后人。目前,《晏子春秋》作者不是晏子本人"已成定论"②。一般认为成书于战国中后期,作者是齐人,不是一人。③

如果把《晏子春秋》视为晏子后学所记的一部可信的子书,那么,就应当将该书所记的晏子当作一个历史上真实的人物来看待。晏婴比孔子年长27岁。如何看待该书记载的晏子的儒家思想呢?其实,儒家的仁义、爱民思想,并不只是在孔子创立儒家学说、标举"儒家"大旗后才有的。在这之前,禹、汤、文、武之道,周公之礼,周代德治传统就包含着大量的相关成分。在这种文化土壤上诞生了管仲、晏婴的民本、仁爱、礼教思想,它们非但不需等待孔子创立儒家学说后才产生,恰恰是孔子儒家学说创立的直接思想资源。

晏子(公元前578—前500年),名婴,字平仲,春秋末期齐国人。其貌不扬,才智杰出。父亲为齐国国卿。父死,继为齐卿,事奉灵公。灵公昏聩④,因试图废嫡立庶遭到崔杼等权臣的阻挠,两年后气绝而死。继事庄公。庄公"陈武夫,尚勇力……而婴不能禁,故退而野处",⑤最后因与扶他上位的权臣崔杼的老婆私通被杀,在位五年。继事景公。景公是庄公之弟,在庄公死后被崔杼拥立。与庄公"乐节饮食,不好钟鼓"⑥不同,景公恰恰是个"穷民财力,以羡馁食之具,繁钟鼓之乐,极宫室之观"⑦的主。但同时,景公也一直有称霸天下的雄心壮志,时刻不忘做个像桓公一样的能容谏纳谏的贤君霸主,

---

① 骈宇骞:《晏子春秋校释》序言,书目文献出版社1988年版。
② 李万寿:《晏子春秋全译》前言,贵州人民出版社2009年版。
③ 李万寿:《晏子春秋全译》前言,贵州人民出版社2009年版;陈涛、刘桂枝评析:《晏子春秋、慎子、尹文子评析本白话》,北京广播学院出版社1992年版。
④ 《晏子春秋·内篇杂下》之一。李万寿:《晏子春秋全译》,贵州人民出版社2009年版。下同。
⑤ 《晏子春秋·外篇第七》之十九。
⑥ 《晏子春秋·内篇问下》之十五。
⑦ 《晏子春秋·内篇谏下》之二。

所以晏子能够受到景公重用,终生事奉景公四十多年。这当中景公曾经因为受不了晏子的讽谏,冷落了他七年,但最后又不得不把他请回来。晏子一生事奉三君,曾受到谀臣梁丘据的讥讽①。孔子开始对晏子的人品也表示怀疑,因而造访齐国时对晏子拒而不见②。晏子说:他不是根据三君的爱好,"以三心事一君",而是"以一心事三君"③,这个"一心"就是"欲其国之安"④的忠臣、贤臣之心,所以"事三君而顺焉"⑤。《晏子春秋》记载的是晏子从"国之安"的角度辅佐三君、诤谏三君的故事。由于"三君皆欲其国之安也"⑥,在这个根本问题上三君与晏子的用心是一致的,所以晏子一生经历三朝得以相安无虞。由于晏子事奉景公的时间最长,所以书中的故事绝大部分都发生在晏子与景公之间。景公不断产生问题,晏子不断加以讽谏,景公也一再接受改正。《晏子春秋》在描写晏子不计个人得失安危、勇谏智谏的诤臣形象和全心全意为国家利益服务的忠臣形象的同时,景公这个既贪图享乐又胸怀大志、过错屡教屡犯又能知错就改、既恼人讨厌又可敬可爱的君主形象也呼之欲出。

1. 忠臣、贤臣之"一心":和而不同、纳善于君

晏子事奉三君的"一心"是"欲其国之安"的忠心。大臣对君主是不是具有忠心,不能从对君主是否言听计从去衡量。由于君主可能失德犯错,背离国家利益的大局,所以和而不同,直言君过,纳善于君,恰恰成为大臣忠心的最真切的表达,也是"忠臣""贤臣""良臣"应当奉行的行为原则。春秋战国时期,这种思想成为一种普遍的共识。如春秋时期晋国大夫史黯辩论什么是"良臣":"夫事君者,谏过而赏善,荐可而替否,献能而进贤,择材而荐之,朝夕诵善败而纳之(早晚讲述善恶成败的事迹给君主听)。道之以文,行之以顺,勤之以力,致之以死,听则进,否则退。"⑦战国时期的荀子总结道:"逆命而利君谓之忠"。"从命而不利君谓之谄"。"从道不从君",是对"忠"的最好的解释。"从道不从君""逆命而利君"的表现形态是谏、争(诤)、辅、拂。

---

① 《晏子春秋·内篇问下》之二十九。梁丘据问晏子:"子事三君,君不同心,而子俱顺焉,仁人固多心乎?"晏子对曰:"心可以事百君,三心不可以事一君。"又《晏子春秋·外篇第七》之十九记载:高子问晏子:"子事灵公、庄公、景公,皆敬子,三君之心一耶?夫子之心三也?"晏子对曰:"婴闻一心可以事百君,三心不可以事一君。故三君之心非一也,而婴之心非三心也。"
② 《晏子春秋·外篇第八》之四。
③ 《晏子春秋·外篇第八》之四。
④ 《晏子春秋·外篇第八》之三。
⑤ 《晏子春秋·外篇第八》之四。
⑥ 《晏子春秋·外篇第八》之三。
⑦ 《史黯论良臣》,《国语·晋语九》。

所谏之言"用则可,不用则去",这叫"谏臣";"用则可,不用则死",这叫"争臣";"率群臣百吏而相与强君挢君,君虽不安,不能不听,遂以解国之大患,除国之大害,成于尊君安国",这叫"辅臣";"能抗君之命,窃君之重,反君之事,以安国之危,除君之辱,功伐足以成国之大利",叫"拂臣"。谏、争、辅、拂之臣,是"社稷之臣也,国君之宝也"①。晏子对"忠臣"的理解,与史䲭对"良臣"的理解、荀子对"谏臣"的理解相似。

> 景公问晏子曰:"忠臣之行何如?"对曰:"不掩君过,谏乎前,不华(哗)乎外;选贤进能,不私乎内;称身就位,计能定禄;睹贤不居其上,受禄不过其量……不掩贤以隐长,不刻下以谀上;君在不事太子,国危不交诸侯;顺则进,否则退,不与君行邪也。"②

晏子关于"忠臣"的理解有多项要求,其中重要的一项,是"不掩君过,谏乎前""不刻下以谀上""不与君行邪""顺则行,否则退"。一句话,就是不做弄臣、谀臣,不拍君主的马屁,不事事处处附和君主,而是从国家根本利益的角度维护君主、帮助君主,建言献策。所以晏子提出了"忠臣"的定义:"故忠臣也者,能纳善于君,不能与君陷于难。"③就是说,"忠臣"的忠,在于平时辅佐君主能及时提出正确意见,帮助君主在正道上行走,而不在于君主落难时陪他受难,因为这个难是他不听正确的诤谏意见的结果,咎由自取。

在肯定"忠臣"的同时,晏子的一个重要观点是尚"贤"。晏子曾一再向景公建议"举贤以临国"④。这个"贤臣"的"贤",与"忠臣"的"忠"是一致的,与从保护个人私利出发、明知错误也附和君主的"阿谀之臣"迥然不同。这些贤臣是治国之宝。一次景公出外打猎,上山见虎,下泽见蛇,以为"不祥"。晏子告诉景公,这没有什么不祥。国家真正的不祥是:"有贤而不知,一不祥;知而不用,二不祥;用而不任,三不祥也。"⑤如何"知贤"呢?"举之以语,考之以事。"⑥"君无以靡曼辩辞定其行,无以毁誉非议定其身。""通则视其所举,穷则视其所不为,富则视其所不取。夫上士,难进而易退也;其次,易进易退也;其下,易进难退也。"⑦如何"用贤"呢?"地不同生,而任之以一种,

---

① 均见《荀子·臣道》。
② 《晏子春秋·内篇问上》之二十。
③ 《晏子春秋·内篇问上》之十九。
④ 《晏子春秋·内篇问上》之十三。
⑤ 《晏子春秋·内篇谏下》之十。
⑥ 《晏子春秋·内篇问上》之二十七。
⑦ 《晏子春秋·内篇问上》之十三。

责其俱生不可得；人不同能，而任之以一事，不可责遍成。责焉无已，智者有不能给；求焉无餍，天地有不能赡也。故明王之任人，谄谀不迩乎左右，阿党不治乎本朝；任人之长，不强其短，任人之工，不强其拙。此任人之大略也。"①

在尽忠尚贤的问题上，有几个要点值得注意。

一是主张大臣对待君主"和而不同"。"和"指在国家安危的大方向、大局上与君主的利益保持一致。"不同"指君主的思想和行为出现失误时及时提出不同的正确意见，帮助君主拾遗补漏，往正确道路上前进。景公贪图享乐。谀臣梁丘据跟得最紧，事事处处附和景公，与景公保持绝对同一。景公很喜欢他，多次在晏子面前称赞："据与我和夫！"晏子进言：这不是"和"，只能叫"同"。忠臣对君主应当采取的态度应当是"和"而不是"同"。"所谓和者，君甘则臣酸，君淡则臣咸。"现在君说甘梁丘据也说甘，是"所谓同也，安得为和！"②"和如羹焉。水火醯醢盐梅，以烹鱼肉，燀之以薪，宰夫和之，齐之以味，济其不及；以泄其过，君子食之，以平其心。君臣亦然。君所谓可，而有否焉，臣献其否，以成其可；君所谓否，而有可焉，臣献其可，以去其否，是以政平而不干，民无争心。……今据不然，君所谓可，据亦曰可；君所谓否，据亦曰否。若以水济水，谁能食之？若琴瑟之专一，谁能听之？同之不可也如是。"③正如美味是各种味道的调和、美妙的音乐是各种音符的组合，祥和的政治也应当是各种意见的综合。如果大臣与君主总是用一个声音说话，政治的和谐安定就无以为继。

二是主张宽政，鼓励民言。既然君主的肯定与否定意见有可能是错误的，君主就不应当禁言，而应当允许近臣纠错，鼓励百姓进言。禁止民众思想言论是很难做到的："饰民之欲，而严其听，禁其心，圣人所难也。"④禁止思想言论的结果最终对君主是不利的、有害的："朝居严则下无言，下无言则上无闻矣。下无言则吾谓之喑，上无闻则吾谓之聋。聋喑，非害国家而如何也！""大山之高，非一石也，累卑然后高。天下者，非用一士之言也，固有受而不用，恶有拒而不受者哉！"⑤"下无直辞，上有隐君；民多讳言，君有骄行。"⑥英明的君主莅国治民，是思想宽松、允许民言的："明君在上，下多直辞；

---

① 《晏子春秋·内篇问上》之二十四。
② 《晏子春秋·内篇谏上》之十八。
③ 《晏子春秋·外篇第七》之五。
④ 《晏子春秋·内篇谏下》之一。
⑤ 均见《晏子春秋·内篇谏下》之十七。
⑥ 《晏子春秋·内篇杂上》之十一。

君上好善,民无讳言。"而"下多直辞","是君之福也"①。晏子是这么要求君主的,也是这么要求自己的。晏子用高纠治家,多年勤勤恳恳,但晏子最后辞退了他,理由是:"此子事吾三年,未尝弼吾过也,吾是以辞之。"②

三是"进不失忠,退不失行","不怀暴君之禄,不处乱国之位"。忠臣心中只有国家利益,没有个人私利,所以不牵挂自己仕途的进退。"顺则进,否则退。"③所谓"顺"即与君主关系处于调顺状态,君主比较认可自己的意见。这时就建言献策,直言君过,纳善于君。如果与君主关系处于不适状态,自己的意见屡屡不被君主认可,就干脆辞官退隐,千万不能为了俸禄而贪位恋栈。对此,晏子屡有所言。"士逢有道之君,则顺其令;逢无道之君,则争其不义。"④"事明君者,竭心力以没其身,行不逮则退,不以诬(欺)持禄;事惰君者,优游其身以没其世,力不能则去,不以谀持危。""君子之事君也,进不失忠,退不失行。不苟合以隐忠,可谓不失忠;不持利以伤廉,可谓不失行。"⑤"正士……通则事上,使恤其下,穷则教下,使顺其上;事君尽礼行忠,不求爵禄,不用则去而不议。"⑥"君子有力于民,则进爵禄,不辞富贵;无力于民而旅食,不恶贫贱。"⑦"君子怀不逆之君,居治国之位。……不怀暴君之禄,不处乱国之位。"⑧晏子是这么说的,也是这么做的。庄公"众而无义,强而无礼,好勇而恶贤","婴言不用,愿请身去"。于是辞官而去,"徒行而东,耕于海滨"⑨,直到庄公被杀。晏子曾说:"言不用者,不受其禄……吾于庄公行之矣。"⑩景公时,有人打晏子的小报告:"废置不周于君前,谓之专;出言不讳于君前,谓之易。专易之行存,则君臣之道废矣,吾不知晏子之为忠臣也。"景公以为然。晏子入朝,景公脸色很难看。晏子回家后即装好行李,让人带信给景公,辞而不为臣,退而穷处,东耕海滨。直到七年后景公认错恳请,才重新回来任职⑪。景公晚年,以为去日无多,为及时享乐,"春夏游猎,又起大台之役",晏子谏而无效,又抛出辞官的杀手锏:"臣闻忠臣不避死,谏不违罪。

---

① 《晏子春秋·内篇杂上》之十一。
② 《晏子春秋·外篇第七》之二十三。
③ 《晏子春秋·内篇问上》之二十。
④ 《晏子春秋·内篇问上》之二十八。
⑤ 《晏子春秋·内篇问下》之十八。
⑥ 《晏子春秋·内篇问下》之十九。
⑦ 《晏子春秋·内篇杂上》之一。
⑧ 《晏子春秋·内篇问下》之十。
⑨ 《晏子春秋·内篇杂上》之一。
⑩ 《晏子春秋·外篇第七》之十九。
⑪ 《晏子春秋·外篇第七》之二十二。

君不听臣,臣将逝矣。"逼得景公只好改弦更张,收回成命。①

四是主张忠臣"不与乱国俱灭,不与暴君偕亡",保持臣民的尊严和独立人格。君为臣纲,君贵臣卑。这个礼教规范晏子是承认的。但臣民也有自己的尊严、原则和人格。"君者择臣而使之,臣虽贱,亦得择君而事之。"②这个臣子的选择权就是:"君顺怀之,政治(和也、安也)归之。"不仅"不怀暴君之禄,不居乱国之位",而且"见兆则退,不与乱国俱灭,不与暴君偕亡"。③ 他也是这么做的。庄公尚武好色,不听劝告,一意孤行,最后被崔杼等人杀害。晏子并不赞成崔杼弑君的做法,但也没有陪同庄公一起死,而是庆幸自己有先见之明,早已离开庄公远避了灾祸。崔杼杀死庄公后,晏子立崔杼之门,从者问:死乎?亡乎?归乎?晏子说:"吾君死,安归?君民者,岂以陵民?社稷是主。臣君者,岂为其口实?社稷是养。故君为社稷死,则死之;为社稷亡,则亡之。若君为己死而为己亡,非其私昵,孰能任之?"崔杼见到晏子后也问:"子何不死?"晏子毫无愧色:"祸始,吾不在也;祸终,吾不知也。吾何为死?且吾闻之,以亡为行者,不足以存君;以死为义者,不足以立功。婴岂其婢子也哉?其缢而从之也?"④臣子不是君主的奴婢,君主由于自己的原因而死,咎由自取,臣子不必陪葬,也不必逃亡,他完全可以过自己的生活。鉴于庄公的教训,景公曾问晏子忠臣如何事君。晏子明确回答:"有难不死,出亡不送。"景公很不高兴地问:"君裂地而封之,疏爵而贵之,君有难不死,出亡不送,可谓忠乎?"晏子答:国君"有难""出亡",是不采纳大臣善言的结果,大臣如果陪死,那是"妄死";如果陪亡,那是欺君("诈伪")。"言而见用,终身无难,臣奚死焉?谋而见从,终身不出,臣奚送焉?若言不用,有难而死之,是妄死也;谋而不从,出亡而送之,是诈伪也。"⑤由此,晏子产生了一个革命性的思想:"汤武用兵而不为逆,并国而不为贪,仁义之理也。""勇力之立也,以行其礼义也。"⑥如果君主失道,臣子高举"仁义""礼义"的大旗动用军事手段、革命方式讨伐、推翻他,也称不上"逆",而是正义的举动。《晏子春秋》还记载了这样的故事。景公游于麦丘,见到守边的老人,与之攀谈起来,让他说几句祝辞。老人竟然说:"使君无得罪于民。"景公大怒,说:"诚有鄙民得罪于君则可,安有君得罪于民者乎?"晏子谏曰:"君过矣!……敢问:

---

① 《晏子春秋·内篇谏下》之八。
② 《晏子春秋·内篇问上》之二十二。
③ 均见《晏子春秋·外篇第七》之十九。
④ 《晏子春秋·内篇杂上》之二。
⑤ 《晏子春秋·内篇问上》之十九。
⑥ 均见《晏子春秋·内篇谏上》之十六。

桀纣,君诛乎,民诛乎?"①

五是指出"君僻臣从谓之逆"②,将从私利出发讨好君主的"谄谀之臣"比作危害国家的"社鼠猛狗"③。这些谀臣"观上之所欲,而微为之偶,求君逼迩,而阴为之与","求上采听,而幸以求进"④。《晏子春秋》批评的"谀臣",有梁丘据、会谴、艾孔(即裔款)等人。景公游牛山,叹生命无常而流涕,梁丘据、艾孔也陪着哭泣⑤。景公久病不愈,要杀太史、太祝取悦上帝,梁丘据、会谴就附和说好⑥。景公好女色,梁丘据就将能歌善舞的歌伎秘密介绍给他,致使景公多日不理朝政⑦。景公好玩乐,梁丘据、裔款就给他造出奢靡的宫室,怂恿他穿戴千奇百怪的衣服帽子,"被发乱首,南面而立"⑧。景公好饮酒,深夜叫晏子、司马穰苴作陪,遭拒后,来到梁丘据家,梁丘据"左操瑟右挈竽,行歌而出"⑨,热情陪盏。正如景公所感叹的:"吾有喜于玩好,有司未能我具也,则据以其所有共我","每有风雨,暮夜求必存"⑩。在所有谀臣中,梁丘据做得最地道,深得景公欢心。晏子极力讽谏:梁丘据"营君以邪",何不去除?⑪ 但景公一直宠信梁丘据,死后还要厚葬他,说他"忠且爱我"。晏子指出:"事君之道,导亲于父兄,有礼于群臣,有惠于百姓,有信于诸侯,谓之忠。""臣专其君,谓之不忠。""今四封之民,皆君之臣也,而维据尽力以爱君,何爱者之少邪? 四封之货,皆君之有也,而维据也以其私财忠于君,何忠者之寡邪? 据之防塞群臣,拥蔽君,无乃甚乎?"⑫

2. 人神关系: 重人轻神、顺神合民

晏子凭着"纳善于君""陈过而谏"⑬的"忠臣"之心,为景公提出了哪些政治主张呢?

首先在人神关系上,君主要重人事轻祭祀,将主要的精力、工作的重心

---

① 《晏子春秋·内篇谏上》之十三。
② 《晏子春秋·内篇谏上》之七。
③ 《晏子春秋·内篇问上》之九。
④ 均见《晏子春秋·内篇问上》之二十一。
⑤ 《晏子春秋·内篇谏上》之十七。
⑥ 《晏子春秋·内篇谏上》之十二。
⑦ 《晏子春秋·内篇谏上》之六。
⑧ 《晏子春秋·内篇谏下》之十五。
⑨ 《晏子春秋·内篇杂上》之十二。
⑩ 均见《晏子春秋·内篇谏下》之二十二。
⑪ 《晏子春秋·内篇谏下》之十五。
⑫ 均见《晏子春秋·内篇谏下》之二十二。
⑬ 《晏子春秋·内篇谏下》之二十二。

放在人事上。这是一个大方向。

夏商神灵至上。到了春秋时期，神灵观念依然存在。晏子并没有否定神灵观念，但认为神灵作用的范围并没那么大，自然界许多异常现象都是客观的自然现象，与神灵并无关系。比如景公出猎，一次上山见到虎，下水见到蛇，以为是神灵显示的"不祥"之兆，咨询晏子寻找对策，晏子则告诉他不用惊慌：山是"虎之室"，泽是"蛇之穴"。来到虎之室、蛇之穴见到虎与蛇，"曷为不祥也"？① 有些自然现象，神灵其实是无法改变的。比如地动现象就是如此。神职人员号称"臣能动地"就是明显的欺骗。实际情况是，人（太卜）"非能动地，地固将动也"②。神灵的作用和力量并不像原来人们说的那样大，在神人关系上，重要的是把利民的事情做好，获得臣民的拥戴对于社稷的安康来说是最为重要的。

对于不能否认的神灵的存在，晏子诚然不反对祭神顺神，但主张"顺神合民"，使"神民俱顺"，将"顺神"之举最终落实到"合民"行动上。一次景公大病，"欲具珪璋牺牲，令祝宗荐之乎上帝宗庙"，以此求福。晏子谏云："古者先君之干福也，政必合乎民，行必顺乎神。节宫室，不敢大斩伐，以无逼山林；节饮食，无多畋渔，以无逼川泽；祝宗用事，辞罪而不敢有所求也，是以神民俱顺，而山川纳禄。今君政反乎民，而行悖乎神；大宫室，多斩伐，以逼山林；羡饮食，多畋渔，以逼川泽，是以民神俱怨，而山川收禄。司过荐罪，而祝宗祈福，意者逆乎？"③在晏子看来，景公为满足自己的享受，对自然大张挞伐，取用无度，已导致民怨神怒。这时再让祝宗人员向神灵祈福，不是自相矛盾、不可能达到目的的愚蠢之举吗？悦神求福的唯一方法，是收敛自己的行为，多做体恤百姓疾苦之事。又一次，景公患疟疾，久病不愈，欲诛祝史谢罪上帝，求得神灵庇佑。晏子指出：如果您认为祝史的祈祷灵验，那么臣民的诅咒也有用。由于大王疏远忠良，"近臣嘿，远臣喑"，导致民怨沸腾，"百姓之咎怨诽谤、诅君于上帝者多矣"。"一国诅，两人祝，虽善祝者不能胜也"。再者，如果"上帝神，则不可欺"，巫祝人员应当把您的过失向上帝直接说出来，否则有"欺上帝"之嫌。如果"上帝不神，祝亦无益"。所以怪罪祝史是没有道理的，滥杀无辜的祝史不仅不能祈福，反而会带来亡国的灾祸④。

同时，晏子根据当时"人行善者天赏之，行不善者天殃之"⑤的社会共识，

---

① 《晏子春秋·内篇谏下》之十。
② 《晏子春秋·外篇第七》之二十一。
③ 《晏子春秋·内篇问上》之十。
④ 《晏子春秋·内篇谏上》之十二。
⑤ 《晏子春秋·内篇谏上》之二十一，景公语。

指出天意就是民意，神以人的道德为转移，总是庇佑、降福有德者，从而鼓励君主多做有德的善事。景公十七年，在楚巫的劝说下，景公命百官在牛山举行盛大的斋祭仪式祭祀五帝，祈求神灵降福，成就帝王大业。晏子指出："君之言过矣！古之王者，德厚足以安世，行广足以容众，诸侯戴之，以为君长，百姓归之，以为父母。是故天地四时和而不失，星辰日月顺而不乱，德厚行广，配天象时，然后为帝王之君、明神之主。"而景公"政乱而行僻"，怎能求得"五帝之明德也"？"古者不慢行而繁祭，不轻身而恃巫"，景公"弃贤而用巫"，怎能求得"帝王之在身也"？① 一次齐国久旱。使巫祝占卜后，景公准备祭祀山神、河神。晏子指出"不可"，山神、河神也想下雨，"祠之无益"。唯一的方法，是君主从享受的宫殿里出来，"野居暴露"，"与灵山、河伯共忧"，这样才能"幸而雨乎"②。这当然有不科学的成分，但晏子的重人君道德修养的用心昭昭可见。

彗星，古代认为是亡国之象，所谓"有彗星者必有亡国"。一天夜里，景公梦见彗星，第二天问晏子可否"召占梦者使占之"。晏子告诉他占梦没有用。梦见彗星是对景公失德行为的告诫。如果景公在搜刮民财满足享乐方面不加收敛，比这更坏的凶象还会出现。"君居处无节，衣服无度，不听正谏，兴事无已，赋敛无厌，使民如将不胜，万民怨怼。茀星（彗星的一种）又将见梦，奚独彗星乎！"③又一个傍晚，景公目睹彗星，召人举行禳灾仪式。晏子说禳灾仪式不管用："此天教也。日月之气，风雨不时，彗星之出，天为民之乱见之，故诏之妖祥，以戒不敬。"唯一的消灾办法是"设文而受谏，谒圣贤人"。如果"嗜酒而并于乐，政不饰而宽于小人，近谗好优，恶文而疏圣贤人，何暇在彗，茀又将见矣！"④又一次，彗星在齐国出现，景公使祝禳除。晏子说只举行祭祀仪式希图禳灾是自欺欺人。"天道不疑，不贰其命"，举行祭祀禳灾是徒劳无益的。"且天之有彗，以除秽也。君无秽德，又何禳焉？若德之秽，禳之何损？……君无违德，方国将至，何患于彗？……若德之回乱，民将流亡，祝史之为，无能补也！"⑤古人认为，火星出现也是不祥的天象。景公之时，火星出现于齐野这个地方，"期年不去"。景公认识到这是"天罚"的征兆，问晏子哪个国家要承受灾殃。晏子告诉他是齐国。因为你齐君"为善不用，出政不行，贤人使远，谗人反昌，百姓疾怨"，所以"荧惑（火星）回逆，孽星

---

① 《晏子春秋·内篇谏上》之十四。
② 《晏子春秋·内篇谏上》之十五。
③ 《晏子春秋·外篇第七》之三。
④ 均见《晏子春秋·内篇谏上》之十八。
⑤ 《晏子春秋·外篇第七》之六。

在旁"。去除灾星的根本途径,是"去冤聚之狱,使反田矣;散百官之财,施之民矣;振孤寡,而敬老人矣"。①

要之,通过敬人事、顺民意,达到天地谐顺、神灵降福,最终实现人与自然、人与神灵的和谐相通,这就是晏子的政治理想:"世治政平,举事调乎天,藉敛和乎百姓;乐及其政,远者怀其德,四时不失序,风雨不降虐。天明象而赞,地长育而具物,神降福而不靡,民服教而不伪。此圣人之得意也。"②

3. 行善、民本、仁义、礼教

在对天、地、人、神的兼顾中,晏子更重视人事的努力。这人事的努力归结到一点,就是行善。他提出"善"这个君主努力的大方向,指出君主只有凭借"善"而不是武力,才可以称霸诸侯。"能长保国者,能终善者也。诸侯并立,能终善者为长。"③"故诸侯并立,善而不息者为长。"④

君主的"善"行,集中表现在对待臣民的态度上。晏子继承夏禹"民为邦本"的思想,进一步提出"以民为本"的口号。什么是善恶的"善"? 什么是正义的"义"? 对民众的仁爱,就是最大的"善"、最高的"义"。"义谋之法,以民事之本也。""昔三代之兴也,谋必度其义,事必因于民。"⑤因此,"行善""度义"与"因民"是一体的。君主"行善""度义",最终就落实到"因民"上,这就叫"以民为本"。

春秋末期,诸侯兼并,礼崩乐坏。尧舜禹汤之道及周代的礼教德治遭到破坏。这个时代的特征是:"世乱不遵道,上辟不用义;正行则民遗,曲行则道废。"⑥于是晋国的贤臣叔向也困惑了:在这个时代,执政者面临"正行而遗民"或"持民而遗道"两种选择,到底怎么办? 他向晏子请教。晏子仍然守卫着夏禹提出的"民为邦本"传统,强调在新形势下仍然必须"以民为本":"卑而不失尊、曲而不失正者,以民为本也。""苟持民矣,安有遗道! 苟遗民矣,安有正行焉!"⑦执政者只有用道义、正行才能赢得民心、掌控民众。因此,晏子反对不义的兼并战争,反对靠不义的战争称霸诸侯。"强不暴弱,贵不凌贱……不以威强退人之君,不以众强兼人之地……其用兵,为众屏

---

① 《晏子春秋·内篇谏上》之二十一。
② 《晏子春秋·内篇问上》之二十二。
③ 《晏子春秋·内篇谏上》之十六。
④ 《晏子春秋·内篇问下》之六。
⑤ 均见《晏子春秋·内篇问上》之十二。
⑥ 《晏子春秋·内篇问下》之二十一。
⑦ 《晏子春秋·内篇问下》之二十一。

患……此长保威强勿失之道也。失此者危矣!"①"不劫人以甲兵,不威人以众强,故天下皆欲其强;德行教训加于诸侯,慈爱利泽加于百姓,故海内归之若流水。"②君主"威当世而服天下"靠的不是武力而是"品行"。"安仁义而乐利世者,能服天下。""不能爱邦内之民者,不能服境外之不善;轻士民之死力者,不能禁暴国之邪逆;愎谏傲贤者之言,不能威诸侯;倍义而贪名实者,不能威当世。而服天下者,此其道也已。"③不仁而攻义,适得其反。"伐人者德足以安其国,政足以和其民,国安民和,然后可以举兵而征暴。""攻义者不祥,危安者必困。"④于是,"仁义"的旗帜被高举起来。在诸侯兼并的乱世中,"意孰为高?行孰为厚?"叔向继续讨教于晏子。晏子的回答是:"意莫高于爱民,行莫厚于乐民。"⑤于是,"以民为本"又落实为"爱民"之"意"与"乐民"之"行"。

君主的"爱民""乐民",是在正确处理君利与民利的相反相成关系中实现的。它要求君主为照顾百姓的基本生活需求,克制自己的奢侈享受,使人民大众能够安康快乐。"为君节养其余以顾民,则君尊而民安。"⑥贤君治国,"薄于身而厚于民,约于身而广于世","其取财也,权有无,均贫富,不以养嗜欲"⑦;"其行爱民,其取下节,其自养俭","刻上而饶下,赦过而救穷","不从欲以劳民","上无朽蠹之藏,下无冻馁之民"。⑧

晏子主张君主必须"爱民""乐民",然而事实上,他所侍奉的景公养尊处优、享乐成性,好酒好色、"骄泰奢侈",而且不知百姓冷暖,想不到百姓安危,轻罪重罚,滥杀无辜。对此,《晏子春秋》有许多记载。"景公饮酒,酲,三日而后发。"⑨"景公饮酒,七日七夜不止。"⑩"梁丘据扃入歌人虞……以新乐淫君","景公夜听新乐而不朝"。⑪"景公筑路寝之台,三年未息;又为长庲之役,二年未息;又为邹之长涂。"⑫雪下了三日,百姓大寒。景公在宫殿

---

① 《晏子春秋·内篇问下》之十一。
② 《晏子春秋·内篇问下》之五。
③ 均见《晏子春秋·内篇问上》之一。
④ 均见《晏子春秋·内篇问上》之三。
⑤ 《晏子春秋·内篇问下》之二十二。
⑥ 《晏子春秋·内篇问上》之十四。
⑦ 均见《晏子春秋·内篇问上》之十一。
⑧ 均见《晏子春秋·内篇问上》之十七。
⑨ 《晏子春秋·内篇谏上》之三。
⑩ 《晏子春秋·内篇谏上》之四。
⑪ 《晏子春秋·内篇谏上》之六。
⑫ 《晏子春秋·内篇谏下》之七。

内穿着狐毛大衣,却感叹"怪哉,雨雪三日而天不寒"①。"大宫室,美台榭,以辟饥渴寒暑。"②"穷民财力,以羡馁食之具,繁钟鼓之乐,极宫室之观。"③"为巨冠长衣以听朝,疾视矜立,日晏不罢。"④"为履,黄金之綦,饰以银,连以珠,良玉之絇,其长尺,冰月服之,以听朝。"⑤"君之玩物,衣以文绣;君之凫雁,食以菽粟;君之营内自乐,延及后宫之族",但却不能惠及天下饥民⑥。"景公之时,霖雨十有七日。公饮酒,日夜相继。晏子请发粟于民,三请,不见许。公命柏遽巡国,致能歌者。"⑦"景公藉重而狱多,拘者满圄,怨者满朝。"⑧"景公信用谗佞,赏无功,罚不辜。"⑨甚至因为喜欢槐树,下令"犯槐者刑,伤槐者死"⑩。如此等等。对此,晏子从民本的思想和爱民的情怀出发,屡屡加以谏阻。

景公筑高台,台成后又欲铸钟。晏子谏曰:"君不胜欲,既筑台矣,今复为钟,是重敛于民,民必哀矣。夫敛民之哀,而以为乐,不祥,非所以君国者。"⑪

景公请晏子饮酒,器具每次都换新的,费用不够就加重赋敛。晏子谏曰:"夫乐者,上下同之。故天子与天下,诸侯与境内,大夫以下各与其僚,无有独乐。今上乐其乐,下伤其费,是独乐者也,不可!"⑫

景公的宠物狗死了,令用棺材下葬,并举行祭礼,认为这是小事一桩。晏子谏曰:"孤老冻馁,而死狗有祭;鳏寡不恤,死狗有棺。行辟若此,百姓闻之,必怨吾君,诸侯闻之,必轻吾国。怨聚于百姓,而权轻于诸侯,而乃以为细物,君其图之。"⑬

晏子对景公的规谏,为了恪守君臣之礼,一般是机智委婉的,体现了一位智者的形象,收到了很好的效果。如:

景公好弋,使烛邹主鸟而亡之。公怒,诏吏杀之。晏子曰:"烛邹有

---

① 《晏子春秋·内篇谏上》之二十。
② 《晏子春秋·内篇问下》之十五。
③ 《晏子春秋·内篇谏下》之二。
④ 《晏子春秋·内篇谏下》之十六。
⑤ 《晏子春秋·内篇谏下》之十三
⑥ 《晏子春秋·外篇第七》之八。
⑦ 《晏子春秋·内篇谏上》之五。
⑧ 《晏子春秋·内篇谏下》之一。
⑨ 《晏子春秋·内篇谏上》之八。
⑩ 《晏子春秋·内篇谏下》之二。
⑪ 《晏子春秋·内篇谏下》之十一。
⑫ 《晏子春秋·内篇杂上》之十四。
⑬ 《晏子春秋·内篇谏下》之二十三。

罪三,请数之以其罪而杀之。"公曰:"可"。于是召而数之公前,曰:"烛邹!汝为吾君主鸟而亡之,是罪一也;使吾君以鸟之故杀人,是罪二也;使诸侯闻之,以吾君重鸟以轻士,是罪三也。"数烛邹罪已毕,请杀之。公曰:"勿杀!寡人闻命矣。"①

景公树竹,令吏谨守之。公出,过之,有斩竹者焉,公以车逐,得而拘之,将加罪焉。晏子入见,曰:"君亦闻吾先君丁公乎?"公曰:"何如?"晏子曰:"丁公伐曲沃,胜之,止(不妄动)其财,出其民。公日自莅之,有舆死人以出者,公怪之,令吏视之,则其中金与玉焉。吏请杀其人,收其金玉。公曰:'以兵降城,以众图财,不仁。且吾闻之,人君者,宽惠慈众,不身传诛。'令舍之。"公曰:"善!"晏子退,公令出斩竹之囚。②

景公饮酒,七日七夜不止。弦章谏……晏子入见,公曰:"章谏吾曰:'愿君之废酒也!不然,章赐死。'如是而听之则臣为制也;不听,又爱其死。"晏子曰:"幸矣章遇君也!令章遇桀纣者,章死久矣。"于是公遂废酒。③

景公令兵抟治,当腊冰月之间而寒,民多冻馁,而功不成。公怒曰:"为我杀兵二人。"晏子曰:"诺。"少间,晏子曰:"昔者先君庄公之伐于晋也,其役杀兵四人,今令而杀兵二人,是师杀之半也。"公曰:"诺!是寡人之过也。"令止之。④

晏子是机智善辩的。至今传说的"橘变为枳"的故事就出自晏子之口:"橘生淮南则为橘,生于淮北则为枳,叶徒相似,其实味不同。所以然者何?水土异也。今民生长于齐不盗,入楚则盗,得无楚之水土使民善盗耶?"⑤他把这种机智擅辩运用于对君主的劝谏中,体现了那个时期受人追捧的纵横家的风范。

有时,情况紧急,无法委婉,晏子就给予直接的批评。如:

景公射鸟,野人骇之。公怒,令吏诛之。晏子曰:"野人不知也。臣闻赏无功谓之'乱',罪不知谓之'虐'。两者,先王之禁也。以飞鸟犯先王之禁,不可!今君不明先王之制,而无仁义之心,是以从欲而轻诛。

---

① 《晏子春秋·外篇第七》之十三。另参《晏子春秋·内篇谏上》之二十五之例。
② 《晏子春秋·内篇谏下》之二。
③ 《晏子春秋·内篇谏上》之四。
④ 《晏子春秋·内篇谏下》之四。
⑤ 《晏子春秋·内篇杂下》之十。

夫鸟兽,固人之养也。野人骇之,不亦宜乎!"①

景公与晏子登寝而望国,公愀然而叹曰:"使后嗣世世有此,岂不可哉!"晏子曰:"臣闻明君必务正其治,以事利民,然后子孙享之。……今君处佚怠,逆政害民有日矣,而犹出若言,不亦甚乎!"②

又如:"民氓饥寒冻馁,死胔相望,而君不问,失君道矣。"③"今君税敛重,故民心离;市买悖,故商旅绝;玩好充,故家货殚。积邪在于上,蓄怨藏于民,嗜欲备于侧,毁非满于国,而公不图。"④"今君疏远贤人,而任谗谀;使民若不胜,藉敛若不得;厚取于民,而薄其施,多求于诸侯,而轻其礼;府藏朽蠹,而礼悖于诸侯,菽粟藏深,而怨积于百姓;君臣交恶,而政刑无常;臣恐国之危失,而公不得享也。"⑤最尖锐的,莫如晏子批评景公"临民若寇仇":"今君临民若寇雠,见善若避热,乱政而危贤,必逆于众,肆欲于民,而诛虐于下,恐及于身。"⑥"淫于耳目,不当民务……贤良废灭,孤寡不振,而听嬖妾以禄御夫以蓄怨,与民为雠之道也。"⑦"今君穷台榭之高,极污池之深而不止,务于刻镂之巧、文章之观而不厌,则亦与民而雠矣。若臣之虑,恐国之危,而公不平也。公乃愿致诸侯,不亦难乎!公之言过矣。"⑧君主穷奢极欲,离散其民,待民如寇仇,臣民待君亦"如寇仇"⑨。值得交代的是,对于晏子或委婉、或直接、或尖锐的讽谏意见,景公基本上都能接受,及时改过。景公统治齐国五十八年,与能够接受晏子提出的民本思想、爱民之道密切相关。晏子曾见过鲁昭公,被昭公评为"仁人"⑩。

晏子主张执政为民,但又反对讨好、迎合民众身上的劣根性。《晏子春秋》记录了这样一件事。"景公使晏子为东阿宰,三年,毁闻于国。景公不说,召而免之。晏子谢曰:'婴知婴之过矣,请复治阿,三年而誉必闻于国。'景公不忍,复使治阿,三年而誉闻于国。景公说,召而赏之。景公问其故。对曰:'昔者婴之治阿也,筑蹊径,急门闾之政,而淫民恶之;举俭力孝弟,罚

---

① 《晏子春秋·内篇谏上》之二十四。
② 《晏子春秋·内篇谏下》之十九。
③ 《晏子春秋·内篇谏上》之十九。
④ 《晏子春秋·内篇问上》之十一。
⑤ 《晏子春秋·内篇问上》之七。
⑥ 《晏子春秋·内篇谏上》之十六。
⑦ 《晏子春秋·内篇谏上》之九。
⑧ 《晏子春秋·内篇谏下》之十四。
⑨ 《晏子春秋·内篇问上》之二十五。
⑩ 《晏子春秋·内篇问下》之十二。

偷窳，而惰民恶之；决狱不避，贵强恶之；左右所求，法则予，非法则否，而左右恶之；事贵人体不过礼，而贵人恶之。是以三邪毁乎外，二逸毁于内，三年而毁闻乎君也。今臣谨更之，不筑蹊径，而缓门闾之政，而淫民说；不举俭力孝弟，不罚偷窳，而惰民说；决狱阿贵强，而贵强说；左右所求言诺，而左右说；事贵人体过礼，而贵人说。是以三邪誉乎外，二逸誉乎内，三年而誉闻于君也。昔者婴之所以当诛者宜赏，今所以当赏者宜诛，是故不敢受。'景公知晏子贤，乃任以国政，三年，而齐大兴。"①这说明，民意的表达并不都是正确合理的，有时恰恰相反。人民群众目光短浅，唯惠是怀，唯利是图，具有劣根性，这是周人的普遍看法。晏子充分认识到这一点，因而主张执政者要承担"教民"的责任："明其教令，而先之以行义；养民不苟，而防之以刑辟；所求于下者，不务于上；所禁于民者，不行于身。守于民财，无亏之以利；立于仪法，不犯之以邪。苟所求于民，不以身害之，故下之劝从其教也。称事以任民，中听（听讼、判案）以禁邪，不穷之以劳，不害之以实，苟所禁于民，不以事逆之，故下不敢犯其上也。古者百里而异习，千里而殊俗，故明王修道，一民同俗，上爱民为法，下相亲为义，是以天下不相遗。此明王教民之理也。"②

在执政者教化民众的过程中，"礼"扮演着重要的角色。因此晏子反复强调"礼教"。他认为"礼"是人与动物、君子与庶人的根本区别。"凡人之所以贵于禽兽者，以有礼也。"③"君子无礼，是庶人也；庶人无礼，是禽兽也。"④"礼"也是治理国家、教人做人的根本法则。"夫礼者，民之纪。纪乱则民失。乱纪失民，危道也。"⑤"礼者所以御民也，辔者所以御马也。无礼而能治国家者，婴未之闻也。"⑥"礼"教法则渗透在君臣、父子、夫妇、兄弟、姑妇五伦之间。"礼之可以为国也久矣，与天地并立。君令臣忠，父慈子孝，兄爱弟敬，夫和妻柔，姑慈妇听，礼之经也。君令而不违，臣忠而不二，父慈而教，子孝而箴，兄爱而友，弟敬而顺，夫和而义，妻柔而贞，姑慈而从，妇听而婉，礼之质也。"⑦恪守礼教法则要从上做起，上行下效。"上若无礼，无以使其下；下若无礼，无以事其上。………人君无礼，无以临其邦；大夫无礼，官吏不恭；父子无礼，其家必凶；兄弟无礼，不能久同。""君若无礼，则好礼者去，无礼者

---

① 《晏子春秋·内篇杂上》之四。关于此事的记载另见《晏子春秋·外篇第七》之二十。
② 《晏子春秋·内篇问上》之十八。
③ 《晏子春秋·内篇谏上》之二。
④ 《晏子春秋·内篇谏下》之二十五。
⑤ 《晏子春秋·内篇谏下》之十二。
⑥ 《晏子春秋·内篇谏下》之二十五。
⑦ 《晏子春秋·外篇第七》之十五。

至;君若好礼,则有礼者至,无礼者去。"①晏子不仅告诫景公守礼,本人也是礼的身体力行者。对于景公让他这样一位"社稷之臣"、朝廷重臣"进暖食""进服裘"的使唤,晏子以不合礼为由,明确拒绝接受②。

4. 反对奢侈,崇尚节俭,严以自律

社会创造的财富是有限的。君主享用多了,百姓享用就少了。民本学说从保障民众的基本生活出发,主张君主爱民、利民、乐民,克制自己的享受,所以节俭成为晏子对君主生活方式的自然要求。晏子指出:"厚敛则民散。""节俭,众民之术也。"③崇尚节俭,必然反对奢侈。这是一种主张的两种表现。《晏子春秋》中记载了许多这样的故事。景公命人将路寝之台造得高大无比,自己攀登时很累,很难登上顶,于是发火说:"孰为高台,病人之甚也?"晏子说:这是您"使人高之",不要怪罪造台人。"古者之为宫室也,足以便生,不以为奢侈也,故节于身,调于民。及夏之衰也,其王桀背弃德行,为璇室玉门。殷之衰也,其王纣作为顷宫灵台,卑狭者有罪,高大者有赏,是以身及焉。今君高亦有罪,卑亦有罪,甚于夏殷之王。民力殚乏矣,而不免于罪,婴恐国之流失,而公不得享也!"④又有一次,景公打算用"服圣王之服,居圣王之室"的方式使诸侯朝服。晏子谏曰:"法其节俭则可,法其服,居其室,无益也。三王不同服而王,非以服致诸侯也。诚于爱民,果于行善,天下怀其德而归其义。若其衣服,节俭而众说也。夫冠足以修敬,不务其饰;衣足以掩形御寒,不务其美。……且古者尝有袄衣挛领而王天下者。其义好生而恶杀,节上而羡下,天下不朝其服,而共归其义。古者尝有处橧巢窟穴而不恶,予而不取,天下不朝其室,而共归其仁。及三代作服,为益敬也。首服足以修敬,而不重也;身服足以行洁,而不害于动作。服之轻重便于身,用财之费顺于民。……是故明堂之制,下之润湿,不能及也;上之寒暑,不能入也。土事不文,木事不镂,示民知节也。及其衰也,衣服之侈过足以敬,宫室之美过避润湿。用力甚多,用财甚费,与民为雠。今君欲法圣王之服,不法其制。法其节俭也,则虽未成治,庶其有益也。"⑤反对奢侈、崇尚节俭的实质是主张财富的拥有者分利于民。据此晏子重新解释了"啬""吝""爱"的含义,指出"啬"是分利于民的节俭美德,"吝""爱"是守财奴式的"小人之行":"称财

---

① 《晏子春秋·外篇第七》之一。
② 《晏子春秋·内篇杂上》之十三。
③ 《晏子春秋·内篇问下》之十四。
④ 《晏子春秋·内篇谏下》之十八。
⑤ 《晏子春秋·内篇谏下》之十四。

多寡而节用之,富无金藏,贫不假贷,谓之啬;积多不能分人,而厚自养,谓之吝;不能分人,又不能自养,谓之爱。故夫啬者,君子之道;吝爱者,小人之行也。"①

晏子要求景公节俭,自己也践行节俭的生活原则。他不是嘴上讲一套、行动上另一套的伪君子,而是提倡的俭以待己、厚以待人的"啬者"、典范。晏子是三朝重臣,景公时位居相国之尊,但他的衣食住行却极其俭朴,以至于左右大臣都看不下去,景公也十分心疼。大臣向景公呼吁改善晏子的生活,景公多次赏赐财物甚至食邑,但都被他谢绝:

> 晏子相齐,三年,政平民说。梁丘据见晏子中食,而肉不足,以告景公。旦日,割地将封晏子,晏子辞不受。曰:"富而不骄者,未尝闻之。贫而不恨者,婴是也。所以贫而不恨者,以善为师也。今封,易婴之师。师已轻,封已重矣,请辞。"②

> 晏子方食,景公使使者至。分食食之,使者不饱,晏子亦不饱。使者反,言之公。公曰:"嘻!晏子之家,若是其贫也。寡人不知,寡人之过也。"使吏致千金与市租,请以奉宾客。晏子辞,三致之,终再拜而辞曰:"……夫厚取之君,而施之民,是臣代君君民也,忠臣不为也。厚取之君,而不施于民,是为筐箧之藏也,仁人不为也。进取于君,退得罪于士,身死而财迁于它人,是为宰藏也,智者不为也。夫十总之布(粗布),一豆之食,足于中、免(晚,晚年)矣。"③

> 晏子相景公,食脱粟之食(去皮的粗粮),炙三弋(飞禽)、五卵(禽蛋,一作卯,指盐)④、苔菜耳矣。公闻之,往燕焉,睹晏子之食也。公曰:"嘻!夫子之家如此其贫乎!而寡人不知,寡人之罪也。"晏子对曰:"以世之不足也,免粟之食饱,士之一乞也;炙三弋,士之二乞也;五卵,士之三乞也。婴无倍人之行,而有参(三)士之食,君之赐厚矣!婴之家不贫。"再拜而谢。⑤

> 晏子相景公,布衣鹿裘以朝。公曰:"夫子之家,若此其贫也,是奚衣之恶也!寡人不知,是寡人之罪也。"晏子对曰:"……婴不肖,婴之族

---

① 《晏子春秋·内篇问下》之二十三。
② 《晏子春秋·内篇杂下》之十七。
③ 《晏子春秋·内篇杂下》之十八。
④ 李新城、陈婷婷《晏子春秋译注》(上海三联书店 2014 年版)及陈涛、刘桂枝《晏子春秋》白话翻译(北京广播学院出版社 1992 年版)作卵;李万寿《晏子春秋全译》(贵州人民出版社 1995 年版)作卯。以前者为合理。
⑤ 《晏子春秋·内篇杂下》之二十六。

又不如婴也,待婴以祀其先人者五百家,婴又得布衣鹿裘而朝,于婴不有饰乎!"再拜而辞。①

公赐晏子狐之白裘,元豹之茈,其贵千金,使梁丘据致之。晏子辞而不受,三反。②

晏子朝,乘弊车,驾驽马。景公见之曰:"嘻!夫子之禄寡耶?何乘不任之甚也?"晏子对曰:"赖君之赐,得以寿三族,及国游士皆得生焉。臣得暖衣饱食,弊车驽马,以奉其身,于臣足矣。"晏子出,公使梁丘据遗之辂车乘马,三返不受。③

景公赐晏子邑,晏子辞。田桓子谓晏子曰:"君欢然与子邑,必不受以恨君,何也?"晏子对曰:"婴闻之,节受于上者,宠长于君;俭居处者,名广于外。夫长宠广名,君子之事也。婴独庸能已乎?"④

景公屡屡赏赐而晏子屡屡不受,使得景公不得不拿出先辈管仲接受桓公厚赏的例子来激将、说服他,但晏子仍然坚辞。他说:管仲有许多优点,但也有个缺点,即对财物看得太重。正是在这点上,他不能向管仲学习:"圣人千虑,必有一失;愚人千虑,必有一得。意者管仲之失,而婴之得者耶?"⑤"管子有一美,婴不如也;有一恶,婴不忍为也。"⑥

儒家从爱民利民出发也讲节俭,但并不赞成像晏子这样位居卿相而粗茶淡饭、粗衣驽马对待自己,因为这有违礼仪文饰的要求和规范。正是在这点上,晏子的节俭主张成为墨家思想的先驱。

晏子所以如此尽忠自律,与他关于君子修养的思想密切相关。《晏子春秋》虽然大部分谈的是政治学说、外王之道,但在古人看来,外王本之内圣,个人的"行道"修养是根本,至关重要。"古之能行道者,世可以正则正,不可以正则曲。其正也,不失上下之伦;其曲也,不失仁义之理。道用,与世乐业;不用,有所依归。"⑦他处理与君主关系的"顺则进,否则退"的原则,正是这种修身之道、君子之道的实践和应用。如何进行君子修养呢?晏子指出:"君子之大义,和调而不缘,溪盎(明察)而不苛,庄敬而不狡,和柔而不铨(卑曲),刻廉而不刿,行精而不以明污,齐尚而不以遗罢

---

① 《晏子春秋·外篇第七》之二十六。
② 《晏子春秋·外篇第七》之二十五。
③ 《晏子春秋·内篇杂下》之二十五。
④ 《晏子春秋·内篇杂下》之二十。
⑤ 《晏子春秋·内篇杂下》之十八。
⑥ 《晏子春秋·内篇谏上》之十二。另参《外篇第七》之二十四。
⑦ 《晏子春秋·内篇问下》之二十五。

（疲，无能），富贵不傲物，贫穷不易行，尊贤而不退不肖。此君子之大义也。"①

晏子的道德自律，不仅突出体现在对待财富方面，也突出体现在对待女色方面。他位居卿相，力戒"见色忘义"，一直与老妻相伴：

> 田无宇见晏子独立于闺内，有妇人出于室者，发班白，衣缁布之衣而无里裘。田无宇讥之曰："出于室为何者也？"晏子曰："婴之家也。"无宇曰："位为中卿，田七十万，何以老为妻？"对曰："婴闻之，去老者，谓之乱；纳少者，谓之淫。且夫见色而忘义，处富贵而失伦，谓之逆道。婴可以有淫乱之行、不顾于伦、逆古之道乎？"②

晏子之妻又丑又老，连景公都看不下去了，一次到晏子家喝酒，主动提出把自己的爱女下嫁给他，但晏子再拜以辞，坚决婉谢：

> 景公有爱女，请嫁于晏子，公乃往燕晏子之家。饮酒，酣，公见其妻曰："此子之内子耶？"晏子对曰："然，是也。"公曰："嘻！亦老且恶矣。寡人有女少且姣，请以满夫子之宫。"晏子违席而对曰："乃此则老且恶，婴与之居故（久）矣，故（过去）及其少且姣也。且人固以壮托（寓舍）乎老，姣托乎恶。彼尝托，而婴受之矣。君虽有赐，可以使婴倍（背）其托乎？"再拜而辞。③

大概是听说晏妻年老色衰，民间一女子主动托身于晏子。晏子不但没有接受，反而由此反思自己是不是在这方面做得不够检点：

> 有工女（工匠之女）托于晏子之家焉者，曰："婢妾，东廓之野之也。愿得入身，比数于下陈焉。"晏子曰："乃今日而后自知吾不肖也！古之为政者，士农工商异居，男女有别而不通，故士无邪行，女无淫事。今仆托国主民，而女欲奔仆，仆必色见而行无廉也。"遂不见。④

---

① 《晏子春秋·内篇问下》之二十四。
② 《晏子春秋·外篇第八》之十。
③ 《晏子春秋·内篇杂下》之二十四。
④ 《晏子春秋·外篇第八》之十一。

晏子的道德修养，令他的政敌梁丘据也"自愧不及"："吾至死不及夫子矣！"①孔子比晏子小二十多岁，曾与晏子有过交集。起初听说"晏子事三君而顺焉"，"疑其为人"，到齐国时"见景公而不见晏子。"②后来了解到晏子"以一心事百君者也"③，便认为晏子可为"吾师"，通过宰我向晏子致歉，最后会见了晏子，向他讨教④。晏子以忠心事君，经常向君主提出批评意见，孔子说："君子之非，贤于小人之是也。其晏子之谓欤！"⑤并肯定："古之善为人臣者，声名归之君，祸灾归之身。入则切磋其君之不善，出则高誉其君之德义。是以虽事惰君，能使垂衣裳，朝诸侯，不敢伐其功。当此道者，其晏子是耶！"⑥"晏子能明其所欲，景公能行其所善也。"⑦相传晏子使鲁，仲尼命弟子往观，向晏子学习过君臣之礼⑧。可见，孔子的思想，明显受到过晏子的影响。孔子的"和而不同"说、"天下有道则见，无道则隐"说乃至礼教学说等等，都可以从晏子的论述中找到源头。晏子不仅影响了孔子，也影响过墨子。墨子曾经评价过晏子："晏子知道。"这个道，既指"为人"、利他之道⑨，也指进退之道⑩。墨子兼爱思想的形成，晏子的"为人"之道看来是一大来源。

三、《尸子》：儒主道辅、名法相融

尸子，先秦典籍中未见记录。直到司马迁《史记·孟子荀卿列传》才见记载："楚有尸子。"从后来的注解或记述来看，尸子名佼，战国中期人，曾为商鞅谋士。关于其国别，《史记·孟子荀卿列传》称其为楚人，刘向《别录》、司马贞《史记索隐》称其为晋人，《汉书·艺文志》称其为鲁人。留下一部《尸子》。《史记·孟子荀卿列传》说："世多有其（指尸子）书，故不论。"可见《尸子》一书在汉初广为流传，是当时很常见的。关于《尸子》的思想倾向，《汉书·艺文志》著录为杂家，其后各家著录或在杂家，或在法家。《汉书·艺文

---

① 《晏子春秋·内篇杂下》之二十七。
② 《晏子春秋·外篇第八》之四。
③ 《晏子春秋·内篇问下》之二十九。
④ 《晏子春秋·外篇第八》之四。
⑤ 《晏子春秋·内篇谏下》之二十一。
⑥ 《晏子春秋·内篇谏下》之五。
⑦ 《晏子春秋·内篇谏上》之二十。
⑧ 《晏子春秋·内篇杂上》之二十一。
⑨ 《晏子春秋·内篇问上》之五。
⑩ 《晏子春秋·内篇杂上》之五。

志》班固自注：尸子，"名佼，鲁人，秦相商君师之。鞅死，佼逃入蜀"。裴骃《史记集解》引刘向《别录》云：尸佼，"秦相卫鞅客也。卫鞅商君谋事画计，立法理民，未尝不与佼规之也。商君被刑，佼恐并诛，乃亡逃入蜀。"此或为其被视为法家所本。然今本《尸子》所录，思想涉及儒、道、法、名诸家，视为杂家著作更为合适。诚如吕思勉先生《经子解题》所云："据今所辑存者，十之七八皆儒家言……此书盖亦如《吕览》，兼总各家而偏于儒……实足以通儒、道、名、法四家之邮。"

关于《尸子》一书的篇幅，刘向《别录》《汉书·艺文志》记为二十篇，《隋书·经籍志》《旧唐书·经籍志》《新唐书·艺文志》作二十卷。裴骃《史记集解》引刘向《别录》云：尸佼"自为造此二十篇书，凡六万余言"。但原书自宋以后佚失。元、明、清陆续出现了不少辑佚本①。清代先有惠栋刻《尸子辑本》三卷，又有任兆麟刻《校订尸子》三篇，继有孙星衍刻《尸子集本》二卷。至嘉庆十六年（1811），汪继培据三人辑佚本重加厘定，成《尸子校正》二卷。其书以唐代《群书治要》所载《尸子》十三篇为上卷，以散见各书之文字为下卷，另集各辑本所违错及误收文字为《存疑》，附于书后。去除《存疑》，约一万余言。吕思勉《经子解题》称之为《尸子》的"最善之本"。汪氏原刻收入《湖海楼丛书》，光绪三年浙江书局据以刻为《二十二子》。今世治《尸子》者，均用汪本②。

《尸子》一书自清代以来，学者多视为伪书。然吕思勉先生《经子解题》称今本《尸子》，"其文极朴茂……今虽阙佚已甚，然单词碎义，足以取证经子者，实属指不胜屈……此外典制故实，足资考证者尚多。"要之，《尸子》一书虽系后人辑佚，然所辑多为先秦史料，《尸子》"作为先秦古籍"③，置于战国时期杂家中评述，大概是最为合适的。

春秋战国时期的诸子学说都是为诸侯称霸天下谋划的政治学说。今本《尸子》上卷各篇都是围绕着如何称霸天下这一中心问题展开论述的。在这一问题上，《尸子》体现了以儒家仁政学说为主、以道家无为学说为辅，融合名家审名分、正是非与法家案法而治、贵势行政思想的杂家特色。下卷则论及宇宙观、神灵观及人神关系，体现了这个时期重人轻神的普遍认识。而所重的人事主要指人的道德修为，特别是君主的爱民情怀和仁义之道，据此描述了仁君圣王的理想典范三皇五帝造福于民的种种事迹，从而呼应了上卷以儒家思想为主的基调。

---

① 详见魏代富：《尸子疏证》"整理说明"，凤凰出版社2018年版，第4—5页。
② 如李守奎：《尸子译注》，黑龙江人民出版社2003年版；朱海雷：《尸子译注》，上海古籍出版社2006年版；魏代富：《尸子疏证》，凤凰出版社2018年版。
③ 魏代富：《尸子疏证》"整理说明"，凤凰出版社2018年版，第9页。

1. 宇宙观、神灵观与人神关系

人所生活的世界是一个时空的组合体。这个时空叫什么呢？尸佼指出："四方上下曰宇，往古来今曰宙。"①这是关于"宇宙"含义的最早揭示。

在这个宇宙中，既生活着人，也存在着神。而"神"又有"天神""地神""人神"之分，分别有不同的称谓。"天神曰灵，地神曰祇，人神曰鬼。"②"人神"为什么叫"鬼"呢？因为人来到世界，不过是在天地之间的短暂寄存，死亡是对生命来处的回归，所以死人叫"归人"，人死后的神灵叫"鬼"。"人生也，亦少矣；而岁往之，亦速矣。""人生于天地之间，寄也。寄者，固归也。""鬼者，归也，故古者谓死人为归人。"③

既然神灵是存在的，冥冥之中会左右着人的祸福，所以古来存在着祭神之礼。"先王之祠礼也，天子祭四极，诸侯祭山川，大夫祭五祀，士祭其亲也。"④

神灵虽然具有左右人间祸福吉凶的作用，但到了周代，人们普遍认识到这种作用不那么大了，主宰人间祸福吉凶的主要因素不是神灵，而是人事。如果只是在祭神方面用力，放弃人事努力，那么最终只能遭殃。"莒君好鬼巫而国亡"⑤，就是典型的例子和教训。所以尸佼借舜之口强调："从道必吉，反道必凶，如影如响。"⑥

"日神"是天神的代表。作为为战国时期诸侯称霸天下出谋划策的政治学说，《尸子》告诉人君要从"日神"那里吸取"君德"，光辉灿烂，五色无主，普照四海，泽及万民，称王天下。"日五色，至阳之精，象君德也。五色照耀，君乘土而王。"⑦《太平御览》卷三引《礼统》："日者，实也。形体光实，人君之象。"所谓"五色"，指"五行之色不主于一也"。⑧《晋书·天文志》："日为太阳之精，主生养恩德，人君之象也。……人君吉昌，百姓安宁。"

"日神"是"君德"的化身。《尸子》中论及的"神"亦然，常指生而不有、为而不恃，造福于民而莫显其迹的至仁境界，属于"人道"的一部分。"分天下

---

① 《尸子》卷下。清汪继培辑，魏代富疏证：《尸子疏证》，凤凰出版社 2018 年版。下同。
② 《尸子》卷下。
③ 均见《尸子》卷下。
④ 《尸子》卷下。
⑤ 《尸子》卷下。
⑥ 《尸子》卷下。
⑦ 《尸子》卷下。
⑧ 《太平御览》卷八百七十二引《礼斗威仪》："君乘土而王，其政太平，则日五色无主。"宋衷释云："五行之色不主于一也。"

以生为'神'。修先王之术,除祸难之本,使天下丈夫耕而食,妇人织而衣,皆得戴其首,父子相保。此其分万物以生,益天下以财,不可胜计也。"能够创造这种境界的就是"神人":"天地之道,莫见其所以长物而物长,莫见其所以亡物而物亡。圣人之道亦然。其兴福也,人莫之见而福兴矣;其除祸也,人莫之知而祸除矣,故曰'神人'。"所以说:"圣人治于神,愚人争于明。""治于神者,其事少而功多。""神也者,万物之始,万物之纪也。"①

周人的宇宙观、神灵观往往是与五行学说联系在一起的。而这种天人感应的五行学说最后也归结到人间的道德努力上来。尸佼指出:"春为忠。东方为春。春,动也。是故鸟兽盈宁,草木华生,万物咸遂,忠之至也。""夏为乐。南方为夏。夏,兴也;南,任也。是故万物莫不兴,蕃殖充盈,乐之至也。""秋为礼。西方为秋。秋,肃也。万物莫不肃静,礼之至也。""冬为信。北方为冬。冬,终也;北,伏方也。是故万物至冬皆伏,贵贱若一,美恶不减,信之至也。"②于是春、夏、秋、冬分别成为忠、乐、礼、信的象征。人君尽人事,必须遵四时的道德要求去努力。

这种对于君主称王天下远鬼神、尽人力的道德要求,集中体现在对儒家治国理念的强调上。

2. 儒家的治国理念：仁义、修身、用贤

吕思勉《经子解题》曾指出:今本《尸子》所辑存者,"十之七八皆儒家言"。实际情况确实是这样。《尸子》所论,乃霸王之术。即便在靠武力说话的战国时代,尸佼仍然认为,以仁义为本的儒家学说是赢得民心、称王天下的主要学说。《尸子》从多方面论述了称王天下的儒家学说。

关于治天下的基本理念,《尸子》提出仁、义、忠、信"四仪"说。"行有四仪:一曰志动不忘仁,二曰智用不忘义,三曰力事不忘忠,四曰口言不忘信。""志不忘仁,则中能宽裕;智不忘义,则行有文理;力不忘忠,则动无废功;口不忘信,则言若符节。""慎守四仪,以终其身,名功之从之也,犹形之有影,声之有响也。""若中宽裕而行文理,动有功而言可信也,虽古之有厚功大名、见于四海之外、知于万世之后者,其行身也,无以加于此矣。"③其中,强调得最多的是"仁"与"义"。

---

① 均见《尸子·贵言》。
② 均见《尸子》卷下。
③ 均见《尸子》卷上《四仪》。清汪继培辑,魏代富疏证:《尸子疏证》,凤凰出版社2018年版。下同。又,凡注明篇名者,均出自卷上。

关于"仁",尸佼指出:"仁"是天下最高的善。"天下之善者,惟仁也。"①"仁"这个名分指"爱"。"爱得其分曰仁。"②"仁"之爱指对天下的爱。"爱天下莫甚焉。"③对天下的爱体现为分利于民。"益天下以财为仁。"④"夫爱民,且利之也。爱而不利,则非慈母之德也。"⑤在这个意义上,"仁"与施财于人的"义"相通。"施得分曰义。"⑥"仁"不仅包括"义",而且包括"德"与"礼":"德者,天地万物得也;义者,天地万物宜也;礼者,天地万物体也。使天地万物皆得其宜、当其体者,谓之大仁。"⑦君主为什么必须对百姓施行仁爱呢?因为君与民的关系是鱼与水的关系:"鱼失水则死,水失鱼犹为水也。""仁则人亲之。"反之,"天子忘民则灭,诸侯忘民则亡"。所以,君主必须"兼爱百姓,务利天下"⑧。这种仁爱,是一种推己及人的博爱。"己所不欲,毋加诸人。恶诸人,则去诸己;欲诸人,则求诸己。此恕也。"⑨"天雨雪,楚庄王披裘当户曰:'我犹寒,彼百姓宾客甚矣。'乃遣使巡国中,求百姓宾客之无居宿、绝粮者赈之,国人大悦。"⑩这种博爱的特点,是"无私""贵公"。"无私,百智之宗也。"⑪"夫私心,井中也;公心,丘上也。故智载于私,则所知少;载于公,则所知多矣。"⑫"圣人于大私之中也为无私。""尧养无告,禹爱辜人,汤武及禽兽,此先王之所以安危而怀远也。""汤不私其身而私万方。""文王不私其亲而私万国。"⑬舜主张"事天""任地""务人"⑭,意即学习天地的"无私",厚德养民。"天无私于物,地无私于物,袭此行者,谓之天子。"⑮《广泽》篇指出:"论贵贱、辨是非者,必且自公心言之,自公心听之,而后可知也。""天、帝、皇、后、辟、公、弘、廓、宏、溥、介、纯、夏、帔、冢、晊、昄……十有余名而实一也","皆大也",即大爱、"广泽"⑯。历史上为人称颂的圣王贤臣都是

---

① 《尸子·仁意》。
② 均见《尸子·分》。
③ 《尸子·仁意》。
④ 《尸子·贵言》。
⑤ 《尸子·发蒙》。
⑥ 《尸子·分》。
⑦ 《尸子·处道》。
⑧ 均见《尸子》卷下。
⑨ 《尸子·恕》。
⑩ 《尸子》卷下。
⑪ 《尸子·治天下》。
⑫ 《尸子·广泽》。
⑬ 均见《尸子·绰子》。
⑭ 《尸子·仁意》。
⑮ 《尸子·治天下》。
⑯ 《尸子·广泽》。

这样爱及天下、造福于民的大仁之人,因而他们可以充当养育人民、为民做主的"父母":"治水潦者,禹也;播五种者,后稷也;听狱折衷者,皋陶也。舜无为也,而天下以为父母,爱天下莫甚焉。天下之善者,惟仁也。"①"尧瘦、舜墨,禹胼不生毛,文王至日昃不暇饮食,故富有天下,贵为天子矣。"②

关于"义",尸佼强调:"义则人尊之。""十万之军无将,军必大乱。夫义,万事之将也。国之所以立者,义也;人之所以生者,亦义也。""众以亏形为辱,君子以亏义为辱。"贵、富、生,"三者人之所重,而不足以易义。""贤者之于义也,必且齐踵矣,此所以服一世也。"③尸佼认为,人心天然地喜欢道义。君主下达的命令只有符合人心的道义追求和判断,才能有效:"一天下者,令于天下则行,禁焉则止。""然则令于天下而行、禁焉而止者,心也。""天子以天下受令于心,心不当则天下祸;诸侯以国受令于心,心不当则国亡。"④不仅天子诸侯下令必须符合道义才能成功,普通百姓所作所为也必须符合道义才能安身立命。"匹夫以身受令于心,心不当则身为戮矣。"⑤因此,必须非义勿视、勿听、勿食、勿服:"目之所美,心以为不义,弗敢视也;口之所甘,心以为不义,弗敢食也;耳之所乐,心以为不义,弗敢听也;身之所安,心以为不义,弗敢服也。"⑥治天下的过程实际上就是去除不义、恪守正义的活动。"农夫之耨,去害苗者也;贤者之治,去害义者也。虑之无益于义而虑之,此心之秽也;道之无益于义而道之,此言之秽也;为之无益于义而为之,此行之秽也。虑中义则智为上,言中义则言为师,事中义则行为法。"⑦

"仁""义"之外,尸佼又强调"忠""信"及"孝"。"忠"针对君主而言。"信"针对朋友而言。"孝"针对父母双亲而言。"亲言其孝,君言其忠,友言其信,天下弗能废也。"反之,"亲曰不孝,君曰不忠,友曰不信,天下弗能兴也。"⑧在"孝"方面,舜、殷高宗之子孝己都是表率。"舜事亲养老,为天下法。""孝己一夕五起,视衣之厚薄,枕之高卑,爱其亲也。"⑨

---

① 《尸子·仁意》。
② 《尸子》卷下。
③ 均见《尸子》卷下。
④ 均见《尸子·贵言》。
⑤ 《尸子·贵言》。
⑥ 《尸子·贵言》。
⑦ 《尸子·恕》。
⑧ 均见《尸子·分》。
⑨ 均见《尸子》卷下。

君主以仁义道德君临天下，这就要求必须先修己德，成为君子，超凡入圣。就是说，外王必先内圣，"修其身以君天下"①。对此，尸佼屡有强调："治己则人治矣。"②"政也者，正人者也。身不正则人不从。""上纲苟直，百目皆开；德行苟直，群物皆正。""圣人正己，而四方治矣。"③"天高明，然后能烛临万物；地广大，然后能载任群体。其本不美，则其枝叶茎心不得美矣。此古今之大径也。是故圣王谨修其身以君天下，则天道至焉，地道稽焉，万物度焉。"④人的最高荣誉是道义德行，而不是爵禄富贵。"夫德义也者，视之弗见，听之弗闻，天地以正，万物以遍，无爵而贵，不禄而尊也。""天子诸侯，人之所以贵也，桀纣处之则贱矣。是故曰爵列非贵也。"⑤"荣辱由中出，敬侮由外生。""人之欲见毛嫱、西施，美其面也。夫黄帝、尧、舜、汤、武美者，非其面也。人之所欲观焉，其行也；欲闻焉，其言也。""名者，响也；行者，影也。是故慎而言，将有和之；慎而行，将有随之。"⑥如何具备道义德行呢？根本途径在于后天的学习、修养。《尸子》开篇为《劝学》，反复强调这个问题："学不倦，所以治己也。""夫茧，舍而不治，则腐蠹而弃；使女工缫之，以为美锦，大君服而朝之。""身者茧也，舍而不治则知行腐蠹；使贤者教之，以为世士，则天下诸侯莫敢不敬。""夫学譬之犹砺也。昆吾之金，而铢父之锡，使干越之工，铸之以为剑而弗加砥砺，则以刺不入，以击不断。磨之以砻砺，加之以黄砥，则其刺也无前，其击也无下。自是观之，砺之与弗砺其相去远矣。今人皆知砺其剑，而弗知砺其身。夫学，身之砺砥也。""土积成岳，则楩柟豫章生焉；水积成川，则吞舟之鱼生焉。夫学之积也，亦有所生也。""未有不因学而鉴道，不假学而光身者也。"后来《荀子》以《劝学》为开篇，与此出于同一机杼。道德修养的根本是克制、去除不合理的邪欲："胸中乱，则择其邪欲而去之，则德正矣。"⑦

君主以治理天下为天命，所以自己修养成圣还不够，还必须承担教化百姓的责任。"教不厌，所以治人也。"⑧"国乱，则择其邪人而去之，则国治矣。""天下非无乱人也，尧舜之贵可教者众也。"⑨要像虞舜那样，"见人有善如己

---

① 《尸子·明堂》。
② 《尸子·处道》。
③ 均见《尸子·神明》。
④ 《尸子·明堂》。
⑤ 均见《尸子·劝学》。
⑥ 均见《尸子》卷下。
⑦ 《尸子·处道》。
⑧ 《尸子·劝学》。
⑨ 《尸子·处道》。

有善,见人有过如己有过"①,通过推行德治教化,在全民中扬善去恶,净化社会风气。

君主在推行仁政德治的过程中,"用贤则多功"②。所以,求贤用贤,成为儒家仁政的必有之义,在战国时期各国竞相争夺人才的时代显得更加迫切。"度于往古,观于先王,非求贤务士而能立功于天下、成名于后世者,未之尝有也。"③"为人君者,以用贤为功。""虑事而当,不若进贤;进贤而当,不若知贤;知贤又能用之,备矣。""国之所以不治者三:不知用贤,此其一也;虽知用贤,求不能得,此其二也;虽得贤,不能尽,此其三也。"④求贤必须坚持不避亲疏的原则:"古者明王之求贤也,不避远近,不论贵贱。"⑤"是故尧举舜于畎亩,汤举伊尹于雍人。内举不避亲,外举不避雠。仁者之于善也,无择也,无恶也,惟善之所在。"⑥金无足赤,人无完人。举贤不能求全责备,必须从大处着眼,抓大放小。"人知用贤之利也,不能得贤,其何故也? 夫买马不论足力,而以黑白为仪,必无走马矣;买玉不论美恶,而以大小为仪,必无良宝矣;举士不论才,而以贵势为仪,则伊尹、管仲不为臣矣。"⑦发现了人才,如何使用? 要礼贤下士,给人才充分的尊重。"夫求士,不遵其道而能致士者,未之尝见也。""夫士不可妄致也,覆巢破卵,则凤皇不至焉;刳胎焚夭,则麒麟不往焉;竭泽漉鱼,则神龙不下焉。夫禽兽之愚而不可妄致也,而况于火食之民乎? 是故曰:待士不敬,举士不信,则善士不往焉。"⑧"故文王之见太公望也,一日五反;桓公之奉管仲也,列城有数。"⑨要根据人才所长,用得其所。"羊不任驾盐车,橡不可为楣栋。""使牛捕鼠,不如猫牲之捷。""君子量才而受(授)爵,量功而受禄。"⑩要给人才足够的信任,放手使用人才。"有医竘者,秦之良医也。为宣王割痤,为惠王治痔,皆愈。张子之背肿,命竘治之,谓竘曰:'背非吾背也,任子制焉。'治之遂愈。竘诚善治疾也,张子委制焉。夫身与国亦犹此也。必有所委制,然后治矣。"⑪用贤不同于用佞,要允许忠臣提出不同意见。商纣王用佞臣王子须就是一个值得借鉴的反面教训。

---

① 《尸子·治天下》。
② 《尸子·治天下》。
③ 《尸子·明堂》。
④ 均见《尸子·发蒙》。
⑤ 《尸子·明堂》。
⑥ 《尸子·仁意》。
⑦ 《尸子》卷下。
⑧ 《尸子·明堂》。
⑨ 《尸子·治天下》。
⑩ 均见《尸子》卷下。
⑪ 《尸子》卷下。

"鲁哀公问孔子曰：'鲁有大忘，徙而忘其妻，有诸？'孔子曰：'此忘之小者也。昔商纣有臣曰王子须，务为谄，使其君乐须臾之乐，而忘终身之忧；弃黎老之言，而用姑息之谋。'"

三皇、五帝、三王，是儒家学说中克制个人享受、为民谋利造福的圣王明君的典范。《尸子》下卷满怀赞美之情，为我们做了浓墨重彩的描述。比如三皇燧人氏、伏羲氏、神农氏："燧人上观辰星、下察五木以为火。""燧人之世，天下多水，故教民以渔。""伏羲始画八卦，列八节而化天下。""虙牺（即伏羲）氏之世，天下多兽，故教民以猎。""神农氏夫负妻戴以治天下。""神农氏治天下，欲雨则雨。五日为行雨，旬为谷雨，旬五日为时雨。正四时之制，万物咸利，故谓之神。"比如五帝中的黄帝、尧、舜、禹。"黄帝取合己者四人，使治四方，不谋而亲，不约而成，大有成功。此之谓四面也。""四夷之民，有贯匈者，有深目者，有长肱者，黄帝之德尝致（招徕、使归附）之。""尧有建善之旌。"①"舜立诽谤之木。""人之言君天下者，瑶台九累，而尧白屋（白茅所盖之屋）；黼衣九种，而尧大布（粗布）；宫中三市（指宫殿极大），而尧鹑居（野处、无常处）；珍馐百种，而尧粝饭菜粥；麒麟青龙（良马），而尧素车玄驹。""舜兼爱百姓，务利天下。其田历山也，荷彼耒耜，耕彼南亩，与四海俱得其力。其渔雷泽也，旱则为耕者凿渎，险则为猎者表（标记）虎。故有光若日月，天下归之若父母。""舜一徙成邑，再徙成都，三徙成国，其致四方之士。尧闻其贤，征之草茅之中。与之语礼，乐而不逆；与之语政，至简而易行；与之语道，广大而不穷。于是妻之以媓，滕之以娥，九子事之，而托天下焉。""舜受天下，颜色不变；尧以天下与舜，颜色不变。知天下无能损益于己也。""舜举三后②，而四死除。何为四死？饥渴、寒暍、勤劳、斗争。""昔者，舜两眸子，是谓重明。作事成法，出言成章。"三王，即夏、商、周三朝的第一位帝王大禹、商汤王、周武王及周文王的合称。关于三王的描述，《尸子》卷下云："古者，龙门未辟，吕梁未凿。河出于孟门之上，大溢逆流，无有丘陵、高阜，灭之，名曰洪水。禹于是疏河决江，十年不窥其家，手不爪，胫不生毛，生偏枯之病，步不相过，人曰禹步。""禹治水，为丧法曰：（若）毁（心衰体弱）必杖（扶拐杖），哀（守孝）必三年，是则水不救也。故使死于陵者葬于陵，死于泽者葬于泽，桐棺三寸，制丧三日。""禹兴利除害，为万民种（布德）也。""汤之德及鸟兽矣。""汤之救旱也，乘素车白马，著布衣，身婴白茅，以身为牲，祷于桑林之野。当此时也，弦歌鼓舞者禁之。""文王四乳，是谓至仁。""武王亲射

---

① 建善之旌，即进善之旌。《史记·孝文本纪》集解："如淳曰：'欲有进善者，立于旌下言之。'"
② 举：举用。三后：《尚书吕刑》指伯夷、禹、稷，《淮南子》指禹、稷、契。

恶来之口,亲斫殷纣之颈。""武王已战之后,三革不累,五刃不砥,牛马放之历山,终身弗乘也。"而夏桀、殷纣,则是帝王中反道失德、骄奢淫逸、自取灭亡的反面典型:"昔夏桀之时,至德灭而不扬,帝道掩而不兴。""桀为璇室、瑶台、象廊、玉床,权天下,虐百姓。""昔者桀纣纵欲长乐,以苦百姓。珍怪远味,必南海之荤、北海之盐、西海之菁、东海之鲸。此其祸天下亦厚矣。"尸佼总结说:"桀放于历山,纣杀于镐宫,无道故也。""有地无道则亡。"① 欲称王天下者,必须以三皇、五帝、三王为效仿的榜样,以夏桀、殷纣为借鉴的对象。

从仁义为政,到修身以德,到求贤用贤,再到效法先王,可见《尸子》的治天下主张,主要是儒家的一套。

3. 道家的政治主张:执一驭万、无为而治

战国时期的诸子学说,体现了对各派学说合理之处的大融合。《尸子》政治主张上以儒家为主,辅以道家、法家、名家学说。它对道家学说的择取,主要体现在执一驭万、化繁为简、无为而治方面。而这与儒家的用贤主张、名家的正名主张是相通的。

首先,王道是简易无为的,君主要防止陷入具体的事务考量中。"明王之道,易行也。"②"执一之道,去智与巧。"③"明君之立也,正其貌,庄其心,虚其视,不躁其听,不淫审分。""明君不用长耳目,不行间谍,不强闻见。"④"书之不盈尺简,南面而立,一言而国治,尧舜复生,弗能更也。"⑤

其次,君主要能够正名分,认清与大臣的不同职责。王道用人,臣道做事;王道无为,臣道有为;王道易简,臣道繁杂;王道守要,臣道驭万。这是春秋战国时期诸子的政治学说凝聚起来的共识。如《申子》说:"君知其道,臣知其事。"《鹖冠子》指出:"君道知人,臣术知事。"《荀子》亦云:"主道知人,臣道知事。"《吕氏春秋》说:"因者,君术也;为者,臣道也。"《管子》说:"有道之君,正其德以莅民,而不言智能聪明。智能聪明者,下之职也;所以用智能聪明者,上之道也。"《慎子》指出:"君臣之道,臣事事而君无事,君逸乐而臣任劳。"明乎此,尸佼亦云:"君人者,苟能正名,愚智尽情,执一以静,令名自正,令事自定,赏罚随名,民莫不敬。""明王之治民也,事少而功立,身逸而国治,

---

① 《尸子》卷下。
② 《尸子·分》。
③ 《尸子·分》。
④ 《尸子·发蒙》。
⑤ 《尸子·分》。

言寡而令行。""事少而功多,守要也;身逸而国治,用贤也;言寡而令行,正名也。"①

再次,君主要充分相信贤臣,赋予贤臣做事的职权,注重发挥贤臣的积极性,借助贤臣的能力和作为,达到己无为而事无不为的结果。"夫用贤使能,不劳而治。"②"夫用贤,身乐而名附,事少而功多,国治而能逸。"③"有虞之君天下也,使天下贡善;殷周之君天下也,使天下贡才。夫至众贤而能用之,此有虞之盛德也。"④"周公之治天下也,酒肉不撤于前,钟鼓不解于悬。听乐而国治,劳无事焉;饮酒而贤举,智无事焉;(臣)自为而民富,仁无事焉。知此道也者,众贤为役,愚智尽情矣。"⑤"明王之道……劳不进一步,听狱不后皋陶;食不损一味,富民不后虞舜;乐不损一日,用兵不后汤武。"⑥"郑简公谓子产曰:'饮酒之不乐,钟鼓之不鸣,寡人之任也;国家之不义,朝廷之不治,与诸侯交之不得志,子之任也。子无人寡人之乐,寡人无人子之朝。'自是以来,子产治郑,城门不闭,国无盗贼,道无饿人。"⑦

《尸子》卷下还说:"厚积不登,高台不处,高室多阳,大室多阴,故皆不居。"这种从道家角度对君主克制享受欲望的告诫,与儒家对君主个人道德修养的要求在方向上是一致的。

4. 名家的政治思想:贵言正名、各得其分

《尸子》政治思想的另一组成部分是名家思想。名家所谓的"名"有广、狭二义。广义的"名"指士人的一切名言学说。它是有价值的,应当得到君主的高度重视。《尸子》提出"贵言"主张,并辟《贵言》篇加以论述。它举了个历史故事说明士人有价值的名言的可贵:"范献子游于河,大夫皆在。君曰:'孰知栾氏之子?'大夫莫答。舟人清涓舍楫而答曰:'君奚问栾氏之子为?'君曰:'自吾亡栾氏也,其老者未死,而少者壮矣,吾是以问之。'清涓曰:'君善修晋国之政,内得大夫而外不失百姓,虽栾氏之子,其若君何?君若不修晋国之政,内不得大夫而外失百姓,则舟中之人皆栾氏之子也。'君曰:'善哉言!'明日朝,令赐舟人清涓田万亩,清涓辞。君曰:'以此田也,易彼言也,子尚丧,寡人犹得也。'古之贵言也若此。"

---

① 均见《尸子·分》。
② 《尸子·分》。
③ 《尸子·治天下》。
④ 《尸子·分》。
⑤ 《尸子·分》。
⑥ 《尸子·分》。
⑦ 《尸子·治天下》。

名家的狭义之名,指名分概念、是非之名。如果名不当实,是非颠倒,就无以治天下。所以,审名分、正名分就成为君主治理天下的重中之重。"若夫名分,圣之所审也。""治天下之要在于正名。正名去伪,事成若化。苟能正名,天成地平。"①"言者,百事之机也。圣王正言于朝,而四方治矣。"②审名分、正名分要义有二。一是以实核名,做到名不离实,名实相符,从而去除一切不实之伪名:"正名去伪,事成若化;以实核名,百事皆成。""正名覆实,不罚而威。达情见素,则是非不蔽;复本原始,则言若符节。"③"(名)过其实,罪也;弗及,愚也。是故情尽而不伪,质素而无巧。故有道之君,其无易听,此名分之所审也。"④符合其实的名就是检验人们行为得失的标准。"陈绳则木之枉者有罪,措准则地之险者有罪,审名分则群臣之不审者有罪。"⑤二是明确君臣、官员的各自分工,各尽其责,各守其分。"天地生万物,圣人裁之。裁物以制分,便事以立官。君臣、父子、上下、长幼、贵贱、亲疏,皆得其分。"⑥"明王之所以与臣下交者少,审名分,群臣莫敢不尽力竭智矣。"⑦"名实判为两,合为一。""审一之经,百事乃成;审一之纪,百事乃理。"⑧

5. 法家的治国主张:贵"势"行政、"案法"奖惩

尸佼据传曾为商鞅之顾问,《尸子》也曾被后世有的人视为法家作品。今本《尸子》缺失了大部分篇幅,留下的法家言论不多。就其所留的片段来看,大抵涉及三个要点。

一是德主刑辅,以仁施刑。政治越清明,刑罚用得越少。"车轻道近,则鞭策不用;鞭策之所用,道远任重也。刑罚者,民之鞭策也。"⑨但是道德教化并不是万能的。当德治教化无法禁止犯罪的时候,就不得不采取刑罚。"为刑者,刑以辅教,服不听也。"所以刑罚与教化的关系是德主刑辅的关系。刑罚的推出和实施是教化无效后不得已而为之的产物,其出发点并不是要处罚当事人。"非乐刑民,不得已也。"而这恰恰是法治的合理性所在:"此其所以善刑也。"⑩

---

① 《尸子·发蒙》。
② 《尸子·分》。
③ 均见《尸子·分》。
④ 《尸子·发蒙》。
⑤ 《尸子·发蒙》。
⑥ 《尸子·分》。
⑦ 《尸子·发蒙》。
⑧ 均见《尸子·发蒙》。
⑨ 《尸子》卷下。
⑩ 《尸子》卷下。

二是依"势"施"仁",借助法家所说的权势、地位推行儒家的仁政措施。"因井中视星,所视不过数星;自丘上以视,则见其始出,又见其入。非明益也,势使然也。"①"目在足下,则不可以视矣。""夫高显尊贵,利天下之径也,非仁者之所以轻也。何以知其然耶?日之能烛远,势高也;使日在井中,则不能烛十步矣。舜之方陶也,不能利其巷下;南面而君天下,蛮夷戎狄皆被其福。"②贵"势",是法家的一贯思想。这里我们看到了法家思想与儒家思想的融合。其中,法家的"势"是为传播、推行儒家的"仁"服务的。

三是循名责实,公正地实施奖惩。"若夫临官治事者,案其法则民敬事。""是非随名实,赏罚随是非。是则有赏,非则有罚,人君之所独断也。""听朝之道,使人有分。有大善者必问孰进之,有大过者必云孰任之,而行赏罚焉,且以观贤不肖也。""是非不得尽见谓之蔽,见而弗能知谓之虚,知而弗能赏谓之纵,三者乱之本也。""明分则不蔽,正名则不虚,赏贤罚暴则不纵,三者治之道也。于群臣之中,贤则贵之,不肖则贱之……忠则爱之,不忠则罪之。贤不肖,治不治,忠不忠,由是观之,犹白黑也。""正名以御之,则尧舜之智必尽矣;明分以示之,则桀纣之暴必止矣。贤者尽,暴者止,则治民之道不可以加矣。"③奖惩虽然根据名实是非,但要做到绝对的公正是不可能的。这就必须遵循"小枉而大直"的原则,"权福则取重,权祸则取轻"④。尸佼此论,更多地体现了法家思想与名家思想的联系。就是说,认清名分,考其名实,辨别是非,是实施法治的依据。同时,法治也是名辩之后必须跟进、配套的保障。如果通过循名责实辨别了是非曲直,而没有奖惩措施跟上,这种考核就失去了意义。

《尸子》中还有一些墨家、农家的言论。"绕梁之鸣,许史鼓之,非不乐也。墨子以为伤义,故不听也。"⑤墨学是"儒家之流"。墨子所以非乐,不是认识不到音乐使人快乐的功能,而是觉得,在广大人民流离失所、食不果腹的时代下,只能给人带来情感快乐的音乐是一种奢侈的事,不能满足人们吃饱穿暖的基本生活欲求。所以墨子的"非乐"出于儒家爱民的同一情怀。"有虞氏身有南亩,妻有桑田;神农并耕而王;所以劝耕也。"⑥农家重农。农业为人民立身之本,亦为国家立国之本,因而历来为儒家所重视。

---

① 《尸子·广泽》。
② 均见《尸子·明堂》。
③ 均见《尸子·发蒙》。
④ 《尸子》卷下。
⑤ 《尸子》卷下。
⑥ 《尸子》卷下。

所以这段古代圣王带头农耕的重农言论,也是可以融入儒家仁政的整体思想中去的。

要之,现存《尸子》一方面显示了融合儒、墨、道、阴阳、名、法、农诸家的杂家特色,另一方面在综合诸家中也体现了儒家仁政德治思想为主的基本取向。

四、《吕氏春秋》:天人相合、祸福人召

《吕氏春秋》是秦国丞相吕不韦集合门客编撰的一部探讨帝王之道的子书。

吕不韦(公元前292—前235年),卫国濮阳(今河南省安阳市滑县)人。战国末年富商。以商人眼光投资、扶植秦国质子异人(亦名子楚)进入秦国政治中心。异人继位为秦庄襄王后,于公元前249年封吕不韦为丞相,封文信侯,食邑河南洛阳十万户,门下有食客3 000人,家僮万人。庄襄王在位三年去世,太子政立为王,"尊不韦为相国,号称仲父"①,权倾天下。为了给秦国统一六国做思想准备,吕不韦汇集门客于公元前239年左右完成《吕氏春秋》。执政时曾攻取周、赵、卫之地,立三川、太原、东郡,对秦王政兼并六国的事业作出重大贡献。后受嫪毐集团叛乱之事牵连,免去相国,出居河南封地。不久,秦王政复命其举家迁蜀,吕不韦饮鸩自尽。

《吕氏春秋》,世称《吕览》。据司马迁《史记》吕不韦本传及《十二诸侯年表》,各部分原排列顺序为八览、六论、十二纪,其序言《序意》附于十二纪之末②。东汉末年高诱作《吕氏春秋注》,所序及所列各部分顺序为十二纪、八览、六论,后成定论。今本《吕氏春秋》就是按照这个顺序排列的。每"纪"中分五个专题论述,共60篇;每"览"中分八个专题论述(《有始览》少一个专题,一般认为是后世传抄中遗失所致),共63篇;每"论"中分六个专题论述,共36篇;另加《序意》一篇,交代十二纪的写作意图,共160篇,20余万字。结构相当宏大,层次非常丰富,在先秦子书中堪称体量庞大的巨著。十二纪按照四季的孟、仲、季月令编序,内容按照春生、夏长、秋杀、冬藏的自然变化逻辑排列,属于应和天时的人事安排。八览、六论属于察览人情、讨论

---
① 高诱:《吕氏春秋序》,《二十二子》,上海古籍出版社1988年版,第625页。
② 详参庞慧:《〈吕氏春秋〉对社会秩序的理解与构建》绪言,中国社会科学出版社2009年版,第4页。

人事之作。《吕氏春秋》分"纪""览""论"三部分,是有自己的独特考虑的。不过,由于这是一部出自众多门客之手的篇章汇集,尽管有人作了统合工作,还是免不了在不少问题的论述上有相互交叉、重复之处。这是值得注意的。

关于《吕氏春秋》的思想主张,后世有视为道家代表作的,也有归为杂家著作的。依据笔者的仔细研读,该书的主旨,集中在讨论帝王统一天下的外王之道,而外王之道的根本,是儒家的仁爱道德学说、墨家的博爱贵公学说,所谓"兼儒墨"①;外王所本的内圣修养,主要是道家的清虚无为学说,所谓"以道家为宗""以无为为纲纪"。儒家的仁爱、墨家的博爱必须落实到保障老百姓基本生活需求的满足上,所以农家的"贵农"学说就成为帝王之道的一部分。无论外王之道还是内圣修养,都是讲的人间事理,体现了对人事的重视,所谓"中审之人"。而这一切,又是建立在"上揆之天,下验之地",即"法天地"的前提、基础上的。在宇宙发生论和天人感应的关系上,《吕氏春秋》汲取了道家思想和阴阳学说。君临天下虽然必须以仁德博爱赢得人心,还需辅以名法、兵威,于是法家、兵家的思想也就兼取进来,所谓"合名法"。它取各家之长,成一家之言。综合而论,《吕氏春秋》是一部以儒、道学说为主干,融阴阳、墨、农、名、法、兵诸家思想学说为一体的帝王之书,包含着博大精深的政治智慧。吕不韦试图以此作为大一统后的意识形态,但后来执政的秦始皇并没有采纳他的学说②。

1. 天人感应、物从其类,人法天地、祸福人召

《吕氏春秋》着力讨论的是帝王之道。但在《吕氏春秋》的作者看来,帝王之道属于人道,人道是必须尊重天地之道的。为什么呢?因为天地万物是一体的,可以相互感应的。不尊重天地之道而为人事,人事就会屡屡受挫,王道也就不能成功。在世界发生、万物大同、天人感应这些问题上,儒家没有涉及,道家及阴阳家提供了答案,完成于战国末期的《吕氏春秋》就综合了道家及阴阳家的思想成果,对这些问题展开了论述。

关于世界万物的产生,《十二纪·仲夏纪·大乐》指出:"万物所出,造于

---

① 高诱《吕氏春秋序》称:"不韦乃集儒书,使著其所闻,为十二纪、八览、六论。""此书所尚,以道德为标的,以无为为纲纪,以忠义为品式,以公方为检格,与孟轲、孙卿、淮南、扬雄相表里也。""故复依先儒旧训,辄乃为之解焉,以述古儒之旨。"在他看来,《吕氏春秋》的主旨是儒家著作。《二十二子》,上海古籍出版社1988年版,第625页。
② 本节以《〈吕氏春秋〉的思想结构及其帝王之道》为题,发表于《河北师范大学学报》2021年第6期。

太一,化于阴阳。"这个派生万物的"太一"就是"道":"道也者,至精也,不可为形,不可为名,强为之,谓之太一。"太一生万物的具体过程是:"太一出两仪,两仪出阴阳。阴阳变化,一上一下,合而成章。浑浑沌沌,离则复合,合则复离,是谓天常。天地车轮,终则复始,极则复反,莫不咸当。日月星辰,或疾或徐,日月不同,以尽其行。四时代兴,或暑或寒,或短或长,或柔或刚。"《八览·有始》说:"天地有始,天微以成,地塞以形,天地合和,生之大经也。以寒暑、日月、昼夜知之,以殊形、殊能、异宜说之。夫物合而成,离而生。知合知成,知离知生,则天地平矣。"万物是由天地交合产生的。天地交合,产生了寒暑变化、日月运转、昼夜交替,产生了不同的形体、不同的性能、不同的应用。万物由于天地交合而形成,通过分离而产生。"众耳目鼻口也,众五谷寒暑也,此之谓众异,则万物备也。"由各种各样的差别,形成了世间万物。"天地万物,一人之身也,此之谓大同。"陈奇猷《吕氏春秋校释》云:"天地万物与一人之身同理,故谓之大同。"万物之间、天人之间是可以相互感应的。这感应的原则,是同类相应相召。《吕氏春秋》谓之"应同""召类"。《八览·应同》揭示:"类固相召,气同则合,声比则应。鼓宫而宫动,鼓角而角动。平地注水,水流湿;均薪施火,火就燥。山云草莽,水云鱼鳞,旱云烟火,雨云水波,无不皆类其所生以示人。"《八览·召类》重申:"类同相召,气同则合,声比则应。故鼓宫而宫应,鼓角而角动。以龙致雨,以形逐影。"《六论·开春》举例说:"开春始雷,则蛰虫动矣;时雨降,则草木育矣;饮食居处适,则九窍百节千脉皆通利矣;王者厚其德,积众善,而凤皇圣人皆来至矣;共伯和修其行,好贤仁,而海内皆以来为稽矣(共伯和,共国国君,姬姓,名和。是在周厉王、周宣王之间执政的一个诸侯)。……以此言物之相应也……言尽理而得失利害定矣!"利害、祸福是由物类之间的相互感应造成的。帝王之道,究其实,即观万物之类,按照造成人民福利平安的要求去做相应的好事。这就叫"天斟万物,圣人览焉,以观其类"。目的在于洞悉"天地之所以形,雷电之所以生"的自然奥秘,和创造"阴阳材物之精,人民禽兽之所安平"的原理①。《吕氏春秋》所以设"八览",称《吕览》,奥妙就在这里。"览"什么?览物之类也,从而做善类的事,不做恶类的事。

在同类事物的感应中,天人相类的感应是最重要的。"十二纪"讨论的是一年十二个月中的"人纪",即君临天下的帝王率领臣民应当做的国家大事的规定。它的一个基本原则,是符合天地之理。《十二纪·孟春》强调:

---

① 三句均见《吕氏春秋·八览·有始》。

"无变天之道,无绝地之理,无乱人之纪。"《十二纪·序意》说:"凡十二纪者,所以纪治乱存亡也,所以知寿夭吉凶也。上揆之天,下验之地,中审之人,若此则是非可不可无所遁矣。""审之人"与"揆之天""验之地"是什么关系呢?是"法天地"①,尊重并按照"天之道""地之理"设立"人之纪"。"维秦八年"《吕氏春秋》成书后,有人曾问"十二纪"的编写用心。主事者吕不韦回答说:"尝得学黄帝之所以诲颛顼矣,爰有大圜在上,大矩在下,汝能法之,为民父母。"②"为民父母"指君主。"大圜在上"指天,"大矩在下"指地。这段话的意思是说,只有能够效法天地之道,才能"为民父母",充当君主。《季春纪·圜道》也说:"天道圜,地道方。圣王法之,所以立上下。"《仲春纪·情欲》重申:"故古之治身与天下者,必法天地也。"那么,"天之道""地之理"及效法天地的"人之纪"的要义是什么呢?回答是:"天曰顺,顺维生;地曰固,固维宁;人曰信,信维听。三者咸当,无为而行。"③帝王听命、依循天生地宁之道而行事,总的原则是清虚自守,无为用贤,顺应万物的生长化育,促进人民生活的安宁幸福。

在天地阴阳之道中,四时的变化规律尤其重要。春主生、夏主长、秋主杀、冬主藏,一年四季的国家大事都要按照这个自然规律去安排。比如《孟春纪》云:"是月也,以立春。……立春之日,天子亲率三公、九卿、诸侯、大夫,以迎春于东郊;还,乃赏公卿、诸侯、大夫于朝。命相布德和令,行庆施惠,下及兆民。……是月也,天子乃以元日祈谷于上帝。乃择元辰,天子亲载耒耜,措之参于保介之御间,率三公、九卿、诸侯、大夫,躬耕帝籍田。……是月也,天气下降,地气上腾,天地和同,草木繁动。王布农事,命田舍东郊,皆修封疆,审端径术。善相丘陵阪险原隰,土地所宜,五谷所殖,以教道民,以躬亲之。田事既饬,先定准直,农乃不惑。是月也,命乐正入学习舞。乃修祭典,命祀山林川泽,牺牲无用牝,禁止伐木;无覆巢,无杀孩虫、胎夭、飞鸟,无麛无卵;无聚大众,无置城郭,掩骼霾髊。是月也,不可以称兵,称兵必有天殃。兵戎不起,不可以从我始。"《孟夏纪》云:"是月也,以立夏。……立夏之日,天子亲率三公九卿大夫,以迎夏于南郊,还,乃行赏,封侯庆赐,无不欣说。乃命乐师习合礼乐。命太尉赞杰俊,遂贤良,举长大;行爵出禄,必当其位。是月也,继长增高,无有坏隳。无起土功,无发大众,无伐大树。是月也,天子始絺,命野虞出行田原,劳农劝民,无或失时;命司徒循行县鄙,命农

---

① 《吕氏春秋·季冬纪·序意》。
② 《吕氏春秋·季冬纪·序意》。
③ 《吕氏春秋·季冬纪·序意》。

勉作,无伏于都。是月也,驱兽无害五谷,无大田猎,……断薄刑,决小罪,出轻系。蚕事既毕,后妃献茧,乃收茧税,以桑为均,贵贱少长如一,以给郊庙之祭服。"《孟秋纪》云"是月也,以立秋。……立秋之日,天子亲率三公九卿诸侯大夫,以迎秋于西郊,还,乃赏军率武人于朝。天子乃命将帅选士厉兵,简练桀俊,专任有功,以征不义,诘诛暴慢,以明好恶,巡彼远方。是月也,命有司修法制,缮囹圄,具桎梏,禁止奸,慎罪邪,务搏执;命理瞻伤察创、视折审断,决狱讼,必正平,戮有罪,严断刑。……命百官始收敛,完堤防,谨壅塞,以备水潦;修宫室,附墙垣,补城郭。是月也,无以封侯、立大官,无割土地、行重币、出大使。"《孟冬纪》云:"是月也,以立冬。……立冬之日,天子亲率三公九卿大夫,以迎冬于北郊,还,乃赏死事,恤孤寡。是月也,命太卜祷祠龟策,占兆审卦吉凶。于是察阿上乱法者则罪之,无有掩蔽。……命百官谨盖藏。命司徒循行积聚,无有不敛;附城郭,戒门闾,修楗闭,慎关籥,固封玺,备边境,完要塞,谨关梁,塞蹊径,饬丧纪,辨衣裳,审棺椁之厚薄,营丘垄之小大、高卑、薄厚之度,贵贱之等级。是月也,工师效功,陈祭器,按度程,无或作为淫巧,以荡上心,必功致为上。物勒工名,以考其诚;工有不当,必行其罪,以穷其情。是月也,大饮蒸,天子乃祈来年于天宗。大割,祠于公社及门闾,飨先祖五祀,劳农夫以休息之。天子乃命将率讲武,肄射御、角力。是月也,乃命水虞渔师收水泉池泽之赋,无或敢侵削众庶兆民,以为天子取怨于下,其有若此者,行罪无赦。"《吕氏春秋》强调:春生、夏长、秋杀、冬藏的这个天人合一的顺序、规律不可打乱,打乱了就会带来灾殃:"孟春行夏令,则风雨不时,草木早槁,国乃有恐;行秋令,则民大疫,疾风暴雨数至,藜莠蓬蒿并兴;行冬令,则水潦为败,霜雪大挚,首种不入。""孟夏行秋令,则苦雨数来,五谷不滋,四鄙入保;行冬令,则草木早枯,后乃大水,败其城郭;行春令,则虫蝗为败,暴风来格,秀草不实。""孟秋行冬令,则阴气大胜,介虫败谷,戎兵乃来;行春令,则其国乃旱,阳气复还,五谷不实;行夏令,则多火灾,寒热不节,民多疟疾。""孟冬行春令,则冻闭不密,地气发泄,民多流亡。行夏令,则国多暴风,方冬不寒,蛰虫复出。行秋令,则雪霜不时,小兵时起,土地侵削。"①

难能可贵的是,在春生、夏长、秋杀、冬藏这四个大的主题之外,《吕氏春秋》还将每个季节细分到孟、仲、季三个月,来规定季节的主题因月令的变化在人纪要求上呈现的细微差别。以春为例,在《孟春纪》提出一月的人纪要求之外,《仲春纪》提出仲春二月的人纪要求:"是月也,安萌牙,养幼少,存诸

---

① 分别见《吕氏春秋》"十二纪"的《孟春纪》《孟夏纪》《孟秋纪》《孟冬纪》。

孤;择元日,命人社;命有司,省囹圄,去桎梏,无肆掠,止狱讼。……是月也,日夜分,雷乃发声,始电。蛰虫咸动,开户始出,先雷三日,奋铎以令于兆民曰:雷且发声,有不戒其容止者,生子不备,必有凶灾。日夜分,则同度量,钧衡石,角斗桶,正权概。是月也,耕者少舍,乃修阖扇,寝庙必备;无作大事,以妨农功。是月也,无竭川泽,无漉陂池,无焚山林。天子乃献羔开冰,先荐寝庙。上丁(上旬丁日),命乐正入舞舍采,天子乃率三公、九卿、诸侯,亲往视之。中丁(中旬丁日),又命乐正入学习乐。是月也,祀不用牺牲,用圭璧,更皮币。"《季春纪》对暮春三月的人纪提出的要求是:"是月也,生气方盛,阳气发泄,生者毕出,萌者尽达,不可以内。天子布德行惠,命有司发仓窌,赐贫穷,振乏绝,开府库,出币帛,周天下,勉诸侯,聘名士,礼贤者。是月也,命司空曰:时雨将降,下水上腾,循行国邑,周视原野,修利堤防,导达沟渎,开通道路,无有障塞;田猎罼弋,罝罘罗网,喂兽之药,无出九门。是月也,命野虞无伐桑柘……省妇使,劝蚕事。蚕事既登,分茧称丝效功,以共郊庙之服,无有敢堕。是月也,命工师令百工审五库之量,金铁、皮革筋、角齿、羽箭干、脂胶丹漆,无或不良。百工咸理,监工日号,无悖于时,无或作为淫巧,以荡上心。是月之末,择吉日,大合乐,天子乃率三公、九卿、诸侯、大夫,亲往视之。是月也,乃合累牛、腾马游牝于牧。牺牲驹犊,举书其数。国人傩,九门磔禳,以毕春气。"

不仅如此,《吕氏春秋》还将四时与五行中的木、火、金、水,五方中的东、南、西、北,五帝中的太皞、炎帝、少皞、颛顼,五神中的句芒、祝融、蓐收、玄冥,五虫中的鳞虫、羽虫、毛虫、介(甲)虫,五音中的角、徵、商、羽,五味中的酸、苦、辛、咸,五臭中的膻、焦、腥、朽,五祀中的祀户神、祀灶神、祀门神、祀行神,五脏中的脾、肺、肝、肾,五色中的青、赤、白、黑,五谷中的麦、菽、麻、黍,五畜中的羊、鸡、狗、猪对应在一起。它们按所属五行的类别相互感应。比如孟春的主宰之帝是太皞,它以木德统治天下;辅佐他的神祇为句(gōu)芒,是木神,又是司春之神,主管春天树木的发芽生长,并主管太阳每天早上升起的那片地方——东方,所以太皞又称东方上帝。春天草木发青,故色为青;与时相应的动物是鱼龙之类;这个月的味道是酸味,气味是膻气,举行的祭祀是户祭,祭品是脾脏。天子应住在东向明堂的左侧室,乘坐饰有青凤图案的车子,驾着青色的马,车上插着青色的旗帜,穿着青色的衣服,佩戴着青色的佩玉,食用的五谷是麦子,五畜是羊。"十二纪"将"道生万物"的思想和战国时期的"阴阳五行"学说融合在一起,将自然、社会、天国、人间的事物编织成一个同源同构、同类互感的庞大而整饬的系统。

第十三章 杂家的思想主张

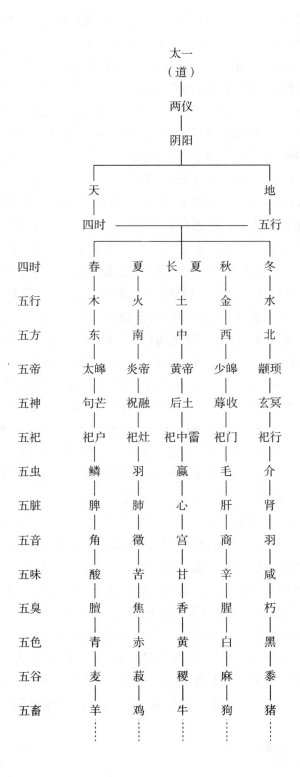

在这个系统中,太一生两仪,两仪生阴阳,天有四时,地有五行,四时加上一个长夏与五行相配,再加上五方、五帝、五神、五祀、五虫、五脏、五音、五味、五臭、五色、五谷、五畜……五五重叠;天圆地方,天在上象征君,地在下象征臣,天地相应,天有九野,地有九州,一一对应。①"人之与天、地也同。万物之形虽异,其情一体也。"②天、地、神、人、物、我就是这么同构,因而可以互感。应当说,配以阴阳五行解释的天人感应、以人法天的天人合一学说,在"十二纪"中得到了最精细、绵密的表述。

《吕氏春秋》强调以人法天,看似重心在天,其实重心在人。《吕氏春秋》所说的"天",已不见了以前的上帝、天神色彩,而是与"地"相对的自然之"天"。尽管它会与人事存在感应联系,然而这已告别了远离实际的神话思维,而是阴阳五行、天人感应思想的体现。《有始览·应同》说:"凡帝王者之将兴也,天必先见祥乎下民。黄帝之时,天先见大螾大蝼。黄帝曰土气胜。土气胜,故其色尚黄,其事则(效法)土。及禹之时,天先见草木秋冬不杀。禹曰木气胜。木气胜,故其色尚青,其事则木。及汤之时,天先见金刃生于水。汤曰金气胜。金气胜,故其色尚白,其事则金。及文王之时,天先见火赤乌衔丹书集于周社。文王曰火气胜。火气胜,故其色尚赤,其事则火。代火者必将水,天且先见水气胜。水气胜,故其色尚黑,其事则水。"洞悉、遵循天地之道、自然规律的目的,是为了更好地为营造人事的福利服务。

在承认并尊重天地之道、自然规律的同时,《吕氏春秋》强调要发挥人的主观能动性,不怨天尤人,尽自己最大的努力。《孝行览》中设"慎人"篇、"必己"篇,强调要慎重地对待人事,把命运的缰绳掌握在自己的手里。《慎人》指出:"功名大立,天也。为是故,因不慎其人,不可。夫舜遇尧,天也。舜耕于历山,陶于河滨,钓于雷泽,天下说之,秀士从之,人也。夫禹遇舜,天也。禹周于天下,以求贤者,事利黔首,水潦川泽之湛滞壅塞可通者,禹尽为之,人也。夫汤遇桀,武遇纣,天也。汤、武修身积善为义,以忧苦于民,人也。"机会是留给准备好的人的。大立功名虽然离不开时运天命,但当时运天命来临时,只有准备好了的人才能抓住机会,成就功名,赢得人生的成功和幸福。舜之遇尧、禹之遇舜,被禅让为天子;汤之遇桀、武之遇纣,取而代之,都与他们平时道德修养很好、口碑人气很高有关。《必己》指出:"人主莫不欲其臣之忠,而忠未必信。""亲莫不欲其子之孝,而孝未必爱。"这是因为时运不好、天命不济,但君子不能因此抱怨时命,放松自己的道德修养。"君子必

---

① 《吕氏春秋·季春纪》。
② 《仲春纪·情欲》。

在己者,不必在人者也。"君子必须严格要求自己,但不必介意别人对自己怎么样。"敬爱人者,已也;见敬爱者,人也。"尽管"敬人而不必见敬,爱人而不必见爱",但君子必须"自行"主敬人的礼教修养和主爱人的仁德修养。永远把努力的基点放在自己身上,总有一天会有机遇被发现、被肯定,所谓"必在己,无不遇矣"。

如此看来,在时运天命与人为努力中,人为努力的因素对于人事的福利影响更重要。《吕氏春秋》概括为"祸福人或召之"的响亮命题。但一般人不懂得这一点,仅仅着眼于时运因素,将人间的祸福归因于偶然的、不能确定、不可把握的天命。"祸福之所自来,众人以为命,安知其所!"①"祸福之所自来,众人以为命,焉不知其所由。"②其实只要按照物从其类的规律去多做善事,不做恶事,就可以趋福避祸。"夫覆巢毁卵,则凤凰不至;刳兽食胎,则麒麟不来;干泽涸渔,则龟龙不往。"③"国乱非独乱,有必召寇。独乱未必亡也,召寇则无以存矣。"④战国末年,佛教还没有进入中国,但物以类聚,同类相应、相召、相报的思想在这个时期流行的阴阳五行学说中则言之凿凿:"物之从同,不可为记。……君同则来,异则去。故君虽尊,以白为黑,臣不能听;父虽亲,以黑为白,子不能从。……同气贤于同义,同义贤于同力,同力贤于同居,同居贤于同名。帝者同气,王者同义,霸者同力,勤者同居,则薄矣,亡者同名(流于名义上相同),则粗矣。其智弥粗者,其所同弥粗;其智弥精者,其所同弥精。故凡用意不可不精。夫精,五帝三王之所以成也。"可见,"齐类同皆有合。"帝王同气相报的最典型的实例是"尧为善而众善至,桀为非而众非来"。因此,《商箴》所说的"天降灾布祥,并有其职(主)",不是说祸福由与人无关的"天"决定,而是说"祸福人或召之也"⑤。

2. 帝王之道的基本原则:"执一""不二"、因势利导、尚德爱民、利群贵公

在为帝王之道确定了四时五行的天地阴阳之道的本体性依据后,《吕氏春秋》以极大的热情和篇幅,探讨了帝王之道。

据《序意》所说,《吕氏春秋》成书于秦王嬴政当政的"维秦八年",即公元前239年。当时秦王年幼,秦国在吕不韦的管理下不断发展壮大。早在公元前256年,东周王朝就被秦国所灭。其后天下无主,诸侯国混战,百姓苦

---

① 《有始览·应同》。
② 《恃君览·召类》。
③ 《有始览·应同》。
④ 《恃君览·召类》。
⑤ 均见《有始览·应同》。

不堪言。依托秦国的实力优势,吕不韦吞并天下、统一六国的雄心呼之欲出。《吕氏春秋》就是一部呼唤统一并为这种统一进行总体谋划进而系统探讨帝王之道的集大成之作。《吕氏春秋》反复呼唤大一统,重树天子权威:"今周室既灭,而天子已绝。乱莫大于无天子。无天子,则强者胜弱,众者暴寡,以兵相残,不得休息。今之世当之矣。"①"今周室既灭,天子既废,乱莫大于无天子。无天子则强者胜弱,众者暴寡,以兵相划,不得休息。"②还从"道"为"太一"的角度,论述天子之道应是"知一""法一""执一"的:"道也者,至精也……谓之太一。故一也者制令,两也者从听。先圣择两法一,是以知万物之情。"③"王者执一,而为万物正。军必有将,所以一之也;国必有君,所以一之也;天下必有天子,所以一之也;天子必执一,所以抟(聚)之也。一则治,两则乱。今御骊马者,使四人人操一策,则不可以出于门闾者,不一也。"④"执一"又叫"不二"。春秋以来,诸子百家各执一说。"老聃贵柔,孔子贵仁,墨翟贵廉,关尹贵清,子列子贵虚,陈骈贵齐,阳生贵己,孙膑贵势,王廖贵先,儿良贵后。"如果"听众人议以治国,国危无日矣",因此必须统一思想和学说,不被其他学说所干扰:"有金鼓,所以一耳;必同法令,所以一心也。智者不得巧,愚者不得拙,所以一众也;勇者不得先,惧者不得后,所以一力也。故一则治,异则乱;一则安,异则危。夫能齐万不同,愚智工拙皆尽力竭能,如出乎一穴者,其唯圣人矣乎!"⑤鉴于周平王东迁以来周天子逐渐失势,从而被架空、推翻的教训,《吕氏春秋》借鉴法家学说,强调加强天子定于一尊的威势:"权钧则不能相使,势等则不能相并。""王也者,势也。王也者,势无敌也。势有敌则王者废矣。""夫欲定一世,安黔首之命,功名著乎盘盂,铭篆著乎壶鉴,其势不厌尊,其实不厌多。"⑥这与《管子·法法》中的思想是一致的:"凡人君之所以为君者,势也。故人君失势,则臣制之矣。势在下,则君制于臣矣;势在上,则臣制于君矣。"在吕不韦看来,重新确立天子大一统的崇高地位对于天下安宁具有非此不可的作用和效果:"能以一听政者,乐君臣,和远近,说黔首,合宗亲;……能以一治其国者,奸邪去,贤者至,成大化;能以一治天下者,寒暑适,风雨时,为圣人。故知一则明,明两则狂。"⑦

那么,如何成为统一天下的新的天子呢?《吕氏春秋》按照天人合一的

---

① 《有始览·谨听》。
② 《先识览·观世》。
③ 《仲夏纪·大乐》。
④ 《审分览·执一》。
⑤ 《审分览·不二》。
⑥ 均见《审分览·慎势》。
⑦ 《仲夏纪·大乐》。

思路,首先提出"贵因"的主张,强调抓住时机,因势利导:"顺风而呼,声不加疾也;际高而望,目不加明也:所因便也。"①"善说者若巧士,因人之力以自为力,因其来而与来,因其往而与往。"②"智者之举事必因时,时不可必成,其人事则不广。"③"夫审天者,察列星而知四时,因也;推历者,视月行而知晦朔,因也。""三代所宝莫如因,因则无敌。禹通三江五湖,决伊阙,沟回陆,注之东海,因水之力也。舜一徙成邑,再徙成都,三徙成国,而尧授之禅位,因人之心也。汤、武以千乘制夏、商,因民之欲也。""汤、武遭乱世,临苦民,扬其义,成其功,因也。故因则功……因者无敌。"④自周王室被推翻,诸侯陷入混战以来,"天下之民穷矣苦矣"久矣;这时只要有谁能够把人民从穷苦中解救出来,就能成为人民拥戴的天子帝王。"凡王也者,穷苦之救也。""民之穷苦弥甚,王者之弥易。"⑤所以,吕不韦所处的战国末期,正是统一天下、成为新的天子的大好时机。

从人事一端说,要成为新的天子,应当从哪些方面入手努力呢?最根本的方面,是从仁德修养入手,注重爱民利民的公益,解民众于倒悬,从而获得人民的拥护。《吕氏春秋》提出"上德"概念,反复强调君主的道德修养:"善为君者……德厚也。"⑥"德也者,万民之宰也。"⑦"为天下及国,莫如以德,莫如行义。……以德以义,则四海之大,江河之水,不能亢矣;太华之高,会稽之险,不能障矣;阖庐之教,孙、吴之兵,不能当矣。"⑧以德服人、实行德治,是古代圣王的宝贵传统。"夫以德得民心以立大功名者,上世多有之矣。"⑨"故古之王者,德回乎天地,澹乎四海,东西南北,极日月之所烛。天覆地载,爱恶不臧。""以德以义,不赏而民劝,不罚而邪止。此神农、黄帝之政也。""三苗不服,禹请攻之,舜曰:以德可也。行德三年,而三苗服。"⑩

《吕氏春秋》崇尚的帝王之德,是一种推己及人、爱人及物的仁德。如商汤之仁,爱及鸟类:"汤见祝网者,置四面,其祝曰:'从天坠者,从地出者,从四方来者,皆离吾网。'汤曰:'嘻!尽之矣。非桀,其孰为此也?'汤收其三面,置其一面,更教祝曰:'……欲左者左,欲右者右,欲高者高,欲下者下,吾

---

① 《慎大览·顺说》。
② 《慎大览·顺说》。
③ 《慎大览·不广》。
④ 均见《慎大览·贵因》。
⑤ 均见《审分览·慎势》。
⑥ 《仲春纪·功名》。
⑦ 《季秋纪·精通》。
⑧ 《离俗览·上德》。
⑨ 《季秋纪·顺民》。
⑩ 均见《离俗览·上德》。

取其犯命者。'汉南之国闻之曰：'汤之德及禽兽矣。'四十国归之。"①周文王之仁，爱及尸骸："使人抇池，得死人之骸。吏以闻于文王，文王曰：'更葬之。'吏曰：'此无主矣。'文王曰：'有天下者，天下之主也；有一国者，一国之主也。今我非其主也？'遂令吏以衣棺更葬之。天下闻之曰：'文王贤矣！泽及髊骨，又况于人乎？'"②在活着的人都朝不保夕、辗转沟壑的战争年代，《吕氏春秋》更强调君主把这种仁爱播撒到自己的同类——人民身上："仁于他物，不仁于人，不得为仁。不仁于他物，独仁于人，犹若为仁。仁也者，仁乎其类者也。故仁人之于民也，可以便之，无不行也。"③《吕氏春秋》进而拈出一个儒家的政治命题："人主有能以民为务者，则天下归之矣。"④"水泉深则鱼鳖归之，树木盛则飞鸟归之，庶草茂则禽兽归之，人主贤则豪杰归之。"⑤"圣人南面而立，以爱利民为心，号令未出，而天下皆延颈举踵矣，则精通乎民也。"⑥"先王先顺民心，故功名成。……失民心而立功名者，未之曾有也。"⑦"若夫舜、汤……以爱利为本，以万民为义。"⑧帝王得民有道，按照让人民高兴、满意的意愿去做，此乃得民之道、取民之要。"得民必有道。万乘之国，百户之邑，民无有不说。取民之所说而民取矣……此取民之要也。"⑨在此基础上，《吕氏春秋》提出了区别"善"与"不善"的标准："善不善本于义，本（原文为不，误）于爱。爱利之为道大矣。""当今之世，有能分善不善者，其王不难矣。"⑩帝王用民亦有道。"民之用也有故，得其故，民无所不用。""凡用民，太上以义，其次以赏罚。""用民有纪有纲。为民纪纲者何也？欲也、恶也。何欲何恶？欲荣利，恶辱害。辱害所以为罚充也，荣利所以为赏实也。赏罚皆有充实，则民无不用矣。"⑪

要之，统一天下的帝王之德在于"爱人""利民"："王也者，非必坚甲利兵选卒练士也，非必隳人之城郭杀人之士民也。上世之王者众矣，而事皆不

---

① 《孟冬纪·异用》。
② 《孟冬纪·异用》。
③ 《开春论·爱类》。
④ 《开春论·爱类》。
⑤ 《仲春纪·功名》。
⑥ 《季秋纪·精通》。
⑦ 《季秋纪·顺民》。
⑧ 《离俗览·离俗》。
⑨ 《季秋纪·顺民》。
⑩ 《有始览·听言》。"不"应为"本"，据关贤柱、廖进碧、钟雪丽：《吕氏春秋全译》上册，贵州人民出版社 2009 年版，第 314 页。
⑪ 均见《离俗览·用民》。

同,其当世之急、忧民之利、除民之害同。"①"行德爱人,则民亲其上;民亲其上,则皆乐为其君死矣。""人主其胡可以无务行德爱人乎?"②"金木异任,水火殊事,阴阳不同,其为民利一也。"③《吕氏春秋》还指出:帝王之威必须依托爱民利民之本才能达到:"威……必有所托,然后可行。恶乎托? 托于爱利。爱利之心谕,威乃可行。威太甚则爱利之心息。爱利之心息,而徒疾行威,身必咎矣。""不得其道,而徒多其威,威愈多,民愈不用。亡国之主,多以多威使其民矣。故威不可无有,而不足专恃。"④不幸的是,放弃采纳《吕氏春秋》这一主张的秦王朝恰恰专恃"多威使其民",最后的下场被《吕氏春秋》不幸言中。

为了启发帝王实行爱人利民德治仁政的内在自觉,《吕氏春秋》从发生学的角度说明君主本来就是适应"利群"的需要产生的。《恃君览·恃君》叙说这段过程时指出:"太古尝无君矣,其民聚生群处,知母不知父,无亲戚兄弟夫妻男女之别,无上下长幼之道,无进退揖让之礼,无衣服履带宫室畜积之便,无器械舟车城郭险阻之备。此无君之患。"无君时代,"其民(如)麋鹿禽兽,少者使长,长者畏壮,有力者贤,暴傲者尊,日夜相残,无时休息,以尽其类。圣人深见此患也,故为天下长虑,莫如置天子也;为一国长虑,莫如置君也。""凡人之性,爪牙不足以自守卫,肌肤不足以捍寒暑,筋骨不足以从利辟害,勇敢不足以却猛禁悍。然且犹裁万物,制禽兽,服狡虫,寒暑燥湿弗能害,不唯先有其备,而以群聚邪! 群之可聚也,相与利之也。利之出于群也,君道立也。故君道立则利出于群。"因此,"君道"即"天下之利"。⑤《孟秋纪·荡兵》也做过类似的揭示:"未有蚩尤之时,民固剥林木以战矣,胜者为长。长则犹不足治之,故立君。君又不足以治之,故立天子。天子之立也出于君,君之立也出于长,长之立也出于争。争斗之所自来者久矣,不可禁,不可止。"君长、天子乃是适应平息争斗的社会需要出现的。可见,"置君非以阿君也,置天子非以阿天子也"。"天子利天下,国君利国",乃是后世"德衰世乱"的产物⑥,不是设置国君、天子的本义。君主的产生是为公共利益服务的,"贵公"而"去私",是对君主的基本要求,也是君主应尽的职责。"凡主之立也,生于公。"⑦《吕氏春秋》以《周书·洪范》中的名言"无偏无党,王道荡

---

① 《开春论·爱类》。
② 《仲秋纪·爱士》。
③ 《似顺论·处方》。
④ 《离俗览·用民》。
⑤ 均见《恃君览·恃君》。
⑥ 均见《恃君览·恃君》。
⑦ 《孟春纪·贵公》。

荡；无偏无颇，遵王之义；无或作好，遵王之道；无或作恶，遵王之路"为据，响亮地强调："天下，非一人之天下也，天下之天下也。阴阳之和，不长一类；甘露时雨，不私一物；万民之主，不阿一人。"①"始生之者，天也；养成之者，人也；能养天之所生而勿撄之谓天子。天子之动也，以全天为故者也。"②"昔先圣王之治天下也，必先公。公则天下平矣。""尝试观于上志，有得天下者众矣，其得之以公，其失之必以偏。""天地大矣，生而弗子，成而弗有，万物皆被其泽，得其利，而莫知其所由始。此三皇五帝之德也。"③"尧有子十人，不与其子而授舜；舜有子九人，不与其子而授禹：至公也。"④《吕氏春秋》尤其强调君主有私的坏处和去私的好处："天无私覆也，地无私载也，日月无私烛也，四时无私行也。行其德而万物得遂长焉。""庖人调和而弗敢食，故可以为庖。若使庖人调和而食之，则不可以为庖矣。王伯之君亦然。"⑤"夫私视使目盲，私听使耳聋，私虑使心狂。三者皆私设，精则智无由公。智不公，则福日衰，灾日隆。"⑥"故智而用私，不若愚而用公。……私利而立公，贪戾而求王，舜弗能为。"⑦

3. 帝王之道的具体政策：孝亲俭葬、导欲上农、高义贵信、当赏当罚、以义为战

在确立了因势利导、上德爱人、利群贵公这些统一天下的基本理念、原则之外，《吕氏春秋》仔细讨论了统一天下的具体政策。

儒家的道德是以孝道为基础的，所以孝道是统一天下的一项基本国策。《孝行览·孝行》引曾子所论为据指出："凡为天下，治国家，必务本而后末。所谓本者……务其人也。务其人，非贫而富之，寡而众之，务其本也。务本莫贵于孝。人主孝，则名章荣，下服听，天下誉；人臣孝，则事君忠，处官廉，临难死；士民孝，则耕芸疾，守战固，不罢北。夫孝，三皇五帝之本务，而万事之纪也。夫执一术而百善至，百邪去，天下从者，其惟孝也！"孝道的实质是爱其亲、敬其亲："故爱其亲，不敢恶人；敬其亲，不敢慢人。爱敬尽于事亲，光耀加于百姓，究于四海，此天子之孝也。""民之本教曰孝，其行孝曰养。"爱其亲、践行孝道的基本要求是物质的赡养："养有五道：修宫室、安床第、节

---

① 《孟春纪·贵公》。
② 《孟春纪·本生》。
③ 均见《孟春纪·贵公》。
④ 《孟春纪·去私》。
⑤ 均见《孟春纪·去私》。
⑥ 《季冬纪·序意》。
⑦ 《孟春纪·贵公》。

饮食、养体之道也;树五色,施五采,列文章,养目之道也;正六律,和五声,杂八音,养耳之道也;熟五谷,烹六畜,和煎调,养口之道也;和颜色,说言语,敬进退,养志之道也。"在物质赡养的基础上,要追求敬其亲:"养可能也,敬为难;敬可能也,安为难;安可能也,卒为难。"敬亲的最高表现,是"父母既没,敬行其身,无遗父母恶名",给父母增光添彩。"仁""礼""义""信""强"五者都要围绕着"孝"展开:"仁者,仁此者也;礼者,履此者也;义者,宜此者也;信者,信此者也;强者,强此者也。"父与子在尊卑贵贱上不应是平等的,而应是有差别的,否则就会出乱子;君臣、夫妇的地位也如此。在尊敬父母的基础上,建立起君臣、父子、夫妇三纲:"凡为治必先定分:君臣、父子、夫妇。君臣、父子、夫妇六者当位,则下不逾节,而上不苟为矣,少不悍辟,而长不简慢矣。……故异所以安同也,同所以危异也。同异之分,贵贱之别,长少之义,此先王之所慎,而治乱之纪也。"①由三纲中包含的"长少之义"拓展到五伦:"凡人伦,以十际为安者也。"君臣、父子、兄弟、朋友、夫妻"十际皆败,乱莫大焉"②。

　　从孝道出发,给自己尊敬、爱念的亲人举行葬礼,是必要的。"孝子之重其亲也,慈亲之爱其子也,痛於肌骨,性也。所重所爱,死而弃之沟壑,人之情不忍为也,故有葬死之义。"③但如果葬礼太奢侈,葬品太贵重,就会引来铤而走险的盗墓者,使死者不得安息。这是对死者最大的亵渎,也违背了孝亲的初衷。"葬也者,藏也。""知死也者,不以害死,安死之谓也。"用"节丧"的方式埋藏"所重所爱"的亲人,使其墓葬无利可图,"无发无动",真正达到"藏""闭""安死"的目的,就是对死者"所重所爱"最好的表达④。所以自古以来,"故先王之葬,以必俭。""以俭节葬死也,非爱其费也,非恶其劳也,为死者虑也。先王之所恶,惟死者之辱也。发则必辱,俭则不发。"⑤而当时的诸侯国君主多不明此理,"今世俗大乱之主愈侈其葬",这"非为乎死者虑也",而是"生者以相矜尚"的虚荣心的表现⑥。受此影响,"世俗之行丧,载之以大辁,羽旄旌旗、如云偻翣以督之,珠玉以佩之,黼黻文章以饬之,引绋者左右万人以行之,以军制立之然后可。"其实,"以此观世,则美矣,侈矣;以此为死,则不可也。"⑦"世之为丘垄也,其高大若山,其树之若林,其设阙庭、为宫

---

① 《似顺论·处方》。
② 《慎行论·一行》。
③ 《孟冬纪·节丧》。
④ 均见《孟冬纪·节丧》。
⑤ 《孟冬纪·安死》。
⑥ 《孟冬纪·节丧》。
⑦ 《孟冬纪·节丧》。

室、造宾阼也若都邑。以此观世示富则可矣,以此为死则不可也。"①

帝王君临的众生是一个个充满着欲望的鲜活生命。如何管理人民的欲望,《吕氏春秋》在《仲春纪》中特设《为欲》篇加以专论。它既反对灭欲,也反对纵欲,而主张导欲。《吕氏春秋》认为,人生而有欲,帝王要赢得民心,必须顺应、满足人民的生活欲求。"古之圣王,审顺其天而以行欲,则民无不令矣,功无不立矣。"不过,人的自然欲望如果不加控制,就会导致纷争与灾难,但因此把它视为祸根加以铲除,社会又会失去活力,也就无法有效地实施惩劝,政治机制的运转、国家财富的创造等也会陷入停滞。"使民无欲,上虽贤,犹不能用。夫无欲者,其视为天子也,与为舆隶同;其视有天下也,与无立锥之地同;其视为彭祖也,与为殇子同。天子,至贵也;天下,至富也;彭祖,至寿也。诚无欲,则是三者不足以劝。舆隶,至贱也;无立锥之地,至贫也;殇子,至夭也。诚无欲,则是三者不足以禁。"如果善于因势利导,将人追求功利名禄的欲望引导到国家需要的范围中来,就会产生巨大的排山倒海的利国利民的积极力量。"人之欲多者,其可得用亦多;人之欲少者,其得用亦少;无欲者,不可得用也。……善为上者,能令人得欲无穷,故人之可得用亦无穷也。"可见,"欲不正……以治国则亡。""强国,令其民争乐用也;弱国,令其民争竞不用也。"②关键在于将人民的欲望导引到正当的轨道上来。

导引欲望的正道,就叫"义"。以"义"导"欲"制"欲",所以要"高义"。人类社会的一切活动,究其实不过是在"义"的指导下追求欲望的活动。"故义者,百事之始也,万利之本也。"③"凡治国,令其民争行义也;乱国,令其民争为不义也。……此其为祸福也,天不能覆,地不能载。"④"君子计行虑义;小人计行其利,乃不利。有知不利之利者,则可与言理矣。"⑤"君子之自行也,动必缘义,行必诚义,俗虽谓之穷,通也。行不诚义,动不缘义,俗虽谓之通,穷也。"⑥孔子就是这样的践行正义的典型。"孔子见齐景公,景公致廪丘以为养。孔子辞不受,入谓弟子曰:'吾闻君子当功以受禄。今说景公,景公未之行而赐之廪丘,其不知丘亦甚矣!'令弟子趣驾,辞而行。""孔子,布衣也,官在鲁司寇,万乘难与比行,三王之佐不显焉,取舍不苟也夫!"⑦所以说,"贤

---

① 《孟冬纪·安死》。
② 均见《仲春纪·为欲》。
③ 《慎行论·无义》。
④ 《仲春纪·为欲》。
⑤ 《慎行论·慎行》。
⑥ 《离俗览·高义》。
⑦ 《离俗览·高义》。

者之事也,虽贵不苟为,虽听不自阿。必中理然后动,必当义然后举。"①"义"不仅是谋利的准绳,也是处理一切事务的关键:"义也者,万事之纪也,君臣、上下、亲疏之所由起也,治乱、安危、过胜之所在也。"②

在人的各种正当欲望中,吃饭穿衣是最基本的要求。这是由农业来满足的。所以《吕氏春秋》提出"上农"主张。"古先圣王之所以导其民者,先务于农。""民不力田……国家难治,……背本反则,失毁其国。"中国古代的农业形态是男耕女织,所以,到了合适的季节,天子妃嫔要带头耕织,以身示范:"所以务耕织者,以为本教也。是故天子亲率诸侯耕帝籍田……以教民尊地产也;后妃率九嫔蚕于郊,桑于公田……以力妇教也。"③与重视农业相关,《吕氏春秋》还特设《任地》《辩土》《审时》等篇论析如何根据不同的农时、土地情况因时制宜、因地制宜种植庄稼、发展农业、增加农产的问题,考虑堪称周全。

在儒家之道中,诚信是与爱民利民的仁义联系很紧的一项原则。"古之君民者,仁义以治之,爱利以安之,忠信以导之,务除其灾,思致其福。"④"信"的基本要求是"言不欺心"、言行合一。"凡言者以谕心也。言心相离,而上无以参之,则下多所言非所行也,所行非所言也。言行相诡,不祥莫大焉。"⑤《吕氏春秋》从天地之道出发,提出"贵信"的政治要求:"天行不信,不能成岁;地行不信,草木不大。春之德风,风不信,其华不盛,华不盛,则果实不生。夏之德暑,暑不信,其土不肥,土不肥,则长遂不精。秋之德雨,雨不信,其谷不坚,谷不坚,则五种不成。冬之德寒,寒不信,其地不刚,地不刚,则冻闭不开。天地之大,四时之化,而犹不能以不信成物,又况乎人事?""君臣不信,则百姓诽谤,社稷不宁。处官不信,则少不畏长,贵贱相轻。赏罚不信,则民易犯法,不可使令。交友不信,则离散郁怨,不能相亲。百工不信,则器械苦伪,丹漆染色不贞。夫可与为始,可与为终,可与尊通,可与卑穷者,其唯信乎!""信而又信,重袭于身,乃通于天。以此治人,则膏雨甘露降矣,寒暑四时当矣。""凡人主必信,信而又信,谁人不亲?"⑥

"信"突出体现在"当赏当罚"方面。"故当功以受赏,当罪以受罚。赏不当,虽与之必辞;罚诚当,虽赦之不外。"⑦"凡赏非以爱之也,罚非以恶之也,

---

① 《不苟论·不苟》。
② 《仲秋纪·论威》。
③ 均见《士容论·上农》。
④ 《离俗览·适威》。
⑤ 《审应览·淫辞》。
⑥ 均见《离俗览·贵信》。
⑦ 《离俗览·高义》。

用观归(属)也。所归善,虽恶之,赏;所归不善,虽爱之,罚。""民无道知天,民以四时寒暑日月星辰之行知天。……人臣亦无道知主,人臣以赏罚爵禄之所加知主。主之赏罚爵禄之所加者宜,则亲疏远近贤不肖皆尽其力而以为用矣。"①赏罚必依法。法必须因时而变、与时俱进,反对死守先王之法:"凡先王之法,有要于时也。时不与法俱至,法虽今而至,犹若不可法。""凡举事必循法以动,变法者因时而化。""治国无法则乱,守法而弗变则悖,悖乱不可以持国。世易时移,变法宜矣。"②

正义的王道,也体现在军事思想方面。"凡兵,天下之凶器也;勇,天下之凶德也。"③用之不可不慎,但废除军事是不可能的。"修兵者,以备寇也。"④正义战争是不可取消的。"家无怒笞,则竖子、婴儿之有过也立见;国无刑罚,则百姓之相侵也立见;天下无诛伐,则诸侯之相暴也立见。故怒笞不可偃于家,刑罚不可偃于国,诛伐不可偃于天下,有巧有拙而已矣。故古之圣王有义兵而无有偃兵。""义兵之为天下良药也亦大矣。"⑤"举凶器,行凶德,犹不得已也。""举凶器必杀,杀,所以生之(民)也;行凶德必威,威,所以慑之(敌)也。敌慑民生,此义兵之所以隆也。"⑥"凡兵之用也,用于利,用于义。攻乱则服,服则攻者利;攻乱则义,义则攻者荣。"⑦"义兵",是《吕氏春秋》军事主张的核心。

"义兵"主张打造正义之师,这是取得战争胜利的根本保证:"惟义兵为可。"⑧"夫兵,贵不可胜。不可胜在己,可胜在彼。圣人必在己者,不必在彼者,故执不可胜之术以遇不胜之敌,若此,则兵无失矣。"这个"在己"的"不可胜"者就是正义的"义":"夫兵有本干:必义。""义则敌孤独,敌孤独则上下虚,民解落;孤独则父兄怨,贤者诽,乱内作。"⑨

以有义伐无道,是"义兵"发动战争的基本原则。"夫攻伐之事,未有不攻无道而罚不义也。"据此,《吕氏春秋》高度肯定了汤武发动的革命战争,对那种否定一切战争的迂腐之论给予了坚决驳斥,指出在天子既废、诸侯横行、黎民苦不堪言的浊世,攻无道而伐不义的战争是人民盼望已久的正义之

---

① 《不苟论·当赏》。
② 均见《慎大览·察今》。
③ 《仲秋季·论威》。
④ 《孟春纪·本生》。
⑤ 均见《孟秋纪·荡兵》。
⑥ 均见《仲秋季·论威》。
⑦ 《恃君览·召类》。
⑧ 《孟秋纪·禁塞》。
⑨ 均见《仲秋季·决胜》。

战:"攻无道而伐不义,则福莫大焉,黔首利莫厚焉。禁之者,是息有道而伐有义也,是穷汤、武之事,而遂桀、纣之过也。……故乱天下、害黔首者,若论为大。"①"兵诚义,以诛暴君而振苦民,民之说也,若孝子之见慈亲也,若饥者之见美食也;民之号呼而走之,若强弩之射于深溪也,若积大水而失其壅堤也。"②"夫攻伐之事,未有不攻无道而伐不义也。攻无道而伐不义,则福莫大焉,黔首利莫厚焉。""当今之世浊甚矣,黔首之苦不可以加矣。天子既绝,贤者废伏,世主恣行,与民相离,黔首无所告诉。世有贤主秀士,宜察此论也,则其兵为义矣。天下之民,且死者也而生,且辱者也而荣,且苦者也而逸。""凡为天下之民长也,虑莫如长有道而息无道,赏有义而罚不义。今之世学者多非乎攻伐。非攻伐而取救守,取救守,则乡之所谓长有道而息无道、赏有义而罚不义之术不行矣。"③《吕氏春秋》提醒人们注意:在夏桀、殷纣、吴王夫差、晋厉公、陈灵公、宋康王这样的君主"大为无道不义","所残杀无罪之民者,不可为万数","加之以冻饿饥寒之患","暴骸骨无量数,为京丘若山陵"的时代,如果"不论其义而疾取救守",即不分是非曲直,一味不加反抗,采取救守姿态,就会加剧暴君的"无道不义"之举,造成民众更大的灾难:"守无道而救不义,则祸莫大焉,为天下之民害莫深焉。""故大乱天下者,在于不论其义而疾取救守。"④

作为以有道伐不义的正义之师,《吕氏春秋》还强调战争的目的是对无道的暴君及其死党实施精确打击,决不滥杀无辜,所谓"克其国,不及其民,独诛所诛而已矣"。保护当地民众财产:"至于国邑之郊,不虐五谷,不掘坟墓,不伐树木,不烧积聚,不焚室屋,不取六畜。"选贤用能,济孤恤寡,尊敬长老,安抚百姓,广施恩德:"举其秀士而封侯之,选其贤良而尊显之,求其孤寡而振恤之,见其长老而敬礼之,皆益其禄,加其级。""分府库之金,散仓廪之粟,以镇抚其众,不私其财。"如此,则"兵入于敌之境,则民知所庇矣,黔首知不死矣。""故义兵至,则邻国之民归之若流水,诛国之民望之若父母,行地滋远,得民滋众,兵不接刃而民服若化。"⑤"饥寒,人之大害也;救之,义也。人之困穷,甚如饥寒,故贤主必怜人之困也,必哀人之穷也,如此则名号显矣。"⑥

---

① 《孟秋纪·振乱》。
② 《孟秋纪·荡兵》。
③ 均见《孟秋纪·振乱》。
④ 均见《孟秋纪·禁塞》。
⑤ 均见《孟秋纪·怀宠》。
⑥ 《仲秋纪·爱士》。

此外，战争中还有些战略战术性措施值得注意。"凡兵，贵其因也。因也者，因敌之险以为己固，因敌之谋以为己事。能审因而加，胜则不可穷矣。"①"故凡兵势险阻，欲其便也；兵甲器械，欲其利也；选练角材，欲其精也；统率士民，欲其教也。此四者，义兵之助也。"②智、勇也是用兵的"本干"元素。"智则知时化，知时化则知虚实盛衰之变，知先后远近纵舍之数。""勇则能决断，能决断则能若雷电飘风暴雨，能若崩山破溃、别辨霣坠；若鸷鸟之击也，搏攫则殪，中木则碎。"③

4. 君臣分职："因者，君术也；为者，臣道也"

在《吕氏春秋》讨论的帝王之道的具体措施中，还有一个论述得特别充分的主题，即君臣分工、各司其职的问题。《吕氏春秋》称之为"审分""分职"。"审分"即认识君臣各自的名分，明确君主应当做什么。"凡人主必审分，然后治可以至。""至治之务，在于正名。名正则人主不忧劳矣。""正名审分，是治之辔已。……不审名分，是恶壅而愈塞也。"④"分职"是指将君臣的职责分开，君王切忌自以为是、越俎代庖，做下臣应做的事。

那么，君主的职责是什么呢？就是自己无为而用臣所为，自己无能而用臣所能，自己无智而用臣之智。"用非其有，如己有之，通乎君道者也。夫君也者，处虚素服而无智，故能使众智也；智反无能，故能使众能也；能执无为，故能使众为也。无智、无能、无为，此君之所执也。"⑤无智、无能、无为，不是说君主真的不具有什么智慧、才能，不会做什么事，而是说君主不可能具有管理天下的所有智慧和才能，不可能做完管理天下所有的事情，所以他即便有相应的智慧、能力，也不去使用这种智慧、能力；即便能做具体的事情，也不亲自去做。君王的智慧、能力、作为，只在善于辨别和任用各行各业、各种本领的人才，完成治理天下的伟业。这就叫"以无当为当，以无得为得"；"善为君者无识，其次无事。""大圣无事，而千官尽能。此乃谓不教之教，无言之诏。"⑥所以君王之道即因人之术、乘物之理："古之王者，其所为少，其所因多。因者，君术也；为者，臣道也。"⑦"故有道之主，因而不为，责而不诏……

---

① 《仲秋纪·决胜》。
② 《仲秋纪·简选》。
③ 《仲秋纪·决胜》。
④ 均见《审分览·审分》。
⑤ 《似顺论·分职》。
⑥ 均见《审分览·君守》。
⑦ 《审分览·任数》。

不伐之言,不夺之事,督名审实,官使自司,以不知为道,以奈何为实。"①"人主之车,所以乘物也。察乘物之理,则四极可有。"②无智、无能,其内在的表现形态是无思无虑、不动心智的虚静:"得道者必静,静者无知,知乃无知。"③"去想去意,静虚以待。"④"无言无思,静以待时。"⑤无为,其外在的表现形态亦是虚静:"为则扰矣,因则静矣。"⑥所以"无智、无能、无为",又叫"虚静无为"。君主虚静无为的实质是抓住用贤这个要点,调动和发挥百官的积极性。"凡君也者,处平静,任德化,以听其要。"⑦"有术之主者,非一自行之也,知百官之要也。知百官之要,故事省而国治也。"⑧"古之善为君者,劳于论人而佚于官事,得其经也。"⑨君主虚静无为,不自恃其智与臣争能,百官就会尽心竭力做好各自的分内事,从而达到无所不为的结果,所谓"百官慎职,而莫敢愉綖;人事其事,以充其名。"⑩"故善为君者,矜服性命之情,而百官已治矣,黔首已亲矣,名号已章矣。"⑪历史上英明的圣王都是深通君道、用人如己的典范。"大桡作甲子,黔如作虏首,容成作历,羲和作占日,尚仪作占月,后益作占岁,胡曹作衣,夷羿作弓,祝融作市,仪狄作酒,高元作室,虞姁作舟,伯益作井,赤冀作臼,乘雅作驾,寒哀作御,王冰作服牛,史皇作图,巫彭作医,巫咸作筮。此二十官者,圣人之所以治天下也。圣王不能二十官之事,然而使二十官尽其巧,毕其能,圣王在上故也。圣王之所不能也,所以能之也;所不知也,所以知之也。"⑫周初的武王、春秋第一霸主齐桓公亦然。"武王之佐五人,武王之于五人者之事无能也,然而世皆曰取天下者武王也。故武王取非其有,如己有之,通乎君道也。通乎君道,则能令智者谋矣,能令勇者怒矣,能令辩者语矣。"⑬"有司请事于齐桓公,桓公曰:'以告仲父。'有司又请,公曰:'告仲父。'若是三。习者曰:'一则仲父,二则仲父,易哉为君!'桓公曰:'吾未得仲父则难,已得仲父之后,曷为其不易也?'桓公得管子,事犹

---

① 《审分览·知度》。
② 《审分览·审分》。
③ 《审分览·君守》。
④ 《审分览·知度》。
⑤ 《审分览·任数》。
⑥ 《审分览·任数》。
⑦ 《审分览·勿躬》。
⑧ 《审分览·知度》。
⑨ 《仲春纪·当染》。
⑩ 《审分览·勿躬》。
⑪ 《审分览·勿躬》。
⑫ 《审分览·勿躬》。
⑬ 《似顺论·分职》。

大易,又况于得道术乎?"①管仲作为齐相,对桓公行臣道,对百官,亦懂得行王道发挥各人所长,决不事必躬亲。他在请求桓公批复他的用人请求时说:"垦田大邑,辟土艺粟,尽地力之利,臣不若宁速,请置以为大田。登降辞让,进退闲习,臣不若隰朋,请置以为大行。早入晏出,犯君颜色,进谏必忠,不辟死亡,不重贵富,臣不如东郭牙,请置以为大谏臣。平原广城,车不结轨,士不旋踵,鼓之,三军之士视死如归,臣不若王子城父,请置以为大司马。决狱折中,不杀不辜,不诬无罪,臣不若弦章,请置以为大理。君若欲治国强兵,则五子者足矣;君欲霸王,则夷吾在此。"桓公答:"善。"令五子皆任其事,接受管子领导。结果,"十年,九合诸侯,一匡天下"。《吕氏春秋》借机生发说:"管子,人臣也,不任己之不能,而以尽五子之能,况于人主乎?"②由此可见,君主的这种不显山不露水的"无智之智""无能之能""无为之为"是一种"至智""至能""至为"。"故至智弃智,至仁忘仁,至德不德。"③

可是,君主无为而使众为的道理并不为所有君主理解。当时常见一些糊涂的国君,为了显示自己的高明,事必躬亲,利用君主专制的权力越俎代庖,与百官大臣比智逞能。殊不知这就把自己降低到臣道上去了。"人主之所惑者则不然,以其智强智,以其能强能,以其为强为,此处人臣之职也。处人臣之职而欲无壅塞,虽舜不能为。"④君主越俎代庖、与百官比智逞能有什么害处呢?首先,天下的矛盾、事情那么多,君主不可能全知全能,你事事亲自出马,势必见有不周,频频出错,这就会严重影响你的威信。最后,你做什么决定百官都会怀疑它的正确性,于是就会产生种种糟糕的后果。"明君者,非遍见万物也。"⑤"有识则有不备矣,有事则有不恢矣。不备不恢,此官之所以疑,而邪之所从来也。"⑥所以,"先王不能尽知,执一而万物治"。⑦英明的君主懂得"无恃其能勇力诚信"⑧,不与百官争能,于是,"百官各处其职,治其事以待主,主无不安矣;以此治国,国无不利矣"⑨。

其次,"人主好暴(显露)示能,以好唱自奋",人臣百官就只能"以不争持

---

① 《审分览·任数》。
② 《审分览·勿躬》。
③ 《审分览·任数》。
④ 《似顺论·分职》。
⑤ 《审分览·知度》。
⑥ 《审分览·君守》。
⑦ 《审分览·知度》。
⑧ 《审分览·勿躬》。
⑨ 《季春纪·圜道》。

位,以听从取容";君主"代有司为有司",人臣百官就只能"后随以进其业"①。"人君而好为人官"②,"君臣易操",则"上之三官者废矣"③,朝臣形同虚设。这就大大削弱了朝臣百官履行职责的积极性,导致百官事无巨细都等待君主的指示。"人主自智而愚人,自巧而拙人,若此,则愚拙者请矣,巧智者诏矣,诏多则请者愈多矣。"如此这般,"请者愈多,且无不请也,主虽巧智,未无不知也。以未无不知,应无不请,其道固穷。""为人主而数穷于其下,将何以君人乎?"最要命的是君主"穷而不知其穷","又将反以自多",还自以为是,这就成了"重塞"之主。如此这般,"无存国矣"④。"亡国之主,其耳非不可以闻也,其目非不可以见也,其心非不可以知也。君臣扰乱,上下不分别,虽闻曷闻?虽见曷见?虽知曷知?"⑤

由此可见,"君道无知无为,而贤于有知有为"⑥。君主"不知乘物,而自怙恃,夺其智能,多其教诏,而好自以,若此则百官恫扰,少长相越,万邪并起。"⑦最终,虽然"伤形费神,愁心劳耳目",但"国愈危,身愈辱"⑧。"故至治之务,在于正名",在于明白君臣的分别,在于君主懂得"知要"。"名正则人主不忧劳矣,不忧劳则不伤其耳目之主。问而不诏,知而不为,和而不矜,成而不处,止者不行,行者不止,因刑而任之,不制于物,无肯为使,清静以公,神通乎六合,德耀乎海外,意观乎无穷,誉流乎无止。"⑨

5. 外王本之内圣:取天下先取身,治其身而天下治

《吕氏春秋》从天地之道出发,花大量篇幅论述帝王之道。这帝王之道既包括统一天下的基本原则,也包括君临天下的具体措施,特别是君道与臣道的不同分工及其相互关系。而这一切,最终都归结到君王个人的道德修养。这再次体现了先秦儒家外王本之内圣的思路。

统一天下的根本在于赢得民心,广施仁德。为此,君王本身必须首先具备道德。"欲胜人者,必先自胜;欲论人者,必先自论;欲知人者,必先自

---

① 《审分览·任数》。
② 《审分览·勿躬》。
③ 均见《审分览·任数》。
④ 均见《审分览·知度》。
⑤ 《审分览·任数》。
⑥ 《审分览·任数》。
⑦ 《审分览·审分》。
⑧ 《仲春纪·当染》。
⑨ 《审分览·审分》。

知。"①"先己",即先把自己做好,是《吕氏春秋》对帝王提出的一个明确要求。"为国之本,在于为身。身为而家为,家为而国为,国为而天下为。故曰以身为家,以家为国,以国为天下。此四者,异位同本。故圣人之事,广之则极宇宙,穷日月,约之则无出乎身者也。"②取天下先取身,治其身而天下治。"凡事之本,必先治身……昔者,先圣王成其身而天下成,治其身而天下治。""故反其道而身善矣;行义则人善矣;乐备君道而百官已治矣,万民已利矣。"③"天子不可强为,必先知道。道者止彼在己,己成而天子成……故审近所以知远也,成己所以成人也。"④

那么,君主的道德是什么呢?这方面,《吕氏春秋》没有完全按照儒家思路讲仁义礼智的修养,而是较多吸取了道家思路,讲虚静的修养。这主要是缘于两方面的考虑。一是君主爱利万民的仁德说到底源于自我享受欲望的克制,所以道家的克制欲望是本,儒家的爱利万民是末,二者并不矛盾,而且是统一的。二是君道无为去智,要求君主以静制动,以无智驭智。于是,不动心智的虚静修养成为君主私德修养的必备内容。"主道约,君守近。太上反诸己……何谓反诸己也?适耳目,节嗜欲,释智谋,去巧故,而游意乎无穷之次,事心乎自然之涂。若此则无以害其天矣。""无以害其天则知精,知精则知神,知神之谓得一。""故知知一,则复归于朴,嗜欲易足,取养节薄……"⑤"先王不能尽知,执一而万物治。使人不能执一者,物惑之也。故曰:通意之悖,解心之缪,去德之累,通道之塞。贵富显严名利,六者悖意者也。容动色理气意,六者缪心者也。恶欲喜怒哀乐,六者累德者也。智能去就取舍,六者塞道者也。此四六者不荡乎胸中则正。正则静,静则清明,清明则虚,虚则无为而无不为也。"⑥"君服性命之情,去爱恶之心,用虚无为本,以听有用之言,谓之朝。"⑦"不出于户而知天下,不窥于牖而知天道。其出弥远者,其知弥少。故博闻之人,强识之士阙矣,事耳目,深思虑之务败矣,坚白之察、无厚之辩外矣。不出者,所以出之也;不为者,所以为之也。"⑧

《吕氏春秋》一方面吸取道家思想,反复强调君主的修养是去欲、去情、去智的虚静修炼,另一方面又兼顾儒家思想,强调学以成圣。"圣人之所在,

---

① 《季春纪·先己》。
② 《审分览·执一》。
③ 均见《季春纪·先己》。
④ 《孝行览·本味》。
⑤ 均见《季春纪·论人》。
⑥ 《似顺论·有度》。
⑦ 《审分览·知度》。
⑧ 《审分览·君守》。

则天下理焉。""不知义理,生于不学。""圣人生于疾学。不疾学而能为魁士名人者,未之尝有也。"①"学也者,知之盛者也……知之盛者,莫大于成身,成身莫大于学。"②"且天生人也,而使其耳可以闻,不学,其闻不若聋;使其目可以见,不学,其见不若盲;使其口可以言,不学,其言不若爽;使其心可以知,不学,其知不若狂。故凡学,非能益也,达天性也。能全天之所生而勿败之,是谓善学。"③在提出"劝学"要求的基础上,《吕氏春秋》进而提出"尊师"的要求:"学者师达而有材,吾未知其不为圣人。……是故古之圣王未有不尊师者也。""疾学在于尊师。师尊则言信矣,道论矣。""颜回之于孔子也,犹曾参之事父也。古之贤者,与其尊师若此,故师尽智竭道以教。"④师教即德教。"师之教也,不争轻重尊卑贫富,而争于道。""为师之务,在于胜理,在于行义。"⑤"故教也者,义之大者也……义之大者,莫大于利人,利人莫大于教。"⑥

在清心寡欲、尊师劝学个人修养的基础上,《吕氏春秋》深入到人性的本根分析中。

生死是人生的大事。如何认识生死的道理,从而采取合适的应对态度,不仅是圣人之要、之极,对一切人来说都很重要。"审知生,圣人之要也;审知死,圣人之极也。知生也者,不以害生,养生之谓也;知死也者,不以害死,安死之谓也。此二者,圣人之所独决也。"⑦如何"知生""养生","不以害生"呢?关键在于洞悉人的生命的本性是什么。"性者,万物之本也,不可长,不可短,因其固然而然之,此天地之数也。"⑧人的生命本性即天性、自然属性。它属于天生如此、自然如此。喜爱与厌恶之类的欲望,就是人的生命的天然本性:"始生人者,天也,人无事焉。天使人有欲,人弗得不求;天使人有恶,人弗得不辟。欲与恶,所受于天也,人不得与焉,不可变,不可易。"⑨

人天生喜爱什么、厌恶什么呢?人性好生恶死、好寿恶夭、好私恶他、好利恶害、好荣恶辱、趋乐避苦、好美恶丑。"人情欲生而恶死,欲荣而恶辱。"⑩"人之情,欲寿而恶夭,欲安而恶危,欲荣而恶辱,欲逸而恶劳。四欲得,四恶

---

① 均见《孟夏纪·劝学》。
② 《孟夏纪·尊师》。
③ 《孟夏纪·尊师》。
④ 均见《孟夏纪·劝学》。
⑤ 均见《孟夏纪·劝学》。
⑥ 《孟夏纪·尊师》。
⑦ 《孟冬纪·节丧》。
⑧ 《不苟论·贵当》。
⑨ 《仲夏纪·大乐》。
⑩ 《仲秋纪·论威》。

除,则心适矣。"①"倕,至巧也。人不爱倕之指,而爱己之指,有之利故也。人不爱昆山之玉、江汉之珠,而爱己之一苍璧小玑,有之利故也。"②"禹之决江水也,民聚瓦砾。事已成,功已立,为万世利。禹之所见者远也,而民莫之知。故民不可与虑化举始,而可以乐成功。"③"故耳之欲五声,目之欲五色,口之欲五味,情也。"④"大乐,君臣、父子、长少之所欢欣而说也。"⑤这些自然天性是人人如此的共同人性:"贤、不肖之所欲与人同,尧、桀、幽、厉皆然。"⑥"天生人而使有贪有欲……贵贱、愚智、贤不肖欲之若一,虽神农、黄帝,其与桀、纣同。"⑦对于人人与生俱来的情欲,完全顺从是绝对不行的,但简单否定也断断不可。比如墨家"非乐"的态度就是不可赞成的:"世之学者,有非乐者矣,安由出哉?"⑧《吕氏春秋》提出对待情欲"贵当"的主张,即以适当、合理的原则处理自然情欲。欲望虽然人人都有,但"所以为之"则"异"。"贤主察之,以为不可,弗为;以为可,故为之。"处理情欲的适当原则到底是什么呢?就是道义之"道":"为之必由其道,物莫之能害,此功之所以相万也。"⑨"欲有情,情有节。圣人修节以止欲,故不过行其情也。"⑩君主不仅要以道节制自己的情欲,而且要将臣民的情欲引导到合适的范围内去满足。《吕氏春秋》特别提醒统治者:"人之欲多者,其可得用亦多;人之欲少者,其可得用亦少;无欲则不可得用也。""善为上者,能令人得欲无穷,故人之可得用亦无穷矣。"⑪与此相反,"俗主亏情……其于物也,不可得之为欲,不可足之为求,大失生本;民人怨谤,又树大雠;意气易动,跷然不固;矜势好智,胸中欺诈;德义之缓,邪利之急","故每动为亡败。"⑫

　　人的欲望,主要表现为物欲。物欲的满足本来是为人的生存服务的,但如果处理不当,不符合道义,过度追求物欲反而会危害人的生存这个目的。君主的个人修养遇到这个问题,大众的个人修养也遇到这个问题。《吕氏春秋》因此提出"物所以养性",而非"以性养物"的告诫。"人之性寿,物者抇

---

① 《仲夏纪·适音》。
② 《孟春纪·贵公》。
③ 《先识览·乐成》。
④ 《仲春纪·情欲》。
⑤ 《仲夏纪·大乐》。
⑥ 《不苟论·贵当》。
⑦ 《仲春纪·情欲》。
⑧ 《仲夏纪·大乐》。
⑨ 均见《不苟论·贵当》。
⑩ 《仲春纪·情欲》。
⑪ 均见《吕氏春秋·为欲》。
⑫ 均见《仲春纪·情欲》。

之,故不得寿。物也者,所以养性也,非所以性养也。今世之人,惑者多以性养物,则不知轻重也。不知轻重,则重者为轻,轻者为重矣。若此,则每动无不败。""世之贵富者,其于声色滋味也,多惑者。日夜求,幸而得之则遁焉。遁焉,性恶得不伤?""贵富而不知道,适足以为患……出则以车,入则以辇,务以自佚,命之曰招蹶之机。肥肉厚酒,务以自强,命之曰烂肠之食。靡曼皓齿,郑卫之音,务以自乐,命之曰伐性之斧。三患者,贵富之所致也。"①"凡生之长也,顺之也;使生不顺者,欲也。故圣人必先适欲。"②明白了过度的物欲反而会妨碍人的天性、伤害人的生命这个道理,那么,真正符合人的天性、有益于自我生命存在的生活方式就是清心寡欲,克制过度的物欲享受。"声禁重,色禁重,衣禁重,香禁重,味禁重,室禁重。"③"重"者,过度也。"圣人深虑天下,莫贵于生。夫耳目鼻口,生之役也。耳虽欲声,目虽欲色,鼻虽欲芬香,口虽欲滋味,害于生则止。在四官者不欲,利于生者则弗(弗:为衍字)为。由此观之,耳目鼻口不得擅行,必有所制。……此贵生之术也。"④"今有声于此,耳听之必慊已,听之则使人聋,必弗听;有色于此,目视之必慊已,视之则使人盲,必弗视;有味于此,口食之必慊已,食之则使人喑,必弗食。是故圣人之于声色滋味也,利于性则取之,害于性则舍之,此全性之道也。""圣人之制万物也,以全其天也。天全,则神和矣,目明矣,耳聪矣,鼻臭矣,口敏矣,三百六十节皆通利矣。"⑤这里,"全生""全性""全天"意思是一致的。"全生"即保全人的生命。"全性"即保全人的生命本性。"全天"即保全人的生命天性。保全了人的生命天性,也就保全了人的生命存在。人的一切满足欲望的活动,从维护生命存在的目的考量,都必须以符合人的生命天性为转移。"全生为上……迫生为下。""所谓尊生者,全生之谓;所谓全生者,六欲皆得其宜也。""尊生者,非迫生之谓也。""所谓迫生者,六欲莫得其宜也,皆获其所甚恶者。"⑥"故圣人必先适欲。室大则多阴,台高则多阳;多阴则蹶,多阳则痿。此阴阳不适之患也。是故先王不处大室,不为高台,味不众珍,衣不燀热。""昔先圣王之为苑囿园池也,足以观望劳形而已矣;其为宫室台榭也,足以辟燥湿而已矣;其为舆马衣裘也,足以逸身暖骸而已矣;其为饮食酏醴也,足以适味充虚而已矣;其为声色音乐也,足以安性自娱而已矣。五

---

① 均见《孟春纪·本生》。
② 《孟春纪·重己》。
③ 《孟春纪·去私》。
④ 《仲春纪·贵生》。
⑤ 均见《孟春纪·本生》。
⑥ 均见《仲春纪·贵生》。

者,圣王之所以养性也,非好俭而恶费也,节乎性也。"①"圣人察阴阳之宜,辨万物之利以便生,故精神安乎形,而年寿得长焉。长也者,非短而续之也,毕其数(天年)也。毕数之务,在乎去害。何谓去害?大甘、大酸、大苦、大辛、大咸,五者充形则生害矣。大喜、大怒、大忧、大恐、大哀,五者接神则生害矣。大寒、大热、大燥、大湿、大风、大霖、大雾,七者动精则生害矣。故凡养生,莫若知本,知本则疾无由至矣。"②

"尊生"也好,"全生"也好,这个"生"不是普泛的生命,而是个体的生命、自我的生命。所以"尊生"即尊己之生。在自己的生命面前,其余一切都无足轻重。"今吾生之为我有,而利我亦大矣。论其贵贱,爵为天子,不足以比焉;论其轻重,富有天下,不可以易之;论其安危,一曙失之,终身不复得。此三者,有道者之所慎也。"③于是就走向了与庄子的共鸣:"道之真,以持身;其绪余,以为国家;其土苴,以治天下。由此观之,帝王之功,圣人之于事也,非所以完身养生之道也。今世俗之君子,危身弃生以徇物,彼且奚以此之也?彼且奚以此为也?"④

音乐是给人们尤其是君主带来快乐的典型艺术形态。《仲夏纪》设《大乐》《侈乐》《适音》《古乐》,《季夏纪》设《音律》《音初》《制乐》《明理》,结合体用,追根溯源,从破与立两方面,对君主如何通过音乐获得快乐这个问题系统加以论析。战国末期,各国国君普遍喜欢倾尽民财打造骇心气、动耳目的奢侈乐舞从中取乐,不仅背离爱民利民、与民同乐之道,而且违反人的听觉本性,让人受不了。《吕氏春秋》对此展开尖锐批判,大声疾呼"侈乐不乐":"亡国戮民,非无乐也,其乐不乐。""君臣失位,父子失处,夫妇失宜,民人呻吟。其以为乐也,若之何哉?"⑤"夏桀、殷纣作为侈乐,大鼓、钟、磬、管、箫之音,以巨为美,以众为观,俶诡殊瑰,耳所未尝闻,目所未尝见,务以相过,不用度量。宋之衰也,作为千钟;齐之衰也,作为大吕;楚之衰也,作为巫音。侈则侈矣,自有道者观之,则失乐之情。失乐之情,其乐(音乐)不乐(快乐)。乐不乐者,其民必怨,其生必伤。""为木革之声则若雷,为金石之声则若霆,为丝竹歌舞之声则若噪。以此摇荡生则可矣,以此为乐(音乐)则不乐(快乐)。""故乐愈侈,而民愈郁,国愈乱,主愈卑,则亦失乐之情矣。"⑥侈乐不仅不符合人

---

① 均见《孟春纪·重己》。
② 《季春纪·尽数》。
③ 《孟春纪·重己》。
④ 《仲春纪·贵生》。
⑤ 均见《仲夏纪·大乐》。
⑥ 均见《仲夏纪·侈乐》。

的听觉本性需求,而且劳民伤财,妨害民生,激起民怨,所以,侈乐不乐。

那么,什么样的音乐才能普遍产生快乐的反应呢?就是平和的符合人的听觉天性需求的音乐,就是能节制欲望的符合利民之道的音乐。"凡乐,天地之和,阴阳之调也。""成乐有具,必节嗜欲。""务乐有术,必由平出。平出于公,公出于道。故惟得道之人,其可与言乐乎!"①"心必和平然后乐。心必乐,然后耳目鼻口有以欲之。故乐之务在于和心,和心在于行适。""夫乐有适,心亦有适。""适心之务在于胜理。""耳之情欲声,心不乐,五音在前弗听;目之情欲色,心弗乐,五色在前弗视;鼻之情欲芬香,心弗乐,芬香在前弗嗅;口之情欲滋味,心弗乐,五味在前弗食。"②适音之务不仅在于音乐表达的内涵、产生的效果守正、有节、致平、归和,而且在于音乐旋律本身去太、去侈、去淫:"夫音亦有适:太巨则志荡,以荡听巨则耳不容,不容则横塞,横塞则振;太小则志嫌,以嫌听小则耳不充,不充则不詹,不詹则窕;太清则志危,以危听清则耳溪极,溪极则不鉴,不鉴则竭;太浊则志下,以下听浊则耳不收,不收则不抟,不抟则怒。故太巨、太小、太清、太浊,皆非适也。""何谓适?衷,音之适也。何谓衷?大不出钧,重不过石,小大轻重之衷也。……衷也者,适也。以适听适则和矣。乐无太,平和者是也。"③当音乐符合去太去侈、守正有节、致平归和的要求,就政泰民安。反之,则政怨民怒。

因此,音乐之道与政治之道相通。音乐是政治的晴雨表。《吕氏春秋》提出了一个著名论断:"治世之音安以乐,其政平也;乱世之音怨以怒,其政乖也;亡国之音悲以哀,其政险也。"《吕氏春秋》对此从多个角度反复加以阐述:"凡音乐,通乎政而移风平俗者也。俗定而音乐化之矣。故有道之世,观其音而知其俗矣,观其政而知其主矣。故先王必托于音乐以论其教。"④"是故闻其声而知其风,察其风而知其志,观其志而知其德。盛衰、贤不肖、君子小人皆形于乐,不可隐匿。故曰:乐之为观也,深矣。"⑤"乐所由来者尚也,必不可废。有节,有侈,有正,有淫矣。贤者以昌,不肖者以亡。"⑥"欲观至乐,必于至治。其治厚者其乐治厚,其治薄者其乐治薄,乱世则慢以乐矣。"⑦"世浊则礼烦而乐淫。郑卫之声、桑间之音,此乱国之所好,衰德之所说。"⑧"乱世之

---

① 均见《仲夏纪·大乐》。
② 均见《仲夏纪·适音》。
③ 均见《仲夏纪·适音》。
④ 《仲夏纪·适音》。
⑤ 《季夏纪·音初》。
⑥ 《仲夏纪·古乐》。
⑦ 《季夏纪·制乐》。
⑧ 《季夏纪·音初》。

主,乌闻至乐？不闻至乐,其乐不乐。"①"故君子反道以修德；正德以出乐；和乐以成顺。乐和而民乡方矣。"②"故先王之制礼乐也,非特以欢耳目、极口腹之欲也,将以教民平好恶、行理义也。"③

综上所述,《吕氏春秋》将"道生万物"的道家思想与"阴阳五行"学说融合在一起,将自然、社会、天国、人间的万物编织成一个同源同构、同类互感的整饬系统,提出物从其类、以人法天、祸福人召、必己慎人的主张,进而提出统一六国的帝王理想以及因势利导、尚德爱民、利群贵公的大政方针,孝亲俭葬、导欲上农、高义贵信、赏罚必当、以义为战的具体政策,和君术贵因、臣道贵为的君臣分职之术。《吕氏春秋》还基于取天下先取身的思路,对人性的本质及清心寡欲、尊师劝学、保生全性的修养之道作了进一步探讨。《吕氏春秋》杂取、融合道家、阴阳家、儒家、法家、农家、兵家等各家精义,上揆之天、下验之地、中审之人,从爱民利民、尚贤贵公、外王内圣的角度建构了"执一""不二"的帝王之道,包罗万象,见识不凡,至今仍有极强的现实参考意义。

---

① 《季夏纪·明理》。
② 《季夏纪·音初》。
③ 《仲夏纪·适音》。

第十四章　兵家的思想主张

周代是中国古代军事思想的奠基时期。周代的军事思想，主要保留在两个系统中。一是保留在兵书之外的经书、史书、子书中。它们论述的主题是义兵、强兵问题。如《尚书·周书》最早提到诛"独夫"的革命思想，指出当夏桀、商纣"弗敬上天""不敬厥德""降灾下民"时，臣民就可以"天命"和"道德"的名义，用"革命"的暴力手段推翻他们。《周易》肯定汤、武革命"顺天应人"，是正义的战争。《国语·鲁语》中记载鲁大夫里革的话：如果国君"以邪临民"被大臣杀害，不是大臣的过错，而是君主咎由自取。《晋语》还记录秦公子絷的话："杀无道而就有道，仁也。"《左传》记载师旷、史墨的话：如果君主"肆于民上，以从（纵）其淫"，是"困民之主"，臣民就有权利把他驱逐赶跑①。孟子肯定臣民诛杀暴君的革命不是叛逆，而是"诛独夫民贼"的正义活动。荀子明确提出"从道不从君"，"议兵以仁义为本"。管子主张"畜兵以道""养兵以德"②，指出"不义不胜人"，正义是根本的取胜之道③。《鹖冠子》重申："兵者礼义忠信也。"这些奠定了中国古代军事思想中的义兵、义战传统。《商君书》《韩非子》虽非兵家著作，但也讨论了不少"强兵"思想。这些思想，本书已在相关各章节中有所评述，本章不再重述。

另一方面，由于春秋战国时期诸侯之间的兼并战争愈演愈烈，所以这个时期整理、诞生了不少专门的军事著作。这些著作在神人、天人关系上有一个共同点，就是认为战争的胜利取决于人事谋划和努力，不可依靠鬼神；在人事努力方面，一方面要重视依托和利用天时地利，另一方面要重视总结和遵循战争取胜的规律。大体说来，《太公六韬》《司马兵法》《吴子兵法》《尉缭子》偏向于从政治的全局出发把握战争的性质和地位，讨论战争经验，《孙子兵法》《孙膑兵法》则集中于分析总结战争的战略思想和战术问题。

---

① 《左传·襄公十四年》，《左传·昭公三十二年》。
② 《管子·兵法》。兵，原文为之，据上下文意改。
③ 《管子·七法》。

现存《六韬》是战国时期人们整理的姜太公与周文王、周武王论述政治、军事问题的对话记录。全书由"文韬"论述到"武略",由政治论述到军事,是一部渗透着"公天下"理想和"爱民利民"精神的兵家著作。从"天下乃天下之天下"的天下观出发,姜太公提出"国之大务,爱民而已"的政治理念和"兵为凶器,不得已而用"的战争观。作为保家卫国的最终后盾,"兵者"是不得不严加准备的"国之大事"。在这个战略思想指导下,具体讨论了军队的将士建设、组织建设、装备建设以及"三阵""十四变""十胜九败"等战术思想。全书设《文韬》《武韬》《龙韬》《虎韬》《豹韬》《犬韬》六韬,每韬下分若干篇,共六十篇。结构完整,论析深刻,有"军事百科全书"之誉。

《司马法》成书于战国齐威王时期,是对春秋末期司马穰苴阐释姜太公《司马兵法》的追记,可作为理解姜太公政治军事思想的依据,与《六韬》相参证。《司马法》首篇为《仁本》,次篇为《天子之义》,从古往今来的历史发展揭示:以仁义治天下是政治的常态,以战争平天下是不得已采取的权变状态。所谓"以义治之之谓正,正不获意则权"。周代所处的就是这样的时代,必须不忘战备加强武装,同时坚持战争的道义原则,"以礼为固,以仁为胜"。另三篇《定爵》《严位》《用众》具体讨论了战争的战略战术问题,主要包括"五虑""智勇""军患""权变"。《司马法》今存五篇,是理解姜太公军事思想的重要补充。

《孙子兵法》是春秋末期齐国军事家孙武留下的一部兵家著作。全书集中探讨了"兵者诡道""兵以诈立"的战争规律,是孙武作战经验的理论总结。孙武强调战争取胜的原则"不可取于鬼神""必取于人"。这种人为的努力须从"道""天""地""将""法"五方面入手。战争的理想是"不战而屈人之兵"的"全胜",战争的最高境界是"伐谋""庙算"的"斗智"。在此前提下探讨了以守为攻、速战速决、集中优势消灭敌人等战术思想。该书历来被推崇为"武经""兵学圣典",在中国军事思想史上占有突出地位。

吴起是战国初期卫国的兵家代表人物。他继承姜太公《六韬》《司马法》中由政治到军事的思路,提出"内修文德,外治武备"的固国、强军方针,在文武兼修、以德治军的基础上,提出"义兵""慎战"的军事主张;首开《论将》《治兵》篇,专论"总文武""兼刚柔"的将领管理要求和"以治为胜""教戒为先"的治兵理论,并论析了"见可而进,知难而退"的作战原则,对先秦兵家的军事思想具有重要的丰富作用。

战国中期齐人孙膑的《孙膑兵法》是一部集中讨论军事问题的兵家著作。它继承《孙子兵法》中战争胜利"不可取于鬼神"的思想,强调"天地之间,莫贵于人",在天时、地利、人和三种重要的取胜因素中,"人和"最重要。

在这个大前提下，孙膑肯定了战争的必要性，强调了战争的正义性，提出不打无把握之仗、战则必胜的思想，讨论了战争中君、将、兵三者的关系和职责，具体分析了势、权、阵、变、谋、诈、赏、罚等取胜要素，深化了对战争规律的理论探讨。

《尉缭子》是一部成书于战国中后期的先秦兵书，作者是战国中后期魏国的尉缭。尉缭反对把战争的胜利寄托在鬼神祭祀上，提出"不卜筮而事吉，不祷祠而得福"，"天时地利"不如"人和"，"圣人所贵，人事而已"。从"天下一家，共寒共饥"的社会理想出发，尉缭提出"兵者凶器，仁义为本"的义兵思想，"不战而胜"的战争理想，探讨了战场取胜的战术方法和对将领职责、从严治兵的具体要求。全书融道家、儒家、法家、兵家思想于一体，体现了战国后期军事著作的综合特点，建构了独特的政治—军事学说。

一、《太公六韬》：文韬武略、全胜不战

《太公六韬》，又称《六韬》《太公兵法》，是姜太公回答周文王、周武王关于政治与军事问题的对话记录。《汉书·艺文志》道家类曾著录："《太公》237篇，其中《谋》81篇，《言》71篇，《兵》85篇。"班固注："吕望为周师尚父，本有道者。"清沈钦韩说：《谋》者即太公之《阴谋》，《言》者即太公之《金匮》，《兵》者即《太公兵法》。《隋书·经籍志》是《六韬》一书目前所见的最早著录者，称有《太公六韬》五卷，为"周文王师姜望撰"。吕望、姜望即周初辅佐文王、武王、成王、康王的政治家、军事家姜太公。宋神宗元丰三年，《六韬》被列为《武学七书》之一。

《六韬》近两万字，分《文韬》《武韬》《龙韬》《虎韬》《豹韬》《犬韬》六卷，每韬下分若干篇，共六十篇。结构完整，语言晓畅，明显不似周初作品。因此，自南宋至清代，就不断有人对《六韬》的真实性提出质疑。有人怀疑此书是秦汉间人所为[1]，有人怀疑是魏晋以后的作品[2]。然而，1972年、1973年出土的两批竹简，使得伪书之说不攻自破。1972年山东临沂银雀山汉墓出土大批竹简，其中有《太公》五十多枚，部分内容与今本《六韬》基本一致，简文提及"文王"和"太公望"，被认为就是《六韬》。1973年河北定县八角廊40号西汉墓出土竹简中，也发现许多有"文王、武王问，太公曰"字样，内容与今

---

[1] （宋）罗泌：《路史·发挥·论太公》、（清）崔述：《丰镐考信录》。
[2] （明）胡应麟：《四部正讹》。

本《六韬》相同或近似。《文物》2001年第5期公布了这批简的释文。银雀山简《六韬》文字不避汉高祖刘邦、汉文帝刘恒之名讳,定州简《六韬》也不避汉文帝刘恒的名讳,证明《六韬》是一部成书在西汉之前、古已有之的兵家信书。

那么,《六韬》是不是成书于周初的姜太公的原著呢？显然也不是。当今研究者中有人根据先秦古籍中记载骑兵出现的最早时间是公元前636年①,赵武灵王实行"胡服骑射"改革的时间是在公元前307年②,推断到战国时期各国才组建骑兵部队,而《六韬》用了很多篇幅论及骑兵的选拔标准、作战特点及其与步兵、车兵的配合协同,因而只能是骑兵大规模用于战争,即公元前307年之后的产物。如陈曦《六韬》译注前言指出:"《六韬》的成书时间应在公元前307年到公元前202年之间。"③吴如嵩则在《〈六韬浅说〉序》中断定:"《六韬》是一部托名姜太公撰、实为战国末期无名氏的作品。"④这就是说,《六韬》中有关骑兵的论述都是战国中后期好事者托名姜太公的杜撰。这种说法其实仍然属于"伪书"说,只不过把作伪的时间提前到了战国中后期。不过,这种推断未免失之武断,难以让人信服。

首先,虽然先秦典籍中记载秦穆公送精骑兵二千给晋公子重耳的时间是公元前636年,但早在殷商废墟中,就有一人一马和随身武器装备的骑士坑,还有大量的殉葬马坑,可见,早在商代,华族就有骑兵。那种认为春秋以前的西周时期不存在骑兵的观点是不准确的。按,"司马"这种官职在殷商甲骨文卜辞或铭刻中均不见,《尚书·周书》的《牧誓》《梓材》等篇及《周礼·夏官》提到了它。据此可知,"司马"为周代特有的官职。《周礼·夏官司马第四》应劭注云:"司马,主武也,诸武官亦以为号。""司马"为什么"主武",与军事有联系呢？它既可能与驾马的车战有关,也可能与骑兵作战有关,是整个周代存在骑兵的另一参考佐证。

其次,姜太公是周初辅佐过四王的伟大政治家、军事家,周文王、武王虚心向姜太公咨询、请教治国治军之道,姜太公每每释疑解惑,被文王封为"太师"、武王封为"师尚父",《六韬》作为太公答问的真实记录,其真实性是完全可能存在的。姜太公(约公元前1128—约公元前1015),姜姓,名尚,一名

---

① 《韩非子·十过》:"公(秦穆公)因起卒(发兵),革车五百乘,畴骑二千,步卒五万,辅重耳入之于晋,立为晋君。"公元前636年,秦穆公送晋公子重耳返国,送以"畴骑二千"。"畴骑",即精骑。
② 《战国策·赵策二》《史记·赵世家》。
③ 陈曦译注:《六韬》,中华书局2018年版。另见徐勇主编:《先秦兵书通解》,天津人民出版社2002年版。
④ 孔德麒:《六韬浅说》,解放军出版社1987年版。

望,字子牙。因被封于吕地,故称吕尚、吕望。曾垂钓于渭水之滨,被西伯侯、后被追尊为周文王的姬昌发现起用,拜为"太师""大司马",尊称"太公望",辅佐姬昌建立霸业。周武王即位后,尊太公为"师尚父",成为周国军事统帅,辅佐武王消灭商纣,建立周朝。因功封为齐侯,成为齐国的缔造者和齐文化的创始人,奠定了齐人论兵的传统。后来齐人司马穰苴申明《司马兵法》,孙武创作《孙子兵法》,孙膑留下《孙膑兵法》,都与先祖姜太公开辟的论兵传统有关。周武王死后,太公又辅佐周公旦平定内乱,开疆扩土,建立了"刑错四十余年不用"的"成康之治",直到周康王六年逝世。由于《六韬》阐述的政治、军事思想都出自姜太公之口,所以又称为《太公六韬》。《汉书·艺文志》《隋书·经籍志》均将该书作者视为姜太公。同时,先秦另一部兵书《司马兵法》(又称《司马法》)最初的作者也被后人视为姜太公。所以,历代皇帝和文史典籍均将姜太公尊为"武圣""兵家鼻祖"[①]。

再次,如果说《六韬》出自战国时人的伪造假托而与姜太公无关,那么产生的问题是,战国时期是子书大量问世的时代,伪造者为什么不自署其名,而要托名于姜太公?战国离周初不远,古代事迹口口相传者很多,如果周初没有骑兵,战国的作者怎么会假托太公之口煞有介事地大讲骑兵战法?联系宋代迄今不少自作聪明、自以为是的各种伪书说被传统文献所粉碎,我更倾向于认为,《六韬》的最初作者就是姜太公,但现存《六韬》经过战国时人的整理、改造。

要之,骑兵早在商代就已存在,姜太公论骑兵作战完全是可能的,未必是出于战国时人的假托。现存《六韬》大抵是战国时期人们整理、改造过的姜太公与周文王、周武王关于政治军事问题的对话记录。其中记载的"太公曰"可视为姜太公的思想。

1. 从政治到军事:"仁之所在,天下归之"与"兵为凶器,不得已而用"

《六韬》是一部军事著作,但它首先谈的不是军事,而是政治,不是武略,而是文韬。《六韬》的这个设计体现了这样一种深刻思想:军事与政治是联系在一起的,是政治的延伸与保障。在政治奏效时,军事按兵不动,隐然不见;只有在政治手段解决不了问题时,才会借助军事手段。因此,《六韬》提出了一个重要命题:"兵为凶器,不得已而用之。"[②]什么叫"兵为凶器"?指战争是一种会造成大面积人员死伤的凶险的不祥的事情。所以《六韬》即便是

[①] 唐肃宗时期追封为武成王,设立武庙祭祀,宋真宗时期追谥昭烈。
[②] 《六韬·文韬·兵道》,陈曦译注《六韬》,中华书局2018年版。下同。

讨论战争规律的著作,但并不钟爱战争、热心战争,更不意味着主张穷兵黩武。战争只有在"不得已"的情况下才会展开。那么,在"不得已"的非常情况没有出现的时候,应当致力于什么呢?

周代是一个"敬鬼神而远之""近人而忠"的时代。这种重人轻神的思想特征,也鲜明体现在《六韬》中。《文韬·上贤》明确指出:"伪方异技,巫蛊左道,不祥之言,幻惑良民,王者必止之。"《文韬·盈虚》强调:国家祸福治乱的根本,在君主的贤与不肖。

文王问太公曰:"天下熙熙,一盈一虚,一治一乱,所以然者,何也? 其君贤不肖不等乎? 其天时变化自然乎?"太公曰:"君不肖,则国危而民乱,君贤圣,则国安而民治,祸福在君不在天时。"

《武韬·发启》指出:"行其道,道可致也;从其门,门可入也;立其礼,礼可成也;争其强,强可胜也。"只要尽人力,事成总可图。当然,《六韬》在否定神灵、天命作用的同时,并没有把天时地利的作用否定掉。不仅战争必须善于利用天时地利,经邦济世、治理天下也必须遵循天地四时的规律。"天生四时,地生万物,天下有民,仁圣牧之。故春道生,万物荣;夏道长,万物成;秋道敛,万物盈;冬道藏,万物寻。盈则藏,藏则复起,莫知所终,莫知所始,圣人配之,以为天地经纪。"① 在天下一盈一虚、一治一乱的更替中,仁君圣王随之隐现。"天下治,仁圣藏;天下乱,仁圣昌;至道其然也。"② 那么,在天下大乱、仁圣治世时,他应当做些什么呢? 一句话,就是要实行"爱民""利民"的"仁义"之政。因为只有这样,才能顺应人性,赢得民心。人性、民心是什么呢? 就是好生恶死、好利恶害。"凡人恶死而乐生,好德而归利。"③"取天下者,若逐野兽,而天下皆有分肉之心。"④"民如牛马,数喂食之,从而爱之。"⑤顺应人性,赢得民心之道是什么呢? 就是"惠施于民,必无爱财。"⑥"能生利者,道也。道之所在,天下归之。""同天下之利者,则得天下;擅天下之利者,则失天下。"⑦"若同舟而济,济则皆同其利,败则皆同其害。"⑧能给

---

① 《六韬·文韬·守国》。
② 《六韬·文韬·守国》。
③ 《六韬·文韬·文师》。
④ 《六韬·武韬·文启》。
⑤ 《六韬·武韬·三疑》。
⑥ 《六韬·武韬·三疑》。
⑦ 均见《六韬·文韬·文师》。
⑧ 《六韬·武韬·文启》。

人民带来利益、令天下归之的"道"是什么呢？就是"仁""德""义"。"天有时,地有财,能与人共之者,仁也。""免人之死,解人之难,救人之患,济人之急者,德也。""与人同忧、同乐、同好、同恶者,义也。"①文王曾问太公"国之大务",太公回答:"爱民而已。"如何"爱民"呢？"利而勿害,成而不败,生而勿杀,与而勿夺,乐而勿苦,喜而勿怒。""民不失务,则利之；农不失时,则成之；省刑罚,则生之；薄赋敛,则与之；俭宫室台榭,则乐之；吏清不苛扰,则喜之。""故善为国者,驭民如父母之爱子,如兄之爱弟。见其饥寒则为之忧,见其劳苦则为之悲；赏罚如加于身,赋敛如取己物。此爱民之道也。"②毫无疑问,"爱民"之"仁德"包括"利民"。"人君从事于富。不富无以为仁,不施无以合亲。"③"大农、大工、大商谓之三宝。农一其乡,则谷足；工一其乡,则器足；商一其乡,则货足。三宝各安其处,民乃不虑。……三宝完,则国安。"④

那么,帝王、君主为什么要推行"仁德""爱民""利民"呢？《六韬》从两方面加以论证。一、从"天下"的本义强调"天下"必须与天下人共享。《六韬》一再重申:"天下非一人之天下,乃天下之天下也。"⑤作为掌管天下的"天子",君主必须深明这个道理。他没有权利把天下、国家占为己有,只有义务与天下人共享天下、国家,而这才是拥有天下之道。"天下者非一人之天下,唯有道者处之。"⑥天子"聚国而为天下",必须"分封贤人以为万国",与国君共利；国君"聚家而为国"⑦,必须分利于各家。应当说,《六韬》对"天下"的界定及其派生的对君主的要求极富现代民主意义,十分可贵。二、从取与的相反相成的角度,论证爱民才能"主尊人安"⑧,只有实行仁义道德,才能获得天下人归附,所谓"仁之所在,天下归之","德之所在,天下归之","义之所在,天下赴之"⑨。《六韬》分析其中的道理：由于"无取民者,民利之；无取国者,国利之；无取天下者,天下利之",所以,"无取于民者,取民者也；无取于国者,取国者也；无取于天下者,取天下者也。"⑩"仁盖天下,然后能怀天下；恩盖天下,然后能保天下","故利天下者,天下启之,害天下者,天下闭之；生天下者,天下德之,杀天下者,天下贼之；彻天下者,天下通之,穷天下者,天

---

① 均见《六韬·文韬·文师》。
② 均见《六韬·文韬·国务》。
③ 《六韬·文韬·守土》。
④ 《六韬·文韬·六守》。
⑤ 《六韬·文韬·文师》。另见《武韬·文启》:"天下者,非一人之天下,乃天下之天下也。"
⑥ 《六韬·武韬·顺启》。
⑦ 《六韬·武韬·文启》。
⑧ 《六韬·文韬·国务》。
⑨ 均见《六韬·文韬·文师》。
⑩ 《六韬·武韬·发启》。

下仇之;安天下者,天下恃之,危天下者,天下灾之。"①由于"利天下者,天下启之,害天下者,天下闭之",所以,"大智不智,大谋不谋,大勇不勇,大利不利"②。由于"上劳则刑繁,刑繁则民忧,民忧则流亡",所以,"圣人务静之",决不以自己的私利和多欲去扰民。"天有常形,民有常生,与天下共其生而天静矣。太上因之,其次化之。夫民化而从政,是以天无为而成事,民无与而自富,此圣人之德也。"③于是,作为天子、国君,就有一个克制私欲的个人道德修养的要求。"见善而怠,时至而疑,知非而处,此三者,道之所止也。柔而静,恭而敬,强而弱,忍而刚,此四者,道之所起也。故义胜欲则昌,欲胜义则亡,敬胜怠则吉,怠胜敬则灭。"④文王问太公:"主明如何?"太公回答:"以天下之目视,则无不见也;以天下之耳听,则无不闻也;以天下之心虑,则无不知也。辐凑并进,则明不蔽矣。"⑤君主要达到高度的明智,必须虚心听取不同意见。君主如何听取大臣意见呢?"勿妄而许,勿逆而拒。"应虚静应对,虚心纳谏:"神明之德,正静其极。"⑥"惟仁人能受至谏,不恶至情。"⑦尧帝就是这种具有伟大仁德的"贤君"的典范。"昔者帝尧之王天下,上世所谓贤君也。""帝尧王天下之时,金银珠玉不饰,锦绣文绮不衣,奇怪珍异不视,玩好之器不宝,淫佚之乐不听,宫垣屋室不垩,甍、桷、椽、楹不斫,茅茨偏庭不剪。鹿裘御寒,布衣掩形,粝粮之饭,藜藿之羹。不以役作之故,害民耕织之时。削心约志,从事乎无为。吏忠正奉法者,尊其位;廉洁爱人者,厚其禄。民有孝慈者,爱敬之;尽力农桑者,慰勉之。旌别淑慝,表其门闾。平心正节,以法度禁邪伪。所憎者,有功必赏;所爱者,有罪必罚。存养天下鳏寡孤独,振赡祸亡之家。其自奉也甚薄,共赋役也甚寡。故万民富乐而无饥寒之色,百姓戴其君如日月,亲其君如父母。"⑧

2. 战略地位:"兵者,国之大事"与"上战无与战"

《六韬》前两部分主要讨论"文韬",后四部分主要讨论"武略"。"武略"是应对"不得已"的情况出现必须考虑的问题。这些问题首先包括对军事的战略考量。什么是"不得已"的情况?"可杀而不杀,大贼乃发。兵势不行,

---

① 《六韬·武韬·顺启》。
② 《六韬·武韬·文启》。
③ 均见《六韬·武韬·文启》。
④ 《六韬·文韬·明传》。
⑤ 《六韬·文韬·大礼》。
⑥ 均见《六韬·文韬·大礼》。
⑦ 《六韬·文韬·文师》。
⑧ 《六韬·文韬·盈虚》。

敌国乃强。"①在如此非常的情况下,杀贼灭敌的战争就成为不以贤君圣王的意志为转移的严峻使命。"故兵者,国之大事。"②

战争这样的大事,直接关系到国家的存亡,所以必须树立"必胜""全胜"的目标和信念。"事莫大于必克。"③"全胜不斗,大兵无创。"④"善战者,不待张军;善除患者,理于未生;善胜敌者,胜于无形;上战无与战。"⑤

取胜的关键是什么呢? 就是"上知天道,下知地理,中知人事"⑥,进而上顺天道,下合地利,中合人心。"圣人征于天地之动,孰(熟)知其纪。循阴阳之道而从其候;当天地盈缩因以为常……未见形而战,虽众必败。"⑦"与人同病相救,同情相成,同恶相助,同好相趋,故无甲兵而胜,无冲机而攻,无沟堑而守。"⑧顺天应人则胜,反之则败。"天道无殃,不可先倡;人道无灾,不可先谋。必见天殃,又见人灾,乃可以谋。"⑨所以出兵打仗必须善于明察"胜负之征"。"凡三军说怿,士卒畏法,敬其将命,相喜以破敌,相陈以勇猛,相贤以威武,此强征也;三军数惊,士卒不齐,相恐以敌强,相语以不利,耳目相属,妖言不止,众口相惑,不畏法令,不重其将,此弱征也;三军齐整,阵势已固,深沟高垒,又有大风甚雨之利,三军无故,旌旗前指,金铎之声扬以清,鼙鼓之声扬以清,鼙鼓之声宛以鸣,此得神明之助,大胜之征也;行陈不固,旌旗乱而相绕,逆大风甚雨之利,士卒恐惧,气绝而不属,戎马惊奔,兵车折轴,金铎之声下以浊,鼙鼓之声湿以沐,此大败之征也。"⑩商末纣王暴虐,天怨人怨,尽显亡国之征,正是征讨的好时机:"今彼殷商,众口相惑,纷纷渺渺,好色无极,此亡国之征也。吾观其野,草菅胜谷;吾观其众,邪曲胜直;吾观其吏,暴虐残贼,败法乱刑,上下不觉。此亡国之时也。"周武王听从了太公的建议,果然"大明发而万物皆照,大义发而万物皆利,大兵发而万物皆服"。⑪

因此,《六韬》主张,战前要做好充分的准备,"上察天,下察地,征已见,乃伐之"⑫。在天、地、人三方面的战备中,人事的谋划更复杂,也更重要。它

---

① 《六韬·文韬·上贤》。
② 《六韬·龙韬·论将》。
③ 《六韬·龙韬·军势》。
④ 《六韬·武韬·发启》。
⑤ 《六韬·龙韬·军势》。
⑥ 《六韬·武韬·发启》。
⑦ 《六韬·龙韬·军势》。
⑧ 《六韬·武韬·发启》。
⑨ 《六韬·武韬·发启》。
⑩ 《六韬·龙韬·兵征》。
⑪ 均见《六韬·武韬·发启》。
⑫ 《六韬·武韬·文伐》。

们包括十二方面,如"因其(敌)所喜,以顺其志,彼将生骄,必有好事。""亲其所爱,以分其威,一人两心,其中必衰。""阴赂左右,得情甚深,身内情外,国将生害。""辅其淫乐,以广其志,厚赂珠玉,娱以美人。""收其内,间其外,才臣外相,敌国内侵。"如此等等,"十二节备,乃成武事"①。

在进行战备时,要懂得放低姿态,保持谦虚低调,切忌示强轻敌、狂妄自大。"太强必折,太张必缺。"②"鸷鸟将击,卑飞敛翼;猛兽将搏,弭耳俯伏;圣人将动,必有愚色。"③"夫先胜者,先见弱于敌而后战者也,故事半而功倍焉。"④在我方保持低调、充分准备的同时,可设法让敌方盲目逞强、掉以轻心:"夫攻强,必养之使强,益之使张。""凡攻之道,必先塞其明,而后攻其强,毁其大,除民之害。"⑤

战事瞬息万变,将帅必须拥有不受制于君主、统一号令的决定权、指挥权。"军中之事,不闻君命,皆由将出。"⑥"凡兵之道莫过乎一,一者能独往独来。"⑦"忽而往,忽而来,能独专而不制(受制)者,兵也。"⑧

建立在充分备战和必胜信念的基础上,指挥官的果敢是作战取胜的另一关键因素。"用兵之害,犹豫最大;三军之灾,莫过狐疑。""善战者……见胜则起,不胜则止……见利不失,遇时不疑……是以疾雷不及掩耳,迅电不及瞑目,赴之若惊,用之若狂,当之者破,近之者亡,孰能御之?"⑨这种果敢与必胜的自信是密切相关的,表现为不动声色的玄默和沉稳:"用莫大于玄默。"⑩"故道在不可见,事在不可闻,胜在不可知。"⑪"至事不语,用兵不言。且事之至者,其言不足听也;兵之用者,其状不足见也。""夫将有所不言而守者,神也;有所不见而视者,明也。故知神明之道者,野无衡敌,对无立国。"⑫

将帅制定的作战决策,贵在出其不意,出神入化,出奇制胜。武王问太公:"攻伐之道奈何?"太公答:"资因敌家之动,变生于两阵之间,奇正发于无

---

① 均见《六韬·武韬·文伐》。
② 《六韬·武韬·三疑》。
③ 《六韬·武韬·发启》。
④ 《六韬·龙韬·军势》。
⑤ 均见《六韬·武韬·三疑》。
⑥ 《六韬·龙韬·立将》。
⑦ 《六韬·文韬·兵道》。
⑧ 《六韬·龙韬·军势》。
⑨ 均见《六韬·龙韬·军势》。
⑩ 《六韬·龙韬·军势》。
⑪ 《六韬·武韬·发启》。
⑫ 均见《六韬·龙韬·军势》。

穷之源。""动莫神于不意,谋莫善于不识。"①"不知战攻之策,不可以语敌;不能分移,不可以语奇;不能治乱,不可以为语变。""夫两阵之间,出甲阵兵,纵卒乱行者,所以为变也;深草蓊翳者,所以逃遁也;溪谷险阻者,所以止车御骑也;隘塞山林者,所以少击众也;坳泽窈冥者,所以匿其形也;清明无隐者,所以战勇力也……"在千变万化的战术中,声东击西、攻其不备是主要战术:"兵胜之术,密察敌人之机而速乘其利,复疾击其不意。""外乱而内整,示饥而实饱,内精而外钝……阴其谋,密其机,高其垒,伏其锐。士寂若无声,敌不知我所备。欲其西,袭其东。"②

3. 军队建设:将士建设、组织建设、装备建设

如何完成出奇制胜、必胜全胜的战略任务呢?军队建设至关重要。《六韬》从将士建设、组织建设、装备建设三方面对军队建设作了系统、全面的论述。

关于军队的队伍建设,太公提出"上贤"的原则:"王人者,上贤,下不肖。"③而且主张不以世俗之毁誉为判断贤、不肖的标准,"按名督实,选才考能",使"实当其名,名当其实",将"举贤之道"落到实处,获得"用贤之实"④。

在军队人员中,"贤"首先指将领。"存亡之道,命在于将。将者,国之辅,先王之所重也。"⑤"将者,人之司命,三军与之俱治,与之俱乱。得贤将者,兵强国昌;不得贤将者,兵弱国亡。"⑥论将之道,必须确立"五材"的标准。"五材"即"勇、智、仁、信、忠"。"勇则不可犯,智则不可乱,仁则爱人,信则不欺,忠则无二心。"⑦太公还补充说:"将不仁,则三军不亲;将不勇,则三军不锐;将不智,则三军大疑;将不明,则三军大倾;将不精微,则三军失其机;将不常戒,则三军失其备;将不强力,则三军失其职。"⑧选将最值得防范的是"十过"。"所谓十过者:有勇而轻死者,有急而心速者,有贪而好利者,有仁而不忍人者,有智而心怯者,有信而喜信人者,有廉洁而不爱人者,有智而心缓者,有刚毅而自用者,有懦而喜任人者。"⑨有十过之一者,决不能任用为

---

① 《六韬·龙韬·军势》。
② 均见《六韬·龙韬·奇兵》。
③ 《六韬·文韬·上贤》。
④ 均见《六韬·文韬·举贤》。
⑤ 《六韬·龙韬·论将》。
⑥ 《六韬·龙韬·奇兵》。
⑦ 《六韬·龙韬·论将》。
⑧ 《六韬·龙韬·奇兵》。
⑨ 《六韬·龙韬·论将》。

将。另外,士兵中外表与实际不吻合,甚至背离的情况有很多,太公列举了十五种:"有严而不肖者,有温良而为盗者,有貌恭敬而心慢者,有外廉谨而内无至诚者,有精精而无情者,有湛湛而无诚者,有好谋而无决者,有果敢而不能者,有悾悾而不信者,有恍恍惚惚而反忠实者,有诡激而有功效者,有外勇而内怯者,有肃肃而反易人者,有嗃嗃而反静悫者,有势虚形劣而外出无所不至、无所不遂者。"① 从士兵中选拔将官,一定要具有"大明"的智慧,将"外貌不与中情相应者"剔除出去。同时,要从八方面考察士兵中的贤才充当军官:"一曰问之以言以观其辞,二曰穷之以辞以观其变,三曰与之间谍以观其诚,四曰明白显问以观其德,五曰使之以财以观其廉,六曰试之以色以观其贞,七曰告之以难以观其勇,八曰醉之以酒以观其态。八征皆备,则贤,不肖别矣。"② 将领带军,不仅应注意"勿以三军为众而轻敌,勿以受命为重而必死,勿以身贵而贱人,勿以独见而违众"这些大问题,而且应当注意一些细节,诸如"士未坐勿坐,士未食勿食"③、"冬不服裘,夏不操扇,雨不张盖"、"出隘塞,犯泥涂,将必先下步"、"军皆定次,将乃就舍;炊者皆熟,将乃就食;军不举火,将亦不举"④,与士卒同甘苦、共患难,激励"智者为之谋,勇者为之斗"、"士众必尽死力"⑤。此外,将领还必须善用奖惩,恩外树威:"凡用赏者贵信,用罚者贵必。"⑥"将以诛大为威,以赏小为明,以罚审为禁止而令行。故杀一人而三军震者,杀之;赏一人而万人说者,赏之。杀贵大,赏贵小。杀及当路贵重之臣,是刑上极也;赏及牛竖、马洗、厩养之徒,是赏下通也。刑上极,赏下通,是将威之所行也。"⑦

在军队人员中,士兵各有特点,有高下之分。治军举兵,须知士之高下及特点,选拔英雄充当精锐,根据特点安排合适的使命。"军中有大勇、敢死、乐伤者,聚为一卒,名曰冒刃之士;有锐气、壮勇、强暴者,聚为一卒,名曰陷阵之士;有奇表长剑、接武齐列者,聚为一卒,名曰勇锐之士;有披距伸钩、强梁多力、溃破金鼓、绝灭旌旗者,聚为一卒,名曰勇力之士;有逾高绝远,轻足善走者,聚为一卒,名曰寇兵之士;有王臣失势,欲复见功者,聚为一卒,名曰死斗之士;有死将之人子弟,欲与其将报仇者,聚为一卒,名曰敢死之士;有赘婿人虏,欲掩迹扬名者,聚为一卒,名曰励钝之士;有贫穷愤怒,欲快其

---

① 《六韬·龙韬·选将》。
② 《六韬·龙韬·选将》。
③ 《六韬·龙韬·立将》。
④ 均见《六韬·龙韬·励军》。
⑤ 均见《六韬·龙韬·立将》。
⑥ 《六韬·文韬·赏罚》。
⑦ 《六韬·龙韬·将威》。

志者,聚为一卒,名曰必死之士;有胥靡免罪之人,欲逃其耻者,聚为一卒,名曰幸用之士;有材技兼人能负重致远者,聚为一卒,名曰待命之士。"①周代战争以车战为主,到春秋战国时代骑兵作战成为主要方式。如何选拔车兵、骑兵?太公说:"选车士之法:取年四十以下,长七尺五寸以上,走能逐奔马,及驰而乘之,前后左右、上下周旋、能束缚旌旗;力能彀八石弩,射前后左右,皆便习者,名曰武车之士。"②"选骑士之法:取年四十以下,长七尺五寸以上,壮健捷疾,超绝伦等,能驰骑彀射,前后左右,周旋进退,越沟堑,登丘陵,冒险阻,绝大泽,驰强敌,乱大众者,名曰武骑之士。"③

将帅管理三军,如何组织队伍?《六韬·王翼》详细说明了三军的组织架构。太公指出:将帅应根据士兵的"殊能异技",选出七十二人作为自己的"股肱羽翼"以应天道、以备万事。具体名目及分工是:"腹心一人","总揽计谋。""谋士五人,主图安危。""天文三人,主司星历。""地利三人,主三军行止形势。""兵法九人,主讲论异同,行事成败。""通粮四人,主度饮食。""奋威四人,主择才力。""伏旗鼓三人,主伏(服)旗鼓。""股肱四人,主任重持难,修沟堑,治壁垒,以备守御。""通材三人,主拾遗补过。""权士三人,主行奇谲设殊异","行无穷之变"。"耳目七人",窥探"四方之事、军中之情"。"爪牙五人,主扬威武,激励三军。""羽翼四人,主扬名誉……以弱敌心。""游士八人……观敌之意,以为间谍。""术士二人",负责使用诡诈,假托鬼神,迷惑士众,稳定军心。"方士二人,主百药,以治金疮,以痊万病。""法算二人,主计会三军……财用出入。"此外,太公还向武王论及君主授予主将秘密指令的八种兵符④,以及国君与主将秘密通信的阴书方式⑤。

在装备建设方面,《虎韬·军用》详细阐述了军队的攻守武器的种类和数量标准。统率甲士万人,所需战车装备的标准是:名为"武冲大扶胥"的战车三十六辆,车轮高度为八尺,每车用二十四人推行,以勇猛的武士使用强弩、矛、戟在两旁护卫。名为"武翼大橹矛戟扶胥"的战车七十二辆,车轮高五尺,附设用绞车发射的连弩。名为"提翼小橹扶胥"的战车一百四十辆,装有独轮,可射连弩。名为"大黄参连弩大扶胥"的战车三十六辆。武士使用强弩、矛、戟在两旁护卫,附设两种旗帜。白天用长六尺、宽六寸的红旗,夜间用长六尺、宽六寸的白旗。名为"大扶胥冲车"的战车三十六辆,车上载

---

① 《六韬·龙韬·练士》。
② 《六韬·犬韬·武车士》。
③ 《六韬·犬韬·武骑士》。
④ 《六韬·龙韬·阴符》。
⑤ 《六韬·龙韬·阴书》。

乘武士，用来纵横冲击。名为"辎车寇骑"的战车，可发动闪电突击战。敌人乘黑夜来突袭，可用名为"矛戟扶胥轻车"的战车一百六十辆，每车上配备武士三人，打击敌人的步骑。

攻击武器的配备标准是：重十二斤、柄长五尺以上的铁棒，刃长八寸、重八斤、柄长五尺以上的长柄斧置一千二百把，重八斤、柄长五尺以上的铁锤各置一千二百把，用来打击敌人的步骑。长八寸、钩尖长四寸、柄长六尺以上的飞钩一千二百枚，用来投掷打击敌人。

防守武器的配备标准是：行马一百二十具，每具宽两丈，放在平坦开阔的地形上，用来阻碍敌方车骑的行动。木蒺藜一百二十具，设置时要高于地面二尺五寸，可以用来阻碍敌步骑行动。铁蒺藜共一千二百具，刺长四寸、宽八寸，每具长六尺以上，布于隘路、小道上。地罗一万二千具，每具芒尖相距二寸，防备敌人黑夜来袭。名为"方胸铤矛"的障碍物共一千二百具，布在旷野深草地区，布设的方法是使它高出地面一尺五寸。名为"铁械锁参连"的障碍物共一百二十具，布设在隘路、小道和低洼的地形上。名为"天罗虎落锁连"的障碍物共一百二十具，每具宽一丈五尺，高八尺。守卫营门，用矛、戟、小橹十二具，并附设绞车连弩。

万人军队，还需要装备强弩六千张，戟和大盾两千套，矛和盾两千套，以及修理作战器具和制造兵器的能工巧匠共三百人。

如此等等，不一一列述。

《六韬》还指出：农具与战具是可以相互转换的。发生战争时，农具可为战具。"战攻守御之具尽在于人事。耒耜者，其行马蒺藜也；马牛车舆者，其营垒蔽橹也；锄耰之具，其矛戟也；蓑薜簦笠者，其甲胄干盾也；镢锸斧锯杵臼，其攻城器也；牛马所以转输，粮用也；鸡犬，其伺候也；妇人织纴，其旌旗也；丈夫平壤，其攻城也；春钹草棘，其战车骑也；夏耨田畴，其战步兵也；秋刈禾薪，其粮食储备也；冬实仓廪，其坚守也。"不仅农具与武器可以相互转换，"田里相伍，其约束符信也；里有吏，官有长，其将帅也；里有周垣，不得相过，其队分也；输粟收刍，其廪库也；春秋治城郭，修沟渠，其堑垒也。"可见，"用兵之具，尽在于人事也"。"善为国者，取于人事"，"是富国强兵之道也"①。

4. 战术思想："三阵""十四变""十胜九败"

《六韬》还论及许多具体的战术原则。

用兵布阵，应结合天、地、人的条件和情况，此称"三阵"。"日月、星辰、

---

① 均见《六韬·龙韬·农器》。

斗杓,一左一右,一向一背,此谓天陈;丘陵水泉,亦有前后左右之利,此谓地陈;用车用马,用文用武,此谓人陈。"①根据日月、星辰、北斗星在我方前后左右的具体位置来布阵,是天阵;利用丘陵水泽等地形条件来布阵,是地阵;根据所使用的战车、骑兵等兵种和政治诱降或武力攻取等不同战法布阵,是人阵。

当时的战争是车兵、骑兵、步兵各兵种协同配合的战争。车、骑、步兵在平坦地形上作战的法则是:一辆战车可以抵挡步兵八十人,八十名步兵可以抵挡一辆战车;一名骑兵可以抵挡步兵八人,八名步兵可以抵挡一名骑兵;一辆战车可以抵挡骑兵十人,十名骑兵可以抵挡一辆战车。在险阻地形上作战的法则是:一辆战车可以抵挡步兵四十人,四十名步兵可以抵挡一辆战车;一名骑兵可以抵挡步兵四人,四名步兵可以抵挡骑兵一人;一辆战车可以抵挡骑兵六人,六名骑兵可以抵挡战车一辆。战车和骑兵,是军队中最具有威力的战斗力量,十辆战车可以击败敌人千名,百辆战车可以击败敌人万名。十名骑兵可以击败敌人百名,百名骑兵可以击败敌人千名。

战车应配备的军官数量是,五辆战车设一长,十辆战车设一吏,五十辆战车设一率,百辆战车设一将。战车在平坦地形上作战的方法是:五辆战车为一列,每列前后相距四十步,每辆左右间隔为十步,每队的前后距离和左右间隔各六十步。在险阻地形上车战的方法是:战车必须沿着道路前进,十辆战车为一聚,二十辆战车为一屯。车与车前后距离二十步,左右间隔六步。队间的前后距离和左右间隔各三十六步。

骑兵应配备的军官数量是:五名骑兵设一长,十名骑兵设一吏,百名骑兵设一率,二百名骑兵设一将。在平坦地形上骑兵作战的方法是:五骑为一列,每列前后相距二十步,每骑左右间隔四步,队与队之间的前后距离和左右间隔为五十步。在险阻地形上骑兵作战的方法是:每列前后相距十步,左右间隔二步,队间距离和左右间隔各二十五步。三十名骑兵为一屯,六十名骑兵为一辈,每十名骑兵设一吏,活动范围前后左右各百步②。

骑兵的战法有"十胜九败"之说。"十胜"指:敌人刚到,行列阵势还未稳定,前后不相衔接,我军可立即用骑兵击破敌先头骑兵部队,夹击其两翼;敌人行列阵势整齐坚固,士兵斗志高昂,我方骑兵可缠住敌人两翼不放,时而奔驰过去,时而奔驰回来,从白天战至黄昏,不断更换旗帜,改变服装,使敌人惊恐疑惑;敌人行阵不坚固,士卒没有斗志,可用骑兵进逼敌人的正面

---

① 《六韬·虎韬·三阵》。
② 以上据《六韬·犬韬·均兵》。

和后方,袭击其左右,夹击其两翼;敌人日暮回营,军心恐惧,可用骑兵夹击其两翼,袭击其后尾,逼近其营垒的入口,阻止其进入营垒;敌人没有险阻地形可以固守,我骑兵可长驱深入,切断敌人粮道,使敌人陷入饥饿;敌人处于平坦地形,四面都易遭受攻击,我方骑兵可协同战车攻击;敌人败逃,士卒散乱,我方骑兵可从两翼夹击,或从前后袭击;敌人日暮返回营垒,部队众多,队形混乱,可令我方骑兵十人为一队,百人为一屯,战车五辆为一聚,十辆为一群,多插旗帜,配备强弩,扫击其两翼,或断绝其前后。以上是骑兵作战十种取胜的战机。"九败"指:凡是我方骑兵攻击敌人而不能攻破敌阵,敌人假装逃跑而用战车和骑兵攻我后方,这是骑兵作战上的"败地";追击败逃之敌,越过险阻,长驱深入而不停止,敌人埋伏在我左右两旁,断绝我的后路,这是骑兵作战上的"围地";前进后不能退回,进入后不能出来,这叫作陷入天井之内,困于地穴之中,这是骑兵作战上的"死地";前进的道路狭隘,退归的道路迂远,敌人可以弱击强,以少击多,这是骑兵的"没地";大涧深谷,林木茂盛,活动困难,这就是骑兵作战上的"竭地";左右两边有水,前面有大山,后面有高岭,我军在两水之间同敌作战,敌人内守山险,外居水要,这是骑兵作战上的"艰地";敌人断我后方粮道,我军只能前进而没有退路,这是骑兵作战上的"困地";低洼泥泞,沼泽遍布,进退困难,这是骑兵作战上的"患地";左有深沟,右有坑坎,高低不平,看似平地,进退都会招致敌人袭击,这就是骑兵作战上的"陷地"。上述九种情况,都是骑兵作战应当竭力注意回避的[①]。

步兵与战车、骑兵作战的方法是怎样的?步兵与战车、骑兵作战,必须依托丘陵、险阻的地形列阵,把长兵器和强弩配置在前面,把短兵器和弱弩配置在后面,轮流战斗,更番休整。敌人战车和骑兵大量到达时,我即坚守阵地,顽强战斗,并派猛士强弩戒备后方[②]。

在什么样的情况下对敌军发起攻击呢?当十四种不利于敌人的情况出现时,就可以发起攻击,取得胜利。此称"十四变":"夫欲击者,当审察敌人十四变,变见则击之,敌人必败。"这十四种情况是:敌军刚集结而立足未稳;敌军人马没有进食,处于饥饿状态;气候季节对敌人不利;地形对敌人不利;敌人仓促奔走、行军赶路;敌人缺乏戒备;敌人疲劳倦怠;敌军将领离开士卒,军中失去指挥;敌人长途跋涉后;敌军渡河过程中;敌军忙乱不堪时;

---

① 《六韬·犬韬·战骑》。
② 《六韬·犬韬·战步》。

敌军通过险阻隘路时；敌人行列散乱不整时；敌人军心恐惧不安时①。

如何以少击众、以弱击强？太公说："以少击众者，必以日之暮，伏于深草，要之隘路；以弱击强者，必得大国而与，邻国之助。"②

如何在险要的地方与敌人作战？太公回答：在险要地带作战的一般方法是，把武冲战车配置在前，以大盾牌为防护，用材士强弩保障我军左右两翼。每三千人为一屯，编成进攻性阵形，配置在便于作战的地形上。作战时，左军用于左翼，右军用于右翼，中军用于中央，三军并肩攻击，向前推进。已战的部队回到原屯驻之处休整，未战的依次投入战斗，轮番作战，轮番休息，直到取得胜利为止③。

当遇到"敌人围我，断我前后，绝我粮道"的情况时怎么办？太公说："暴用之则胜，徐用之则败。如此者，为四武冲陈，以武车骁骑，惊乱其军，而疾击之，可以横行。"④"必出之道，器械为宝，勇斗为首。"⑤如果我军已成功突出重围，还想乘势击败敌军，又该怎么办？太公回答：以我左军迅速向敌左翼发起攻击，以我右军迅速向敌右翼发起攻击，不要和敌人争夺道路以免分散兵力，同时以我中军向敌轮番突击，或击其前，或抄其后⑥。

领兵深入敌国境内，突然遭遇强敌，我军纷纷逃跑，怎么办？太公说："如此者，谓之'败兵'。善者以胜，不善者以亡。"取胜的办法是：埋伏材士强弩，把战车和骑兵配置在左右两翼，伏击地点一般放在距离我主力前后约三里的地方。敌人如果前来追击，就出动我的战车和骑兵，攻击敌人的左右两侧，这样，敌军就会陷于混乱，我逃跑的士卒就会停止逃跑。敌我双方的战车和骑兵相遇，敌众我寡，敌强我弱。敌人前来进攻，阵势整齐，士卒精锐。我方与敌人对阵，难以抵挡敌军进攻，应该怎么办？太公回答：在这种情况下，应挑选我军的材士强弩，埋伏在左右两侧，并把战车和骑兵布成坚固的阵势进行防守。当敌人通过我埋伏的地方时，就用密集的强弩射击敌人的左右两翼，并出动战车和骑兵以及勇锐部队猛烈地攻击敌军，或攻击敌人的正面，或攻击敌人的侧后。这样，敌人虽然众多，也必定会被我打败⑦。

如此等等，论述很详细，兹不一一详列。

综上所述，不难看出，出自太公、经战国时人润色的《太公六韬》从政治

---

① 《六韬·犬韬·武锋》。
② 《六韬·豹韬·少众》。
③ 《六韬·豹韬·分险》。
④ 《六韬·虎韬·疾战》。
⑤ 《六韬·虎韬·必出》。
⑥ 《六韬·虎韬·疾战》。
⑦ 《六韬·豹韬·敌武》。

论述到军事,从战略论述到战术,从军队的队伍建设、人员建设论述到组织建设、装备建设,全面、丰富、深刻,堪称一部"军事百科全书"①,在中国古代军事思想史上具有相当重要的指导意义。

二、《司马法》：德治为本、战争为权

"司马",据《尚书·周书》和《周礼·夏官》可知,是周代特有的军事官职。周代的"司马"有不同的称谓,分别由不同级别的官员担任:"大司马,卿一人(担任);小司马,中大夫二人;军司马,下大夫四人;舆司马,上士八人;行司马,中士十有六人。"其中,"大司马"由位居一品的"卿"一人担任。《周礼·夏官·司马第四》云:"大司马之职,掌建邦国之九法,以佐王平邦国。……以九伐之法正邦国。"韦昭《辨释名》解释说:"大司马:马,武也,大总武事也,大司马掌军。"可见"大司马"是周代对中央政府最高军事长官的称呼。"司马法",即司马论述军事法令的兵书。流传至今的《司马法》,据说是周初姜太公的著作,春秋末期齐国大司马田穰苴加以诠释、"申明"过。唐朝李靖曾指出:"周《司马法》,本太公者也。太公既没,齐人得其遗法。"这个"齐人"主要指齐景公时期的大司马田穰苴,以及齐桓公时期的王子成父、春秋末期的孙武。司马迁《史记·太史公自序》记载说:"自古而有《司马法》,穰苴能申明之。""《司马法》所从来尚矣,太公、孙(武)、吴(起)、王子(成父)能绍而明之。"姜太公曾担任周文王的大司马,留下一部《司马法》。"王子"即王子成父的省称,春秋中叶周桓王次子。原为东周都城洛邑王城的城父(古文通假,称为成父,相当于首都警备区司令)。后避乱奔齐,经管仲推荐,为齐国大夫,升任大司马,成为齐桓公手下第一大将。穰苴主要活动于齐景公时期。本姓田,因率齐军击退晋、燕入侵之军,被景公封为大司马,子孙后世称司马氏,他也被称为"司马穰苴"。姜太公死后,齐国的军事家王子成父、司马穰苴、孙武及卫国的军事家吴起都曾"得其遗法"而加以发展,但他们继承、申明的《司马法》都没能保留下来。到了战国中期,齐威王"用兵行威,大放(仿)穰苴之法,而诸侯朝齐"。他"使大夫追论古者《司马兵法》,而附穰苴于其中,因号曰《司马穰苴兵法》"②。我们现在看到的《司马法》三卷五篇,是司马田穰苴"申明"、阐释的姜太公的《司马兵法》。据《汉书·艺文

---

① [美]凯德·史密斯:《如何读〈六韬〉》,陈曦译注《六韬》,中华书局 2018 年版,第 1 页。
② 《史记·司马穰苴列传》。

志》记载,《司马法》原有150篇。司马迁读到的,可能就是这个全篇,所以他感叹说:"余读《司马兵法》,闳廓深远,虽三代征伐,未能竟(穷)其义。"①但是到了唐初《隋书·经籍志》的著录中,《司马法》只有三卷。现在看到的《司马法》为三卷五篇,显然是残篇。由于是经过司马穰苴"申明"的古代《司马兵法》,所以,《隋书·经籍志》《旧唐书·经籍志》《新唐书·艺文志》《宋史·艺文志》等均将此书的作者题为司马穰苴。

东汉以后,马融、郑玄、曹操等人的著作中,都曾将《司马法》作为重要文献资料加以征引,以此考证西周和春秋时期的军制。晋唐之间,杜预、贾公彦、杜佑、杜牧等人,也多以《司马法》为立说的根据。但到了清代,考据学盛行,文人自恃高明,将上古的信书疑为伪书蔚成风气,《司马法》也难幸免,被姚际恒、龚自珍等人疑为伪书。但对他们所质疑的问题详加考查,显然根据不足。今天学界一般认同司马迁《史记》的记载,认为《司马法》"成书于齐威王时代"②,是齐威王派人追论司马穰苴阐释的姜太公《司马兵法》的产物。该书第一、二篇在阐述某种思想时往往标记是"古者"所说,第三至第五篇语言风格佶屈聱牙,与春秋时期的子书文风有明显差别,加之该书从政治的角度讨论军事、主张以仁义治军的思想与《太公六韬》完全吻合,因此,笔者认为,将《司马法》看作是周初姜太公的思想似乎更为合适。《司马法》与《六韬》可以相互参看,互为佐证。

《司马法》在古代军事著作中拥有崇高的地位。宋神宗元丰三年,该书被收入《武学七书》;清康熙四十八年,被收入《武经三书》,成为将校的必读书。

那么,这部反映着周初姜太公思想的《司马法》到底讲了什么呢?③

1. 战争的历史由来:"以义治之之谓正,正不获意则权"

上古以三皇五帝为标志的时代是原始公有制时代。这是一个为后代儒家和道家津津乐道、十分向往的"大同"时代、"至德"之世。"大道之行也,天下为公,选贤与能,讲信修睦。故人不独亲其亲,不独子其子,使老有所终,壮有所用,幼有所长,矜、寡、孤、独、废疾者皆有所养,男有分,女有归。"④"小国寡民……虽有甲兵,无所陈之……至治之极。甘其食,美其服,安其居,乐其俗。"⑤"不尚贤,使民不争;不贵难得之货,使民不为盗;不见可欲,使民心

---

① 《史记·司马穰苴列传》。
② 陈曦译注:《司马法》前言,《吴子 司马法》,中华书局2018年版,第204页。
③ 本节发表于《武汉科技大学学报》2021年第6期。
④ 《礼记·礼运》。
⑤ 《老子》第七十五章。

不乱。是以圣人之治,虚其心,实其腹,弱其志,强其骨。常使民无知无欲,使夫知者不敢为也。为无为,则无不治。"①因此,《司马法》指出:人人相亲相爱的"仁",是古来政治的根本:"古者,以仁为本。"②"以仁为本"是取法天地、先圣的必然选择。因为"天地之大德曰生"③,"生生"就是最大的"仁"。而"先圣"如三皇五帝,个个都造福人类、普施仁爱:"先王之治,顺天之道,设地之宜,官司之德,而正名治物,立国辨职,以爵分禄,诸侯说怀,海外来服,狱弭而兵寝,圣德之治也。"④"圣德之治"的最大特点,是以德治教化为主,而不是以刑罚暴力为主。"古之教民,必立贵贱之伦经,使不相陵。德义不相逾,材技不相掩,勇力不相犯,故力同而意和也。……既致教其民,然后谨选而使之。事极修,则百官给矣;教极省,则民兴良矣;习惯成,则民体俗矣,教化之至也。""古者贤王,明民之德,尽民之善,故无废德,无简(怠慢)民,赏无所生,罚无所试。"⑤《司马法》以此告诫周代天子:"天子"的天职和本分,是"取法天地而观于先圣"⑥,"以仁为本",实行德治。

不过,从古至今,随着时代的变化,"先圣""先王"的德治效果日益受到挑战。"古者贤王,明民之德,尽民之善,故无废德,无简(简慢)民(没有败坏道德的事,也没有不守法度的人),赏无所生,罚无所试。"虞舜的时代就属于这样的"至德"之世,不用赏罚,老百姓就会自觉做好事,不做坏事,更不需要什么武力手段。"有虞氏不赏不罚,而民可用,至德也。"到了夏代,情况就发生了微妙的变化。夏人有了功利之心,做好事需要朝廷奖赏了。"夏赏于朝,贵善也。"但这时道德教化做得很好,无人有意干坏事,所以"夏赏而不罚,至教也";"夏后氏正其德也,未用兵之刃,故其兵不杂"。夏禹用德取天下,没有使用武力,所以当时兵器种类比较简单。到了殷代,只奖不罚不管用了,因为社会的道德风气不那么好了,各种伤天害理之事层出不穷,所以朝廷的工作重心不是奖励人行善,而是惩罚人作恶,所以"殷罚而不赏,至威也","殷戮于市,威不善也"。由于诸侯国之间出现了争夺利益的不义战争,因而,殷朝举起了"正义"的大旗,开始用军事手段讨伐、平定不义战争:"殷义也,始用兵之刃矣。"到了周代,社会的道德风气进一步恶化,诸侯国内的篡位斗争和诸侯国之间的兼并战争此起彼伏,所以天子不仅必须赏罚并行,

---

① 《老子》第八十一章。
② 《司马法・仁本》。陈曦译注《吴子・司马法》,中华书局2018年版,下同。
③ 《周易・系辞传下》。
④ 《司马法・仁本》。
⑤ 《司马法・天子之义》。
⑥ 《司马法・天子之义》。

而且必须大张旗鼓地发展和加强军力建设。"周以赏罚,德衰也。""周赏于朝,戮于市,劝君子惧小人也。""周力也,尽用兵之刃矣。"尽管夏、殷、周三代天子治理天下的手段不一,但目标是一致的,即都是为了维护人人相安相爱、社会和谐稳定的德治状态,所谓"三王彰其德,一也"。由此可见:"以义治之之谓正,正不获意则权。"崇尚仁义的德治是人类社会本来的政治常态,使用暴力的战争是世风浇薄、德治无法达到目的时采取的权宜之变。它说明:战争是政治的一个不可或缺的组成部分,是德治仁政的保障和延续。周代就处于这样一个世风浇薄、德治未必奏效的时代,尽管一方面制礼作乐,加强道德教化,反对穷兵黩武,另一方面,也反对把德治仁政与暴力战争对立起来,放弃武装,忘记战争。所以《司马法》对周天子提出了一个全面、辩证的著名命题:"故国虽大,好战必亡;天下虽安,忘战必危。"[1]

《司马法》关于战争由来的历史回顾至关重要。它一方面论证了在崇尚德治的周代加强军力武装和战争准备的必要性,另一方面从历史由来的角度揭示了战争作为维护德治的保障和补充的正义性、合理性,从而形成了以德治兵的义战思想,与《太公六韬》中的"仁义为本""战为不得已"的思想是一致的。

2. 战争的道德原则:"以礼为固,以仁为胜"

战争是以杀敌为目的、以杀人为特征的。它如何与德治相统一,具有仁义的道德正当性、合法性呢?一句话,就是战争要以"爱民""安人"为依据。"爱其民"而"攻其国","攻之可也";"杀人(以)安人,杀之可也";"以战止战,虽战可也"[2]。"爱民"的实质是"仁"。只有以爱护本国和敌国人民生命的"仁"为战争的道德原则,才能赢得民心拥戴,取得战争胜利。这就叫"以仁为胜"[3]。"战道:不违时,不历民病,所以爱吾民也;不加丧,不因凶,所以爱夫其民也;冬夏不兴师,所以兼爱其民也。"[4]不违背农时,不在疾病流行时兴兵作战,不在冬夏两季兴师出兵,不乘敌人国丧时去进攻它,也不趁敌国灾荒时去进攻它,为的是爱护双方的民众。"不穷不能而哀怜伤病,是以明其仁也。"[5]战争中不杀丧失战斗力的敌人,体恤敌方的伤病人员,也是为了体现"仁"的原则。

---

[1] 均见《司马法·天子之义》。
[2] 《司马法·仁本》。
[3] 《司马法·天子之义》。
[4] 《司马法·仁本》。
[5] 《司马法·仁本》。

"礼"是贯彻"仁"的外在规范。尚"仁"必守"礼",因此,"以礼为固"成为正义战争的另一道德原则。"古者,逐奔不远,纵(追)绥(退却)不及。"古人用兵,追击溃逃的敌人不会太远,追击退却的敌人也不会迫近。为什么?为的是体现"以礼为固"的原则①。"古者,逐奔不过百步,纵绥不过三舍(一舍三十里),是以明其礼也。"②古时候,追击溃逃的敌人不超过一百步,追踪主动退却的敌人不超过九十里,这是为了表示"礼"。

"以礼为固,以仁为胜"是周代战争原来规定的两大道德原则。"仁""礼"之外,《司马法》又提出"信、义、勇、智",与"仁""礼"一起,作为治军"六德":"……成列而鼓(击),是以明其信也;争义不争利,是以明其义也;又能舍(赦免)服(投降之敌),是以明其勇也;知终知始,是以明其智也。"③"信"要求等敌人布阵完毕再发起进攻。"义"反对为争夺个人或本国利益发动战争。"勇"体现为赦免降服之敌。"智"则意味着能够预见战争开始和结局。"礼""仁""信""义""勇""智""六德以时合教,以为民纪之道也,自古之政也。"④不失时机地对士兵进行"礼、仁、信、义、勇、智"的六德教育,以此约束军队,是自古以来的军政要义。

周初朝廷规定的"仁""礼""信""勇"等战争的道德原则,虽然在春秋之后的实战中遭到破坏,但还是可以看到其余存。比如春秋中叶的宋襄公在与楚军的泓水之战中的表现即是典型的例证。在讨伐郑国的战斗中,宋军与救郑的楚兵在泓水作战。楚兵人多势众,宋襄公本可在楚兵渡河途中或渡河结束后立足未稳之际出击制胜,但他坚守"古之为军""不以阻隘""不鼓不成列"的"礼制""仁义"原则,不凭借险隘的地形阻击敌人,不攻打没有排好阵的军队,坚持等楚兵渡完河、列好阵后再与之开战,而且坚持"不重伤""不禽二毛"的"君子"原则,不杀害伤员,不擒获老人,结果大败受伤。尽管他受到司马子鱼的批评,但他仍然不改初衷⑤。今天的读者几乎一概赞同司马子鱼的批评意见,认为宋襄公很迂腐愚蠢,其实宋襄公坚守的恰恰是周初军政规定的道德原则和正义原则。

从"杀人安人""以战止战"的仁德原则出发,《司马法》向周代"贤王"提出"兴甲兵以讨不义"和"诛有罪"的义战主张⑥。"凭弱犯寡,则眚(省

---

① 均见《司马法·天子之义》。
② 《司马法·仁本》。
③ 《司马法·仁本》。
④ 《司马法·仁本》。
⑤ 《左传·僖公二十二年》。
⑥ 《司马法·仁本》。

也,削弱)之;贼贤害民,则伐之;暴内陵外,则坛(堙也,废除)之;野荒民散,则削之;负固不服,则侵之;贼杀其亲,则正(征)之;放弑其君,则残之;犯令陵政,则杜(绝)之;外内乱,禽兽行,则灭之。"①凡恃强欺弱、虐贤害民、残杀至亲、篡位弑君、让田野抛荒民众逃散、违犯法令不守法度、仗恃险固拒不从命、对内暴虐对外霸凌、内外淫乱行同禽兽的,都属"有罪"的"不义"之举,就可以而且应当从仁义出发,发动正义之战,讨伐、削弱、消灭他们。

战争为什么要贯彻仁、义、礼、智、勇、信的道德原则?因为战争不仅是德治的延续和必要的组成部分,而且,遵守道德原则是赢得军心民心、最终取胜的根本:"唯仁有亲。"②"故仁见亲,义见说(喜爱),智见恃,勇见身(效法),信(诚信)见信(信任)。内得爱焉,所以守也;外得威焉,所以战也。"③这种"以礼为固,以仁为胜"、"六德"并重的战争观,奠定了正义之师乃是王者之师的军事思想。这种思想对后世的军事思想影响极为深远。

3. 战略战术:五虑、智勇、军患、权变

《司马法》的第一篇为《仁本》,第二篇为《天子之义》,主要论述了战争是德治的延续,周代必须不忘战备,加强武装,同时必须坚持义战的道德原则。另三篇为《定爵》《严位》《用众》,具体讨论了战争的战略战术问题。

关于战争的要素,《定爵》指出:"凡战……顺天、阜财、怿众、利地、右兵,是谓五虑。""顺天"又叫"因时""作事时",即顺应天时,"时日不迁"。"利地"又叫"因地",指依托地利。"阜财"又表述为"有财""因财",指作战必须依托充足的物资保障。"怿众"又叫"称众""乐人",指"作兵义""使人惠",调动军心,齐心协力。"右兵"指做好武器装备建设。"兵不杂则不利。"要"五兵五当",让各种武器配合使用。"长以卫短,短以救长。"④"长兵以卫,短兵以守。太长则难犯,太短则不及。太轻则锐,锐则易乱;太重则钝,钝则不济。"⑤"凡战……以甲固,以兵胜。凡车以密固,徒以坐固,甲以重固,兵以轻胜。"⑥

战争既需要勇敢,也需要智谋。"凡战,智也;斗,勇也。"⑦在战争之初要

---

① 《司马法·仁本》。
② 《司马法·定爵》。
③ 《司马法·仁本》。
④ 《司马法·定爵》。
⑤ 《司马法·天子之义》。
⑥ 《司马法·严位》。
⑦ 《司马法·定爵》。

"以智决",走上战场要"以勇斗"①。"凡战,教约人轻死,道约人死正。"②如何使人在战场上勇于牺牲、视死如归呢?"凡人……死义,死利。"③"荣、利、耻、死,是谓四守。"④既要从道义、荣耻方面激励士兵,也要从利益方面激励士兵。如何激励士兵"以仁救,以义战""以利劝,以功胜"呢⑤?重要措施之一是实行公正的赏罚。"赏不逾时,欲民速得为善之利也;罚不迁列,欲民速规为不善之害也。"⑥《司马法》同时指出:赏罚不是万能的,大赏大罚也会产生炫耀功劳、推诿过错的争斗之心,所以在大捷大败时,要提倡超越赏罚的礼让精神。"大捷不赏,上下皆不伐(炫耀)善。上苟不伐善,则不骄矣。下苟不伐善,必亡等矣。上下不伐善若此,让之至也。""大败不诛,上下皆以不善在己。上苟以不善在己,必悔其过;下苟以不善在己,必远其罪。上下分恶若此,让之至也。""让以和,人以洽……其心,效其力。"⑦

战争的胜利是三军将士通力协作的结果。所以,团结一致对于胜利很重要。"凡胜,三军一人,胜。""将军,身也;卒,支也;伍,指拇也。"在战争中,"不服、不信、不和、怠、疑、厌、慑、枝、拄、诎、顿、肆、崩、缓,是谓战患。""骄傲、慴慴、吟旷、虞惧、事悔,是谓毁折。"对上级不服从、不信任,彼此不和、怠忽职守、互相猜疑、厌恶作战、胆小怯懦、军心涣散、互相责难、委屈难伸、疲劳困顿、肆无忌惮、分崩离析、纪律松弛,这些都是作战的祸患。骄傲轻敌,或恐惧怯敌,吵吵闹闹,军心惶恐,朝令夕改,这些都会导致军队的覆灭。"凡治乱之道,一曰仁,二曰信,三曰直,四曰一,五曰义,六曰变,七曰专。"⑧治乱的方法,一是仁爱,二是信誉,三是正直,四是统一,五是道义,六是权变,七是集中指挥。

战争之前,要做好充分的准备。"书亲绝,是谓绝顾之虑;选良次兵,是谓益人之强;弃任节食,是谓开人之意:自古之政也。"⑨要禁绝士卒与亲人通信,以断绝他们后顾之忧;要选拔优秀人才,安排合适兵器,提高军队的战斗力;要舍弃笨重装备,少背粮食,以激发士卒死战的决心。

要注意出兵的时机,把握好军队休整的节奏。"凡战,先则弊,后则慑;

---

① 《司马法·严位》。
② 《司马法·严位》。
③ 《司马法·严位》。
④ 《司马法·定爵》。
⑤ 《司马法·严位》。
⑥ 《司马法·天子之义》。
⑦ 均见《司马法·严位》。
⑧ 均见《司马法·定爵》。
⑨ 《司马法·用众》。

息则怠,不息亦弊,息久亦反。"①出兵过早,易使士兵疲惫;行动过迟,易使军心畏怯。只注意军队休息,会使其懈怠;总不休息,又会使军队疲困;但休息久了,反而会产生怯战心理。

在利用天时地利方面,要注意"背风背高,右高左险;历沛历圮,兼舍环龟"②。即要注意背着风向、背靠高地,右边依托高地、左边依靠险要,遇着沼泽地和崩塌地,要迅速通过,宿营要选择四面有险可守、中间较高的地形。

作战之初,要善于观察、发现敌人的弱点,懂得乘虚而入。"凡战,众寡以观其变,进退以观其固,危而观其惧,静而观其怠,动而观其疑,袭而观其治。击其疑,加其卒,致其屈,袭其规。因其不避,阻其图,夺其虑,乘其惧。"③用或多或少的兵力试探,观察敌军的变化;用忽进忽退的行动,观察敌军的阵势是否稳固;迫近、威胁敌人,看其是否惊恐;按兵不动,看其是否懈怠;进行佯动,看其是否疑惑;突然截击,看其阵容是否安整。从而在敌人犹豫不决的时候发动打击,在敌人仓促无备的时候发动进攻,在敌人处于劣势时乘胜追击,把敌人的阵势部署彻底打乱。利用敌人冒险轻进的错误,阻止并粉碎他们的计划,在其军心恐惧溃散时,将其彻底歼灭。"凡战,击其微静,避其强静;击其疲劳,避其闲窕;击其大惧,避其小惧,自古之政也。"④要注意进攻骚动不安的敌人,避开镇定自若的敌人;进攻疲惫劳顿的敌人,避开充分休整的敌人;进攻惊恐万状的敌人,避开有所戒备的敌人。

要注意双方兵力的对比,促使其往对自己有利的方向转化。"大小、坚柔、参伍、众寡,凡两,是谓战权。"⑤声势的大小,战法的刚柔,队伍的编组,兵力的多少,都必须从利害两个方面因势利导加以考虑,不可一概而论,死守教条,这是作战的权变。"凡战:以轻行轻则危,以重行重则无功,以轻行重则败,以重行轻则战,故战相为轻重。"⑥一般作战,使用小部队对敌小部队便有危险,使用大部队对敌大部队就会无功而返,使用小部队对敌大部队就注定要失败,使用大部队对敌小部队就可战而胜之。所以,作战是双方兵力对比较量的权衡考量。"凡近敌都,必有进路,退必有反虑。"⑦当即将取胜、迫近敌人都城的时候,要研究好进军的道路;退却的时候,也一定要预先考虑好后退的方案。

---

① 《司马法·用众》。
② 《司马法·用众》。
③ 《司马法·用众》。
④ 《司马法·严位》。
⑤ 《司马法·定爵》。
⑥ 《司马法·严位》。
⑦ 《司马法·用众》。

值得说明的是,《司马法》作为后人整理的司马穰苴"申明"的姜太公兵法的残篇,语言风格前后不是很统一,思想内容前后也不是很统一。《仁本》《天子之义》语言表述比较通俗易懂,经过战国时人整理的痕迹比较明显;《定爵》《严位》《用众》构词用语比较古奥难解,保留着周初兵法原貌的可能性较大。《定爵》《严位》中讲到的许多概念是相互包含的,逻辑上并不统一;某些论述明显自相矛盾,如一方面讲"古者,逐奔不远"①,"不过百步"②,另一方面又说"凡从奔勿息"③,主张追击逃跑的敌人不要停息。这些都是我们在理解《司马法》思想时应当注意的。

三、《孙子兵法》:"兵者诡道""上兵伐谋"

《孙子兵法》中的"孙子",指孙武(约公元前 545—约前 470 年),字长卿,春秋末期齐国人。后由齐至吴,经吴国重臣伍子胥举荐,向吴王阖闾(一作阖庐)进呈所著兵书,受到重用,成为吴国将军。曾率领吴军打败强楚、攻克郢都,威镇齐晋,名显诸侯。对此,《史记·孙子吴起列传》曾有生动记载:

> 孙子武者,齐人也,以兵法见于吴王阖闾。阖闾曰:"子之十三篇,吾尽观之矣,可以小试勒(统率)兵乎?"对曰:"可。"阖庐曰:"可试以妇人乎?"曰:"可。"于是许之。出宫中美女,得百八十人。孙子分为二队,以王之宠姬二人各为队长,皆令持戟。令人曰:"汝知而心与左右手、背乎?"妇人曰:"知之"。孙子曰:"前,则视心;左,视左手;右,视右手;后,即视背。"妇人曰:"诺。"约束既布,乃设铁(铡刀,用作腰斩的刑具)钺,即三令五申之。于是鼓之右,妇人复大笑。孙子曰:"约束不明,申令不熟,将之罪也。"复三令五申而鼓之左,妇人复大笑。孙子曰"约束不明,申令不熟,将之罪也;既已明而不如法者,吏士之罪也。"乃欲斩左右队长。吴王从台上观,见且斩爱姬,大骇。趣使使下令曰:"寡人已知将军能用兵矣。寡人非此二姬,食不甘味,愿勿斩也。"孙子曰:"臣既已受命为将,将在军,君命有所不受。"遂斩队长二人以徇(示众)。用其次为队

---

① 《司马法·仁本》。
② 《司马法·天子之义》。
③ 《司马法·用众》。

长,于是复鼓之。妇人左右前后跪起皆中规矩绳墨,无敢出声。于是孙子使使报王曰:"兵既整齐,王可试下观之,唯王所欲用之,虽赴水火犹可也。"吴王曰:"将军罢休就舍(回到宾馆),寡人不愿下观。"孙子曰:"王徒好其言,不能用其实。"于是阖闾知孙子能用兵,卒以为将。西破强楚,入郢,北威齐晋,显名诸侯,孙子与有力焉。

《史记·伍子胥列传》复记云:"当是时,吴以伍子胥、孙武之谋,西破强楚,北威齐晋,南服越人。"

《孙子兵法》就是孙武实战经验的总结。关于该书的成书时间,据《史记·伍子胥列传》记载,阖闾三年(公元前512年)吴伐楚时,孙武已为吴将军。孙武与吴王阖闾会晤的时间,当在此之前。而在会晤以前阖闾就读过《孙子兵法》十三篇,可知《孙子兵法》的成书时间应当在会晤之前。

关于孙武的生平事迹,先秦史籍仅《荀子》《韩非子》等书偶有涉及。《史记》关于孙武的记载较详,但未涉及籍贯、世系、结局等细节。于是自宋代起,产生了孙子是否实有其人、《孙子兵法》是否是伪作的疑古论。叶适断言《孙子兵法》是"春秋末战国初山林处士所为,其言得用于吴者,其徒夸大之说也"[1]。当代学者钱穆也煞有介事地说:"《孙子》十三篇,洵非春秋时书。齐人则自齐之孙膑而误。"[2]1972年银雀山汉墓竹简《孙子兵法》与《孙膑兵法》的出土,辨伪学人的观点不攻自破。要之,现存《孙子兵法》的军事思想来自孙武的创造,但在流传、定型的过程中可能掺杂着后人的增删与修改[3]。

《孙子兵法》共十三篇,六千多字,集中探讨战争规律、总结作战经验。全书强调了战争胜利"不取鬼神""经以五事"的基本原则,分析了"兵者诡道"的战争特点,提出了"上兵伐谋""不战而屈人之兵"的"全胜"理想以及以守为攻、集中优势、兵贵速胜等战术思想,在中国军事思想史上占有突出地位。宋代将其置于古代《武经七书》之首,历来被推崇为"兵经""武经""兵学圣典"。

1. "不取于鬼神"与"经之以五事"

"殷人尊神,率民以事神。"[4]周人虽然还保留着神灵概念,但对神灵的态度不那么虔诚了。因为客观上,神灵是不存在的,神灵的作用也不是那么灵验的。战争是关系国家安危和人民生死的大事。"兵者,国之大事,死生之

---

[1] 叶适:《习学记言》卷四十六。
[2] 钱穆:《先秦诸子系年·孙武辨》,商务印书馆1935年版。
[3] 陈曦译注:《孙子兵法》前言,中华书局2011年版。
[4] 《礼记·表记》。

地,存亡之道,不可不察也。"①战争不允许有任何经不起实践验证的闪失。因此,孙武提出了"禁祥去疑"②"不可取于鬼神"③的明确主张。何为"禁祥去疑"? 曹操《孙子略解》云:"禁妖祥之言,去疑惑之计。"④杜牧注云:"黄石公曰:'禁巫祝不得为吏士卜问军之凶吉,恐乱军士之心。'言既去疑惑之路,则士卒至死无有异志也。"⑤张预注云:"欲士死战,则禁止军吏不得言妖祥之事,恐惑众也。去疑惑之计,则至死无他虑。《司马法》曰:'灭厉祥。'此之谓也。"⑥"不可取于鬼神"的上下文是:"故明君贤将,所以动而胜人,成功出于众者,先知也。先知者,不可取于鬼神,不可象于事,不可验于度,必取于人,知敌之情者也。""不可取于鬼神",指"不可以祷祀而取"⑦。"不可象于事",指"不可以事之相类者,拟象而求"⑧。"度",数也,日月星辰运行的位置。"不可验于度",指"不可以度数推验而知"⑨。关于"必取于人",梅尧臣说:"鬼神之情,可以卜筮知;形气之物,可以象类求;天地之理,可以度数验;唯敌之情,必由间者(间谍)而后知也。"⑩张预说:"鬼神、象类、度数,皆不可以求先知,必因人而后知敌情也。"⑪冯友兰指出:"既不可靠鬼神,也不可靠事物的表面现象,也不可靠主观的臆测。在这里,孙武既不相信天命,也不相信鬼神。在他看来,天不过是'阴阳、寒暑、时制',与地一样,都是物质性的自然物。它只是决定胜负的客观条件之一。"⑫李泽厚指出:"只有在战争中,只有在谋划战争、制定战略、判断战局、选择战机、采用战术中,才能把人的这种高度清醒、冷静的理智态度发挥到充分的程度,才能把它的巨大价值最鲜明地表现出来。因为任何情感(喜怒)的干预,任何迷信的观念、任何非理性的东西的主宰,都可以立竿见影,顷刻覆灭,造成不可挽回的生死存亡的严重后果。必须'先计而后战'。如果凭感情办事,听神灵指挥,可以导致亡国灭族,这是极其危险的。"⑬《孙子兵法》关于战争的胜利靠人不靠神的思想

---

① 陈曦译注:《孙子兵法·计篇》,中华书局 2011 年版。下同。《计篇》,又作《始计篇》。
② 《孙子兵法·九地篇》。
③ 《孙子兵法·用间篇》。
④ 《十一家注孙子》,中华书局 1961 年影印本。
⑤ 《十一家注孙子》,中华书局 1961 年影印本。
⑥ 《十一家注孙子》,中华书局 1961 年影印本。
⑦ 张预语,《十一家注孙子》,中华书局 1961 年影印本。
⑧ 张预语,《十一家注孙子》,中华书局 1961 年影印本。
⑨ 张预语,《十一家注孙子》,中华书局 1961 年影印本。
⑩ 《十一家注孙子》,中华书局 1961 年影印本。
⑪ 《十一家注孙子》,中华书局 1961 年影印本。
⑫ 陈曦译注:《孙子兵法·用间篇》,中华书局 2011 年版,第 234 页。
⑬ 李泽厚:《孙老韩合说》,《中国古代思想史论》,生活·读书·新知三联书店 2008 年版。

在那个时代是相当不易的,它从一个侧面反映了周代重人轻神、贵人贱神的时代特征。

战争的胜利"不取于鬼神",那么决定于什么呢?《孙子兵法》提出了"经之以五事"的基本原则。从哪五方面入手致力呢?"一曰道,二曰天,三曰地,四曰将,五曰法。"①《孙子兵法》所说的"道",既有道义的意思,也有规律的含义。作为兵家"五事"之道,指道义。"道者,令民与上同意也,故可以与之死,可以与之生,而不畏危。"②"善用兵者,修道而保法,故能为胜败之政。"③这个道义,一方面指将官对士兵的仁德、爱护、关心:"视卒如婴儿,故可与之赴深溪;视卒如爱子,故可与之俱死。"另一方面,也指将官不能有妇人之仁,不能溺爱娇惯士兵,因为士兵的天职就是冲锋陷阵、流血牺牲:"厚而不能使,爱而不能令,乱而不能治,譬若骄子,不可用也。"④

《孙子兵法》所说的"天"和"地",与自然神无关,都是指自然条件。"知天知地,胜乃不穷。"⑤其中,"天"指天时。"天者,阴阳,寒暑、时制(四时更替)也。"⑥天时是特定战争必须考虑到的条件,它与战争的结果密切相关。比如火攻,"发火有时,起火有日。时者,天之燥也;日者,月在箕、壁、翼、轸也。凡此四宿者,风起之日也。"⑦"地"指地形状况。"地者,远近、险易、广狭、死生也。"⑧作战不仅要顺应天时,而且要顺应地利。"知战之地,知战之日,则可千里而会战。"如果"不知战地,不知战日",就会发生战时"左不能救右,右不能救左,前不能救后,后不能救前"的情况,就决不能开战⑨。较之天时,地形条件与战争的胜负关系更加紧密。"知敌之可击,知吾卒之可以击,而不知地形之不可以战,胜之半也。"⑩地形包括地势的险、厄,地理距离的远、近:"夫地形者,兵之助也。料敌制胜,计险、厄、远、近,上将之道也。知此而用战者必胜,不知此而用战者必败。"⑪"隘形者,我先居之,必盈之以待敌;若敌先居之,盈而勿从,不盈而从之。险形者,我先居之,必居高阳以待

---

① 《孙子兵法·计篇》。
② 《孙子兵法·计篇》。
③ 《孙子兵法·形篇》。《形篇》,又作《军形篇》。
④ 《孙子兵法·地形篇》。
⑤ 《孙子兵法·地形篇》。
⑥ 《孙子兵法·计篇》。
⑦ 《孙子兵法·火攻篇》。
⑧ 《孙子兵法·计篇》。
⑨ 均见《孙子兵法·虚实篇》。
⑩ 《孙子兵法·地形篇》。
⑪ 《孙子兵法·地形篇》。

敌;若敌先居之,引而去之,勿从也。远形者,势均,难以挑战,战而不利。"①在狭隘的关口,我方若先敌占据,就要用重兵堵塞隘口,给来犯之敌迎头痛击;如果敌军已先我占据隘口,并以重兵据守,那就不要进击,若敌人没有用重兵据守,就迅速攻取它。在险要地区,如我方先敌占领,要占据地势高而向阳的地方侍击敌人;如果敌人已先占领,那就主动撤退,不要进攻它。在远方战地,如果双方势均力敌,就不宜挑战,勉强开战,于我不利。地形还包括地势的高耸与低洼、朝阳与背光、干燥与阴湿,军队驻扎必须居高朝阳,这样有利粮食运输,可以避免生病:"凡军好高而恶下,贵阳而贱阴。养生而处实,军无百疾,是谓必胜。丘陵、堤防,必处其阳……此兵之利,地之助也。"②"我可以往,彼可以来,曰通;通形者,先居高阳,利粮道,以战则利。"③《孙子兵法》还分析地形有"挂形""支形"的状况:"可以往难以返,曰挂。挂形者,敌无备,出而胜之;敌若有备,出而不胜,难以返,不利。""我出而不利,彼出而不利,曰支。支形者,敌虽利我,我无出也;引而去之,令敌半出而击之,利。"④可以进入不易返回的地域叫作"挂"。在挂形地域,敌军如无防备,就要突然出击战胜它;如果敌有防备,我方出击若不能取胜,就难以返回,于我不利,就不能出击。凡是我方出击不利,敌方出击也不利的地方,叫作"支"。在支形地区,敌人虽然以利诱我,也不要出击;最好是带领部队假装离去,诱使敌军前出一半时,我方突然发起攻击,这样较为有利。地形除了有通者、隘者、险者、远者、挂者、支者、高者、阳者之外,还"有散地、有轻地、有争地、有交地、有衢地、有重地、有圮地、有围地、有死地"。诸侯在自己的领地上与敌作战,士卒恋土怀家,军心易散,这样的地区叫"散地"。进入敌境不深的地区,叫作"轻地"。我先占领对我有利,敌先占领对敌有利的地区,叫作"争地"。我军可以去,敌军可以来的地区,叫作"交地"。敌我和其他诸侯国接壤的地区,先到就可以结交诸侯国并取得多数支援的,叫作"衢地"。深入敌境,越过许多敌人城邑的地区,叫作"重地"。山林、险阻、沼泽等道路难行的地区,叫作"圮地"。进入的道路狭隘,退出的道路迂远,敌人以少数兵力能击败我众多兵力的地区,叫作"围地"。迅速奋战则能生存,不迅速奋战就会被消灭的地区,叫作"死地"。"散地则无战,轻地则无止,争地则无攻,交地则无绝,衢地则合交,重地则掠,圮地则行,围地则谋,死地则战。"在军心涣散的"散地"不宜作战;在刚入敌境的"轻地"不可停留;遇"争地"应抢先占领

---

① 《孙子兵法·地形篇》。
② 《孙子兵法·行军篇》。
③ 《孙子兵法·地形篇》。
④ 《孙子兵法·地形篇》。

有利地形，反之不可强攻；在"交地"，军队部署应互相联系策应，防止敌方阻绝；在"衢地"应结交邻国；在"重地"应夺取物资保证补给；在险阻的"圮地"应迅速通过；陷入"围地"则应巧设奇谋；在"死地"要背水一战，绝路求生。"散地，吾将一其志；轻地，吾将使之属；争地，吾将趋其后；交地，吾将谨其守；衢地，吾将固其结；重地，吾将继其食；圮地，吾将进其涂；围地，吾将塞其阙；死地，吾将示之以不活。"①在自家的"散地"，要使军心一致，同仇敌忾；在敌方的"轻地"，要使部队相互应和支持；遇"争地"，要迅速前出到它的后面；逢"交地"，要谨慎防守；在"衢地"，要加强与诸侯国的结盟；入"重地"，要保证军队粮食的不断供应；经"圮地"，要迅速通过；陷入"围地"，要堵塞缺口；陷入"死地"，就要显示死战的决心。

　　战争的第四个重要因素是将领。"夫将者，国之辅也。辅周，则国必强；辅隙，则国必弱。"②"故知兵之将，生民之司命，国家安危之主也。"③将领的基本素质是智、信、仁、勇、严："将者，智、信、仁、勇、严也。"④孟子曾经指出："春秋无义战。"⑤春秋时期诸侯国之间的战争主要是吞并他国的侵略战争，无仁义可言。孙武将"仁"作为对将领的一项要求提出来，给战争注入道德内涵，奠定了"义战"概念。孙武认为，战争的最高境界不是斗力，而是斗智，所以他把"智"作为一项素质向将领提出来。军中传令，必须言而有信，严格执法。两军相交勇者胜。于是，"信""勇""严"成为将领必须具备的另三项素质。孙子所主张的"智、信、仁、勇、严"，奠定了后代中国军人所崇尚的"武德"。将领的主要职责是运筹帷幄。"将军之事：静以幽，正以治。能愚士卒之耳目，使之无知。易其事，革其谋，使人无识；易其居，迂其途，使人不得虑。"⑥一方面，将领必须镇定自若，深思出奇，严正治军，另一方面，又能不露声色，蒙蔽士卒的耳目，使他们对军事计划毫无所知；战法经常变化，计谋不断更新，使人们无法识破；驻军常改变驻地，进军常迂回路线，使人们无法推断其行动意图。将领带兵，"令之以文，齐之以武"；刚柔相济，始柔后刚，始亲后严："卒未亲附"则不行处罚，"罚之则不服，不服则难用"；"卒已亲附"则按法行罚，"罚不行则不可用也"。⑦ 将领是为国君服务的，但战争有战争的

---

① 均见《孙子兵法·九地篇》。
② 《孙子兵法·谋攻篇》。
③ 《孙子兵法·作战篇》。
④ 《孙子兵法·计篇》。
⑤ 《孟子·尽心下》。
⑥ 《孙子兵法·九地篇》。
⑦ 《孙子兵法·行军篇》。

特殊规律。合格的将领为了取得国家战争的胜利,可以"君命有所不受"①,最终听命于战争规律。"故战道必胜,主曰无战,必战可也;战道不胜,主曰必战,无战可也。"这样的将领不为一己私利考虑,"进不求名,退不避罪,唯人是保,而利合于主",是真正的"国之宝"②。于是孙武提出君主的大忌:"君之所以患于军者三:不知军之不可以进而谓之进,不知军之不可以退而谓之退,是谓'縻(羁,束缚)军';不知三军之事,而同三军之政者,则军士惑矣;不知三军之权,而同三军之任,则军士疑矣。三军既惑且疑,则诸侯之难至矣,是谓'乱军引(却,失去)胜'。"③孙武还指出将领值得防范的五大致命弱点。"将有五危:必死,可杀也;必生,可虏也;忿速,可侮也;廉洁,可辱也;爱民,可烦也。凡此五者,将之过也,用兵之灾也。覆军杀将必以五危,不可不察也。"④一味死拼硬打,可能招来杀身之祸;贪生怕死,临阵畏缩,可能被俘;暴躁易怒,或过分珍惜清名,可能易被侮辱引发冲动;过度爱民,可能受不了敌方的扰民行动而轻易出击。这些都是将领的大忌。

战争的第五个要素是治军之法。"法者,曲制、官道、主用也。"⑤所谓"法",就是军队的组织编制制度、军官的职责范围规定、军需物资的供应管理制度、军士考绩的赏罚制度等。

"道""天""地""将""法","凡此五者","知之者胜,不知者不胜"⑥。作为战争的最高决策、指挥者,必须对这五种要素有全面的把握和清醒的认知。

2. "屈人之兵而非战":"兵者诡道""上兵伐谋"

《孙子兵法》的战略思想,主要可概括为"慎战""全胜""诡道"三点。

所谓"慎战",指不到万不得已,不要轻言用兵。战争是对国力、民力消耗极大的事,国君和将领要充分评估战争的风险,不可感情用事,逞一时之快。"凡兴师十万,出征千里,百姓之费,公家之奉,日费千金;内外骚动,怠于道路,不得操事者,七十万家。"⑦因此,要"非危不战",不轻易发动侵略战争;"非利不动","合于利而动,不合于利而止",不打无把握之仗。更不可情感用事,凭喜怒开战:"主不可以怒而兴师,将不可以愠而致战……怒可以复

---

① 《孙子兵法·九变篇》。
② 《孙子兵法·地形篇》。
③ 《孙子兵法·谋攻篇》。
④ 《孙子兵法·九变篇》。
⑤ 《孙子兵法·计篇》。
⑥ 《孙子兵法·计篇》。
⑦ 《孙子兵法·用间篇》。

喜，愠可以复悦；亡国不可以复存，死者不可以复生。故明君慎之，良将警之，此安国全军之道也。"①

所谓"全胜"，是一种最完美的作战理想。这个"全"，不是指全部消灭敌军，而是指保全自己的军力，在不损一兵一卒、不费一枪一弹的前提下完胜敌人。"夫用兵之法，全国为上，破国次之；全军为上，破军次之；全旅为上，破旅次之；全卒为上，破卒次之；全伍为上，破伍次之。"怎么才能达到"全胜"呢？就是要通过"伐谋（谋划）""伐交（外交）"，不战而屈人之兵，兵不血刃地获得胜利："故上兵伐谋，其次伐交，其次伐兵，其下攻城。攻城之法为不得已。""故善用兵者，屈人之兵而非战也，拔人之城而非攻也，毁人之国而非久也，必以全争于天下。故兵不顿而利可全，此谋攻之法也。""是故百战百胜，非善之善者也；不战而屈人之兵，善之善者也。"②所以，战争的通常表现形态是"斗勇"，最高形态是"斗智"。

所谓"诡道"，即对战争规律、特点的分析。这里的"道"指规律、原则。兵为"诡道"的命题，体现了孙武对战争特殊规律的认识。《孙子兵法》开篇揭示："兵者，诡道也。故能而示之不能，用而示之不用，近而示之远，远而示之近。利而诱之，乱而取之，实而备之，强而避之，怒而挠之，卑而骄之，佚而劳之，亲而离之。攻其无备，出其不意。"③用兵是以"诡诈"为原则的。"能"要使敌人看成"不能"，"用"要让敌人看作"不用"，"近"要让敌人看作"远"，"远"要让敌人看作"近"。敌人贪利，就以利诱之，从而消灭他们；敌人混乱，就乘虚而入，乱中取胜；敌人实力雄厚，就必须时刻加以防备；敌人精锐强大，就必须注意避其锋锐；敌人褊急易怒，就设法激怒他，使其失去理智；敌人小心谨慎，就设法使其骄傲轻敌；敌人内部和睦，就离间其关系。在敌人没有准备的情况下进攻，在敌人意想不到的条件下出击。在后来各篇中，也贯穿了"兵者诡道"的思想。《军争篇》提出"兵以诈立"，与《计篇》"兵者诡道"形成互补："故兵以诈立，以利动，以分合为变者也。故其疾如风，其徐如林，侵掠如火，不动如山，难知如阴，动如雷震。"《虚实篇》提出"致人而不致于人"，用计谋牵着敌人鼻子跑、避实就虚、始终处于主动位置的思想："夫兵形象水。水之形，避高而趋下；兵之形，避实而击虚。水因地而制流，兵因敌而制胜。故兵无常势，水无常形，能因敌变化而取胜者，谓之神。""故善战者，致人而不致于人。能使敌人自至者，利之也；能使敌人不得至者，害之

---

① 均见《孙子兵法·火攻篇》。
② 均见《孙子兵法·谋攻篇》。
③ 《孙子兵法·计篇》。

也。故敌佚能劳之,饱能饥之,安能动之。出其所不趋,趋其所不意。""进而不可御者,冲其虚也;退而不可追者,速而不可及也。""故善攻者,敌不知其所守;善守者,敌不知其所攻。微乎微乎,至于无形。神乎神乎,至于无声,故能为敌之司命。""故形兵之极,至于无形。无形,则深间不能窥,智者不能谋。因形而错胜于众,众不能知;人皆知我所以胜之形,而莫知吾所以制胜之形。故其战胜不复,而应形于无穷。"《势篇》(一作《兵势篇》)提出出奇制胜的思想:"三军之众,可使必受敌而无败者,奇正是也;兵之所加,如以碫(石)投卵者,虚实是也。""凡战者,以正合,以奇胜(以中军作正面交战,用奇兵去出奇制胜)。故善出奇者,无穷如天地,不竭如江海。终而复始,日月是也;死而更生,四时是也;声不过五,五声之变,不可胜听也;色不过五,五色之变,不可胜观也;味不过五,五味之变,不可胜尝也;战势不过奇正,奇正之变,不可胜穷也。奇正相生,如循环之无端,孰能穷之哉!""故善动敌者,形之,敌必从之;予之,敌必取之。以利动之,以卒待之。"要之,兵不厌诈,虚实相生,奇正相变,声东击西,出其不意,攻其不备,就是战场上破敌制胜的法宝。

基于"兵者诡道""兵以诈立"的战争规律,战争的实质是"斗智",战争的最高境界也是"斗智"。《谋攻篇》提出一句著名论断:"上兵伐谋"。每次战争前,必须做足谋划的功课。"夫惟无虑而易敌者,必擒于人。"①自夏朝开始,国家凡遇战事,都要告于祖庙,议于庙堂。朝廷或诸侯国对战事进行谋划,称"庙算"。战争的胜负,其实最早在战争爆发前的"庙算"中就已"决定"了:"夫未战而庙算胜者,得算多也;未战而庙算不胜者,得算少也。多算胜,少算不胜,而况于无算乎?吾以此观之,胜负见矣。"②"庙算"说到底是利害关系考量:"是故智者之虑,必杂于利害。杂于利而务可信也,杂于害而患可解也。"③"合于利而动,不合于利而止。"④要趋利避害,获取胜利,必须"知己知彼":"知彼知己者,百战不殆;不知彼而知己,一胜一负;不知彼,不知己,每战必殆。"⑤"知吾卒之可以击,而不知敌之不可击,胜之半也;知敌之可击,而不知吾卒之不可以击,胜之半也;……故曰:知彼知己,胜乃不殆。"⑥此外,战争的胜负利害关系考虑,还要兼顾其他因素:"知可以战与不可以战者

---

① 《孙子兵法·行军篇》。
② 《孙子兵法·计篇》。
③ 《孙子兵法·九变篇》。
④ 《孙子兵法·九地篇》。
⑤ 《孙子兵法·谋攻篇》。
⑥ 《孙子兵法·形篇》。

胜,识众寡之用者胜,上下同欲者胜,以虞待不虞者胜,将能而君不御者胜。此五者,知胜之道也。"①

知己而又知彼的重要途径,是运用间谍。《孙子兵法》特辟《用间篇》专论这个问题。"间"即指间谍:"三军之事莫亲于间,赏莫厚于间,事莫密于间。非圣智不能用间,非仁义不能使间,非微妙不能得间之实。"在这方面,从君主到将帅,都必须去除吝啬之心,舍得加大投入,切忌因小失大:"相守数年,以争一日之胜,而爱爵禄百金,不知敌之情者,不仁之至也,非人之将也,非主之佐也,非胜之主也。"孙武还分析了间谍的五种形态:"有因间,有内间,有反间,有死间,有生间。"所谓"因间",指利用当地人做间谍。所谓"内间",指收买敌国官吏做间谍。所谓"反间",指收买或利用敌方派来的间谍为我效力。所谓"死间",指故意散布虚报给敌方,最后被敌方处死的。所谓"生间",指派往敌方侦察,确保能活着回报敌情的。"因间者,因其乡人而用之。内间者,因其官人而用之。反间者,因其敌间而用之。死间者,为诳事于外,令吾间知之,而传于敌间也。生间者,反报也。""五间之事,主必知之。""故惟明君贤将,能以上智为间者,必成大功。"

3. 战术法则:以守为攻、集中优势、兵贵速胜等

《孙子兵法》还分析、总结了具体的战术法则。

(1) 保障后勤。一方面要备好充足的物资,这就是后世所讲的"兵马未动,粮草先行":"凡用兵之法,驰车千驷,革车千乘,带甲十万,千里馈粮,则内外之费,宾客之用,胶漆之材,车甲之奉,日费千金,然后十万之师举矣。"另一方面,要因粮于敌、取利于敌,保证长期在敌国作战的物资供应:"善用兵者,役不再籍,粮不三载;取用于国,因粮于敌,故军食可足也。国之贫于师者远输,远输则百姓贫。近于师者贵卖,贵卖则百姓财竭,财竭则急于丘役。""故智将务食于敌。""取敌之利者,货也。"②

(2) 步调一致。战争靠的是集体的力量、团队的力量,必须团结一致,共同对敌。"故善用兵者,譬如'率然';'率然'者,常山之蛇也。击其首则尾至,击其尾则首至,击其中则首尾俱至。"③战场上,人声鼎沸,"言不相闻,故为之金鼓";沙尘弥漫,"视不相见,故为之旌旗"。"夫金鼓旌旗者,所以一民之耳目也"。战场上的金鼓、旌旗,就是为统一军队的步调而设的。"民既专

---

① 《孙子兵法·谋攻篇》。
② 均见《孙子兵法·作战篇》。
③ 《孙子兵法·九地篇》。

一,则勇者不得独进,怯者不得独退,此用众之法也。"①

（3）以守为攻。"孙子曰：昔之善战者,先为不可胜,以待敌之可胜。不可胜在己,可胜在敌。故善战者,能为不可胜,不能使敌之可胜。""不可胜者,守也;可胜者,攻也。""善守者,藏于九地之下;善攻者,动于九天之上,故能自保而全胜也。"②以守为攻所以易于取胜,关键原因在于有备而来,准备充分。"故用兵之法,无恃其不来,恃吾有以待也;无恃其不攻,恃吾有所不可攻也。"③

（4）易胜则战。不打无把握之仗。"善战者,立于不败之地。""古之所谓善战者,胜于易胜者也。""故其战胜不忒。不忒者,其所措必胜,胜已败者也。""是故胜兵先胜而后求战,败兵先战而后求胜。"④

（5）集中优势。"故用兵之法,十则围之,五则攻之,倍则分之,敌则能战之,少则能逃之,不若则能避之。"⑤千万不能以小攻大、以弱攻强："小敌之坚,大敌之擒也。"⑥要设法将敌方的军力调离分散开来,集中我方兵力,形成敌寡我众的强大优势,从而将敌军各个击破："吾所与战之地不可知。不可知,则敌所备者多;敌所备者多,则吾所与战者寡矣。""故形人而我无形,则我专而敌分。我专为一,敌分为十,是以十攻其一也,则我众而敌寡。"⑦

（6）攻击要害。"古之善用兵者,能使敌人前后不相及,众寡不相恃,贵贱不相救,上下不相收,卒离而不集,兵合而不齐。"凭什么招数能达到这一点呢？"先夺其所爱,则听矣。"⑧"所爱"者,要害也。后世说：打蛇打七寸,乃是这种意思的通俗化表达。

（7）兵贵速胜。"兵之情主速,乘人之不及,由不虞（意料）之道,攻其所不戒也。"⑨切忌久拖不决。"兵贵胜,不贵久。""久则钝兵挫锐,攻城则力屈;久暴师,则国用不足。夫钝兵挫锐,屈力殚货,则诸侯乘其弊而起,虽有智者,不能善其后矣。故兵……未睹巧之久也。夫兵久而国利者,未之有也。"⑩

---

① 《孙子兵法·军争篇》。
② 均见《孙子兵法·形篇》。
③ 《孙子兵法·九变篇》。
④ 均见《孙子兵法·形篇》。
⑤ 《孙子兵法·谋攻篇》。
⑥ 《孙子兵法·谋攻篇》。
⑦ 均见《孙子兵法·虚实篇》。
⑧ 均见《孙子兵法·九地篇》。
⑨ 《孙子兵法·九地篇》。
⑩ 《孙子兵法·作战篇》。

(8) 掌握常识。《行军篇》对此做了大量揭示。比如飞尘低旋，那是敌人步卒向我走来；飞尘高扬，那是敌人战车向我开来；飞尘四散，可能是敌人在打柴；飞尘时起时落，那可能是敌军准备设营。在山川险阻、芦苇丛生的低洼地、草木繁茂的山林地区行动，必须防止伏兵。鸟儿突然惊飞，是下面有伏兵；走兽受惊猛跑，是敌人大举来袭；草丛中有许多遮蔽物，是敌人企图迷惑我军；树林里很多树木摇动，是敌军向我军袭来；敌军离我很近却镇定自若，可能是据有险要地形；敌军离我很远又来挑战，是企图诱我前进；敌战车先出并占据侧翼，是布列阵势准备作战；敌方没有先兆突来议和，其中必有阴谋；敌营旌旗乱动的，是其阵形混乱；敌营夜间有人惊呼的，说明敌军心里恐惧；敌方营寨上有飞鸟停集的，说明营寨已空虚无人；敌人用粮食喂马，杀牲口吃，收起炊具，不返回营寨的，是"穷寇"。《行军篇》还揭示了在平原、山地、江河、沼泽等不同地带行军作战的原则：在平原地带，要选择地势平坦的地方驻军，背靠高地，前低后高；通过山地时要靠近有水草的谷地，驻扎时要居高向阳；敌人占据高地，切勿仰攻；在江河地带驻扎，也要居高向阳，与江河保持一定距离，同时注意切勿在敌军下游布阵；如果敌军渡河来攻，要趁其部分已渡、部分未渡时予以攻击；途经盐碱沼泽地带，要迅速离开；如在此与敌军遭遇，要占领靠树林、有水草的地方；等等。

(9) 因势利导。《孙子兵法》还论述了许多其他战术方法，以及对战场上千变万化的情况作出的相应对策。如《九变篇》说："凡用兵之法，将受命于君，合军聚众。圮地无舍，衢地交合，绝地无留，围地则谋，死地则战，途有所不由，军有所不击，城有所不攻，地有所不争，君命有所不受。"《军争篇》说："三军可夺气，将军可夺心。是故朝气锐，昼气惰，暮气归；善用兵者，避其锐气，击其惰归，此治气者也。以治待乱，以静待哗，此治心者也。以近待远，以佚待劳，以饱待饥，此治力者也。无邀正正之旗，勿击堂堂之阵，此治变者也。""用兵之法，高陵勿向，背丘勿逆，佯北勿从，锐卒勿攻，饵兵勿食，归师勿遏，围师遗阙，穷寇勿迫，此用兵之法也。"军情千变万化，全靠临宜适变，不可死守教条。

四、《吴子》：文德武备，内修外治

吴起（公元前 440 年—前 381 年），卫国左氏（今山东曹县）人。战国初期兵家代表人物。出身于一个富有家庭。好功名，喜猜忌，性残忍。为了成就功名，曾到处奔走，倾家荡产，也没得到一官半职，遭到乡人讥笑。吴起为此竟杀人三十余。出国求仕前,曾咬破手背,对母亲发誓:"不当上卿相,决不回卫。"①

吴起先跟随曾参之子曾申学习儒家学说。但其母去世后,吴起并未按照儒家礼教奔丧守孝。"曾子薄之,而与起绝。起乃之鲁,学兵法以事鲁君。"公元前412年,齐宣公发兵攻打鲁国。鲁穆公"欲将吴起,吴起取齐女为妻",穆公疑之。"吴起于是欲就名,遂杀其妻,以明不与齐也。"鲁穆公遂命吴起为将,率军大败齐军。后来因人挑拨,鲁穆公对吴起产生怀疑,逐渐疏远。吴起"闻魏文侯贤",离鲁投魏。"魏文侯以为将,击秦,拔五城。"②《吴子·图国》所记吴起所受魏文侯的礼遇器重与赫赫战功是:"文侯身自布席,夫人捧觞,醮吴起于庙,立为大将,守西河。与诸侯大战七十六,全胜六十四,余则钧解(胜负不分,打成平局)。辟土四面,拓地千里,皆起之功也。"魏文侯卒后,吴起事其子魏武侯,位至"西河守",但始终未及卿相。后遭排挤,遂奔楚。"楚悼王素闻吴起贤,至则相楚。"吴起到楚国后,终于实现了"封相"的理想,大展抱负,实行变法。"明法审令,捐不急之官,废公族疏远者,以抚养战斗之士。要在强兵,破驰说之言纵横者。"固而成为成功的改革家和杰出的政治家:"南平百越;北并陈蔡,却三晋;西伐秦。"但由此带来的结果是,国外,"诸侯患楚之强",欲废吴起;国内,被剥夺了利益的"楚之贵戚尽欲害吴起"。楚悼王一死,"宗室大臣作乱而攻吴起"③,吴起最终被乱箭射死。

吴起著有《吴子》传世,又称《吴起》《吴子兵法》《吴起兵法》。《汉书·艺文志》记录《吴起》四十八篇",但《隋书·经籍志》及《新唐书·艺文志》均记录《吴起兵法》一卷"。今本《吴子》二卷六篇,定型于北宋元丰年间《武经七书》本。关于此书的作者及成书时间,曾有多种说法④。清代考据家姚际恒、姚鼐等人提出伪书说⑤。今天学界一般认为此书不伪,是战国初期吴起所著,后人有所整理加工⑥,可以肯定其基本思想是吴起的⑦。吴起一生历仕鲁、魏、楚三国。《吴子》六篇记载了他与魏文侯、魏武侯之间的对话,主要部分是与魏武侯之间的对话。

---

① 司马迁《史记·孙子吴起列传》:"起之为人,猜忍人也。其少时,家累千金,游仕不遂。遂破其家,乡党笑之。吴起杀其谤己者三十余人,而东出卫郭门。与其母诀,啮臂而盟曰:'起不为卿相,不复入卫。'"
② 以上引文均见《史记·孙子吴起列传》。
③ 以上引文均见《史记·孙子吴起列传》。
④ 见陈曦译注:《吴子》前言,中华书局2018年版,第6页。
⑤ 详参徐勇译注:《吴子》前言,《尉缭子·吴子》,中州古籍出版社2018年版,第151—156页。
⑥ 陈曦:《吴子》前言,中华书局2018年版,第6页。
⑦ 徐勇:《吴子》前言,《尉缭子·吴子》,中州古籍出版社2018年版,第152页。

历史上，《吴子》曾与《孙子》齐名，并称"孙吴兵法"。吴起也与孙武并称"孙吴"。唐肃宗时，位列武成王庙内，成为武庙十哲之一。宋徽宗时，追封为广宗伯，成为武庙七十二将之一。不过，《吴子兵法》与《孙子兵法》有一个显著的区别。《孙子兵法》就军事论军事，而《吴子兵法》从政治论述到军事，认为军事是德治的权宜、变化形态，主张以"内修文德"为主，以"外治武备"为辅，体现了早年受学的儒家学说对他的影响，与《六韬》《司马法》记载的姜太公的思路一脉相承①。

1. "内修文德，外治武备"的固国强军方针

与《六韬》《司马法》一样，《吴子》虽然作为一部军事著作名世，但是在论述军事问题之前，先讨论了大量的德治问题，并提出"内修文德，外治武备"的基本主张，表明军事问题不是孤立的，它与政治问题是联系在一起的，军事只是政治的一部分。可见，吴起首先是一个政治家，然后才是一个军事家。他后来在楚国为相时大举推行政治改革，也缘于政治家的眼光。

《吴子》开篇为《图国》。在该篇中，魏文侯、魏武侯向吴起讨教固国强兵之道。吴起穿着儒服，向他们宣扬仁德治国的思想，与此前杀妻求名和手刃三十多"谤者"的行为形成巨大的反差。如何使国家长治久安呢？吴起指出：仅仅"恃众好勇"、从战事入手争强斗狠是不行的。"有扈氏之君，恃众好勇，以丧其社稷。"从平时修行"四德"入手，以图获得万民拥护，才是根本之策。"四德"即"道、义、礼、仁"。"古之明王，必谨君臣之礼，饰上下之仪，安集吏民，顺俗而教，简募良才，以备不虞。""夫道者，所以反本复始；义者，所以行事立功；谋者，所以违害就利；要者，所以保业守成。若行不合道，举不合义，而处大居贵，患必及之。是以圣人绥之以道，理之以义，动之以礼，抚之以仁。此四德者，修之则兴，废之则衰，故成汤讨桀而夏民喜悦，周武伐纣而殷人不非。举顺天人，故能然矣。"在吴起看来，"君能使贤者居上，不肖者处下，则陈（阵）已定矣；民安其田宅，亲其有司，则守已固矣。百姓皆是吾君而非邻国，则战已胜矣。"②史载吴起陪同武侯从西河泛舟而下，看到沿途险峻的山川，武侯感叹："美哉乎，山河之固！此魏国之宝也。"吴起适时进谏：国之宝"在德不在险"。他举例说："昔三苗氏左洞庭，右彭蠡，德义不修，禹灭之。夏桀之居，左河济，右泰华，伊阙在其南，羊肠在其北，修政不仁，汤放之。殷纣之国，左孟门，右太行，常山在其北，大河经其南，修政不

---

① 本节发表于《武汉科技大学学报》2022年第5期。
② 均见《吴子·图国》。

德,武王杀之。"他及时提醒、告诫魏武侯:"若君不修德,舟中之人尽为敌国也。"武侯称"善"①。

当然,在诸侯兼并争霸的战争年代,光修文德也是不管用的。"昔承桑氏之君,修德废武,以灭其国。""当敌而不进,无逮于义也;僵尸(指阵亡士兵的尸体)而哀之,无逮于仁也。"所以,"明主鉴兹,必内修文德,外治武备。"②

文武兼修不仅是"固国"之道,也是"治军"之道。只有把仁德礼义贯彻到治军过程之中,才能赢得军心效力死战。"凡治国治军,必教之以礼,励之以义,使有耻也。"吴起据此提出"人和"的原则:"昔之图国家者,必先教百姓而亲万民。""有道之主,将用其民,先和而造大事。""人和"包括四方面,即"和于国""和于军""和于阵""和于战"。四不和不可以出战。"不和于国,不可以出军;不和于军,不可以出陈;不和于陈(阵),不可以进战;不和于战,不可以决胜。""民知君之爱其命,惜其死,若此之至,而与之临难,则士以进死为荣,退生为辱矣。"③"夫发号布令而人乐闻,兴师动众而人乐战,交兵接刃而人乐死。此三者,人主之所恃也。"④为了赢得军心、达到"人和","起之为将,与士卒最下者同衣食。卧不设席,行不骑乘,亲裹(背)赢粮,与士卒分劳苦。卒有病疽者,起为吮之。"⑤每次战事结束,都要在国家的祖庙举行盛大宴会,分级宴请、奖励有功人员,并在庙门外赏赐有功人员的父母妻子;对于死难将士的家属,每年派人慰问、赏赐他们的父母,表示没有忘记他们⑥。"行之三年,秦人兴师,临于西河。魏士闻之,不待吏令,介胄而奋击之者以万数。"⑦

在文武兼修、以德治军的思想基础上,吴起提出了"义兵""慎战"主张。按战争的性质分,军队有五种称谓:"一曰义兵,二曰强兵,三曰刚兵,四曰暴兵,五曰逆兵。"什么叫"义兵""强兵""刚兵""暴兵""逆兵"呢?"禁暴救乱曰义,恃众以伐曰强,因怒兴师曰刚,弃礼贪利曰暴,国乱人疲、举事动众曰逆。"⑧吴起反对恃众以伐的强兵、因怒兴师的刚兵、弃礼贪利的暴兵、国乱人疲的逆兵,肯定禁暴救乱的义兵,提出"安国家之道,先戒为宝"⑨。易言之,

---

① 《史记·孙子吴起列传》。
② 均见《吴子·图国》。
③ 均见《吴子·图国》。
④ 《吴子·励士》。
⑤ 《史记·孙子吴起列传》。关于吴起为士卒吮疽产生的效果,《史记》云:"卒母闻而哭之。人曰:'子卒也,而将军自吮其疽,何哭为?'母曰:'非然也。往年吴公吮其父,其父战不旋踵,遂死于敌。吴公今又吮其子,妾不知其死所矣,是以哭之。'"
⑥ 《吴子·励士》。
⑦ 《吴子·励士》。
⑧ 均见《吴子·图国》。
⑨ 《吴子·料敌》。

吴起反对不义的侵略战争,肯定正义的卫国战争。正义战争师出有名,顺应天人,不要轻易发动、卷入战争。因为战争劳民伤财,所以对于战争尤其要慎重,要努力将战争的频率压到最低。当时诸侯混战,有欲称霸者、称王者、称帝者。吴起指出:称霸、称王、称帝不是靠屡屡发动战争打出来的,恰恰相反,"数胜得天下者稀,以亡者众。""天下战国,五胜者祸,四胜者弊,三胜者霸,二胜者王,一胜者帝。"① 要称王称霸于天下,必须懂得保存实力,在出战问题上慎之又慎。

2. "总文武""兼刚柔"的将领要求

《孙子兵法》曾强调,将领是战争的第四个重要因素。《吴子》承此,设专篇《论将》,专门讨论了对军事将领的要求。

将领的职责是率兵打仗。这常常会造成一种错觉,即将领只要有勇气即可。"凡人论将,常观于勇"。吴起指出:这种认识是错误的。"勇之于将,乃数分之一尔。""勇"对于将领的素质要求来说,仅仅是几分之一。正如治国强兵必须文德武备兼修一样,将领也必须"文武刚柔"兼备。"夫总文武者,军之将也;兼刚柔者,兵之事也。""威、德、仁、勇,必足以率下安众,怖敌决疑……是谓良将。"如果有勇无谋,就会轻易出兵:"夫勇者必轻合(交战),轻合而不知利,未可也。"②

将领的"文武刚柔",要求将领在带兵治军中注重、兼顾五点。"将之所慎者五:一曰理,二曰备,三曰果,四曰戒,五曰约。""理"指举重若轻、"治众如治寡"的条理;"备"指"出门如见敌"的战备;"果"是当机立断、"临敌不怀生"的果敢;"戒"是慎终如始、"虽克如始战"的警惕;"约"是"法令省而不烦"的简明。两军相逢勇者胜。当机立断的果断来自视死如归的勇敢。"师出之日,有死之荣,无生之辱。"③"凡兵战之场,立尸之地,必死则生,幸生则死。其善将者,如坐漏船之中,伏烧屋之下,使智者不及谋,勇者不及怒,受敌可也。故曰:用兵之害,犹豫最大,三军之灾,生于狐疑。"④ 可见,"果敢"对于指挥作战的将领来说至关重要。但仅有不怕死的"果敢"还不够,还必须有必不死的取胜信念,这更加重要。要取得战争的胜利,就不能麻痹轻敌,而必须时刻保持警惕,平时做好充分的战斗准备。所以"戒"与"备"对于将领很重要。将领执一驭万指挥三军,没有严明的纪律是不行的。严明的纪律

---

① 均见《吴子·图国》。
② 均见《吴子·论将》。
③ 《吴子·论将》。
④ 《吴子·治兵》。

来自以简明的法令治军。在战场上，这要而不烦的法令可简化为三类：战鼓、旌旗、刑罚。"夫鼙鼓金铎，所以威耳；旌旗麾帜，所以威目；禁令刑罚，所以威心。耳威于声，不可不清；目威于色，不可不明；心威于刑，不可不严。三者不立，虽有其国，必败于敌。故曰：将之所麾，莫不从移，将之所指，莫不前死。"法令简明了，大军知道怎么去遵守，战时就能举重若轻指挥若定，达到"治众如治寡"的井井有条。①

吴起指出：一位出色的将领，还必须掌握四大关键。"凡兵有四机：一曰气机，二曰地机，三曰事机，四曰力机。三军之众，百万之师，张设轻重，在于一人，是谓气机。路狭道险，名山大塞，十夫所守，千夫不过，是谓地机。善行间谍，轻兵往来，分散其众，使其君臣相怨，上下相咎，是为事机。车坚管辖，舟利橹楫，士习战陈，马闲驰逐，是谓力机。知此四者，乃可为将。"用兵有四个关键：一是掌握士气，二是利用地形，三是运用计谋，四是充实力量。三军之众，百万之师，掌握士气的盛衰，在于将领一人，这是掌握士气的关键。利用狭路险道，名山要塞十人防守，千人也不能通过，这是利用地形的关键。善于使用间谍离间敌人，派遣轻装部队，反复骚扰敌人，以分散其兵力，使其君臣互相埋怨，上下互相责难，这是运用计谋的关键。战车的轮轴插销要做得坚固，船只的橹、桨要做得适用，士卒要熟习战阵，马匹要熟练驰骋，这是充实力量的关键。

此外，本着知己知彼的思想，吴起还要求作战时"先占其将而察其才，因形用权"，即先探知敌将是谁，了解他的特点，根据对方的情况采取相应的策略，从而战胜敌人。"其将愚而信人，可诈而诱；贪而忽名，可货而赂；轻变无谋，可劳而困；上富而骄，下贫而怨，可离而间；进退多疑，其众无依，可震而走；士轻其将而有归志，塞易开险，可邀而取；进道易，退道难，可来而前；进道险，退道易，可薄（迫近）而击；居军下湿，水无所通，霖雨数至，可灌而沈；居军荒泽，草楚幽秽，风飙数至，可焚而灭；停久不移，将士懈怠，其军不备，可潜而袭。"敌将愚昧而轻信于人，可用欺骗的手段来引诱他；敌将贪利而不顾名誉，可用财物收买他；敌将轻率变更计划而无深谋远虑，可以骚扰他；敌将富裕骄横，下级贫穷怨愤的，可以离间他；进退犹豫不决，部队无所适从的，可吓跑他；士卒藐视将领而急欲回家的，就堵塞平坦道路，佯开险阻道路，拦击消灭他；敌人进路平易，退路艰难，可引诱他前来予以消灭；敌人进路艰难，退路平易，可以迫近攻击他；敌人处于低洼潮湿的地方，水道不通，大雨连绵，可以灌水淹没他；敌军处于荒芜的沼泽地，草木丛生，常有狂风，

---

① 均见《吴子·论将》。

可以火攻他;敌军久留一地,官兵懈怠,戒备疏忽的,可偷袭他。如此等等。

3. "以治为胜""教戒为先"的治兵理论

《孙子兵法》曾强调一"法"治兵的问题。《吴子》本此,设专篇《治兵》,专门探讨军事管理问题,提出了"以治为胜"的治军理论与"教戒为先"的军事理论。

魏武侯曾请教吴起:"兵何以为胜?"吴起说:"以治为胜。"武侯又问:"不在众寡?"吴起回答:"若法令不明,赏罚不信,金之不止,鼓之不进,虽有百万,何益于用?"①这里说的,与《论将》中要求将领以简约的法令治军的思想是一致的。治军如治国,亦须文武兼备、刚柔相济,平时守礼法,战时有威势。"所谓治者,居则有礼,动则有威。"如何保证战时有威势呢?那就是要通过"法令明""赏罚信""鸣金止""击鼓进"的训练达到。如果说"居则有礼,动则有威"是治军的基本原则,"进不可挡,退不可追""虽绝成阵,虽散成行"(虽被隔断仍能保持各自阵形,虽被冲散仍能恢复行列)就是治军最终所要达到的效果。

"以治为胜"的"治兵"论之外,吴起又论及"教戒为先"的"用兵之法"。在训练方法上,用以一带十的方法,培养全军的战斗本领:"一人学战,教成十人;十人学战,教成百人;百人学战,教成千人;千人学战,教成万人;万人学战,教成三军。"在战斗方法上,学会"以近待远,以佚待劳,以饱待饥"。在作战阵法上,学会"圆而方之,坐而起之,行而止之,左而右之,前而后之,分而合之,结而解之",即学会圆阵变方阵,坐降变立阵,前进变停止,向左变向右,向前变向后,分散变集结,集始变分散②。

在选士用卒问题上,吴起提出人尽其才、用得其所、优厚有加。"一军之中,必有虎贲之士,力轻扛鼎,足轻戎马,搴旗斩将,必有能者。若此之等,选而别之,爱而贵之。""其有工用五兵、材力健疾、志在吞敌者","此坚陈之士","必加其爵列","厚其父母妻子"③。"教战之令,短者持矛戟,长者持弓弩,强者持旌旗,勇者持金鼓,弱者给厮养(饲养),智者为谋主。"④

在"进兵之道"上,吴起主张"先明四轻、二重、一信"。何为"二重一信"呢?"进有重赏,退有重刑,行之以信。"何为"四轻"呢?即"使地轻马,马轻车,车轻人,人轻战"。即使地形便于驰马,马便于驾车,车便于载人,人便于

---

① 《吴子·治兵》。
② 均见《吴子·治兵》。
③ 均见《吴子·料敌》。
④ 《吴子·治兵》。

战斗。如何做到"四轻"呢?"明知险易,则地轻马;刍秣以时,则马轻车;膏铜有余,则车轻人;锋锐甲坚,则人轻战。"能达到"四轻二重一信","胜之主也"。在"进兵之道"上,还要注意回避不利的天时地形因素:"将战之时,审候风所从来,风顺致呼而从之,风逆坚陈以待之。""无当天灶,无当龙头。天灶者,大谷之口;龙头者,大山之端。"①

在"行军之道"上,吴起提出三原则:"无犯进止之节,无失饮食之适,无绝人马之力。""若进止不度,饮食不适,马疲人倦而不解舍……以居则乱,以战则败。"

当时,骑兵作战是重要的作战方式。在进行骑兵作战时要注意哪些问题? 吴起也提出了自己的考虑:"夫马,必安其处所,适其水草,节其饥饱。冬则温厩,夏则凉庑。刻剔毛鬣,谨落四下(铲蹄钉掌)。戢(训练)其耳目,无令惊骇。习其驰逐,闲其进止。人马相亲,然后可使。车骑之具,鞍、勒、衔、辔,必令完坚。凡马不伤于末,必伤于始;不伤于饥,必伤于饱。日暮道远,必数上下(上马下马),宁劳于人,慎无劳马,常令(马力)有余,备敌覆(伏)我。能明此者,横行天下。"②这可谓是如何对待战马的经验总结。

4. "见可而进,知难而退"的作战原则

战争的实质是敌我双方力量的此消彼长。慎战、少战的目的是最大程度保存我方实力,消灭敌方实力。据此,吴起提出了"见可而进,知难而退"③的战争原则。

什么情况下"见可而进"呢? 吴起总结说:凡判断敌情,不必占卜就可与其交战的,有八种情况。一是在大风严寒中,昼夜行军,伐木渡河,不顾部队艰难的。二是在盛夏炎热,出发很迟,途中不休息,行军急速,又饥又渴,只顾赶往远地的。三是出兵已久,粮食用尽,百姓怨怒,谣言屡起,将领制止不了的。四是军资耗尽,柴草不多,阴雨连绵,无处可取的。五是兵力不多,水土不服,人马多病,四邻援军未到的。六是日暮路远,部队疲劳恐惧,困倦未食,解甲休息的。七是将吏无威信,军心不稳定、三军屡遭惊扰而又孤立无援的。八是部署未定,宿营未毕,翻山越险只过了一半的。"诸如此者,击之无疑。"此外,"敌人之来,荡荡无虑,旌旗烦乱,人马数顾,一可击十,必使无措。诸侯未会(会师),君臣未和,沟垒(工事)未成,禁令未施,三军匈匈

---

① 均见《吴子·治兵》。
② 《吴子·治兵》。
③ 《吴子·料敌》。

（汹汹），欲前不能，欲去不敢，以半击倍，百战不殆。""敌人远来新至，行列未定，可击；既食未设备，可击；奔走，可击；勤劳，可击；未得地利，可击；失时不从，可击；旌旗乱动，可击；涉长道后行未息，可击；涉水半渡，可击；险道狭路，可击；陈（阵）数移动，可击；将离士卒，可击；心怖，可击。凡若此者，选锐冲之，分兵继之，急击勿疑。"总之一句话，就是"审敌虚实而趋其危"①。

哪些情况下必须"知难而退"呢？吴起说："有不占而避之者六。一曰土地广大，人民富众。二曰上爱其下，惠施流布。三曰赏信刑察，发必得时。四曰陈功居列，任贤使能。五曰师徒之众，兵甲之精。六曰四邻之助，大国之援。凡此不如敌人，避之勿疑。"②遇到"敌众我寡"的情况如何应战？吴起一方面继承孙武思想，提出"分而乘之"③，各个击破；另一方面提出"避之于易，邀之于厄"的策略，因为"以一击十，莫善于厄；以十击百，莫善于险；以千击万，莫善于阻"④。将敌人强大的部队引入险要之地，就可以以寡歼众，以少灭多。

《吴子》还在《应变》篇中讲了战场上遇到的各种情况的应对战术，这里不再详述。

五、《孙膑兵法》：兵道本于"天道、地理、民心"

孙膑（生卒年不详），孙武后代，战国中期军事家。曾与庞涓为同窗，师从鬼谷子学习兵法。后庞涓为魏惠王将军，请孙膑到魏国襄助，因嫉妒孙膑的才能在自己之上，又设计陷害孙膑，给他用了膑刑，挖掉膝盖骨，所以后来人叫他孙膑。后被齐国使者偷偷救回齐国，被齐威王重用，做了齐国将军田忌的军师，被田忌善而客待，辅佐田忌取得了桂陵之战和马陵之战的胜利，大败魏军，计杀庞涓。后来，田忌被排挤，流亡到楚国。孙膑随他而去，潜心军事理论研究，写成《孙膑兵法》，古称《齐孙子》。所以汉末王符说"孙膑修能于楚"。

最早明确记载孙膑有兵法的是《史记》。《汉书·艺文志》将其与《吴孙子兵法》并列。《魏武帝注孙子》、唐朝赵蕤《长短经》卷九、杜佑所著《通典》卷一四九都引用过"孙膑"的论断，但从《隋书·经籍志》以后就不见记载了。尽管《孙膑兵法》失传了，但孙膑作为战国名将一直受到人们的供奉。唐德

---

① 均见《吴子·料敌》。
② 《吴子·料敌》。
③ 《吴子·应变》。
④ 《吴子·应变》。

宗时将孙膑作为历史上六十四将之一供奉于武成王庙内。宋徽宗时追尊孙膑为武清伯,位列宋武庙七十二将之一。

《孙膑兵法》重见天日是1972年2月。山东临沂银雀山一号汉墓出土了竹简本的《孙膑兵法》,证明这部古代军事著作是客观存在的。经过认真整理,竹简本《孙膑兵法》分为上、下两编,共三十篇,由文物出版社于1975年出版。上编可以确定属于《齐孙子》的十五篇;下编十五篇尚不能确定属于《齐孙子》的论兵之作,但都属于出土的竹简本《孙膑兵法》文字。本书所引张震泽《孙膑兵法校理》即据此排版、整理、校释①。由于竹简损坏严重,残缺不全,不少地方文字脱落,无法完整读通。这里只能依据竹简本《孙膑兵法》上、下编三十篇可以读懂的部分,来看一看《孙膑兵法》的军事思想。

与《孙子兵法》一样,《孙膑兵法》也是一部集中讨论军事问题的兵家名著。它继承了《孙子兵法》战争胜利"不可取于鬼神"的思想,强调获得"天时、地利、人和"是最重要的因素。而在顺天时、得地利、合人心三者中,"人和"最重要。在这个大前提下,深化了战争规律的理论探讨。

1. "天地之间,莫贵于人"

《孙子兵法》曾指出:战争的胜利"不可取于鬼神"。《孙膑兵法》继承并发展了这一思想,进一步提出:"间于天地之间,莫贵于人。"②"间于"的"间",张震泽《孙膑兵法校理》无释。案"间"字字义,唯一相近可讲得通的是方位词"在……中间"或动词"参杂"。"间于天地之间",即"在天地之间"。在天地之间所有的事物中,"人"最高贵。《孙膑兵法》通篇,没有提一个神灵的"神"字。《孙膑兵法》接着指出:"天时、地利、人和,三者不得,虽胜有央(殃)。"③这里把决定战争胜利的三个主要因素"天时、地利、人和"提出来,代表了那个时期的共识。稍后的荀子重申:"上不失天时,下不失地利,中不失人和,而百事不废。"④"上失天时,下失地利,中失人和,天下敖然若烧若焦。"⑤

在"天时、地利、人和"三种因素中,哪一种因素更重要呢?"人和"更重

---

① 文物出版社1985年出版《银雀山汉墓竹简(壹)》,收录《孙膑兵法》凡16篇,系竹简本《孙膑兵法》原上编十五篇加下编中的一篇《五教法》而成,其篇目依次为:擒庞涓、见威王、威王问、陈忌问垒、篡卒、月战、八阵、地葆、势备、兵情、行篡、杀士、延气、官一、五教法、强兵。本书依据竹简本《孙膑兵法》上下编三十篇,评述《孙膑兵法》的军事思想。
② 《孙膑兵法·上编·月战》,张震泽:《孙膑兵法校理》,中华书局1984年版。下同。
③ 《孙膑兵法·上编·月战》。
④ 《荀子·王霸》。
⑤ 《荀子·富国》。

要。《孙膑兵法》指出:"兵不能胜大患,不能合民心者也。"①"得众,胜。""不得众,不胜。"②孙膑的这一思想,后来为《尉缭子》《孟子》所阐明。战国末期的《尉缭子》在《战威》篇中指出:"天时不如地利,地利不如人和。圣人所贵,人事而已。"《孟子·公孙丑下》亦云:"天时不如地利,地利不如人和。"上顺天时,下应地利,中合人心,这就是战争取胜的根本之道。"夫安万乘国,广万乘王,全万乘之民命者,唯知道。"③"以决胜败安危者,道也。"④"知道,胜。……不知道,不胜。"⑤所谓"知道",主要包括"上知天之道,下知地之理,内得其民之心"⑥。有人统计,《孙膑兵法》提到"道"的地方多达五十多处。这个"道",不是"神道",而是"人道",指将领必须掌握的战争规律。《孙膑兵法·威王问》记录了齐威王、齐将田忌问孙膑的不少问题,在孙膑看来,他们的问题问在枝节上,"几知兵矣,而未达于道也。"

当然,上顺天时,下应地利,内得人心,是最根本的战争规律。这个基本理念,渗透在该书关于战略战术的思想论述中。

2. 战争的定位及义战、备战、胜战思想

如何看待战争在国家政治生活中的地位?步入春秋战国时期,诸侯国之间兼并战争加剧,血流漂杵,死难无数。儒家的仁政爱民学说、墨家的博爱非攻学说应运而生。作为研究战争规律的兵家代表人物,孙膑自然不否定战争的必要性,恰恰相反,他充分肯定战争的合法性。他向齐威王说:以仁德著称的五帝、三王、周公尚且借助战争手段平定天下,那些"德不若五帝而能不及三王、智不若周公"的君主,"欲责仁义、式(法)礼乐、垂衣裳,以禁争夺",能做到吗?不可能。他们不是不想这样做,问题是"不可得","故举兵绳之"⑦。在不得不进行战争保卫国家社稷安定的情况下,掌握战争规律,确保打胜仗,就显得至关重要。"战胜,则所以在(当为存)亡国而继绝世也。战不胜,则所以削地而危社稷也。"因此,"兵者不可不察"⑧。但如同《孙子兵法》承认战争的必要性同时又主张"慎战",《孙膑兵法》也一样。它研究战争但并不热衷于战争。它肯定必要战争的合理性但并不穷兵好战。恰恰相

---

① 《孙膑兵法·下编·兵失》。
② 《孙膑兵法·上编·篡卒》。
③ 《孙膑兵法·上编·八阵》。
④ 《孙膑兵法·下编·客主人分》。
⑤ 《孙膑兵法·上编·篡卒》。
⑥ 《孙膑兵法·上编·八阵》。
⑦ 均见《孙膑兵法·上编·见威王》。
⑧ 均见《孙膑兵法·上编·见威王》。

反,它反对穷兵黩武,轻易言战,指出"穷兵者亡"①,"乐兵者亡,而利胜者辱";强调"兵非所乐也,而胜非所利也"②。不能为了自己的利益去发动战争。战争应当出于迫不得已的自卫行为,所谓"不得已而后战"③。

其次是"义战"概念的提出。战争如果是出于迫不得已的自卫,其正义性、合法性就不言自明了。道义或者说正义,是军队强大制胜的最重要的基础。"德行者,兵之厚积也。"④正义之师是强大之师、制胜之师:"卒寡而兵强者,有义也。"反之,"战而无义,天下无能以固且强者。"⑤孙膑还将"义、仁、德、信、智"五种品德作为对率兵作战的将领的要求提出来:"义者,兵之首也。""将者不可以不义。不义则不严,不严则不威,不威则卒弗死。""仁者,兵之腹也。""将者不可以不仁,不仁则军不克,军不克则军无功。""德者,兵之手也。""将者不可以无德,无德则无力,无力则三军之利不得。""信者,兵之足也。""将者不可以不信,不信则令不行,令不行则军不,军不则无名。"智者,"兵之尾也","将者不可不智胜。"⑥

再次,做好充足的战备,不打无准备之仗。为了确保打赢保卫国家的正义战争,必须早做充分准备。平时无战事的时候,大力发展经济,保障战时的物资供应。这就叫"富国"以"强兵"。齐威王曾请教孙膑:"齐士教寡人强兵者,皆不同道"。有"教寡人以政教者","有教寡人……以散粮者,有教寡人以静者"。孙膑回答:"皆非强兵之急者也。""强兵之急者"是什么呢?就是"富国"。这是战胜"诸侯"的根本⑦。战备在平时从富国入手,战前从策划入手:"用兵无备者伤。"⑧"兵不能见福祸于未形,不知备者也。"⑨"事备而后动,故城小而守固者,有委(积)也;夫守而无委……天下无能以固且强者。"⑩有了平时与战时的充分准备,就为战争的胜利奠定了保障。

复次,认真评估战争的后果,有胜算才开战,否则坚决阻止战争的发生。"必胜乃战……审而行之。"⑪"见胜而战,弗见而诤(谏阻),此王者之将

---

① 《孙膑兵法·上编·威王问》。
② 均见《孙膑兵法·上编·见威王》。
③ 《孙膑兵法·上编·月战》。
④ 《孙膑兵法·上编·篡卒》。
⑤ 均见《孙膑兵法·上编·见威王》。
⑥ 均见《孙膑兵法·下编·将义》。
⑦ 均见《孙膑兵法·上编·强兵》。
⑧ 《孙膑兵法·上编·威王问》。
⑨ 《孙膑兵法·下编·兵失》。
⑩ 《孙膑兵法·上编·见威王》。
⑪ 《孙膑兵法·上编·杀士》。

也。"①这个思想与《孙子兵法》一脉相承。以战争的准备和制胜的把握为依据,战斗中就有了高亢的士气。士气即士兵必胜的信念、坚强的意志和饱满的精神状态。春秋时鲁大夫曹刿论战,指出"夫战,勇气也",气可鼓而不可歇。孙膑深深懂得提振、保持旺盛的斗志、士气对战争胜利的重要性。他指出:"合军聚众",务在激气;"复徙合军,务在……利气;临境近敌,务在厉(励)气;战日有期,务在断(断决、决绝)气;今日将战,务在延(保持、延展)气。"②这是对曹刿的"勇气"说的深化。

3. 战争中"人和"要素的探讨和要求

《孙膑兵法》将"人和"视为战争取胜三要素之一,并且是最重要的因素。具体说来,"人和"中的"人"涉及三要素,即兵、将、君。战争中的兵、将、君的关系,就好比是箭、弓和射箭人的关系,是共同合作、不可分割的一个整体。"若欲知兵之情,弩矢其法也。矢,卒也;弩,将也;发者,主也。""弩之中毂合于四"③,箭弩射中目标靶的是箭、弓、射箭人向着目标通力合作的结果,"左右和,胜"。④ 他们各司其职,各有要求。君主的职责是下达战争指令和战斗任务,但不得越俎代庖,干涉将领的具体作战指挥。因为将领深通战争之道,而君主则是外行。如同《孙子兵法》强调战争中将军可以"君命有所不受",《孙膑兵法》也指出:"得主专制,胜。""御将不胜。"⑤将领得到君王充分信任,得以全权指挥军队时,才能取胜;将领受君王控制而不能独立指挥,就不能取胜。将领从君主那里领受到任务和授权,他有重大的权力,也有重大的责任。他必须严格自律,不仅平时对自己有"义、仁、德、信、智"的修养要求,而且必须在军中弘扬"信""忠""敢"。"安忠?忠王。安信?信赏。安敢?敢去不善。不忠于王,不敢用其兵。不信于赏,百姓弗德。不敢去不善,百姓弗畏。"⑥"忠"指将领忠于君王。"信"指将领对悬赏讲信用。"敢"指敢于抛弃错误的决定。如果不忠于君王,就不敢率领君王的兵打仗;如果对许诺的奖赏不讲信用,就不能得到士兵的拥护;如果不能及时抛弃错误,士兵就不会敬服。将领对待士兵,必须宽严相济,"爱之若狡童,敬之若严师,用之若土盖(芥)"⑦。将领下达给士兵的指令,要尽量切实可行:"赏未行、罚

---

① 《孙膑兵法·上编·八阵》。
② 《孙膑兵法·上编·延气》。
③ 《孙膑兵法·上编·兵情》。
④ 《孙膑兵法·上编·篡卒》。
⑤ 《孙膑兵法·上编·篡卒》。
⑥ 《孙膑兵法·上编·篡卒》。
⑦ 《孙膑兵法·下编·将德》。

未用而民听令者,其令民之所能行也。赏高罚下而民不听其令者,其令民之所不能行也。"指令切实可行的根本在于充分考虑人们追求利益的天性:"使民唯不利,进死而不旋踵,孟贲之所难也"。要让士兵处在不利的形势下仍拼死冲锋、毫不后退,即使是像孟贲那样的勇士也难以做到。以此"责之民,是使水逆流也"。正如"行水得其理"可以"漂石折舟"一样,"用民得其性,则令行如流"。如何顺应人性而用兵呢?就是要"胜者益之,败者代之,劳者息之,饥者食之"①。打了胜仗要让士兵得到好处,打了败仗领兵将领要主动承担责任,士兵疲劳时要让他们休息,军兵饥饿时要让他们能吃上饭。总之,将领要讲"将义""将德"。将领如果不讲"将义""将德",则会导致"将败"。导致"将败"的原因主要有:自大、骄傲、贪位、贪财、轻敌、寡决、寡信、寡勇、懈怠、暴虐等等②。从士兵一端而言,"兵之胜在于篡卒"。"篡"者,张震泽《孙膑兵法校理》释为"选""优选","篡卒"即为"选兵"。但接下来一段话都与"选兵"无关,而与"练兵"或"用兵"有关:"兵之胜在于篡卒:其勇在于制(教令),其巧(机巧)在于势,其利(锐)在于信,其德在于道(兵道),其富在于亟(急)归,其强在于休民,其伤在于数战。"③士兵的勇敢在于军纪约束,士兵的作战机巧在于营造优势,士兵的锋锐在于将领讲信用,士兵的道德在于洞悉战争规律,士兵的给养充足在于速战速决,军队的强大在于休养生息,军队的受伤在于作战过频。

4. 取胜要素分析:势、权、阵、变、谋、诈、赏、罚

在君主、将领、士兵各司其职、相互合作达到"人和"的情况下,《孙膑兵法》还讨论了决定战争胜负的其他一些要素。这些要素有:阵、势、权、变、谋、诈、赏、罚。上编《威王问》记载:"田忌曰:'赏罚者,兵之急者耶?'孙子曰:'非。夫赏者,所以喜众,令士忘死也。罚者,所以正乱,令民畏上也。可以益胜,非其急者也。'田忌曰:'权、势、谋、诈,兵之急者耶?'孙子曰:'非也。夫权者,所以聚众也。势者,所以令士必斗也。谋者,所以令敌无备也。诈者,所以困敌也。可以益胜,非其急者也。'"这里,孙膑虽然认为"赏、罚、权、势、谋、诈"六者不属于"兵之急",但也是可以"益胜"的六个重要因素。上编《势备》指出:"凡兵之道四:曰阵,曰势,曰变,曰权。察此四者,所以破强敌,取猛将也。"这里又提到"势""权",与前文相重合,突显了二者的重要性。

---

① 均见《孙膑兵法·下编·奇正》。
② 《孙膑兵法·下编·将败》。
③ 《孙膑兵法·上编·篡卒》。

另提及"阵"和"变"两个要素。

下面我们来具体讨论一下"权""势""阵""变""谋""诈""赏""罚"的内涵和要求。

所谓"权",即"所以聚众"的权力①,即将领不受君主制约的作战指挥权。

所谓"势",即战场上有利的形势。"势者,所以令士必斗也。"②这个有利的形势,既靠因应利用自然条件,又靠主动创造、化无为有。前者叫"因势",后者叫"造势"。关于"因势",如下编《客主人分》说:"所谓善者战,便势利地者也。"善于利用天时、地利的有利条件,都属于"因势"。由于"天时不如地利",所以《孙膑兵法》中对于"因地之利"分析得比较多。如上编《地葆》篇说:"凡地之道,阳为表,阴为里,直者为纲,术者为纪。纪纲则得,阵乃不惑。""绝水、迎陵、逆流、居杀地、迎众树者,钧(均)举(去)也,五者皆不胜。""五地之胜曰:山胜陵,陵胜阜,阜胜陈丘,陈丘胜林平地。"③敌军驻扎的营地四周,没有大河环绕作为屏障,这样的军队可以攻击;城池背临深谷,其左右两面没有高山,这样的城池可以攻击;军队饮用的是小沟渠不流通的死水,可以攻击;城池建在大片的沼泽地带,没有深谷和连绵不断的丘陵作屏障,可以攻击;城池前有高山,背临深谷,可以攻击④。当然,《孙膑兵法》在论述"因势"问题时,也杂有阴阳五行的神秘成分,如《地葆》说:"南阵之山,生山也;东阵之山,死山也;东注之水,生水也;北注之水,死水。""五壤之胜:青胜黄,黄胜黑,黑胜赤,赤胜白,白胜青。"关于"造势",即发挥主观能动性,将劣势转化为优势。比如根据敌军的特点因势利导:"威强之兵,则屈软而待之;轩骄之兵,则恭敬而久之;刚至之兵,则诱而取之……重柔之兵,则噪而恐之,振而捅之,出则击之,不出则回之"⑤。"故善战者,见敌之所长,则知其所短;见敌之所不足,则知其所有余。见胜如见日月。其错胜也,如以水胜火。"⑥上编《官一》篇则说:在险阻的山地中作战,要放开谷口,把敌人引出山谷来交战;在杂草丛生的地方作战,要虚设旌旗,诱敌深入从而消灭之;等等。《孙膑兵法》的"因势""造势"思想,构成了它的鲜明特点,以至于《吕氏春秋·不二》这样评价孙膑的学说:"孙膑贵势。"

与"势"相连的是"阵"。"阵"即战阵,军队作战的方阵,它会形成战场上

---

① 《孙膑兵法·上编·威王问》。
② 《孙膑兵法·上编·威王问》。
③ 《孙膑兵法·上编·地葆》。
④ 《孙膑兵法·下编·雄牝城》。
⑤ 《孙膑兵法·下编·五名五恭》。
⑥ 《孙膑兵法·下编·奇正》。

的一种气势,所以又称"阵势"。春秋时盛行以车兵为主的方阵作战,阵法大多以"三阵""五阵"为主。战国时,由于形成以步兵为主,车、骑兵为羽翼的多兵种协同作战,出现了大规模的野战和围城战,所以军阵作战的阵法更加复杂化了。孙膑概括出一套八阵作战的理论,指出"王者之将"必"知八阵之经":"用阵三分,诲(每)阵有锋,诲(每)锋有后……斗一,守二。以一侵敌,以二收。敌弱以乱,先其选卒以乘之;敌强以治,先其下卒以诱之。车骑与战者,分以为三,一在于右,一在于左,一在于后。易则多其车,险则多其骑,厄则多其弩。险易必知生地、死地,居生击死。"①这就是说,用八阵作战,可以把兵力分为三部分,每阵要有先锋,先锋之后要有后续兵力。用三分之一的兵力出击,用三分之二的兵力守卫。用三分之一的兵力攻破故阵,用三分之二的兵力完成歼敌任务。敌军兵力弱而且阵势混乱时,就先进精兵去攻击敌军。敌军强大而且阵势严谨时,就先用一些弱兵去诱敌。用战车和骑兵出战时,也把兵力分为三部分,一部分在右侧,一部分在左侧,一部分断后。地势平坦的地方用战车,地势险阻的地方则多用骑兵,地势狭窄险要的地方多用弓弩手。但无论在险阻还是平坦的地方,都必须先弄清楚哪里是生地,哪里是险地,从而占据生地,把敌军置之死地而后消灭。下编《十阵》将兵阵的方式总结为十种:"凡阵有十:有方阵,有圆阵,有疏阵,有数阵,有锥行之阵,有雁行之阵,有钩行之阵,有玄襄之阵,有火阵,有水阵。此皆有所利。"方阵用来截击敌军;圆阵用以集中兵力防守;疏阵用以制造声势;数阵用来使敌军不能分割消灭我军;锥形阵用来突破敌军阵地并切断其相互联系;雁形阵用来进行弓弩战;钩形阵在改变作战计划时使用;玄襄阵用来迷惑敌军;水阵用来加强防守;火阵用来攻营拔寨。作者还详细说明了十阵的排布方法。对春秋以来作战阵法的丰富和发展,是孙膑在军事学上的一大贡献。

不仅阵法讲究变化,化劣势为优势也讲究变化。战无常法,唯变是从。因宜适变,是制胜的重要因素。而"变"的中心或追求,是向着增加制胜的可能转化,警惕和防止优势变为劣势。具体说就是要处理好强与弱、众与寡、积与疏、盈与虚、疾与徐、逸与劳、饱与饥、静与动的关系。敌强,我军要避其锋锐,保存实力。上编《威王问》载:"威王曰:'敌众我寡,敌强我弱,用之奈何?'孙子曰:'命曰让威。必臧其尾,令之能归。'"下编《五度九夺》篇指出:"积弗如,勿与持久。众弗如,勿与接和。……习弗如,毋当其所长。"下编《积疏》篇指出:一般情况是积胜疏、疾胜徐、盈胜虚、众胜寡、佚胜劳,但二

---

① 《孙膑兵法·上编·八阵》。

者可以相互转变:"积疏相为变","疾徐相为变",盈虚相为变,众寡相为变,佚劳相为变。所以,处于优势地位时不能掉以轻心,处于不利形势时不必放弃努力。"毋以积当积,毋以疏当疏,毋以盈当盈,毋以虚当虚,毋以疾当疾,毋以徐当徐,毋以众当众,毋以寡当寡,毋以佚当佚,毋以劳当劳。"敌我双方的优劣相互包含,你中有我,我中有你:"积疏相当"、"佚劳相当"、盈虚相当、疾徐相当、众寡相当。我方要做的就是促成"敌积故可疏、盈故可虚"、疾故可徐、众故可寡、佚故可劳的转变。同理,下编《善者》指出:"故沟深垒高不得以为固,车坚兵利不得以为威,士有勇力而不得以为强。故善者制险量阻,敦三军,利屈伸,敌人众能使寡,积粮盈军能使饥,安处不动能使劳,得天下能使离,三军和能使柴(訾,恨也)。""善者能使敌卷甲趋远,倍道兼行,倦病而不得息,饥渴而不得食。""我饱食而侍其饥也,安处以侍其劳也,正静以侍其动也。"下编《奇正》篇由此引申为一个普遍的奇正相变的道理:"天地之理,至则反,盈则败。""代兴代废,四时是也;有胜有不胜,五行是也;有生有死,万物是也;有能有不能,万生是也;有所有余,有所不足,形势是也。"所以,"有形之徒,莫不可名;有名之徒,莫不可胜。"敌军也是如此,再强大的敌人也可找到他的弱点。"战者,以形相胜者也,形莫不可以胜","故圣人以万物之胜胜万物",但一般人"莫知其所以胜之形"。其实,"形胜之变,与天地相敝而不穷",所以,"以一形之胜胜万形,不可"。"同不足以相胜也,故以异为奇。是以静为动奇,失(佚)为劳奇,饱为饥奇,治为乱奇,众为寡奇。"军情千变万化,找到敌军的弱点,化敌军的优势为劣势,化我军的劣势为优势,促成敌我双方的形势向着对我方有利的一面转化,就是"变"的要义。

因势造势也好,阵形变化也好,敌我优劣的转变也好,都需要运用智谋。所以将"谋"作为战争取胜的一项因素提出来,这与《将义》篇要求将领必须具备"智"的素质是一致的。这个"谋",包括"量敌计险"①"外知敌之情"②"用间(间谍)"③"知道(战争规律)"④。较之《孙子兵法》,直接论述"智谋""计虑"在作战中的作用的文字在《孙膑兵法》中显然少很多。它把作战的"谋虑"都用在因势造势、阵形变化、敌我优劣变化的分析中了。

《孙子兵法》说"兵者诡道",《孙膑兵法》也论述到兵不厌"诈"的特点。这集中表现在"攻其不备"、分而击敌上。"威王曰:'以一击十,有道乎?'孙

---

① 《孙膑兵法·上编·篡卒》。
② 《孙膑兵法·上编·八阵》。
③ 《孙膑兵法·上编·篡卒》。
④ 《孙膑兵法·上编·篡卒》。

子曰:'有。攻其无备,出其不意。'""威王曰:'击均奈何?'孙子曰:'营而离之,我并卒而击之,毋令敌知之。'"①"敌人众,能使之分离而不相救也",则"甲坚兵利不得以为强,士有勇力不得以卫其将,则胜有道矣"②。

关于"赏""罚",《孙膑兵法》并未太多着墨,只是要求赏罚守信,不避亲疏:"赏不逾日,罚不还(转)面"③。

六、《尉缭子》:"圣人所贵,人事而已"

尉缭,一生事迹,史籍载之不详。据说是魏国大梁(今河南开封)人。不知姓,名缭,秦王政十年(公元前237年)入秦游说,被任为国尉后,改称尉缭。著有兵书《尉缭子》。

关于《尉缭子》,《汉书·艺文志》《隋书·经籍志》《旧唐书·经籍志》《新唐书·艺文志》《宋史·艺文志》都有著录。南朝学者,以及唐宋时期许多学者都对该书有所摘引和评论。北宋神宗元丰年间,《尉缭子》被收入《武经七书》,作为必读的军事教材。不过,自从南宋陈振孙《直斋书录解题》疑其为伪书后,疑伪之声络绎不绝。从南宋的马端临,到清代的姚际恒、姚鼐,再到现代的钱穆,都是持此论者。然而,1972年山东临沂银雀山汉墓出土了一批兵书文献,其中包括《尉缭子》竹简残卷,其内容与今本《尉缭子》基本相同④,证明了伪书之说不能成立。

关于《尉缭子》的作者,有三种观点。一说是战国中期魏国梁惠王时期的尉缭⑤,根据是《尉缭子》首篇《天官》中"梁惠王问尉缭子曰……尉缭子对曰……"的记载。一说是战国末期、秦王嬴政时代的尉缭,根据是《史记·秦始皇本纪》中"十年……大梁人尉缭来,说秦王曰……"的记载。另有一种说法认为为梁惠王说兵法的尉缭与为秦王嬴政说兵法的尉缭是同一个人,他给梁惠王说兵法时不足20岁,给秦王嬴政说兵法时90多岁⑥。笔者姑且采取第三种观点。现存《尉缭子》24篇。其中部分篇章成书较早,部分篇章是尉缭入秦后根据形势需要进行修改所致。要之,《尉缭子》的作者是生活在

---

① 均见《孙膑兵法·上编·威王问》。
② 《孙膑兵法·下编·客主人分》。另见《下编·善者》。
③ 《孙膑兵法·上编·将德》。
④ 残简释文见《文物》1977年第2、3期。
⑤ 魏惠王由安邑迁都大梁(今开封)后,魏国亦称梁国,魏惠王亦称梁惠王。
⑥ 这种观点的持有者是徐勇,论证过程见徐勇译注《尉缭子》前言(中州古籍出版社2018年版)。另两种观点的评述亦见该前言。

战国中后期的尉缭,《尉缭子》是一部成书于战国中后期的兵书。

或许,对《尉缭子》的作者及其具体成书时间的任何一种观点都是有理由争论的,而该书大体上成书于战国中晚期则是没有疑义的。比这更重要的是《尉缭子》当中阐述的政治—军事思想。它有两大特点:一是认为无论鬼神祭祀还是天时地利,都比不上人事管用,"圣人所贵,人事而已";二是在人事方面,强调发挥主观能动性,融汇儒家、道家、法家于一体,建立了特殊的政治—军事学说。与前述五种兵书相较,它既继承了《孙子兵法》《孙膑兵法》重人事、轻鬼神的思想并加以发展,又吸收了《六韬》《司马法》《吴子》援儒入兵的特色,并掺和了道家的无欲无私论与法家的严刑峻法论,提出了相安无事的社会理想与从严治军的军事主张,体现了战国中后期军事著作的综合特点。

1. "不时日而事利,不卜筮而事吉,不祷祠而得福"

在战争问题上,如何处理人神关系、天人关系?《孙子兵法》提出"不取于鬼神",《孙膑兵法》提出"天地之间,莫贵于人"。《尉缭子》对此加以继承。在人神关系,主张"不卜筮而事吉""不祷祠而得福"。在天人关系上,主张"不时日而事利","天时不如地利,地利不如人和",明确提出"圣人所贵,人事而已""古之圣人,谨人事而已"。而这"人事",就是"举贤任能""明法审令""贵功养劳":

> 举贤任能,不时日而事利;明法审令,不卜筮而事吉;贵功养劳,不祷祠而得福。故曰:天时不如地利,地利不如人和。圣人所贵,人事而已。①
>
> 举贤用能,不时日而事利;明法审令,不占筮而获吉;贵功养劳,不祷祠而得福。又曰:天时不如地利,地利不如人和。古之圣人,谨人事而已。②

《尉缭子》开篇《天官》记载梁惠王问尉缭子:黄帝凭借"刑德""可以百战百胜",有这回事吗?尉缭子回答说:黄帝依靠的"刑德",不是世俗所谓"天官、时日、阴阳、向背"这样的虚无缥缈的东西,而是指"以刑伐之""以德守之"、文武兼备的"人事"。他举例说明:"今有城于此,从其东西攻之不能取,

---

① 《尉缭子·战威》。徐勇译注:《尉缭子 吴子》,中州古籍出版社2018年版。下同。
② 《尉缭子·武议》。

从其南北攻之不能取,此四者岂不得顺时乘利者哉?然不能取者何?城高池深,兵器备具,谋而守之也。若乃城下、池浅、守弱,可取矣。由是观之,天官、时日不若人事也。"再如《天官》上说:"背水陈(布阵)为绝地,向阪陈为废军。"而武王伐纣时背济水、向山阪而布阵,以二万二千五百人击纣之十八万人,最终取胜,而得天官之阵的商纣王倒是被打败了。这也证明"天官不若人事"①。《尉缭子》还以武王伐纣为例说明,战争的胜负与祥异无关,关键取决于人事"修"与"不修":"武王伐纣,师渡盟津,右旄左钺,死士三百,战士三万。纣之陈亿(十)万,飞廉、恶来,身先戟斧,陈开百里。武王不罢市民,兵不血刃,而克商诛纣。无祥异也,人事修不修而然也。"②不仅如此,《尉缭子》还举例说明,称作"天官"的作用,不过是"人事"的结果罢了。"先神先鬼",不如"先稽我智"③。楚将公子心与齐人作战,时有彗星出,柄在齐方。按《天官》的说法,"柄所在胜,不可击。"公子心却不信。他说:彗星懂什么!如果依据彗星的星象作战,应当是倒过来所指的一方取胜。"彗星何知!以彗斗者,固倒而胜焉。"第二天与齐人作战,果然大破敌军。

由于《尉缭子》极为重视人的智慧及其主观能动性对战争胜负的决定作用,而发挥主观能动性的人中,指挥三军的"将"的作用更大,所以,它一反常态,提出"将者,上不制于天,下不制于地,中不制于人"的命题④。武王伐纣,纣占据天时、地利,也有一部分人捍卫他,认为臣伐君为逆,但武王并未受此束缚。因为这个行动在更广泛的范围上符合民心,在更高的层面上符合除暴安良的天意,所以实际上是"顺天应人"的,而这是取胜的根本。

《尉缭子》所以高度强调人的智慧和人事的努力在战争中的地位和作用,是因为在当时的现实中,不少庸将"合龟兆,视吉凶,观星辰风云之变,欲以成胜立功",尉缭认为这很难达到目的,而且很愚蠢⑤。他强调人事重要的目的,在于扭转这种荒谬的现象。

2. "天下一家,共寒共饥"与"兵者凶器,仁义为本"

其实,人事的努力不仅决定着战争的命运,而且决定着国家的命运。战争的胜负不能听命于卜筮祷祠,天下的吉凶也不能取决于卜筮祷祠。探讨战争规律必须从政治之道这样的战略眼光入手。

---

① 《尉缭子·天官》。
② 《尉缭子·武议》。
③ 《尉缭子·天官》。
④ 《尉缭子·武议》,另见《尉缭子·兵谈》。
⑤ 《尉缭子·武议》。

政治之道是实现社会理想的手段。《尉缭子》的社会理想是什么呢？在战国中后期人们为了私利相互争夺厮杀的年代，《尉缭子》提出了反本合道、无私无欲、共寒共饥、天下一家的社会理想："夫谓治（太平）者，使民无私也。民无私，则天下为一家，而无私耕私织。共寒其寒，共饥其饥。故如有子十人，不加一饭；有子一人，不损一饭。""反本缘理，出乎一道，则欲心去，争夺止，囹圄空，野充粟多，安民怀远，外无天下之难，内无暴乱之事，治之至也。"①这种社会理想，是儒家与道家的混合体。天下一家，相亲相爱，共寒共饥，这有儒家大同世界的面影；反本缘理，出乎一道，心地淳厚，相安无扰，这有道家至德之世的成分。

国家无私，就不会发生兼并战争，人人无私，就不会发生彼此争夺。自私是导致天下不太平的根本原因。"欲心兴，争夺之患起矣。横生于一夫，则民私饭有储食，私用有储财。民一犯禁，而拘以刑治。"②于是，囹圄遍布国中。"今夫系狱，小圄不下数十，中圄不下数百，大圄不下数千。"③所以，要实现天下太平的社会理想，就必须以去私为根本的政治之道。"善政执其制，使民无私。为下不敢私，则无为非者矣。"④

那么，《尉缭子》是不是把人的基本物质欲求都否定掉了呢？没有。它只是反对"欲生于无度"，对于合度的生活之欲，比如吃饭穿衣的基本欲求，它恰恰是充分加以肯定的。如果连人民的这些基本生活欲求都满足不了，天下肯定不会太平。所以，《尉缭子》将"充腹有粒，盖形有缕"，发展农业，抑制奢侈作为政治之道的一项要求提出来。"凡治人者何？曰：非五谷无以充腹，非丝麻无以盖形，故充腹有粒，盖形有缕。"所以要保证男耕女织，"夫在芸耨，妻在机杼"，确保"夫无雕文刻镂之事，女无绣饰纂组之作"。上古太平之世所以丰衣足食，民安国泰，主要是由于实行了这样的基本国策。当今所以天下大乱，一方面是因为不务农本，"耕有不终亩，织有日断机"⑤，另一方面是因为囹圄内关押的囚犯太多，"十人联百人之事，百人联千人之事，千人联万人之事"，"囚之情"所关联的亲戚兄弟、婚姻故人更多，造成"农无不离田业"⑥，所以"短褐不蔽形，糟糠不充腹，失其治也"。可见，天下太平的当务之急，是注重农业，减少犯罪，保证"春夏夫出于南亩，秋冬女练于布帛"⑦，

---

① 《尉缭子·治本》。
② 《尉缭子·治本》。
③ 《尉缭子·将理》。
④ 《尉缭子·治本》。
⑤ 《尉缭子·治本》。
⑥ 《尉缭子·将理》。
⑦ 《尉缭子·治本》。

民不贫困,安居乐业。

更为可贵的是,《尉缭子》强调,发展农业、男耕女织创造的生活财富,不应也不能都收缴到国库里,一定要懂得分利于民,这样才能国泰民安,不然就会有亡国危险。"王国富民,霸国富士,仅存之国富大夫,亡国富仓府。""上溢而下漏,故患无所救。"①

从天下安康的社会理想和爱利万民的政治之道出发,《尉缭子》提出了以"仁义"为本的战争观。首先,兵为凶器,出兵必须具有充分的理由和正义的合法性。只有在讨伐不义的暴乱、抗击敌人侵略、保护国家和人民的生命财产安全时才可用兵。"兵者,凶器也;争者,逆德也。将者,死官(负责生死的官职)也。故不得已而用之。"②"事必有本,故王者伐暴乱,本仁义焉。"③其次,尽管"兵者凶器",但处于"以立威抗敌相图"的战国时代,又"不能废兵"④,所以,治兵必须"以武为表,以文为里"⑤。所谓"以文为里"即以仁义为用兵的指导原则。因此,"凡兵,不攻无过之城,不杀无罪之人。夫杀人之父兄,利人之货财,臣妾人之子女,此皆盗也。故兵者,所以诛暴乱、禁不义也。兵之所加者,农不离其田业,贾不离其肆宅,士大夫不离其官府……故兵不血刃而天下亲焉。"⑥于是,兵为凶器,仁义为本,就成为《尉缭子》对战争性质和地位的基本把握。

3. "不战而胜"及战场取胜的原则、方法

在战争具有正义性、合法性的前提下,如何打赢战争呢?《尉缭子》探讨、总结了许多战略战术原则。它们既有对前人的继承,也有自己的创造。

首先,必须明白,上兵伐谋,至胜不战,要立足于"兵胜于朝廷",不战而胜。"夫治且富之国,车不发轫,甲不出橐,而威服天下矣。故曰:兵胜于朝廷。"⑦"不暴甲而胜者,主胜也;陈而胜者,将胜也。"⑧"故百战百胜,非善之善者也;不战而胜,善之善者也。"⑨兵胜于朝廷为上,兵胜于战场为下。最高的胜利是"车不发轫,甲不出橐""胜于朝廷"的"主胜",而非战死沙场、血流

---

① 《尉缭子·战威》。
② 《尉缭子·武议》。
③ 《尉缭子·兵令上》。此据古诗文网本。徐勇本有异。
④ 《尉缭子·兵令上》。此据古诗文网本。徐勇本有异。
⑤ 《尉缭子·兵令上》。
⑥ 《尉缭子·武议》。
⑦ 《尉缭子·兵谈》。
⑧ 《尉缭子·兵谈》。此据古诗文网本。徐勇本有异,不好解,似不确。
⑨ 《尉缭子·兵谈》。

成河的"将胜"。

其次,在无法取胜于朝廷,只能决胜于战场的情况下,要量力而行,不打无把握取胜的战争。"兵起,非可以忿也。见胜则兴,不见胜则止。"①"战不必胜,不可以言战;攻不必拔,不可以言攻。"②

再次,战场上如何取胜呢?"兵以静胜。"③作战计划形成后必须不动声色,沉着冷静。"国以专胜。"④军事行动必须听从统一指挥。"力分者弱,心疑者背。"⑤战斗必须心往一处想,力往一处使。"善用兵者,能夺人而不夺于人。"⑥必须努力掌握战争主动权。"权先加人者,敌不力交;武先加人者,敌无威接。故兵贵先。"⑦用兵贵在先发制人。"凡兵,有以道胜,有以威胜,有以力胜。讲武料敌,使敌之气失而师散,虽形全而不为之用,此道胜也。审法制,明赏罚,便器用,使民有必战之心,此威胜也。破军杀将,乘堙发机,溃众夺地,成功乃返,此力胜也。"⑧用兵有从道义上击垮对手的,也有从士气军威上击垮对手的,还有从武力上击垮对手的。"夫将之所以战者,民也;民之所以战者,气也。气实则斗,气夺则走。"⑨战争中士气很重要,可鼓不可泄。"战所以守城","城所以守地","地所以养民",守城、护地、养民三者中军队守城"最急矣","故先王务尊于兵"。"务战者城不围",所以"尊兵"必须从选士、督战入手,"武士不选则士不强","赏禄不厚则民不劝","刑诛不必则士不畏"。"务守者地不危","务耕者民不饥",所以"尊兵"还必须从"委积""备用"入手:"委积不多则事不行","备用不便则士不横"⑩。好生恶死是人人具有的天性。必须制定合理的奖罚法令,驱使士兵英勇杀敌。"民非乐死而恶生也,号令明,法制审,故能使之前。明赏于前,决罚于后,是以发能中利,动则有功。"⑪"有功必赏,犯令必死。存亡死生,在桴之端。虽天下有善兵者,莫能御此矣。"⑫奖罚法令的制定要针对人性,顺应人心,有的放矢,体现仁义。"古率民者,未有不能得其心而能得其力者也,未有不得其力而能致其

---

① 《尉缭子·兵谈》。此据古诗文网本。徐勇本有异,不确。
② 《尉缭子·攻权》。按:古诗文网本篇名作《攻权》,徐勇译注本私改作《兵权》,不确。
③ 《尉缭子·攻权》。
④ 《尉缭子·攻权》。
⑤ 《尉缭子·攻权》。
⑥ 《尉缭子·战威》。
⑦ 《尉缭子·战权》。
⑧ 《尉缭子·战威》。
⑨ 《尉缭子·战威》。
⑩ 均见《尉缭子·战威》。
⑪ 《尉缭子·制谈》。
⑫ 《尉缭子·兵令上》。

死战者也。故国必有礼信亲爱之义,则可以饥易饱;国必有孝慈廉耻之俗,则可以死易生。故古者率民,必先礼信而后爵禄,先廉耻而后刑罚,先亲爱而后律其身。""故志不励,则士不死节;士不死节,虽众不武。""励士之道:民之所以生不可不厚也;爵列之等、死丧之礼,民之所以营也,不可不显也;田禄之实,饮食之粮,亲戚同乡,乡里相劝,死丧相救,丘墓相从,民之所以归,不可不速也。"在此基础上,《尉缭子》提出:"必因民之所生以治之,因其所营以显之,因其所归以固之。""此本战之道也。"①

此外,《尉缭子》还从十二方面总结"必胜之道":一是"连刑",即一个犯罪,全伍连坐;二是"地禁",即管制交通,以防止奸细;三是"全车",就是说战车上的甲士和随车步卒都要在车长统一指挥下,协调一致地行动;四是"开塞",即划分防区,各自恪守职责加以坚守;五是"分限",即营阵左右相互警卫,前后相互照顾,环列战车,形成坚固营垒,用以抗拒敌人和保障宿营安全;六是"号别",即前列部队进战时,与后列界限分明,后列不得抢先突进,以免次序紊乱;七是"五章",即用五种颜色的标记以区别行列,保持部队始终不乱;八是"全曲",即各部队在行动中互相联系,保持自己在战斗队形中的关系位置;九是"金鼓",即激励将士杀敌立功,为国牺牲;十是"阵车",即驻止时用战车前后连结成阵,遮蔽马的双目以免惊驰;十一是"死士",即从各军中选拔有才能而勇敢的人,乘着战车,忽左忽右、忽前忽后,出奇制胜;十二是"力卒",即选用才力超群的人掌管军旗,指挥部队,没有命令不得擅自行动②。如此等等。

4. 将领要求、从严治军

战争既有决胜于朝廷、祖庙的"主战""智斗",也有决胜于战场的"将战""武斗"。在武装战争中,全权带军作战的将领的作用至关重要。《尉缭子》的一个重要部分,是关于将领要求的论析。"将者"要心胸宽大,"不可激而怒";要清廉无私,"不可事以财";要沉稳内敛、集思广益,"夫心狂、目盲、耳聋,以三悖率人者难矣"③。要能够与士兵同甘共苦,"暑不立盖,寒不重裘",险必下步,"军井成而后饮,军食熟而后饭,军垒成而后舍","饥饱、劳逸、寒暑必身度之"④。要善于凝聚、团结军心。"将帅者,心也;群下者,支节也。

---

① 均见《尉缭子·战威》。
② 《尉缭子·兵教下》。
③ 均见《尉缭子·兵谈》。
④ 《尉缭子·战威》。

其心动以诚,则支节必力;其心动以疑,则支节必背。"①要主持公平,切忌厚此薄彼:"凡将,理官也,万物之主也,不私于一人。夫能无私于一人,故万物至而制之,万物至而命之。"②这个公平特别体现在诛赏方面。"凡诛赏者,所以明武也。杀一人而三军震者,杀之;赏一人而万人喜者,赏之。杀之贵大,赏之贵小。当杀而虽贵重必杀之,是刑上究也;赏及牛童马圉者,是赏下流也。夫能刑上究、赏下流,此将之武也。"③

在对将领的素质提出种种要求的基础上,《尉缭子》对将领治军提出了进一步的要求。比如"兵有五致:为将忘家,逾垠忘亲,指敌忘身,必死则生,急胜为下。"④受命为将要忘掉家庭,出国作战要忘掉父母,临阵杀敌要忘掉自己,抱着必死的决心战斗方有生路,急于求胜只能适得其反。《尉缭子》还以朴素的辩证观点,提出了十二条治军的正反面经验。按照十二条正面经验去做,就可以压倒敌人,反之则会被敌人压倒。这正面的十二条经验是:树立威信在于不轻易变更号令,给人恩惠在于奖赏及时,当机善断在于能顺应各种事态的变化,战胜敌人在于善于激励提升士气,进攻贵在出其不意,防守重在修整工事,不犯错误缘于考虑周全,不陷危困缘于早有准备,谨慎在于防微杜渐,明智在于能把握大局,消除祸患在于果敢决断,能得众心在于礼贤下士。⑤

在治军管理及诛罚措施中,《尉缭子》受《商君书》影响较多,主张相互联保,从严治罪。比如《伍制》篇说:"军中之制,五人为伍,伍相保也;十人为什,什相保也;五十为属,属相保也;百人为闾,闾相保也。伍有干令犯禁者,揭之,免于罪;知而弗揭,全伍有诛。什有干令犯禁者,揭之,免于罪;知而弗揭,全什有诛。属有干令犯禁者,揭之,免于罪;知而弗揭,全属有诛。闾有干令犯禁者,揭之,免于罪;知而弗揭,全闾有诛。""吏自什长以上,至左右将,上下皆相保也。有干令犯禁者,揭之,免于罪;知而弗揭者,皆与同罪。夫什伍相结,上下相联,无有不得之奸,无有不揭之罪。"《束伍》篇提出"战诛之法":"什长得诛十人,伯长得诛什长,千人之将得诛百人之长,万人之将得诛千人之将,左、右将军得诛万人之将,大将军无不得诛。"并发布"束伍令"规定:五人编为一伍,写一份五人联保凭证,保存在将吏那里。战斗时,伍内伤亡与斩获的数量相等的,功罪相当;有斩获而自己没有伤亡的,有赏;伍

---

① 《尉缭子·攻权》。
② 《尉缭子·将理》。
③ 《尉缭子·武议》。
④ 《尉缭子·兵教下》。
⑤ 《尉缭子·十二陵》。

内有伤亡而没有斩获的,处死刑,并惩办他的家族。自己的什长、伯长伤亡而能斩获敌人什长、伯长的,功罪相抵;斩获敌人什长、伯长而自己什长、伯长没有伤亡的,有赏;自己什长、伯长伤亡而没有斩获敌人什长、伯长的,处死刑,并惩办他们的家族。除此而外,还有"分塞令""经卒令""勒卒令""重刑令"等等,都很严格,而且规定违令者诛。如"分塞令"规定:中军、左军、右军、前军、后军各有分地围墙而居,相互之间"无通其交往";"将有分地,帅有分地,伯有分地,皆营其沟域,而明其塞令",禁止将官随意走动交往,否则格杀勿论。① "重刑令"主张将战败、投降、临阵逃脱的将士宣布为"国贼""军贼",不仅处以"身戮家残"之刑,还要削户籍、挖祖坟、变卖家属做奴隶。对于不能按时报到和开小差的士卒,以逃亡罪论处②。《尉缭子》所以强调使用重刑治军,是认为"刑重则内畏,内畏则外坚",从而"使民内畏重刑,则外轻敌"③。《尉缭子》的重刑思想不仅与商鞅如出一辙,而且比商鞅更为严酷。这是该书的一大特点。同时,《尉缭子》因此保存了战国时期许多军事条令。如《伍制令》讲军中什伍连坐法,《束伍令》讲战场上的惩罚条令和战诛之法,《分塞令》讲营区划分条令,《经卒令》讲战斗编队条令,《勒卒令》讲军中指挥号令,《踵军令》讲后续部队行动条令,《兵教》是军事教练条令。这些条令填补了其他兵书之缺,具有不同凡响的史料价值。

---

① 《尉缭子·分塞令》。
② 《尉缭子·重刑令》。
③ 《尉缭子·重刑令》。

第十五章　名家与纵横家的思想主张

本章将纵横家与名家放在一起评述，是因为二者之间有一定的相通之处。名家以辨别名言概念的是非然否为要务，在辨别名实关系及其是非治乱时必然要借助论辩的策略和技巧，所以"名学"又称"名辩之学"。而论辩的开阖策略及专业技巧正是纵横家讨论的中心问题。于是二者就走到一起来了。

《淮南子·要略篇》指出："诸子之兴，皆因救时之弊。"名家、纵横家虽以逻辑学、论辩技巧著称，然而其产生却缘于"救时之弊"的需要。这个时代之弊，就是名实关系的混乱、是非善恶之名的颠倒。春秋战国时期，诸侯国之间一方面利用周朝分封制的政治空隙相互兼并、从中坐大，另一方面又强词夺理，给自己的侵略战争戴上师出有名的正义面具。这不仅是一个礼崩乐坏的时代，也是一个名实相悖、是非混淆的时代。荀子指出："今圣王没，名守慢，奇辞起，名实乱，是非之形不明，则虽守法之吏，诵数之儒，亦皆乱也。"①说的虽然是战国后期的状况，其实这种状况早在春秋时期已相当严重。民国学者王琯指出："正名主义何以发生于周、秦、战国之际？……当时所谓法纪名分者，盖已荡然无存。诸侯力政，荡闲乱位，率兽食人，毒祸无已，钩鈲柝乱之徒又从而骋辞取容。因名乱名者有之，因实乱名者有之，因名乱实者有之。……贤士哲人鉴于名乱而通于世变也，慨然思所以矫之之术。对症量剂，乃出于正名一途。"②于是，循名责实、要求正名成为这个时代各家各派的共同呼声。孔子说"名不正则言不顺，言不顺则事不成"③，首先推出"正名"要求，荀子据此著《正名》篇。墨家"明是非之分，审治乱之纪"④，开先秦名学之先声。管子、韩非子站在法家的立场要求"循名责实"，庄子从"齐物"的角度谈论是非概念的亦此亦彼，如此等等，均然。正是在这种时代

---

① 《荀子·正名》。
② 王琯：《公孙龙子悬解》，中华书局2011年版，第24页。
③ 《论语·子路》。
④ 《墨子·小取》。

背景下，专门探讨名实关系的名家应运而生。名家的代表人物，春秋时期是墨子后学和邓析，战国时期是尹文、惠施、公孙龙。荀子以《正名》篇加以批判总结，也为周代名学做了重要贡献。他们"疾名实之散乱"，建立了"以正名实"①的名学，体现了救世情怀、贵智特色和思辨高度，不过有时也陷入诡辩，为世人诟病。纵横家的产生也缘于为乱世补漏的使命感、责任感。他们认为要拯救天下，仅有良好的政治主张是不够的，还必须具有良好的论辩、推销之术，这就是纵横捭阖之术。

孔子虽然最早提出"正名"，但并未建立具体的名学。先秦名学最初是由墨子后学建立的。梁启超曾说墨子之学"曰爱曰智"。其"教爱之言"属于伦理学，其"教智之言"属于名学。后者称为《墨经》。《墨经》系墨子后学所作。广义的《墨经》包括《经》上下、《经说》上下、《大取》《小取》六篇。《墨经》指出：名学即名辩之学。名辩的目的在于"明是非之分，审治乱之纪"。名辩的关键是"名实"的"同异"关系，名辩的焦点问题是"坚白"的"离合"。《墨经》还深入分析名称的类别——"达名""类名""私名"，概念的周延与不周延的区别——"或一周而不一周"，以及名实的"同异"在"彼此""动静"关系中的表现——不同名称所指事物之间的同异相生和事物动静的同异相生，开周代逻辑学先声，显示了中华民族思辨水平在春秋时代所达到的高度。

邓析是春秋末期名家的先驱人物，留下《邓析子》两篇。有感于当时诸侯国君慕"欲治之名"，却不明"益世之理"，导致国家大乱，邓析对是非之分提出了"循理正名"、以实定名、正本清源的基本要求，对名辩的开阖技巧和言说方法作了专业探讨，在此基础上强调"循名责实，察法立威"，按刑名规定治理臣民，对君臣的名分、职责及注意问题作了独特探讨。

尹文是战国中期齐国的名家代表。今存《尹文子》一卷论治国之"大道"，援老入道，兼取名法儒墨，集中讨论形名和法术，理路大体与《邓析子》类似。尹文认为治国之道应以老子"无为""因应"为上，以名、法、儒、墨为辅。着眼于"名者所以正尊卑"，尹文具体讨论了"正名""辨名""察名""定名"问题。"定名"的重点是确定善恶、贤不肖之名，建立健全判定是非善恶的法律制度。于是尹文就从"名学"走向"法学"、从"名家"走向"法家"。"政者，名法是也"，成为尹文的核心主张。

惠施是战国中期宋国的名家代表。他继承《墨经》"异同""坚白"之辩的反常思路，分析事物概念的内涵和外延，透过人们习以为常的现象，提出十大反常命题，并在与他人论辩的过程中提出另外二十一个反常命题，它们既

---

① 《公孙龙子·迹府》。

是辩题,也是惠施论辩的结论。其论辩范围远远超出了《墨经》的"异同""坚白"之辩以及逻辑学的范畴,深入到哲学本体论、物理学、心理学等的真谛中去,体现了思维视角、方式的多维、圆通和深度。

公孙龙是战国后期赵国的名家代表。其《公孙龙子》是先秦名家留下的唯一的讨论名学的专著。有感于当时名实混乱、天下不治的现实状况,公孙龙对名实问题进行了专业的学理探讨。他指出:名与实、指与物既有相称的同一关系,又有不相称的相异关系。二者的同一关系为人所易见,不同关系常为人所忽略。其突出表现之一,是不明白"白马"非"马"。即个别概念与一般概念之间存在种差,个别概念既属于一般概念(白马是马),又不等于一般概念(白马非马)。此外还深入到认识活动中主体不同的感官对同一对象不同属性感知的分离,如对石头的触觉之"坚"与视觉之"白"不是同时把握到的,进而提出"坚白离"的命题。公孙龙的这些辨析,旨在使"明王审其名实,慎其所谓","推之天下国家"循名责实"而后能治",同时也推动了逻辑学研究的深化和进步。

荀子是战国末期儒家学说的集大成者。他上承孔子,结合现实中"用名以乱名""用实以乱名""用名以乱实"的"乱名"现象,提出了"正名"主张。这种"正名"主张从"所为有名"的要求以及"所缘以同异""制名之枢要"的方法入手。"所为有名"以合理的"圣人之辩说"为典范。"所缘以同异"指"名"必须以客观事实与主观道义为依据。"制名之枢要"涉及"单名"与"兼名"、"共名"与"别名"、"同名"与"异名",以及"刑名""爵名""文名""散名",对名言概念的种类和功能作了细致划分和深入辨析。

《鬼谷子》是现存先秦纵横家唯一的一部子书,作者传为战国时期的鬼谷先生及其弟子。《鬼谷子》行文隐晦难解,其实不出目的论、本体论和游说方法论三部分。身处乱世,为天下"抵巇"补漏,是《鬼谷子》的目的论。用什么学说为天下补漏呢?道家"生养"之道的儒家"仁义"之德,就是《鬼谷子》救世的本体论学说。要让好的政治学说被诸侯国君采用,必须有很好的游说策略和技巧。于是《鬼谷子》提出了以"捭阖"为核心、以"揣摩""权谋"为辅的游说方法论。这是《鬼谷子》论说的主要部分和特殊贡献。"捭阖"即言与默、动与静阴阳相生的游说技巧。它根据与游说对象"忤"与"合"的关系来决定。关系相合就入而进言("内"),关系相忤就出而闭口("楗")。进言前要运用"反以知复"的"反应"方法探明对方心理实情,运用欲擒故纵的"飞箝"方法控制对方心理走向。此外还要善于"揣摩"游说对象(君主)的个人及国家状况,善于运用"权谋"因势利导、顺势而为地加以游说,这样才有助于对方接受自己的游说主张。

一、名家先声《墨经》：论名实、坚白、同异

春秋战国时期，出于矫正名实混乱的现实需要，诸子各家都就名言概念问题发表过意见，它们成为名家学说得以形成的广泛思想来源。就名家的主要思想来源而言，则当推墨家。晋代鲁胜曾作《墨辩注》。他在序言中指出："惠施、公孙龙祖述其学，以正别名显于世。"清人张惠言《书〈墨子经说解〉后》指出："观墨子之书，《经说》《大（取）》《小取》尽同异坚白之术。盖纵横、名、法家，惠施、公孙、申（不害）、韩（非）之属皆出焉。"又孙诒让《墨子闲诂》说："坚白异同之辩，与公孙龙书及《庄子·天下篇》所述惠施之言相出入。"现存《墨经》中有《经》上下、《经说》上下、《大取》《小取》六篇，被视为广义的"墨经"①。《经说》是对《经》的解说。《大取》《小取》是墨经中的余论。前者讲"兼爱"之大道，后者讲推行这个大道的论辩之术，均为墨家后学所作。《韩非子·显学》记载："自墨子之死也"，"墨离为三"，"有相里氏之墨，有相夫氏之墨，有邓陵氏之墨"。其中，两家墨子后学都习诵《墨经》，与名学相关。《庄子·天下》记载："相里勤之弟子，五侯之徒，南方之墨者苦获、已齿、邓陵子之属，俱诵《墨经》而倍（背）谲（异）不同，相谓'别墨'，以坚白、同异之辩相訾，以觭（奇）偶不仵（合）之辞相应。""墨经"六篇就具体记载了墨子及其后学关于名学的这些论辩。

1. 论"名辩"的目的、类别与"坚白"的离合

名学属于论辩的范围。论辩的目的是什么呢？《墨经》指出："夫辩者，将以明是非之分，审治乱之纪，明同异之处，察名实之理，处利害，决嫌疑。"②论辩的目的在于辨别是非界限，确定治乱纲纪，甄别异同之处，阐明名实之理，从而处理各种利害关系，了决歧义百出的争论。其中，名与实的异同关系是论辩的关键问题。"所以谓，名也；所谓，实也；名实耦，合也。"③指谓、名称与其所指的事物之间的关系应当耦合、相称。这是名实关系的基本要求。

---

① 周才珠、齐瑞瑞：《墨子全译》卷十题解，贵州人民出版社1995年版，第351页。狭义的"墨经"指前四篇。鲁胜作《墨辩注》，把前四篇称为"辩经"，后世学者称之为"墨经"，此为狭义的"墨经"。
② 《墨子·小取》。
③ 《墨子·经说上》。

名称有不同类别,大抵分为"达名""类名""私名"。"名:达、类、私。"①比如"物"是达名、通名。"马"是类名,指动物中的一类。"臧获"之"臧"是专有的"私名",只能用在对奴仆的指称上。由于"物"是通名,可指无数具体事物,所以"有实必待文多也",即需要众多名称去指称它所包含的具体事物。类名所指物类,只能用此约定俗成的名称去指谓。"若实也者,必以是名也。"私名属于特指的专名,"是名也,止于是实也",不能移用②。

《墨经》还深入分析了名称概念的周延(类名)与不周延(别名)之分,提醒人们要根据特定的语境准确甄别。《小取》指出:"夫物或乃是而然,或是而不然,或一周而不一周,或一是而一不是也,不可常用也。""马,马也;乘白马,乘马也。骊马,马也;乘骊马,乘马也。获(婢),人也;爱获,爱人也。臧(奴),人也;爱臧,爱人也。此乃是而然者也。"这里,白马、骊马是马,马这个概念不周延,指马的一部分;奴婢是人,爱奴婢意味着爱人,人这个概念不周延,指人的一部分。"获之亲(父母),人也;获事其亲,非事人(所有人)也。其弟,美人也;(奴婢)爱弟,非爱美人(所有美貌之人)也。""车,木也;乘车,非乘木(不周延,指制成车的木器)也。船,木也;入船,非入木也。盗人,人(人之一类,不周延)也;多盗,非多人也,无盗,非无人也。……恶多盗,非恶多人也;欲无盗,非欲无人也。""虽盗,人也,爱盗,非爱人也;不爱盗,非不爱人也;杀盗,非杀人也(盗是专名,不指一般意义上的人)。""爱人,待周爱人(指爱所有人,这里的人,指周延的概念),而后为爱人。不爱人,不待周不爱人(不爱所有人)……此一周而一不周者也。"同理,"居于国,则为'居国';有一宅于国,而不为'有国'。问人之病,问人也(非问病);恶人之病,非恶人也(恶病也)。人之鬼,非人也(是死鬼);兄之鬼,兄也(死去的人)。祭人之鬼,非祭人也(祭鬼);祭兄之鬼,乃祭兄(死去之兄)也。""马之目眇(眇也,瞎),则为之'马眇';之马之目大,而不谓之'马大'。之牛之毛黄,则谓之'牛黄';之牛之毛众,而不谓之'牛众'。""一马"叫"马","二马"也叫"马"。"马四足"者,指"一马而四足也,非两马而四足也"。称"马或白"者,指"二马而或白也",因为一马就无所谓"或白"。"或",指有的马。必须二马以上,才可称"或白"。

在名家论辩的话题中,"坚白"是一对重要概念。战国后期公孙龙子主张,石头的坚性与白色分别作用于人的不同感官,不能同时被人认识。人需用眼看认识到色白,再用手摸认识到性坚,方可得到石头"坚白"的复合认识。所以侧重于主张石头的坚白两种属性是相离的。《墨经》在这个问题上

---

① 《墨子·经上》。
② 《墨子·经说上》。

开其先声:"见(白)不见(坚)离,一(石)、二(坚、白)不相盈,广修坚白。"从认识主体的角度看,坚白的认识是相离的,但从物体本身来说,坚白的存在又是统一于一体的:"坚白,不相外(相互排除)也。"①"无(抚)坚得白,必相盈也。"②"石,一也;坚、白,二也,而在石。"③事实上,坚白两种属性同时存在于一块石头中。《墨经》能从主客体两方面说明坚白的相离与相盈的对立统一,体现了逻辑思辨的深度。

2. 论"同异"及其在"彼此""动静"关系中的表现

"同异"是《墨经》论说的另一对重要概念,所论篇幅更大。何为"同"?"同:重、体、合、类。"④"同"有重同、体同、合同、类同。"二名一实,重同也;不外于兼(整体),体(部分)同也;俱处于室,合同也;有以同,类同也。"⑤一物二名,叫重同;部分包容在整体之中,叫体同;同处一所,叫合同;有因素相同的一类,叫类同。何为"异"?"异,二、不体、不合、不类。"⑥"异"有二异、不体异、不合异、不类异。"二必异,二也;不连属,不体也;不同所,不合也;不有同,不类也。"⑦两种事物,名实俱异,称为二异;整体与部分不相连属,称为不体异;不同处一所,称不合异;没有任何相同因素,称不类异。关于同异,墨子后学又补充说:"重同,具(俱)同,连同,同类之同,同名之同,丘(区域)同,鲋(附丽)同,是之同,然之同,同根之同。有非之异,有不然之异。"⑧关于同与异的关系,《墨经》认为"同"是"异而俱于之一也"⑨,即同是异的统一,包含着异。所以,"同、异交得"⑩,相反相成:"有其异也,为其同也,为其同也异"⑪。换言之,同中有异、异中有同,同之与异,亦有亦无。这就使名学打上了道家辩证法的烙印。影响所被,《隋书·经籍志》将名家著作《守白论》列入道家类。

由此看事物彼此的异同,《墨经》指出几个认识层次。第一个层次是将

---

① 《墨子·经上》。
② 《墨子·经说下》。无,释为抚,从周才珠、齐瑞瑞《墨子全译》说,贵州人民出版社 1995 年版,第 462 页。
③ 《墨子·经说下》。
④ 《墨子·经上》。
⑤ 《墨子·经说上》。
⑥ 《墨子·经上》。
⑦ 《墨子·经说上》。
⑧ 《墨子·大取》。
⑨ 《墨子·经上》。
⑩ 分别见《墨子·经上》《墨子·经说上》。
⑪ 《墨子·大取》。

不同的事物用不同的名称区分开来："正名者,彼,此,彼此可。"第二个层次是将只看到彼此的不同、看不到彼此之同的僵化的认识否定掉："彼彼止于彼,此此止于此,彼此不可。"第三个层次,认识到彼且是此、此且是彼,亦此亦彼,这是认识的最高境界和最终结果："彼且此也,彼此亦可。"从"彼此止于彼此",最后达到"彼亦且此此也"①,这就是认识事物名称概念绝对性及其相对性真理的全过程。

《墨经》举了几个例子加以剖析,就体现了这种亦此亦彼的"同异"思想。

一个例子是"狗"与"犬"。这属于"重同"的例子,两种名称,指的是同一事物:"狗,犬也。"所以《墨经》说:"知狗而自谓不知犬,过也。"②"杀狗"谓之"杀犬","可"③。另一方面,《墨经》又说:"杀狗非杀犬也,可。"④伍非百《中国古名家言》将"可"校为"不可",未必允当。

另一个例子是关于"牛马"的。"牛马"同属于"四足兽",由此去看牛马,牛马是一个概念、一类事物。牛属于四足兽,马也属于四足兽,若问牛马中属于四足兽的有多少,"数牛数马,则牛马二"。牛马既可为一个概念、一类事物,也可为两个概念、两种事物。正如数手指头,"指五而五一",既可以说有五个指头,也可以说只有一只手。⑤"牛马"是一个综合概念。其中有牛,所以说"牛马非牛"是不对的;其中又有马,所以说"牛马是牛"也是不对的。⑥ 这是综合概念(属概念、类概念、上位概念)与特殊概念(种概念、下位概念)之间亦此亦彼、非异非同的关系。《墨经》还指出:"牛与马惟(虽)异,以牛有齿,马有尾,说牛之非马也,不可。是俱有(齿尾),不偏有(不)偏无有。曰之(牛)与马不类,用牛有角、马无角,是类不同也。若举牛有角、马无角,以是为类之不同也,是狂(妄)举也,犹牛有齿、马有尾。""或不非牛而非牛也,则或非而牛也,可。故曰:牛马非牛也,未可,牛马牛也,未可。则或可或不可,而曰'牛马牛也未可'亦不可。且牛不二,马不二,而牛马二。则牛不非牛,马不非马,而牛马非牛非马,无难。"这段表述非常繁琐,但大意亦是如此,说明"牛马"作为一个属概念与下属的"牛""马"种概念之间的不即不离关系。

《庄子·天下篇》引惠施语,有"目不见""火不热"之说。这在《墨子·经说下》也有先声。一般人认为,人所以看见外物,是"以目见",但在黑暗中,

---

① 《墨子·经说下》。
② 《墨子·经下》。
③ 《墨子·经说下》。
④ 《墨子·经下》。
⑤ 《墨子·经说下》。
⑥ 《墨子·经下》:"牛马之非牛,与可(指牛马是牛)之同。说在兼。"

仅凭眼睛是看不见事物的,必须借助火光才行。所以说,"不当以目见,若以火见"。"目以火见",但火光本身却见不到任何事物,所以说"火不见"。火不仅有光,而且本身就是热的,不管感受的主体是否感受到热。这就叫"谓火热也,非以火之热"。

如果说上述例子都是讲的不同名称所指事物彼此之间的同异相生,那么《经下》所举的"景(影)不徙"则旨在说明事物动静的同异相生。"景(影)不徙"即《列子·仲尼篇》所说的"有影不移"。常见的现象是影子会随日光移动。何以会认识到"有影不移"的反常现象呢?《经说下》解释说:"光至,景亡;若在,尽古息。"光线射到之处,影子就会消亡;若光源在,物不徙,则影永在,终古止息不移。

《墨经》对名学所作的开拓性论析,显示了中华民族智力水平在周代所达到的高度。梁启超在《墨经校释序》中曾指出:墨子之学"曰爱曰智"。它大抵可分为两块。一块是"教爱之言",属于伦理学,如《天志》《尚同》《兼爱》诸篇所论;一块是"教智之言",属于名学,如《经》上下、《经说》上下所论。于是,名学就与"言智"结下不解之缘。

二、名家先驱邓析:"循名责实"、以法治国

荀子在《荀子·非十二子》中曾经将邓析与惠施并提:"不法先王,不是礼义;而好治怪说,玩绮辞。甚察而不惠,辩而无用,多事而寡功,不可以为治纲纪。然而其持之有故,其言之成理,足以欺惑愚众。是惠施、邓析也。"这个邓析,就是春秋末期名家的先驱人物。

邓析(前545—前501年),河南新郑人,郑国大夫,与子产同时,春秋末期思想家,"名辩之学"倡始人。有《邓析子》行世。与子产主张以礼治国不同,邓析主张循名责实、以法治国,故《四库全书》将《邓析子》归入子部法家类。现存《邓析子》只有《无厚》《转辞》两篇,显然是残卷。作为春秋时人的著作,其文字明白易解,逻辑颇为严密,与同时期其他人的著作如《老子》《论语》等显然有别,且内容掺杂战国时期其他诸子(如《鬼谷子》《庄子》《孙子兵法》)的说法,很大可能出于后人整理或假托。但通过它,仍然可以窥见作为名家始祖的邓析的大体主张。

1. 从是非之名到论辩之名

名家之"名",其实是一个很宽泛的概念。后期虽然侧重指名言概念之名

（称谓、概念），但早期却包含是非善恶之名（名誉、名分）。《邓析子》所论之名，就体现了这两重含义的转换。《转辞》批评处于乱世的"今之为君"，"以虚慕欲治之名，无益乱世之理"，"无尧舜之才，而慕尧舜之治，故终颠殒乎混冥之中，而事不觉于昭明之术"。仅慕"欲治之名"，却不明"益世之理"，是不可能达到"治世"之实的。这与"益世之理"相应的"欲治之名"，就是是非善恶的名誉之名、名分之名。要认识这"益世之理"，就必须调动高明的智慧。"智者察于是非，故善恶有别；明者审于去就，故进退无类（不一）。"①正确辨别是非善恶，属于"大辩"："所谓'大辩'者，别天地之行，具天下之物，选善退恶，时措其宜，而功立德至矣。"这是智深的表现。"小辩"则不然，混淆是非，颠倒黑白，"别言异道，以言相射，以行相伐"，这是由于"知浅"的缘故②。然而，现实情况是，这种是非混淆、黑白颠倒的名实之乱存在已久："异同之不可别，是非之不可定，白黑之不可分，清浊之不可理，久矣！"它是不符合上古尧舜之世的情况的："饰词以相乱，匿词以相移，非古之辩也。"只有循理正名，辨明孰是孰非，才能有益于拨乱反正、天下大治："循其理，正其名……何往不复，何事不成？"③

在此基础上，《邓析子》提出对待"名辩"的基本认识和态度："谈者，别殊类，使不相害；序异端，使不相乱。谕志通意，非务相乖也。"名辩的本意不在相互攻击，而在循理正名、正本清源。对于那些胡言乱语的诡辩，不须理会应答："辩说，非所听也；虚言者，非所应也；无益之辞，非所举也。"出言吐辞，必须以真诚为准："夫言荣不若辱，非诚辞也；得不若失，非实谈也。"④此外，也有一些言谈的技巧值得注意。"非所宜言，勿言，以避其口……非所宜争，勿争，以避其声。一声而非，驷马勿追，一言而急，驷马不及。故恶言不出口，苟语不留耳，此谓君子也。"⑤后来纵横家所崇尚的"捭阖"之"阖"，正是不该说话时闭合不言之意。同时，同样的道理，与不同的人应当有不同的言说方法："夫言之术，与智者言，依于博；与博者言，依于辩；与辩者言，依于要；与贵言者，依于势；与富者言，依于豪；与贫者言，依于利；与勇者言，依于敢；与愚者言，依于锐。此言之术也。"⑥关于言谈技巧的论述，就从是非之名转

---

① 《邓析子·转辞》，陈高傭《公孙龙子·邓析子·尹文子今解》，商务印书馆2017年版。
② 《邓析子·无厚》。
③ 均见《邓析子·无厚》。
④ 《邓析子·无厚》。
⑤ 《邓析子·转辞》。
⑥ 《邓析子·转辞》。按：这段话在《鬼谷子·权篇》中也可见到："故与智者言，依于博；与博者言，依于辨；与辩者言，依于要；与贵者言，依于势；与富者言，依于高（《邓析子》作豪）；与贫者言，依于利；与贱者言，依于谦；与勇者言，依于敢；与愚者言，依于锐；此其术也。"两段话大同小异，很难说谁抄谁的，但可以视为相互影响的例证。

到论辩之名,即狭义的名学之名的讨论中来了。

2. 循名责实,以法禁私

周公制礼作乐,以仁德治理天下;孔子继而创立以仁德为本的政治学说。但自春秋开始,诸侯之间兼并战争愈演愈烈,大夫篡君、大臣弑君的事情频频发生,仁德学说不管用了。邓析打破从周公到孔子一以贯之的仁道主张,公开反对以"仁厚"治理国家,而主张以"刑名"治理臣民。《无厚》篇举例指出:"天于人无厚也,君于民无厚也,父于子无厚也,兄于弟无厚也。"因此,君主治理臣民,毋需把仁义道德写在脸上,应当明确君臣百官各自的名分和职责,循名责实,依法治国。"治世位不可越,职不可乱;百官有司,各务其形。上循名以督实,下奉教而不违。"①从周公的礼乐到孔子的仁义,强调统治者爱民利民,本意是好的,但到了春秋时代,却变成了大臣弑君篡位、诸侯你争我夺的遮羞布。"圣人不死,大盗不止。何以知其然?为之斗斛而量之,则并斗斛而窃之;为之权衡以平之,则并与权衡而窃之;为之符玺以信之,则并与符玺而窃之;为之仁义以矫之,则并仁义而穷之。何以知其然?彼窃财者诛,窃国者为诸侯。诸侯之门,仁义存焉,是非窃仁义耶?故逐于大盗,揭诸侯,此重利盗跖而不可禁者,乃圣人之罪也。"②所以,邓析主张在是非之名上,撕下对臣民仁德宽厚的遮羞布,高举尊君隆法的大旗,明确君臣之分和百官职责,以法治下。"民一于君,事断于法,此国之大道也。"③"循名责实,察法立威,是明王也。"④"循名责实,实之极也;按实定名,名之极也。"⑤人情怀私,臣民亦然。依法治国,实质是以法禁私。"夫治之法,莫大于使(臣之)私不行;君之功,莫大于使民不争。今也立法而行私,是私与法争,其乱也甚于无法;立君而争贤,是贤与君争,其乱也甚于无君。故有道之国,法立则私议不行,君立而贤者不尊。""明君之督大臣,缘身而责名,缘名而责形,缘形而责实。臣惧其重诛之至,于是不敢行其私矣。"⑥

邓析强调以"无厚"之心循名责实,以法治民,是不是意味着与民对立、对臣民过于刻薄呢?其实不然。他明确反对苛政烦令:"政苛,则无逸乐之士。故令烦则民诈,政扰则民不定。"⑦主张君主治民亲疏相济:"明君之御

---

① 《邓析子·无厚》。
② 《邓析子·转辞》。
③ 《邓析子·转辞》。
④ 《邓析子·无厚》。
⑤ 《邓析子·转辞》。
⑥ 《邓析子·转辞》。
⑦ 《邓析子·无厚》。

民……亲而疏之,疏而亲之。"①认为顺应民心是为治之本:"不治其本而务其末,譬如拯溺锤之以石,救火投之以薪。"②提出"明君视民而出政"的政治口号,告诫人们"据贵者忧民离","在上离民者,虽劳而不治"。如何防止臣民离心离德呢？关键在于根据民心所向制定方针政策:"以天下之目视,则无不见;以天下之耳听,则无不闻;以天下之智虑,则无不知。"尊重民心,顺应民意,是仁德概念的本有之义。在这个初衷上,邓析与儒家的政治主张是相通的。但他为什么批判仁义学说呢？一来,这种学说当时已经被异化了,变成了有名无实的虚伪学说。二来,"治世之礼,简而易行;乱世之礼,烦而难遵。上古之乐,质而不悲;当今之乐,邪而为淫。"作为仁义学说的外在表现,礼乐的原初形态是简易质朴的,而后来的形态则是繁文缛节、形式大于内容的③。邓析反对的,不是儒家仁义学说的爱民利民之心,而是儒家仁义学说的华而不实、有名无实之术。

3. "君无三累,臣无四责"

邓析强调循名责实,这"名"有一个重要含义,即君、臣、民的不同名分、职责及其相互关系。《邓析子》的大部分篇幅论述的就是这个问题。"势者君之舆,威者君之策,臣者君之马,民者君之轮。势固则舆安,威定则策劲,臣顺则马良,民和则轮利。"④何为"君"、何为"臣"？"循名责实,君之事也;奉法宣令,臣之职也。"⑤君主具有"循名责实"的权势和威严。而臣民只是执行君主指令的工具。从"循名责实"一端说,"君有三累","惟亲所信,一累;以名取士,二累;近故亲疏,三累。"⑥君主在"循名责实"时,要注意两点,一是防止"以名取士",考察所用之士是否名副其实;二是在奖惩赏罚时出以公心,不避亲疏,不随好恶:"喜不以赏,怒不以罚。"⑦"为善者君与之赏,为恶者君与之罚。""喜而使赏,不必当功;怒而使诛,不必值罪。不慎喜怒,诛赏从其意,而欲委任臣下,故亡国相继,杀君不绝。"⑧从"奉法宣令"的职责一端说,"臣有四责":"受重赏而无功,一责;居大位而不治,二责;理官而不平,三责;

---

① 《邓析子・转辞》。
② 《邓析子・无厚》。
③ 均见《邓析子・转辞》。
④ 《邓析子・无厚》。
⑤ 《邓析子・无厚》。
⑥ 《邓析子・无厚》。
⑦ 《邓析子・无厚》。
⑧ 《邓析子・转辞》。

御军阵而奔北,四责。"①君之"三累",臣之"四责",都是治国安邦必须避免的:"君无三累,臣无四责,可以安国。"②

值得注意的是,邓析尤其对于君主之名作了丰富的、集中的阐释,提出了特殊的要求。在这方面主要体现了道家的无为思想。

君主应当深通治国之道、驭民之道。这个"道"不是现实社会流行的繁文缛节之小道,而是道家的清虚简易之大道:"夫达道者,无知之道也,无能之道也。"只有把握住这个"大道",才能"不知而中,不能而成,无有而足,守虚责实,而万事毕"③。

如何得道呢? 先从自我的内在修养入手。"夫自见之,明;借人见之,暗也;自闻之,聪;借人闻之,聋也。明君知此,则去就之分定矣。"④如何不"借人"而达到"自见"之明、"自闻"之聪呢? 这就是去情去欲,心静如水。"快情恣欲,必多侈侮。""心欲安静,虑欲深远。心安静,则神策生;虑深远,则计谋成。心不欲躁,虑不欲浅。心躁,则精神滑;虑浅,则百事倾。"⑤

克制情欲的虚静修养的外在表现,一方面是要求去除繁文缛节、苛政烦令,崇尚以古代的简易之法治理天下,切忌政令多出:"规矩一而不易,不为秦楚缓节,不为胡越改容。一而不邪,方行而不流。一日形之,万世传之,无为为之也。"二是要求君主喜怒不形于色,掌握让臣下高深莫测之术。"君者,藏于匿影,群下无私;掩目塞耳,万民恐震。"⑥"故神而不可见,幽而不可见,此之谓也。"⑦邓析提醒君主:"知不足以为治,威不足以行诛。"⑧"有知则惑,有心则崄(同险),有目则眩。""不以耳听,则通于无声矣;不以目视,则照于无形矣;不以心计,则达于无兆矣;不以知虑,则合于未朕矣。"⑨"视于无有,则得其所见;听于无声,则得其所闻。故无形者有形之本,无声者有声之母。"⑩"诚听能闻于无声,视能见于无形,计能规于未兆,虑能防于未然,斯无他也。"⑪

君主虚静无为,但天下国家有那么多事情要做,这些事情由谁来做呢?

---

① 《邓析子·无厚》。
② 《邓析子·无厚》。
③ 《邓析子·无厚》。
④ 《邓析子·无厚》。
⑤ 均见《邓析子·转辞》。
⑥ 均见《邓析子·无厚》。
⑦ 《邓析子·转辞》。
⑧ 《邓析子·转辞》。
⑨ 均见《邓析子·无厚》。
⑩ 《邓析子·转辞》。
⑪ 《邓析子·无厚》。

借助各有所能的大臣来做。这是道家的因应思想在君道中的体现。"圣人因之,故能用之。因之循理,故能长久。"①"明君审一,万物自定。""君子并物而错之,兼涂而用之……惔然宽裕,荡然简易,略而无失。""为君当若冬日之阳,夏日之阴,万物自归,莫之使也。恬卧而功自成,优游而政自治。岂在振目扼腕、手据鞭朴而后为治欤?"②"圣人逍遥,一世罕匹。万物之形,寂然无鞭朴之罚,莫然无叱吒之声,而家给人足,天下太平。"这里,最应注意的是"君人者不能自专","自专"则"智日困而数日穷"。君主要力戒妒贤嫉能之心:"明者不以其短,疾人之长;不以其拙,疾人之工。"要能虚怀若谷地听取大臣的各种意见和建议:"尧置敢谏之鼓,舜立诽谤之木,汤有司直之人,武有戒慎之铭。此四君子者,圣人也。"并借助赏罚机制奖善罚非:"言有善者,明而赏之;言有非者,显而罚之。塞邪枉之路,荡淫辞之端。"③

由于治理天下是君利用臣并与臣合作的结果,所以必须注意遵守君与臣的相反相成之道:"尊贵无以高人,聪明无以笼人,资给无以先人,刚勇无以胜人。能履行此,可以为天下君。"④同时在择人用贤时还必须注意志同道合。"事有远而亲,近而疏,就而不用,去而反求。凡此四行,明主大忧也。""夫事有合不合者,知与未知也。合而不结者,阳亲而阴疏。故远而亲者,志相应也;近而疏者,志不合也;就而不用者,策不得也;去而反求者,无违行也;近而不御者,心相乖也;远而相思者,合其谋也。故明君择人,不可不审。"⑤君主用贤须选择志趣相投的人,谋士投奔诸侯也必须"动之以其类",选择赏识自己的君主:"夫谋莫难于必听,事莫难于必成,成必合于数,听必合于情。故抱薪加火,烁者必先燃;平地注水,湿者必先濡。"⑥这就涉及士人游说诸侯时是否"遇合"的问题。这个问题在纵横家著作《鬼谷子》中有较多的论述,可相互参看。

由上所述,不难看出,邓析虽然是名家先驱人物,但他在强调按实定名、循名责实的同时,主张以无为简易之道为君道之实,并按刑名规定治理臣民,综合了道家、法家的思想,所以又被视为法家人物。邓析是主张名实相符的,但他擅辩,依据是非的相对性,提出了"以非为是,以是为非"的"双可"论。《吕氏春秋·离谓》记载了这样一个故事:洧河发大水,郑国有一个富

---

① 《邓析子·转辞》。
② 均见《邓析子·无厚》。
③ 均见《邓析子·转辞》。
④ 《邓析子·转辞》。
⑤ 《邓析子·无厚》。
⑥ 《邓析子·转辞》。

人被大水冲走淹死了。有人打捞起富人的尸体,富人的家人得知后,就去赎买尸体,但那人要价很高。于是,富人家属就来找邓析,请他出主意。邓析对富人家属说:你安心回家去吧,那人只能将尸体卖给你,别人是不会要的。于是富人家属就不再去找得尸者买尸体了。得尸者着急了,也请邓析出主意。邓析又对他们说:"你放心,富人家属除了向你买,再无别处可以买回尸体了。"他对于子产制定的新法的态度也是如此。子产命令不要悬挂新法,邓析就对新法加以修饰;子产命令不要修饰新法,邓析就把新法弄得很偏颇。子产的命令无穷无尽,邓析对付的办法也就无穷无尽。这就造成了"可不可无辩"、孰是孰非无法取舍的结果。"以非为是,以是为非,是非无度,而可与不可日变。""可不可无辩,而以赏罚,其罚愈疾,其乱愈疾。"这是治理国家的禁忌,所以最后子产把邓析杀了。《吕氏春秋·离谓》也批评邓析:"言者以谕意也。言意相离,凶也。乱国之俗,甚多流言,而不顾其实,务以相毁,务以相誉,毁誉成党,众口熏天,贤不肖不分。""子产患之,于是杀邓析而戮之,民心乃服,是非乃定,法律乃行。""今世之人,多欲治其国,而莫之诛邓析之类,此所以欲治而愈乱也。"

三、尹文:"政者,名法是也"

邓析之后,战国中期名家的代表人物是尹文。尹文与宋钘合称"宋尹学派"。宋钘(约公元前370年—前291年),又称宋子(《庄子》作宋钘,《孟子》作宋牼,《韩非子》作宋荣子),宋国宋城(今河南省商丘市)人。与齐宣王同时,曾游学于齐国稷下学宫。继承老子、墨子思想,主张绝情寡欲,反对兼并战争,故既被视为战国时代道家学派的传人,也被视为墨家学派的延续。尹文(约公元前360—前280年),齐国人,主要活动在齐宣王、愍王之时,比宋钘稍晚。与宋钘同在稷下学宫时间较长。思想以道家为主,兼合儒墨,被视为稷下道家学派代表人物。与名家公孙龙及辩才田骈或同学、或有交集,流传于世的《尹文子》专论形名和法术,《汉书·艺文志》列为名家。

现存《尹文子》只有一卷,分《大道上》《大道下》二篇。它援老入名法,兼取儒墨,思想结构与《邓析子》大体相同。

1. 论治国之"大道":道家之道与名法儒墨

《尹文子》现存一卷,通篇论述治国之"大道"。这个"大道"的"道"源自道家。"老子曰:'道者万物之奥,善人之宝,不善人之所保。'是道治者,谓之善人。"①尹文所征引的老子治国之道主要表现为"无为":"道用则无为而自治。""无为"具体落实为"因应"。一是因势利导,根据贤者愚者的不同特点,让他们在各行各业发挥作用,从而达到君主无为而事无不为、天下大治的目的。这里尹文提出"共治"的要求,告诫君主切忌"独治""独能""独行""独善",这是极有意义的政治思想:"为善使人不能得从,此独善也;为巧使人不能得为,此独巧也;未尽善巧之理。为善与众行之,为巧与众能之,此善之善者,巧之巧者也。""故所贵圣人之治,不贵其独治,贵其能与众共治也……今世之人,行欲独贤,事欲独能,辨欲出群,勇欲绝众。独行之贤,不足以成化;独能之事,不足以周务;出群之辨,不可为户说;绝众之勇,不可与征陈。凡此四者,乱之所由生。""能鄙不相遗,则能鄙齐功;贤愚不相弃,则贤愚等虑。此至治之术也。""天下万事,不可备能,责其备能于一人,则贤圣其犹病诸。设一人能备天下之事,则左右前后之宜、远近迟疾之间,必有不兼者焉。苟有不兼,于治阙矣。全治而无阙者,大小多少,各当其分;农商工仕,不易其业。老农、长商、习工、旧仕,莫不存焉。则处上者何事哉?"②

二是因应趋利避害、自私自利的人性,以利益的杠杆调动人们的积极性,实现君主自己的目的。老子认为人性无情无欲。事实并非如此。当时的田骈认为:"人皆自为,而不能为人。故君人者之使人,使其自为用,而不使为我用。"③"天下之士,莫肯处其门庭、臣其妻子,必游宦诸侯之朝者,利引之也。游于诸侯之朝,皆志为卿大夫而不拟于诸侯者,名限之也。"④尹文认同"人性自为"的人性论,根据社会上常见的"众人见贫贱则慢而疏之,见富贵则敬而亲之"⑤的现象,指出"亲疏系乎势利,不系于不肖与仁贤也"⑥。臣民的私利与君主的国家利益是对立的。所以一方面,尹文主张用儒家的礼乐加以节制,培养君子:"圣王知民情之易动,故作乐以和之,制礼以节之。在下者不得用其私,故礼乐独行。礼乐独行,则私欲寝废;私欲寝废,则遭贤之与遭愚均矣。"⑦另一方面,根据礼教对大多数人的私欲无法形成有效制约的现实,尹文主张运用赏罚手段加以引导,进而维护君主专制:"今天地之

---

① 《尹文子·大道上》。
② 均见《尹文子·大道上》。
③ 《尹文子·大道下》。
④ 《尹文子·大道上》。
⑤ 《尹文子·大道下》。
⑥ 《尹文子·大道上》。
⑦ 《尹文子·大道上》。

间,不肖实众,仁贤实寡。趋利之情,不肖特厚;廉耻之情,仁贤偏多。今以礼义招仁贤,所得仁贤者,万不一焉;以名利招不肖,所得不肖者,触地是焉。故曰:礼义成君子,君子未必须礼义;名利治小人,小人不可无名利。"①"今使由爵禄而后富,则人必争尽力于其君矣;由刑罚而后贫,则人咸畏罪而从善矣。""贫富皆由于君,则君专所制,民知所归矣。"②尹文指出:利益驱动,是调动臣民为国家服务积极性的真正动力源,正如"圆者之转,非能转而转,不得不转也;方者之止,非能止而止,不得不止也"一样。"因圆之自转,使不得止;因方之自止,使不得转,何苦物之失分?"③所以他引用别人的话说明:"君之使臣,求不私爱于己。""不出于己心,不利于己身",利用赏罚制度驱使臣民"显忠于己","此处上者所宜慎者也"④。

　　从道家的大道出发,尹文贬斥名、法、儒、墨:"大道治者,则名、法、儒、墨自废。""藉名、法、儒、墨者,谓之不善人。"⑤但他并没有完全否定儒、墨、名、法,只是要求"以名、法、儒、墨治者""不得离道"而已⑥。他提出的治世八术中,仁、义、礼、乐、名、法赫然在目:"仁、义、礼、乐、名、法、刑、赏,凡此八者,五帝、三王治世之术也。故仁以道之,义以宜之,礼以行之,乐以和之,名以正之,法以齐之,刑以威之,赏以劝之。""凡此八术,无隐于人而常存于世,非自显于尧、汤之时,非自逃于桀、纣之朝。用得其道,则天下治;用失其道,则天下乱。"什么是"用得其道"、什么是"用失其道"呢?"仁者所以博施于物,亦所以生偏私;义者所以立节行,亦所以成华伪;礼者所以行恭谨,亦所以生惰慢;乐者所以和情志,亦所以生淫放;名者所以正尊卑,亦所以生矜篡;法者所以齐众异,亦所以生乖分;刑者所以威不服,亦所以生陵暴;赏者所以劝忠能,亦所以生鄙争。"⑦前者属于"用得其道",后者属于"用失其道"。在治世八术中,尹文尤重养民利民的仁义与循名责实的法治:"国乱有三事:年饥民散,无食以聚之则乱;治国无法,则乱;有法而不能用,则乱。有食以聚民,有法而能行,国不治,未之有也。"⑧他主张以食聚民、反对严刑苛法,反对轻易发动战争,都体现了儒墨的仁爱之心:"今万民之望人君……盖欲料长幼,平赋敛,时其饥寒,省其疾痛,赏罚不滥,使役以时,如此而已……然而弗

---

① 《尹文子·大道上》。
② 《尹文子·大道下》。
③ 《尹文子·大道上》。
④ 《尹文子·大道下》。
⑤ 《尹文子·大道上》。
⑥ 均见《尹文子·大道上》。
⑦ 均见《尹文子·大道下》。
⑧ 《尹文子·大道上》。

酬,弗与同劳逸故也。故为人君,不可弗与民同劳逸焉。……人君不可不酬万民。不酬万民则万民之所不愿戴,所不愿戴则君位替矣,危莫甚焉,祸莫大焉。""凡民之不畏死,由刑罚过。刑罚过,则民不赖其生。生无所赖,视君之威末如也。""刑罚中则民畏死,畏死,由生之可乐也。知生之可乐,故可以死惧之。此人君之所宜执,臣下之所宜慎。"①"禁暴息兵,救世之斗,此仁君之德,可以为主矣。"②

2. "以名法治国,万物所不能乱"

尹文主张治国以道家的无为因应之道为本,以儒墨的仁爱和名、法二家的名法为末。而在仁、义、礼、乐、名、法、赏、罚八种治世之术中,他又特重名家之名与法家之法。他说:"政者,名法是也。以名法治国,万物所不能乱。"③"明主""所言者,不出于名法权术"④。并分别就"名"与"法"的问题作出了细致、深入的论析。

"名"是具体事物形态的指称。道无名而器有名:"大道无形,称器有名。名也者,正形者也。""形正由名,则名不可差。"给不同的事物赋予不同的名称很重要,它是人们认识万物、区别万物的基本手段。"名称者,别彼此而检虚实者也。"然而,只有名实相副,名称才能发挥积极作用,若名实相混,则名会带来种种麻烦。所以尹文说:"自古至今,莫不用此而得,用彼而失。失者,由名分混;得者,由名分察。"⑤在当时的现实社会中,由于佞人横行,混淆是非,把正常的名实关系都搞混乱了。所以通过论辩以正名,在当时显得特别重要和迫切。"治主之兴,必有所先诛。先诛者,非谓盗,非谓奸",而是"佞"。"夫佞辨者虽不能荧惑鬼神,荧惑人明矣。探人之心,度人之欲,顺人之嗜好而不敢逆,纳人于邪恶而求其利。人喜闻己之美也,善能扬之;恶闻己之过也,善能饰之。""佞人善为誉者也,善顺从者也。人言是亦是之,人言非亦非之,从人之所爱,随人之所憎。故明君虽能纳正直,未必亲正直;虽能远佞人,未必能疏佞人。故舜、禹者,以能不用佞人,亦未必憎佞人。"⑥所以当务之急是要把被佞人颠倒搞乱的名分重新纠正过来,让圣明的君主"疏佞人""憎佞人"。

---

① 均见《尹文子·大道下》。
② 《尹文子·大道上》。
③ 《尹文子·大道下》。
④ 《尹文子·大道上》。
⑤ 《尹文子·大道上》。
⑥ 《尹文子·大道下》。

有鉴于此,尹文提出"正名""辨名""察名"三种要求。

"正名"即端正名实关系。名实关系,尹文称之为名形关系。正名的实质,是端正形名的统一关系。"名者,名形者也;形者,应名者也。"一方面,"有形者必有名","形以定名",另一方面,"有名者未必有形",所以不可不"名以检形","事以检名"。名与形既"不可相乱",亦"不可相无"。"无名,故大道无称"。"今万物具存,不以名正之,则乱;万名具列,不以形应之,则乖。""世有因名以得实,亦有因名以失实。""故形名者,不可不正也。"①

"辨名"即正确区分名称的分类。"名有三科:一曰命物之名,方圆白黑是也;二曰毁誉之名,善恶贵贱是也;三曰况(描述)谓(说明)之名,贤愚爱憎是也。"三种名称中,辨别善恶之名最重要。"善名命善,恶名命恶,故善有善名,恶有恶名。圣贤仁智,命善者也;顽嚚凶愚,命恶者也。"然而,当时拥有"圣贤仁智"之善名的那些人恰恰经不起实际的检验,而被社会指责为"顽嚚凶愚"的那些人也未必是"顽嚚凶愚":"今即圣贤仁智之名,以求圣贤仁智之实,未之或尽也;即顽嚚凶愚之名,以求顽嚚凶愚之实,亦未或尽也。"因此,当务之急是"使善恶尽然有分",善恶之名"不可不辨也"②。

"察名"即洞察名称的主客观之别。有客观的"在彼"之名,有主观的"在我"之名。尹文将前者叫作"名",将后者叫作"分"。客观之名如"善恶""贤不肖",主观之名如"爱憎""赏罚"。如同主张名实相符一样,尹文也主张名分相符。即客观之善恶与主观之赏罚,客观之贤不肖与主观之爱憎、亲疏对称、相符,"亲贤而疏不肖,赏善而罚恶",而不可相反、错乱。"贤不肖善恶之名宜在彼,亲疏赏罚之称宜属我。我之与彼,又复一名,名之察者也。名贤不肖为亲疏,名善恶为赏罚,合彼我之一称而不别之,名之混者也。故曰:名称者,不可不察也。"③广而言之,"五色、五声、五臭、五味,凡四类,自然存焉天地之间,而不期为人用。"人们虽然大量使用着这些客观之"名",但却不知道配以相应、合适的主观好恶之"分"。尹文重申:"名宜属彼,分宜属我。""我爱白而憎黑,韵商而舍徵,好膻而恶焦,嗜甘而逆苦。白黑、商徵、膻焦、甘苦,彼之名也;爱憎、韵舍、好恶、嗜逆,我之分也。定此名分,则万事不乱也。"

"正名""辨名""察名",最后是为了"定名"。"定名"的重点是确定善恶、贤不肖之名,建立健全判别、划定是非善恶的法律制度。于是尹文就从"名

---

① 均见《尹文子·大道上》。
② 均见《尹文子·大道上》。
③ 《尹文子·大道上》。

学"走向"法学"、从"名家"走向"法家"。或者可以说,"名家"本身就是包含"法家"主张的。

法律制度是君主以国家的名义规定的善恶标准。它的目的是约束臣民的私心,维护君主统治。"名定则物不竞,分明则私不行。物不竞,非无(私)心,由名定,故无所措其心。私不行,非无欲,由分明,故无所措其欲。然则心欲人人有之,而得同于无心无欲者,制之有道也。"①"下侵上之权,臣用君之术……此大乱之道也。"②"故人以度审长短,以量受少多,以衡平轻重,以律均清浊,以名稽虚实,以法定治乱,以简治烦惑,以易御险难。万事皆归于一,百度皆准于法。归一者,简之至;准法者,易之极。""故俗苟沴,必为法以矫之;物苟溢,必立制以检之。"③于是尹文对"法"展开了详细的分析探讨。

他指出:"法有四呈":"一曰不变之法,君臣上下是也;二曰齐俗之法,能鄙同异是也;三曰治众之法,庆赏刑罚是也;四曰平准之法,律度权量是也。"其中,君臣上下之名法最为重要。"庆赏刑罚,君事也;守职效能,臣业也。君料功黜陟,故有庆赏刑罚;臣各慎所任,故有守职效能。君不可与臣业,臣不可侵君事。上下不相侵与,谓之名正。名正而法顺也。"④君主实施"庆赏刑罚"时要公平:"贫则怨人,贱则怨时,而莫有自怨者,此人情之大趣也。""今能同算钧而彼富我贫,能不怨则美矣,虽怨无所非也;才钧智同而彼贵我贱,能不怨则美矣,虽怨无所非也。"⑤法是静态的,君主在实施法治时,还必须运用"术""权""势"等辅助手段。"道不足以治则用法,法不足以治则用术,术不足以治则用权,权不足以治则用势。""术者,人君之所密用,群下不可妄窥。""人君有术而使群下得窥,非术之奥者。""势者,制法之利器,群下不可妄为。"人君"有势而使群下得为,非势之重者"。君主驭臣之"术"要义在高深莫测之"秘",君主驭臣之"势"在大权不旁落他人之"专"⑥。是非具有相对性。"凡天下万里皆有是非,吾所不敢诬。是者常是,非者常非,亦吾所信。然是虽常是,有时而不用;非虽常非,有时而必行。故用是而失,有矣;行非而得,有矣。是非之理不同,而更兴废,翻为我用,则是非焉在哉?"是非往往由大众所左右:"己是而举世非之,则不知己之是;己非而举世是之,亦

---

① 《尹文子·大道上》。
② 《尹文子·大道下》。
③ 均见《尹文子·大道上》。
④ 《尹文子·大道上》。
⑤ 均见《尹文子·大道下》。
⑥ 均见《尹文子·大道上》。

不知己之非。然则是非随众贾而为正,非己所独了,则犯众者为非,顺众者为是。""世之所贵,同而贵之,谓之俗……苟违于人,俗所不与;苟忮于众,俗所共去。"人君不一定完全为俗众的意见所左右,而可以运用自己的独特权势制定是非标准,实现自己的治国方略:"人君处权乘势,处所是之地,则人所不得非也。居则物尊之,动则物从之,言则物诚之,行则物则之,所以居物上、御群下也。"①君主以法治国,辅以莫测之变术与独享之权势,最终就可以防范、禁止臣民的私心杂念,使他们全心全意为国家、君主效力:"内无专宠,外无近习,支庶繁字,长幼不乱,昌国也;农桑以时,仓廪充实,兵甲劲利,封疆修理,强国也;上不胜其下,下不犯其上,上下不相胜犯,故禁令行,人人无私,虽经险易而国不可侵,治国也。凡此三征,不待威力仁义而后强,虽曰见弱,吾必谓之存者也。"②

四、惠施:反常名辩中的辩证精神和逻辑智慧

惠子(公元前 390—前 317 年),姓惠,名施,宋国商丘(今河南商丘)人。他是战国中期名家的代表人物。与庄子(约公元前 369—前 286 年)是至交好友。惠施没有留下什么著作。他的名家思想,主要留存在《庄子·天下》中。

惠施比尹文略长。所以将其置于尹文之后评述,是因为尹文的身份有多重,名家并非其唯一的角色。而惠施仅以名家著称。所提名家论辩的命题,与后来的公孙龙所论呈相互交叉、重叠、补充态势,形成了明显的源流关系。

1. "历物之意"的十大命题

《庄子·天下》记载说:"惠施多方,其书五车……历物之意,曰:'至大无外,谓之大一;至小无内,谓之小一。无厚,不可积也,其大千里。天与地卑,山与泽平。日方中方睨,物方生方死。大同而与小同异,此之谓小同异;万物毕同毕异,此之谓大同异。南方无穷而有穷。今日适越而昔来。连环可解也。我知天之中央,燕之北,越之南是也。泛爱万物,天地一体也。'"

惠施学富五车,他的思维方法是多维的。他分析事物概念的内涵和外

---

① 《尹文子·大道上》。
② 《尹文子·大道下》。

延("历物之意"),提出十大反常命题。

第一是关于大小真谛的命题:"至大无外,至小无内。"所谓"最大",应没有外部;所谓"最小",应没有内部。

第二是关于体积与平面关系的命题:"无厚,不可积也,其大千里。"面积没有体积,但却可以扩大到上千平方里。

第三是关于高低辩证关系的命题:"天与地卑,山与泽平。"高高在上的天与地平线交汇,其实与地一样低;巍然高耸的山坐落在水中,其实与水面一样矮。

第四是关于运动变化的命题:"日方中方睨,物方生方死。"任何事物都处在时间维度中,不停地运动变化。太阳刚到正中,就已西斜。生命体刚刚出生,就已走向死亡。只是一般人不觉罢了。

第五是关于同异关系的命题:"大同而与小同异,此之谓小同异;万物毕同毕异,此之谓大同异。""万物"中有"毕同"的事物,叫"大同";"万物"有"毕异"的事物,叫"大异"。二者合称"大同异"。"大同"是属概念,"大同"下辖的种概念是"小同"。"大同"与"小同"有差异,但异中又有同,所以二者称"小同异"。

第六是关于方向的绝对与相对关系的命题:"南方无穷而有穷。"所谓"南方",既无限,又有限。一直向南方走,永远走不尽;但事实上,地球是圆的,走了一圈后已到尽头,又开始重走。向北走、向地球上的任何方向走都是如此。这意味着惠施似乎已经认识到地球是圆的。这种认识是符合事实的。

第七是关于时间的相对性命题:"今日适越而昔来。"从宋国驾车或骑马到越国,要行走多日。出行者出发时就可以说"今天去越国",其实还没到越国。越人接到来客时,其实客人已出发了多日,因而会说"客人几天前就启程来越国"了。这是描述同一个具有时间过程的活动时不同的时间表述。

第八是关于事物的联系与分别关系的命题:"连环可解也。"世界万物都是既相联系又相分别的。正如两环相连,亦可以相互拆解。今天经常可以看到"连环可解"的魔术表演,也有助于理解这个道理。

第九是关于中央与边地关系的命题:"天(下)之中央,燕之北、越之南是也。"燕之北、越之南,在古代中国认为是边远之地,但在当地人眼里,那里就是天下的中央。这说明"中央"与"边地"的概念具有相对性,可以相互转换。

第十是关于爱及万物的伦理命题:"泛爱万物,天地一体也。"天地万物由一气化生,是相互联系的一个整体。人在天地万物中,虽是气之"秀者",

物之"灵者",最为高贵,但必须推己及物,"泛爱万物",从而维系人类的良好生存。

惠施的这十大命题,体现了对宇宙、自然、万物及人类认识思辨的深度和广度,充满了多维视角和对立统一的辩证精神,与老子的相反相成、庄子的齐物论思想有相通之处。但庄子对此评价并不高。他指出惠施"其道舛驳,其言也不中"①,但"惠施以此为大",相当自信。他的自信是有理由的,庄子的批评倒未必合理。

2. 与辩者争论的二十一论题

自信满满的惠施不仅以十大命题"观于天下",而且开导、说服与他争论的若干"辩者"。"天下之辩者"与他争论得兴致勃勃,"相与乐之",于是又产生了二十一个辩题。这二十一个辩题是:"卵有毛。鸡有三足。郢有天下。犬可以为羊。马有卵。丁子有尾。火不热。山出口。轮不蹍地。目不见。指不至,至不绝。龟长于蛇。矩不方,规不可以为圆。凿不围枘。飞鸟之景未尝动也。镞矢之疾,而有不行、不止之时。狗非犬。黄马骊牛三。白狗黑。孤驹未尝有母。一尺之棰,日取其半,万世不竭。"②

让我们来一一分析。

一、"卵有毛。""卵"指鸟蛋。蛋看似无毛,但内中必定存在着毛的基因,如此才能孵化出有毛的鸟。

二、"鸡有三足。"鸡本来只有两只脚,但两只脚的种概念加上鸡脚这个属概念,所以说鸡有三脚。

三、"郢有天下。"郢城是楚国的首都,属于天下的一部分。拥有了郢城,也可以说拥有天下。这是种概念与属概念具有相同的一面,可以通称的例子。同理,周朝只是天下的一部分,但却把自己统治的区域称为"天下";诸侯国本来是周朝天下的一部分,但也可称自己的辖地为"天下"。正如《一件小事》是鲁迅的作品,读了《一件小事》就可以说读了鲁迅作品一样。

四、"犬可以为羊。"名称是人赋予事物的结果。如果当初人们把"汪汪"叫的狗叫作"羊",那么今日所谓的"狗"就通称为"羊"了。

五、"马有卵。"马本来是胎生的,不是卵生的,但马所怀胎其实是马所排卵,或者叫腹中生蛋。

六、"丁子有尾。""丁子"是楚人指称蛤蟆的方言。蛤蟆无尾,但在幼年

---

① 《庄子·天下》。
② 《庄子·天下》。

尚是蝌蚪的时候是有尾巴的。

七、"火不热。"火本身温度很高,但却不热,因为热是人或动物的主体感觉。

八、"山出口。"山本无口。但回声是从山间发出来的,所以肯定有山口。

九、"轮不蹍地。"车轮转动时,不过车轮的某一点在地面上位移而已,整个车轮并未轧着地面。

十、"目不见。"物体好像是由眼睛看见的,但没有了光线,眼睛什么也看不见。

十一、"指不至,至不绝。"能指不能真正达到所指,名称不能真正相称于事物。要达到所指,与物相称,永无止境。

十二、"龟长于蛇。"一般而言,蛇比龟长,但也有个别例外,大龟的身体比小蛇还长。

十三、"矩不方,规不可以为圆。"矩是画方的工具,但并不能画出绝对的方形;规是画圆的工具,但并不能画出绝对的圆形。

十四、"凿不围枘。"凿孔与榫头之间总是有缝隙的,它看似咬住了榫头,其实不能真正无缝地贴紧榫头。

十五、"飞鸟之景未尝动也。"飞鸟是运动的,但其刹那间的影像其实未曾运动。

十六、"镞矢之疾,而有不行、不止之时。"动中有静,故飞箭也有静止的瞬间;静中有动,故飞箭又有不止之时。

十七、"狗非犬。"中国古代,狗与犬一般视为同物异名。由于名称是人起的,人们也可以不用"犬"而用其他什么名称作为"狗"的异名。另据郝懿行对《尔雅·释畜》"未成豪狗"义疏:"狗犬通名。若对文,则大者名犬,小者名狗。"既然"犬"与"狗"有大、小差别,所以"狗"不是"犬"。

十八、"黄马骊牛三。"这又是一个总概念加上分概念的数学统计。"黄马骊牛"是一个总概念、属概念,加上"黄马""骊牛"这两个分概念、种概念,所以为"三"。或依其同异,牛马是一个总的动物概念,再加上两种毛色,故为"三"。

十九、"白狗黑。"狗毛虽白,眼珠却黑,所以说白狗也有黑的地方。

二十、"孤驹未尝有母。"孤驹虽然是母亲所生,但自从被称为"孤驹"后,母亲就未曾存在过。因为如果母亲活着,马驹就不能称为"孤驹"。

二十一、"一尺之棰,日取其半,万世不竭。"表面上,一尺之棰日取其半可以穷尽,实际上物质无限可分,永远不可穷尽,只是肉眼看不见而已。

围绕着上述二十一个论题,"辩者以此与惠施相应,终身无穷。""惠施日以其知与之辩",且"自以为最贤"。南方有个叫黄缭的怪人提出更加奇怪的问题,"问天地所以不坠不陷、风雨雷霆之故"。惠施"不辞而应,不虑而对,遍为万物说","欲以胜人为名"①。尽管庄子对惠施出人意表的反常辩术不以为然,但无法否认其中体现深刻的辩证精神和逻辑智慧。这些辩题所凝聚的思想至今仍有发人深省的启示意义。

五、《公孙龙子》:"审其名实,慎其所谓"

在与惠施辩论的辩者中,公孙龙是重要的一位。《庄子·天下》记载:"桓团(亦作韩檀)、公孙龙辩者之徒,饰人之心,易人之意,能胜人之口,不能服人之心,辩者之囿也。惠施日以其知与之辩,特与天下之辩者为怪。"

公孙龙(约公元前320—约前250年),字子秉,赵国人,能言善辩,曾做过平原君的门客。著有《公孙龙子》,是留下专著的先秦名家的唯一代表。据《汉书·艺文志》记载,《公孙龙子》原有14篇。扬雄《法言》称公孙龙诡辞数万,似为完本。唐代分为三卷。北宋遗失了8篇,至今只残留6篇,为一卷,保存在明代的《道藏》中。

关于该书的真伪,宋代以后有人怀疑它的真实性,认为今本《公孙龙子》是晋人根据零碎材料编纂起来的,在一定程度上失去了先秦《公孙龙子》的本来面目。清人姚际恒《古今伪书考》以《公孙龙子》为《汉书·艺文志》所载,《隋书·经籍志》无之,定为后人伪作。民国王琯《公孙龙子悬解》考证指出,此说似是而非。由周至梁,本书完好无缺。隋唐之际,本书佚存未定。唐武后时,重建著录,仍为完本。宋绍兴前,亡8篇存6篇,为今本②。关于《公孙龙子》的思想渊源,大体有三种看法。一主出自礼官及儒家。《汉书·艺文志》列惠施、公孙龙为名家,指出:"名家者流,盖出于礼官。古者名位不同,礼亦异数。孔子曰:'必也正名乎!名不正则言不顺,言不顺则事不成。'此其所长也。"一主出于道家。民国汪馥炎《坚白盈离辩》说:"今本《公孙龙子》,原名《坚白论》,至唐人作注,始改今名。"《隋书·经籍志》将《坚白论》列入道家。从现存《公孙龙子》看,其中的《名实论》《指物论》《白马论》与《庄子》中《齐物论》《天下》阐发或转述的言论多有相似之处。三主出于墨家。

---

① 《庄子·天下》。
② 王琯:《读公孙龙子叙录》,《公孙龙子悬解》,中华书局1992年版,第10页。

墨家中有《经》《经说》《大取》《小取》，其中所论辩题，许多与《公孙龙子》相似。晋代鲁胜《墨辩注序》云："惠施、公孙龙祖述其学，以正别名显于世。"清代张惠言《书墨子经说解后》云："观墨子之书，《经说》《大(取)》《小取》尽同异、坚白之术。盖纵横、名、法家，惠施、公孙、申、韩之属皆出焉。"孙诒让《墨子闲诂》云：墨子"坚白、异同之辩，与公孙龙书及《庄子·天下篇》所述惠施之言相出入"。

公孙龙在论辩中提出的论题有很多。《列子·仲尼》记载公孙龙的辩题："有意不心。有指不至。有物不尽。有影不移。发引千钧。白马非马。孤犊未尝有母。"这些与《墨经》及《庄子·天下篇》所载的辩者与惠施争论的话题大部分重合，有的则另有发明。如"有意不心"指意念活动时，就失去了寂静的本心。因为在道家看来，心灵的本体是寂然不动的，是无意之心。"发引千钧"的字面翻译指发丝平衡着千钧重物。千钧重物处于平衡状态，是因为各处重量的平衡丝毫不差；若差之毫厘，就会失衡断裂。其中，"白马非马""有指不至"是现存《公孙龙子》论述的重要问题。《公孙龙子》论述的中心问题，是名实的同异（"有指不至"），这在《名实论》《指物论》及《通变论》中有集中论述。在这些一般的逻辑学原理的建构之外，《公孙龙子》剖析的两个具体问题，是白马与马的异同关系、石头的坚性与白色的离合关系，分别见《白马论》和《坚白论》。而所有的这些名辩之学的产生原因，都在《迹府》篇中得到说明。《公孙龙子》是先秦名家留下的唯一一部完整的著作。虽然遗失过半，现存六篇篇幅不大，但一般原理与个案分析相结合，抽象思辨的水准很高，称之为先秦名家的扛鼎之作，当之无愧。

《公孙龙子》的语言并不生僻古奥，今人大多不借助字典就能认识，但对它们的理解却不那么方便。从古代的注疏到近人王琯的《公孙龙子悬解》、庞朴的《公孙龙子研究》（中华书局1979年版）、冯友兰的《中国哲学史新编》（人民出版社1980年版）、谭业谦的《公孙龙子译注》（中华书局1997年版）及古诗文网的解释，都很难令人完全信服。笔者将在综合前人解释的基础上根据自己阅读先秦古籍形成的积累融化出新，作出自己独立自足的更为圆通的解释[①]。

1. 名与实、指与物的同异关系

天下万物本无名，是人类根据万物各自的特性给它们起了不同的名。

[①] 本节以《"审其名实""而后能治"——〈公孙龙子〉的名学理路》为题，发表于《辽宁大学学报》2021年第3期。

同一事物，不同的语言系统有不同的名；即便同一语言系统，人们也可这样称呼某物，或那样称呼某物。这说明，名与实、指称与物体既有同一、相称的关系，又有不同一、不相称的相异关系。公孙龙对此做了深刻、细致的剖析。其中，《名实论》重在从名实相当方面说明指谓与所指之"同"，《指物论》重在从指物相悖方面说明指谓与所指之"异"。于是不同物名之间就呈现出亦此亦彼、非此非彼的关系，体现了纯思辨的逻辑学在战国时期所达到的精彩与辉煌，印证了那个轴心时代的思想文明。

《名实论》指出："天地与其所产焉，物也。物以物其所物而不过焉，实也。实以实其所实而不旷（缺）焉，位也。""出其所位，非位；位其所位焉，正也。""以其所正，正其所不正……其正者，正其所实也；正其所实者，正其名也。"这里提出了"正名"的问题。如何理解这段话呢？

《名实论》在这里先后提出四个概念："物""实""位""名"。其实，"名"的概念在前面"物其所物而不过"中就隐然存在了，"物其所物"，即"名其所名"之意。如何理解"物其所物"？《庄子·山木》有"物物而不物于物"一语，与此类似，明显为公孙龙所本。"物物"而"不物于物"，两个词组中前一"物"字都是动词，指驾驭、主宰。《公孙龙子》的"物其所物"，"物"字的用法都作动词，但含义与庄子有别，指给物命名，从而呼应后面"正名"的要求。整段话的大意是：天地产生了万物；万物由于给所名之物赋名而不逾越该物的特性，这就是名所依据的实际内容；名依据、指称的实际内容由于充实不缺、实实在在地存在，这就给指称它的名称、概念规定了外延边界。名称符合实际规定的概念的外延边界，就属于正当的名称；如果逾越了这个边界，就名不当实，需要矫正名称。"正其名"的根本方法，是"以其所正，正其所不正"。"所正"，指物之实际；"所不正"，指悖实之名。"正名"工作的实质，是"正其所实"，即以实检名、矫名、定名。由此可见，公孙龙在这里实际上剖析了由"物"生"名"、由"实"定"名"、由"位"正"名"诸多名实问题。其中，"位"的概念为公孙龙首创，大意指概念的外延限定，即名称概念涉及的实际事物周延与否的界限问题，在逻辑学上具有非同寻常的意义。

在名实关系上，公孙龙强调名是实的指谓，由于所指之实不同，此名与彼名相互区别，不可混淆。"夫名，实谓也。知此（名）之非此（实）也，知此（名）之不在此（实）也，则不谓也；知彼（名）之非彼（实）也，知彼之不在彼也，则不谓也。"①所谓"名正"其实就是承认并肯定事物名称彼此的差别："其名正则唯乎其彼此焉。"这种认识导源于《墨子·经说下》："正名者彼此。""正

---

① 《公孙龙子·名实论》。王琯：《公孙龙子悬解》，中华书局1992年版。下同。

名"集中表现在对"彼此"的认识上。这种认识是："彼彼止于彼,此此止于此",这是正确的。"彼且此也",混淆彼此,这是不正确的。《公孙龙子》亦然。《名实论》说:"谓彼而彼不唯乎彼,则彼谓不行;谓此而此不唯乎此,则此谓不行。其以当不当也。不当而当,乱也。""故彼彼当乎彼,则唯乎彼,其谓行彼;此此当乎此,则唯乎此,其谓行此。其以当而当也。以当而当,正也。"所谓"审其名实,慎其所谓",就是以名当实,肯定由不同的所指、事物决定的不同的名称、指谓之间的差别。这是《名实论》阐说的基本主张。

《指物论》阐说的主张恰恰与此相反。"物莫非指(指称),而指(指称)非指(所指、物本身)。"芸芸万物,都是由不同的名称、指谓构成的。而这些名称、指谓并不能真正代表所指的物本身。天下本来只有物,没有指(名)。指是后来人类给物起的名。"物也者,天下之所有也。""指也者,天下之所无也。""以天下之所有,为天下之所无,未可。""天下无指(本无名称),而物不可谓指也。"这是其一。同一事物,人们既可以这样指称,也可以那样指称。这就决定了"指"与"物"、"名"与"实"之间的差异性。"天下无指者,生于物之各有名(一物可以有多名),不为指(特指之名)也。""不可谓指者,非指也。""非指者……而物可谓指乎?"这是其二。因此,得出的结论是:"指固自为非指"。《指物论》所言,正如《列子·仲尼》转述公孙龙所说的那样:"有指不至;有物不尽。"虽然有名指,但不能真正抵达事物本体;名指对于事物的穷尽永远是无止境的,或者说名称永远不可穷尽事物本体。这里强调的是名言表达、指称功能的有限性。它与老子所说的"名可名,非常名","道可道,非常道"思想是一致的。"以有不为指之无不为指,未可。"天下本来"不为指",但后来的天下"无不为指",这是有问题的。

但公孙龙并没有就此止步。正如老子认为"道不可言",又主张"道不离言",所以"强子之曰'道'"的思路一样,公孙龙又进一步指出:虽然物"不可谓指",但非指则无法指称万物,标志事物的不同,所以又不能完全废除名指。《指物论》云:"天下无指,物无可以谓物。"万物"不为指而谓之指,是无不为指"。一方面,言不尽意,指不穷物,"天下无指";另一方面,舍言无以达意,舍指无以名物,所以,"非有(没有)非指"(对非指再否定)、"不可谓无指",最后,"物莫非指,指非非指也(指不是非指,而是指)"。在否定之否定的意义上,"指"既是"指"亦"非指"。"物莫非指者,而指非指也。"

于是,指与物、名与实的关系,就是亦此亦彼的关系。正如《庄子·齐物论》所说:"物无非彼,物无非是。""彼出于是,是亦因彼。彼是方生之说也。"

《庄子·齐物论》还指出:"以指喻指之非指,不若以非指喻指之非指也。""天地一指也。"庄子说明的主张是"指之非指",但在论证的角度、方法上,他指出用"非指"的方法比用肯定"指"的方法更加有效。只有侧重于从"非指"的角度论证指与物、名与实的差异性,而不仅仅站在肯定"指"的有效性的角度看到指与物、名与实的同一性,才能真正认识到"指之非指"的逻辑真相。在这一点上,公孙龙的《指物论》明显贯彻了庄子的主张。

2. "白马非马":个别与一般之同异

在关于名实、指物的逻辑关系的一般学理分析外,"白马非马"是公孙龙著名的举例分析、个案分析之一。

它实际上分析的是一般概念与个别概念、属概念(类概念)与种概念的关系。一般概念、属概念在外延上是周延的,属于泛指;个别概念、种概念在外延上是不周延的,属于特指。二者之间是什么关系呢?普通大众着眼于个别概念、种概念属于一般概念、属概念下的一个种,往往只看到二者之同,看不到二者之异(种差)。比如只看到白马是马、楚人是人,而看不到白马不是马、楚人不是人。公孙龙着眼于种差,指出个别概念不等于一般概念,所以提出"白马非马""楚人非人"。《迹府》是这样分析的:"白马为非马者,言白所以名色,言马所以名形也;色非形,形非色也。夫言色则形不当与,言形则色不宜从,今合以为物,非也。""马"是对包括毛色在内的整个动物形体的名指,而"白马"则是对这种动物形体的毛色的名指,所以二者不能等同。如果将"白马"等同于"马",就会发生只有黑马的马棚中找不到所需白马的困窘。可见"白马"不是一般意义上的"马",所谓"白马竟非马"。

同样的情况也发生在楚王的一次打猎中。"楚王……射蛟兕于云梦之圃,而丧其弓。左右请求之。王曰:'止。楚人遗弓,楚人得之,又何求乎?'仲尼闻之曰:'楚王仁义而未遂也,亦曰人亡弓,人得之而已,何必楚?'若此,仲尼异'楚人'与所谓'人'。"①一次楚王田猎,不慎丢了弓,随从们请求去找弓,楚王说不必了,楚人丢了弓,拾到弓的也是楚人,何必去找呢?孔子听说后评论说:楚王似乎讲仁义了,但还讲得不到家!应该说:人丢了弓,拾到弓的也是人,又何必限定是楚人呢?可见,在孔子看来,"楚人"与"人"这两个概念是不同的。正如"白马非马","楚人非人"。

《白马论》继续论证个别不是一般,不过论证更详细、更严密。"'白马非

---

① 《公孙龙子·迹府》。

马',可乎？曰：'可。'曰：'何哉？'曰：'马者,所以命形（整个形体）也；白者,所以命色也。命色者非命形也。故曰：白马非马。'""马"是属概念,"白马"是种概念。"白马"诚然是"马"的一部分："有白马为有马,白之,非马何也？"以"有白马不可谓无马"者,"离白之谓也"。然而,"马"中还有其他毛色的马,如黄马、黑马,白马显然不是其他毛色的马,就是说,个别不是一般中其他的个别。"求马,黄、黑马皆可致；求白马,黄、黑马不可致。""马者,无去取于色（不计颜色）,故黄、黑皆所以应；白马者,有去取于色（排除他色,仅取白色）,黄、黑马皆所以色去,故唯白马独可以应耳。无去者（不被排除而被选取的白马）非（不是）有去（被排除的非白色的黄马黑马）也,故曰：白马非马。"这里的"白马非马"意指"白马非黄、黑马",即一般概念所包含的个别,彼此不周延、不交叉,因而彼此不能画等号。一般也不等于个别。"所以为有马者,独以马为有马耳,非以白马为有马耳。""故其为有马也,不可以谓白马也。"由此可见,所谓"白马非马",有如下几层含义：

首先,白马不等于马的全部；白马之马是不周延的。其次,白马不等于其他毛色的马,如黄马、黑马。再次,马也不等于白马,还包括其他色彩的马,如黄马、黑马。说到底,这论析的是一般概念与个别概念之间的同异关系,主要是相异关系。

这几层含义,公孙龙在《通变论》中又作了更高的逻辑概括。左、右两个方向叫"二"："左与右可谓二乎？曰：可。""二"是一个一般概念,左与右是个别概念。一般是个别的总和,但不是其中的任何一项。易言之,"二"是左与右的总和,但不是左,也不是右。所以说："二有一乎？曰：二无一。""二有右乎？曰：二无右。""二有左乎？曰：二无左。"反之,个别也不是一般。"右可谓二乎？曰：不可。""左可谓二乎？曰：不可。"套用到对马与白马关系的认识,"马"是"白马"与"黄马""黑马"的总和,"马"既不等于"白马",也不等于"黄马""黑马"。反之,"白马"不等于"马","黄马""黑马"也不等于"马"。因为"白马"不是"黄马""黑马"。

《通变论》还提出"类"的概念,也就是属概念、一般概念,指出如果类概念相同,即使种概念有异,也不能否定它们属于同一类概念。比如羊与牛在牙齿构造上有异,一有齿一无齿,但"不俱有而或类焉",都属于偶蹄家畜,所以说"牛"之"非羊"或"羊"之"非牛",均"未可"。同理,个别的相同也不能改变整体的差异。如羊有角,牛也有角,它们角"俱有"而"类之不同",所以也不可认为"牛"就是"羊"。

其实,"白马"与"马",既有异,也有同。公孙龙"白马非马"论说的重点,是二者之异。据桓谭《新论》记载,公孙龙曾过关。关司禁说："马不得过。"

公孙龙说:"我白马,非马。"于是顺利过关,可见其"白马非马"在当时天下影响之大。其实"白马"也是一种"马"。公孙龙在这里机智地置换了概念,抓住"白马"不是其他毛色的马这个与"马"的概念的差异,以偏概全,否定"白马"本身是"马",实际上有诡辩之嫌。不过这凸显了公孙龙的机智擅辩。关于公孙龙的这个特点还有个突出的例子。据《吕氏春秋·审应览五》,赵国与秦国曾经相约:"自今以来,秦之所欲为,赵助之;赵之所欲为,秦助之。"不久,秦兴兵攻魏,但赵国却不守与秦的盟约,欲派兵救魏。秦王不悦,派人质询赵王:"今秦欲攻魏,而赵因欲救之,此非约也。"赵王以告平原君,平原君请教公孙龙怎么办。公孙龙出了一招:"亦可以发使而让(责难)秦王曰:赵欲救之,今秦王独不救助赵,此非约也。"

3."离坚白":不同感官的感知相分及感官认知与思维认知相分

公孙龙的另一个案分析是关于石之"坚白"相离的论析。

"坚白"之辩,导源于墨子。《墨子·经说下》主张坚白相盈于一石之中:"坚白,不相外也。""无(抚)坚得白,必相盈也。""石,一也;坚、白,二也,而在石。"这是符合常识的。石头色白质坚,坚、白属性统一于石中,三位一体,所以说"坚白石三"。但公孙龙则从主体认识的角度,说明这三种元素不是同时被主体认识的,提出"坚白相离"的观点。人们或通过视觉认识到石之白,或通过触觉认识到石之坚,而不可能通过同一种感官同时认识到石之坚、白。所以说"坚白石"是"二",不是"三"。"无坚得白,其举(言也、称也)也二;无白得坚,其举也二。"[①]《墨子·经说下》曾有"无坚得白"一语,"无"一般解释为"抚",意即说一石之中坚白相盈,同时具备。这里的"无坚得白","无"用其本义,意即坚白相离,势不两立,不能同时相得。"视不得其所坚而得其所白者,无坚也;拊不得其所白而得其所坚……无白也。""得其白,得其坚,见与不见谓之离。"未见到的坚与见到的白分离,不是消失了,而是暂时藏起来了。"目不能坚",但"不可谓无坚","手不能白",但"不可谓无白"。"离也者,藏也。"

公孙龙进一步分析说:"白固不能自白。"坚也如此。白与坚这两种属性不能孤立地存在,必假物而存在。这个物并不一定是石,也可以是其他物质。坚、白遍布、兼存于各种物体中。公孙龙谓之"物兼"。"物白焉,不定其所白;物坚焉,不定其所坚。不定者,兼。"白不一定赋予石而为白,坚也"未与石为坚"。当坚、白之性假石而存时,对于其坚性"有知焉,有不知焉";对

---

① 《公孙龙子·坚白论》。

于其白色,"有见焉",有不见焉。"故知与不知相与离,见与不见相与藏。"因此,"坚白"不可以一起修饰石,叫"坚白石",而应当分开来叫"坚石"或"白石"。公孙龙诘问道:"恶取坚白石乎?故离也。"①

在此基础上,公孙龙还分析到主体认识中思维("神")的作用及其与感觉相互结合、制约的辩证关系。离开眼睛和火光,无以见白,但仅有火光下目的感觉还不行,还必须有思维的综合作用。如果"神不见",思维停止活动,那么白也不可能真正认知("见离")。所以"白以目以火见"是表象,也是认识过程的初级阶段,"火与目不见,而神见"是实质,也是认识过程的高级阶段。"神不见,而(白之)见离"。虽然精神思维在对外物的认识中至关重要,但离开感觉基础也无法认知事物。比如坚通过手的叩击(捶)而感知,如果"捶与手……不知",则"神与不知"②。

看来,公孙龙所说的"坚白"相"离",不仅指主观认识中不同感官感知的分离,还指感官认识与思维认知的分离。

4. 公孙龙名学之用心:"审其名实""而后能治"

公孙龙的名辩之学在当时影响很大,但评价并不好。时人乐正子舆说:"公孙龙之为人也,行无师,学无友,佞给而不中,漫衍而无家,好怪而妄言。欲惑人之心,屈人之口,与韩檀(桓团)等肆之。"③庄子曾经这样评论公孙龙:"饰人之心,易人之意,能胜人之口,不能服人之心。"④《荀子·正名》指出"牛马非马"之类的论辩是"惑于用名以乱实者也"。《吕氏春秋》《淮南子》等亦责之为诡辩。

不过,这倒是有点冤枉公孙龙的。有古人云:"其著'坚白同异',欲推之天下国家,使君臣上下循名责实,而后能治者。"⑤民国时期的研究者王琯亦云:"正名者流,殆出于救时,公孙即一例也。今所著书已无能窥其全豹,而……《名实》一篇,分界别域,丝毫不假,其循名责实之精神,均跃然可见。至《白马》《坚白》《指物》《通变》诸篇,似曼衍恢谲矣,然其理论,谓为不谐于俗则可,谓非彻底忠实之研究则不可。白马何以非马?坚白何以离石?实

---

① 《公孙龙子·坚白论》。
② 均见《公孙龙子·坚白论》。按:关于这段话的解释,参古诗文网。王琯《公孙龙子悬解》并不直译,且解释时认为"文句脱落";谭业谦《公孙龙子译注》将"白"解为"火之白光"而非石之白,所译白话更是令人匪夷所思,不明其意。这种情况在许多先秦古籍的译注中均存在。
③ 《列子·仲尼》。
④ 《庄子·天下》。
⑤ 转引自王琯:《读公孙龙子叙录》,《公孙龙子悬解》,中华书局1992年版,第24页。

有攸归。名何能乱,矫而正之,以明其真。真出而名实辨,由是通政治之管钥焉。"①这是符合公孙龙的本意的。《公孙龙子·迹府》记述说:"公孙龙,六国时辩士也。疾名实之散乱,因资材之所长,为'守白'之论。假物取譬,以'守白'辩,谓'白马为非马'也。"可见,他所以"守白"而论"白马非马",不过是"假物取譬",以正"名实之散乱"、有助于政教而已。他举例说:齐王好士,一方面颁布法令,认为"事君则忠,事亲则孝,交友则信,处乡则顺,有此四行可谓士",亟盼招这样的士为臣,另一方面又随大流,赞赏不避王法、违反四行、"见侮而斗"的人为勇士,并予以奖赏。其实这是徒有"好士之名,而不知察士之类"。这样的"勇士"不是"士",正如"白马"不等于"马"一样。

同理,齐王虽然颁布法令说:"杀人者死,伤人者刑。""有畏王之令者,见侮而终不敢斗"。这本来是"全王之令"的举动。可是齐王又认为:"见侮而不斗者,辱也。""因除其籍,不以为臣也。"这就否定了"全王之令"的举动。"王辱不敢斗者,必荣敢斗者也;荣敢斗者,是而王是之,必以为臣矣。必以为臣者,赏之也。"赏不该赏者,罚不该罚者,"赏罚是非,相与四谬,虽十黄帝,不能理也。"这是用个别案例否定一般规定的错误。他借尹文之口批评说:"今有人君,将理其国,人有非则非之,无非则亦非之;有功则赏之,无功则亦赏之,而怨人之不理也,可乎?"②当然治理不好国家了。所以公孙龙告诫诸侯君主:"至矣哉,古之明王,审其名实,慎其所谓。"不难看出,公孙龙所辩名理,是有严肃的现实指向和政治使命感的,斥之为强词夺理、屈人之口的诡辩并不准确。

综上所述,可见,有感于战国后期名实混乱、天下不治的现实状况,公孙龙对名实问题进行了专业的学理辨析。他指出:名与实、指与物既有相称的同一关系,又有不相称的相异关系。二者的同一关系为人所易见,不同关系常为人所忽略。其突出表现之一,是不明白"白马"非"马"。即个别概念(种概念)与一般概念(属概念)之间存在种差,个别概念既属于一般概念(白马是马),又不等于一般概念(白马非马)。此外还深入到认识活动中主体不同的感官对同一对象不同属性的感知的分离,如对石头的触觉之"坚"与视觉之"白"不是同时把握到的,进而提出"坚白离"的命题。公孙龙的这些论辩,旨在使"明王审其名实,慎其所谓","推之天下国家"循名责实"而后能治",同时也推动了逻辑学的深化和哲学的进步。

---

① 王琯:《读公孙龙子叙录》,《公孙龙子悬解》,中华书局 1992 年版,第 24 页。
② 《公孙龙子·迹府》。

六、荀子《正名》：名家学说的集大成者

荀子（约公元前 313—前 238 年），战国末期赵国人。生卒年月略后于公孙龙，但与公孙龙同籍于赵国。虽然后来三次出任齐国稷下学宫祭酒，主要活动在齐国，但对以公孙龙为代表的当时名辩风潮有切肤之感。《荀子》中有《正名》一篇，正是为批判公孙龙等人所作。清人王先谦《荀子集解》指出："是时公孙龙、惠施之徒乱名改作，以是为非，故作《正名篇》。"①荀子身处战国末期，是一位善于综合创新的大师级学者。他融合孔、孟、商、韩诸说，成为先秦儒家学说的集大成者。同理，《正名》综合评判春秋以来名家论辩的得失，提出自己的系统主张，荀子成为名家学说的集大成者。

1. "乱名"的现实和"正名"的需要

"正名"的问题，早在孔子的时候就提出来了。孔子在鲁国执政受挫后，准备接受卫君的邀请到卫国去，子路问他到卫国后打算怎么办。孔子说："必也正名乎！"当时诸侯各国君不君、臣不臣、父不父、子不子，一切名分都乱了套。所以孔子说："名不正，则言不顺；言不顺，则事不成；事不成，则礼乐不兴；礼乐不兴，则刑罚不中；刑罚不中，则民无所措手足。故君子名之必可言也，言之必可行也。"②一次齐景公问政，孔子回答："君君，臣臣，父父，子子。"③这一回答强调了"正名"的中心问题：只有君王像个君王，臣子像个臣子，父亲像个父亲，儿子像个儿子，社会才会稳定，国家才会发展。荀子继承孔子的"正名"思想，结合对现实中公孙龙子等名家言论诡辩倾向及"乱名"现象的批判，提出了"正名"的迫切要求。

荀子指出：在道德大化的上古社会，君主以道治民，民众乐从德教，谨守名约之功，不敢以奇辞乱正名，因而根本不需要拨乱反正的名辩之学。"凡人莫不从其所可，而去其所不可。知道之莫之若也，而不从道者，无之有也。""故可道而从之，奚以损之（道）而乱？""其民莫敢托为奇辞以乱正名，故其民悫；悫则易使，易使则公。其民莫敢托为奇辞以乱正名，故一于道法，而谨于循令矣。"既然"民易一以道"，民众易于被道所统一，所以，明君之治民，"道之以

---

① 王先谦：《荀子集解》，中华书局 1988 年版，第 411 页。
② 《论语·子路篇》。
③ 《论语·颜渊篇》。

道,申之以命,章之以论,禁之以刑。故民之化道也如神,辨说恶用矣哉?"

但是后来的社会不一样了。大道不行,诸侯混战,天下大乱,名实相悖,奸言盛行。"今圣王没,天下乱,奸言起,君子无势以临之,无刑以禁之。""今圣王没,名守慢,奇辞起,名实乱,是非之形不明,则虽守法之吏,诵数之儒,亦皆乱也。"这种背离"正道"的"邪说辟言"主要有三类表现。一是"用名以乱名",如"见侮不辱""圣人不爱己""杀盗非杀人也"等等。二是"用实以乱名",如"山渊平""刍豢不加甘,大钟不加乐"之类。三是"用名以乱实",最典型的例子莫过于"牛马非马"的说法。这种"析辞擅作名,以乱正名,使民疑惑"的做法,荀子认为如同伪造符节和度量衡一样罪大恶极,谓之"大奸";不仅造成了"同异不别""志有不喻之患",而且造成了"贵贱不明""事有困废之祸"。在这种状况下,拨乱反正、旨在"正名"的"辩说"就应运而生了。《孟子·滕文公下》曾记载公都子问:"外人皆称夫子好辩,敢问何也?"孟子回答:"予岂好辩哉? 予不得已也!"荀子亦然。他说:"实不喻,然后命(命名);命不喻,然后期(交流);期不喻,然后说(说明);说不喻,然后辨(辨明)。"可见,"正名"的"辩说",作为"王业之始",是不得已的选择。"若有王者起,必将有循于旧名,有作于新名。"正名的目的在于"贵贱明,同异别":"故知(智)者为之分别制名以指实,上以明贵贱,下以辨同异。贵贱明,同异别,如是则志无不喻之患,事无困废之祸,此所为有名也。"

2. "正名"的要求及其方法、原则

由于战国末期名实混乱,因而"所为有名与所缘以同异,与制名之枢要,不可不察也"。于是荀子的"正名"就从"所为有名"与"所缘以同异"及"制名之枢要"三个环节入手。

"所为有名"指名辩的所以然,即名辩正当性的基本要求。"有兼听之明,而无矜奋之容;有兼覆之厚,而无伐德之色。说行则天下正,说不行则白道而冥穷。是圣人之辨说也。""君子之言,涉然而精,俛然而类,差差然而齐。""辞让之节得矣,长少之理顺矣;忌讳不称,袄(同妖)辞不出;以仁心说,以学心听,以公心辨;不动乎众人之非誉,不治观者之耳目,不赂贵者之权势,不利传辟者之辞。故能处道而不贰,咄而不夺,利而不流,贵公正而贱鄙争。是士君子之辨说也。"

"所缘以同异"指"名"是有所根据的。这个根据,来自主客观两方面。客观方面之"缘",是事物之实。主观方面之"缘",是"志义",是"道义"。否则就是"无稽之言",一定要谨慎对待。

"名"缘客观之"实",所谓"名足以指实";"名也者,所以期累实也";"王者之制名,名定而实辨";"名闻而实喻,名之用也"。以"同异"缘物之实,是指"随(物)而(命名)之","同则同之,异则异之",即"使同实者莫不同名也","使异实者莫不异名也","不可乱也"。根据客观事物的同异给予命名,还有一个重要原则,就是"缘天官",即分清不同感官所对应的不同类别的对象。"何缘而以同异?曰:缘天官。凡同类同情(实)者,其天官之意物(认知万物)也同。"比如"形体、色理以目异;声音清浊、调竽、奇声以耳异;甘、苦、咸、淡、辛、酸、奇味以口异;香、臭、芬、郁、腥、臊、漏庮、奇臭以鼻异;疾、痒、凔、热、滑、铍、轻、重以形体异;说(悦)、故(郁闷)、喜、怒、哀、乐、爱、恶、欲以心异。"在眼耳鼻舌身心中,前五官是感觉,心之官是认识。心必须基于感官的感性认识,而后方能认知物类。这就叫"心有征知"。"征(而后)知,则缘耳而知声可也,缘目而知形可也。然而征知必将待天官之当簿(接触)其类,然后可也。"

关于"名"缘主观之"道义",荀子说:"彼正其名,当其辞,以务白其志义者也。""彼名辞也者,志义之使也,足以相通,则舍之矣。苟之,奸也。""离理而不外危者,无之有也。""故知者论道而已矣。""名"本来是用来指外物之"实"的,它怎么可以同时符合主观之"道"呢?荀子的思路是,单个的概念("名")是指"实"的,主体用各种不同的单个概念组成的"文辞"以及用文辞进行的"辨说"则说明的是一个主题("一意"),这个主题必须符合心灵之道。"名闻而实喻,名之用也;累而成文,名之丽(附丽、连缀)也。用、丽俱得,谓之知名。""名也者,所以期累实也;辞也者,兼异实之名以论一意也。……辨说也者,心之象道也;心也者,道之工宰也;道也者,治之经理也。""心合于道,说合于心,辞合于说。""以正道而辨奸,犹引绳以持曲直,是故邪说不能乱,百家无所窜。"由此可见,"知名"包括以名指实的"名之用"与累名成文、以辞达意的"名之丽"两部分、两方面。王者之制名,不仅要做到"名定而实辨",而且要做到"道行而志通"。从客观方面说,"名足以指实";从主观方面说,"辞足以见极(道)"。"正名"最后的旨归是符合道义。而符合道义,是一切辩说取得成功的根本。"知道之莫之若也,而不从道者,无之有也。""道者,古今之正权也;离道而内自择,则不知祸福之所托。""权不正,则祸托于欲,而人以为福;福托于恶,而人以为祸;此亦人所以惑于祸福也。""故愚者之言……诱其名,眩其辞,而无深于其志义者也。"重道、贵道的具体做法是不做物欲的奴隶,而能够以理"役物",控制、驾驭物欲。

3. "制名之枢要":对"名"的深入分类

此外,荀子还论及"制名之枢要",对名言概念的种类做了深入的辨析划分。

单名与兼名。"单足以喻则单,单不足以喻则兼;单与兼无所相避则共,虽共不为害矣。"单一名称足以界定某事物就取单名,单一名称不能界定某事物就用复名;单名和复名需要联合起来表达某种意思,就组合在一起共同使用。因为有"无所相避"的理由,所以合在一起不会有什么妨害。这里的"单名"与"兼名",约相当于我们今天说的单数名词与复数名词。

共名与别名。"万物虽众,有时而欲无举之,故谓之物。物也者,大共名也。推而共之,共则有共,至于无共然后止。有时而欲偏举之,故谓之鸟兽。鸟兽也者,大别名也。推而别之,别则有别,至于无别然后至。"万物虽然形形色色,有时毋需一一列举,而要把它们概括起来加以统称,就叫作"物"。"物"这个指称,是最大的共名。依此类推给事物取共名,那么共名之上还有共名,直到无法再提炼出共名为止。这个"共名",就是今天所说的"属概念"。有时要把事物部分地列举起来区别开来,比如在"物"之下区分出"鸟兽"加以列举。"鸟兽"的概念,就是最大的别名。在"鸟兽"之下推而广之加以区别,那么别称之下还有别称,一直到无法再区别为止。这个"别名",即今天说的"种概念"。

同名与异名。本来,按照名实相称的命名原则,赋予"同实者"以"同名",赋予"异实者"以"异名",是常态。但由于事物的实质与现象的关系是复杂多变的,"物有同状而异所(实质)者,有异状而同所者"。于是就出现同实异名,或同名异实的情况。"状同而为异所者,虽可合,谓之二实。"两个事物现象相同而实质不同的,名称虽然可以合用一个(同名),但应该认识到是两个实物(二实)。"状变而实无别而为异者,谓之化。有化而无别,谓之一实。"现象变化不同而命名不同(异名),但实质没有区别,并未成为另一种实物,二者仍然指同一个实物(同实)。同实异名或同名异实状况的出现,也与名与实的关系实际上是人们约定俗成的相对关系有关。"名无固宜,约之以命,约定俗成谓之宜,异于约则谓之不宜。名无固实,约之以命实,约定俗成,谓之实名。名有固善,径易而不拂,谓之善名。"事物名称并不是非此不可、固定不变的,或者说不是绝对适合该事物的。比如称为"狗"的动物当初如果叫作"猫"并约定俗成流传开来,这种动物就叫作"猫"了。可见,名称是人们共同采取的约定。约定俗成,大家认可,指称事物的名称就诞生了。名称直接简易、不相矛盾,这就是好的名称、合适的名称。

刑名、爵名、文名、散名。"后王之成名:刑名从商,爵名从周,文名从礼,散名之加于万物者,则从诸夏之成俗曲期,远方异俗之乡,则因之而为通。"君主如何正名呢?刑法条文仿照商代的做法,官职爵位仿照周代的做法,文饰制度仿照礼教规定,万物的名称遵从中原地区约定俗成的称谓,风俗相异的边远地区也采取中原地区通行的名称,彼此之间进行交流。

七、《鬼谷子》:以"仁义"之道和"捭阖"之术"抵巇"补天

《鬼谷子》,现存先秦纵横家唯一的一部子书,最早著录于《隋书·经籍志》。由于该书出现得比较晚,加之遭到唐代柳宗元"妄言乱世,难信"的指斥,主张"学者宜其不道"①,后世多视为伪书,因而湮没不彰。1973年马王堆汉墓帛书《战国纵横家书》与1993年郭店楚简《语丛四》的相继出土,引起人们对《鬼谷子》的重新审视。《战国纵横家书》的性质类似《战国策》,内容是侧重实践的游说辞。《语丛四》类似《鬼谷子》,内容侧重游说理论。这说明,作为游说理论总结的《鬼谷子》在战国时期诞生是完全可能的。最近的研究认为,《鬼谷子》是战国中期鬼谷先生及其弟子或后学所作,其主要内容为鬼谷先生所亲著②。

鬼谷子,又称鬼谷先生,大概活动于公元前390年至前301年之间,与孟子、商鞅同时,系战国中期人。曾在齐国活动过,隐居鬼谷,自号鬼谷子。历史上有两种说法,一说鬼谷子姓王名诩或栩,一说姓刘名务滋。最近的研究认为,这两种说法都不足信。③ 据说苏秦、张仪、孙膑、庞涓、尉缭等人都是鬼谷子的弟子④。

《鬼谷子》一书并不好读。其中论述的许多概念不仅今天已经废用,而且古代早已断档。历史上关于《鬼谷子》的解释相互之间多有龃龉。最近出版的许宏富《鬼谷子集校集注》在搜罗历史上的相关注解方面功莫大焉,前言中关于《鬼谷子》的作者、版本、注本的考证也颇见功力,但对《鬼谷子》的整体思想要义却缺乏整体性的论述,他本人也没有完全理解全书各篇文字的文义。在历史上各种互有矛盾的注释前,他常常迷失方向。对于许多关键概念、重要词句,他在罗列了前人矛盾的注释后,自己却不给出解释,把矛盾交给读者;有时勉强给出解释,经辨析发现,往往与原义相去甚远。要之,这部号称"集校集释"的注本常常"以其昏昏,使人昭昭",漏洞不少,滑头之

---

① (唐)柳宗元:《辨鬼谷子》。
② 许宏富:《鬼谷子集校集注》前言,中华书局2008年版,第5页。
③ 许宏富:《鬼谷子集校集注》前言,中华书局2008年版,第7、8页。
④ 许宏富:《鬼谷子集校集注》前言,中华书局2008年版,第6、7页。

处亦多，无论看他的注释还是看他的题解，都无法读懂《鬼谷子》的真意。

其实，就文论文，往往只能望文生义。理解古代文字的涵义，必须联系其所处的历史文化背景加以超验的领悟。笔者在对先秦思想史作了大量研究的基础上，通过对《鬼谷子》文本的反复研判、品味、领会、体悟，不仅对《鬼谷子》的方法论有了详细的了解，而且对《鬼谷子》的本体论乃至目的论有了明晰的透视，而这一切又是建立在对《鬼谷子》四部分统辖的各篇文义的深入把握基础上的[①]。

1.《鬼谷子》是怎样一部书

现存《鬼谷子》分四部分。第一至第六篇《捭阖》《反应》《内楗》《抵巇》《飞箝》《忤合》为第一部分。这是《鬼谷子》的核心部分，主旨是从为天下补漏的角度，探讨纵横捭阖的游说方法。作者是鬼谷子本人。第七至第十一篇《揣篇》《摩篇》《权篇》《谋篇》《决篇》为第二部分。这是第一部分的补充论述。作者是鬼谷子弟子。主旨是进一步探讨纵横捭阖的前提——对游说对象心理实情揣摩把握的方法。这两部分基本上都属于纵横家的方法论。间或涉及言说什么、用什么救国的本体论，这主要体现为周朝及儒家倡导的仁义道德，不过《鬼谷子》给它加了一个道家的发生论、本源论。第三部分只有第十二篇《符言》一篇（第十三篇《转丸》第十四篇《胠乱》有目无文），作者为鬼谷子。游说过程是纵横家士子与掌权的君主之间的互动。纵横家欲以仁义道德拯救天下，那么君主也必须喜好、遵守仁义道德才行，否则道不同，无法说合。所以《符言》的主旨是讲对游说对象"人主"的道德要求。这部分是《鬼谷子》为天下补漏的本体论的直接表现。《符言》与《管子·九守》文字相似。鬼谷子曾游学于齐国稷下，受管仲学派影响很大。管仲学派是主张儒主法辅治理天下的。《符言》可看作是鬼谷子受齐国管仲学派思想影响的一个结果。前述三部分各篇都有"第一第二"等序号，但《本经阴符七术》《持枢》《中经》都无序号，为《鬼谷子》第四部分。其中，《本经阴符七术》是关于计谋的七篇专论，作者疑为鬼谷子。《持枢》《中经》的作者较大可能是鬼谷子后学[②]。《持枢》讲以人法天，尊重天时，属于本体论。《中经》论述处于乱世之际士如何救亡图存、拯救天下的一些问题，也涉及儒道合一的本体论。

春秋战国时期天下大乱，诸子学说蜂起林立，竞相游说诸侯国君。纵

[①] 本节以《以"仁义"之道、"捭阖"之术"抵巇"补天——〈鬼谷子〉本体论、方法论、目的论研究》为题，发表于《学术界》2021年第1期。

[②] 据许宏富：《鬼谷子集校集注》前言，中华书局2008年版，第3、4页。

横家作为一家之言应运而生。纵横家是有政治抱负的。这个抱负就是拯救天下。中国自古就有"女娲补天"的神话。为天下补漏、为君王补缺是中国古代士大夫的角色期许和传统情结。《鬼谷子》亦不例外。"补天"即为天下补漏。《鬼谷子》发明了一个特殊术语,叫"抵巇"。"巇"即罅漏、裂缝。"抵巇"的"抵"既有修补之意,又有取代之意。"抵巇"的意思即天下、国家有"巇罅",能够修补则致力于修补;如果修补不了,则取而代之,重建天下。前者相当于社会改良,后者相当于社会革命。

那么,如何为天下"抵巇"补漏呢?《鬼谷子》认为,士人游说诸侯国君,不仅取决于说什么,而且取决于怎么说。说什么属于本体论。在这方面,《鬼谷子》主张用道家天道派生的儒家道德来整顿礼崩乐坏的社会乱象。同时,它又详细讨论了以"捭阖"为核心的游说方法。孔子创立了很好的儒家学说,他将其运用于鲁国的政治实践大获成功,但周游列国十四年推销他的政治主张,却屡屡碰壁。孟子、荀子的情况也好不了多少。"昔者孟轲好辩,孔道以明,辙环天下,卒老于行。荀卿守正,大论是弘,逃谗于楚,废死兰陵。"①由此可见,游说的方法技巧对于自己政治学说的被接受至关重要。有鉴于此,《鬼谷子》对游说方法、论辩技巧作了丰富、系统、独特的理论总结。由此可见,《鬼谷子》是一部以"仁义"之道和"捭阖"之术为天下"抵巇"补漏的论著。

从总体上说,《鬼谷子》谈论捭阖之"术"的部分比较多,重点在于被诸子忽略的言说技巧的探讨,所以呈现为一部方法论著。"捭阖"的本义是开口与闭口,与言与默、动与静、进与退、出与入等密切相关。成功的游说是谋士根据游说对象的反应对开与闭及言与默、动与静、进与退、出与入等游说技巧的灵活把握,所以《鬼谷子》又叫《捭阖策》。《鬼谷子》主张谋士游说时,凭借三寸之舌与过人机智上天入地、纵横驰骋、变化无常、出神入化。其弟子苏秦"合众弱以攻一强",佩戴六国相印,成为合纵派的代表;另一弟子张仪"事一强以攻众弱",是连横派的代表。因此,《鬼谷子》又被视为"纵横家"的代表著作。

2. 目的论:处乱世为天下"抵巇"补漏

《抵巇》属于《鬼谷子》的第四篇。该篇掩藏在《鬼谷子》第一部分关于"捭阖"之术的论析中,其独特的意义常被人们忽略。其实,它的命题方式与第一部分其他五篇的联合结构不同,属于动宾结构;它的意义也与第一部分的其他五篇不同,其他四篇讲游说方法,此篇则讲为什么从事游说的政治抱

---

① (唐)韩愈:《进学解》。

负,属于目的论。

何为"抵巇"?《抵巇》说:"巇者,罅也""隙"也。而这个"抵"字,《抵巇》解释并不明确。结合上下文,觉得可理解为抵挡、抗击、拯救。由此分解出二义,一为弥补、修补,二为取代,进而重建。《抵巇》说的是对社会漏洞的弥补、对政治危机的拯救。它道出了纵横家的崇高理想和历史使命,对理解第一部分其他五篇乃至全书的含义具有指导意义,值得人们给予特别关注。

大千世界,万事万物都是发展变化的,有合有分、有始有终。在走向分解、终结的过程中,出现象征衰败的巇隙是必然的。"自天地之合离、终始,必有巇隙。"巇隙起初很小,如同"秋毫之末",但发展下去,可以很大,直至撼动"太山之本"。自然界的现象是如此,人类社会的状况也是如此。当时社会存在的"巇罅"就是礼崩乐坏、道德沦丧,突出表现是诸侯征伐、君臣相欺、父子反目:"天下纷错,上无明主,公侯无道德,则小人谗贼,贤人不用,圣人鼠匿,贪利诈伪者作,君臣相惑,土崩瓦解而相伐射,父子离散,乖乱反目。"纵横家的使命就是为这个纷乱的社会"抵巇",即抵抗这些能够亡国、亡天下的"巇罅"。"圣人见萌芽巇罅,则抵之以法。"①这个"法"不是法家之法律,而是纵横家之法术,主要指第一部分其他五篇所论的游说方法。

如何为世所用呢?孔子早已说过:"天下有道则见,无道则隐。"②《易传》重申:"君子藏器于身,待时而动。"③《抵巇》也指出:当游说的条件不成熟时,纵横家应"深隐而待时",当隐士;当"时有可抵",才可以出来游说效力。什么是"可抵"之时呢?既有大的社会环境提出的历史需要,比如漏洞百出、裂缝弥漫、国将不国、大厦将倾的战国时代,急需有志之士出来挽救;也有小环境的契合,比如遇到志同道合的国君、君主的志趣与自己大体相合之时,就可以同谋共事。

当"时有可抵",出来游说国君时,应做好两手准备,从两方面"为之谋":"世可以治,则抵而塞之;不可治,则抵而得之"。"抵而塞之",指修补它、改良它;"抵而得之",指取代它、革它的命。这是关于"抵巇"的战略定位。历史上,和平禅让的"五帝之政"可视为"抵而塞之"的范例,夏商周三代以革命的方式改朝换代的"三王之事"可视为"抵而得之"的范例(按:夏启不是用革命手段登位的,《抵巇》是约说)。战国时期,"诸侯相抵"的事情"不可胜数"。这是纵横家出仕为诸侯国抵巇补漏、呈计效力的大好时机。"当此之

---

① 《鬼谷子·抵巇》。
② 《论语·泰伯》。
③ 《周易·系辞下》。

时,能抵为右(上也)"。纵横家既可以效仿五帝,帮助诸侯国君"抵而塞之",弥补"细微"的"巇隙",挽救"事之危",也可向三王学习,面对诸侯国不可补救的巨大漏洞,推翻天地,"抵而得之"①,重建新社会。

3. 本体论:从道家之道到儒家之德

唯利是图,朝秦暮楚,反复无常,是历史上对于纵横家的一种成见。纵横家中的某些人固然有这种毛病,但如果把它放大为整个纵横家学派的特点,则是莫大的误解。作为纵横家学说的经典著作,《鬼谷子》给我们提供了由道而儒的本体论追求。

《鬼谷子》儒道合一的本体论追求是分散在各篇当中论述的,不是见得很分明,需要我们动些心思去整合、去提炼、去领悟。

道家始祖老子的本体论有"道德"之说。"道"为无之体,"德"为有之用。《鬼谷子》的本体论有点与此相似。它以儒家有形可见、有章可循的仁义礼教规范为本体性的"德",以道家无形可见但却客观存在的本体性的"道"为天地之始、万物之源,从而形成了特殊的本体性的人生追求与政治操守。

先看它的道家本源论。《本经阴符七术·盛神法五龙》指出:"道者,天地之始,一其纪也。物之所造,天之所生。包容无形化气,先天地而成,莫见其形,莫知其名。"陶弘景注曰:"无,名天地之始,故曰道者天地之始也。……言天道混成,阴阳陶铸,万物以之造化,天地以之生成。"《盛神法五龙》又说:"生受之天,谓之真人;真人者,与天为一。"人为天道所化生,"养神之所",当"归诸道"。天道大爱无私,生养万物。真正的得道之人——圣王明君亦当如此施行仁义之德:"真人者,同天而合道,执一而养产万类,怀天心,施德养,无为以包志虑思意,而行威势者也。"《本经阴符七术·实意法腾蛇》指出"真人"的人生修养:"实意者,气之虑也。""实意必从心术始。""无为而求,安静五脏,和通六腑。精神魂魄固守不动,乃能内视反听,定志虑之太虚,待神往来,以观天地开辟,知万物所造化,见阴阳之终始,原人事之政理。"这就叫"不出户而知天下,不窥牖而见天道;不见而命,不行而至"。"内视反听"而后知"天道",这是道家倡导的认识、修养方法,儒家亚圣孟子吸收而创"万物皆备于我""尽性而后知天",与此是一个意思。

"道"生万物,拯救天下的"仁义"道德,自然也导源于它。《中经》篇指出:"圣人所贵道微妙者,诚以其可以转危为安、救亡使存矣。"《中经》特别强调"有守"。"守"即操守。保持什么样的操守呢?"守义者,谓守以人义。"

---

① 《鬼谷子·抵巇》。

"非贤者,不能守家以义,不能守国以道。"道义的操守本于儒家《诗》《书》:"有守之人,目不视非,耳不听邪,言必《诗》《书》,行不淫僻,以道为形,以义为容。"《内楗》篇要求士子"由夫道德仁义、礼乐忠信计谋","先取《诗》《书》,混说损益,议论去就","立功建德"。《意林》卷二引《鬼谷子》佚文云:"以德养民,犹草木之得时;以仁化人,犹天生草木以雨润泽之。"

《鬼谷子》要求士人向君主推销仁义礼乐学说,同时也希望君主是能够仁爱万民、克己自律、兼听纳善的圣王明君。《持枢》篇要求"人君"必须以尊重"春生、夏长、秋收、冬藏"的"天道"为治理天下的关键("枢"),与民之"生养成藏",亦"不可干而逆之"。"此天道,人君之大纲也。"《符言》则进一步对"人主"的作为提出了系统要求。人主所关切问询的,"一曰天之(荧惑之处安在),二曰地之(荧惑之处安在),三曰人之四方上下、左右前后荧惑之处安在"。人主之于君主之位,应以"安徐正静""虚心平意"态度谨慎待之,以防倾损失衡。人主贵因,要懂得依托合理的赏罚满足大臣要求,借以调动大臣效力的积极性、主动性;"君为五官之长。为善者,君与之赏;为非者,君与之罚。君因其所以求,因与之,则不劳。圣人用之,故能赏之。因之循理,故能长久。""用赏贵信,用刑贵正。"人主须有纳谏之德。"德之术曰:勿坚而拒之,许之则(臣)防守,拒之则(臣)闭塞。"人主应有兼听之明:"目贵明,耳贵聪,心贵智。以天下之目视者,则无不见;以天下之耳听者,则无不闻;以天下之心思虑者,则无不知;辐辏并进,则明不可塞。"其间提及"长目""飞耳""树明"要求,陶弘景释云:"用天下之目视,故曰长目;用天下之耳听,故曰飞耳;用天下之心虑,故曰树明。"人主听取意见要全面、了解情况要周全:"人主不可不周。人主不周,则群臣生乱,家于其无常也。内外不通,安知所闻?开闭不善,不见原也。"

综上所述,不难看出,《鬼谷子》拯救天下危乱的良方,是儒道合一的本体论。道家的天道既是儒家人道的源头,也是理想的君主清虚无为、内视反省、克己复礼的准则。而儒家人道乃是周公开辟、西周奉行的礼义道德的重续与发展,是战国中期治国安邦、恢复西周政治秩序的不二选择。

4. 方法论之一:以"捭阖"为核心的游说之术

《鬼谷子》第一部分六篇,除《抵巇》外,其余五篇分别由五对阴阳概念组成了一个游说的方法论系统,即"捭阖""内楗""忤合""反应""飞箝"。其中,以"捭阖"为核心。"捭阖"即言与默、动与静阴阳相生的游说技巧。何时开口言说、何时闭口无语,须根据与游说对象"忤"与"合"的关系来决定。关系相合就入而进言("内"),关系相忤就出而闭口("楗")。进言前要运用"反以知复"的"反应"方法探明对方心理实情,运用欲擒故纵的"飞箝"方法控制对方心理走向,从而决定自己如何一捭一阖、张弛有度地去说服对方接受自己的计谋和主张。在五对方法概念中,道家的阴阳相生是处理每对概念的基本原则。

(1) 论"捭阖":游说之术的关键

《捭阖》是《鬼谷子》的首篇,论述的中心问题是"捭阖"的技巧与智谋。"捭阖"是纵横家最为关键的抵巇之术。"捭"者,开也,张也,指张口进言,通"阳",属"动";"阖"者,合也、闭也,指闭口止言,通"阴",属"静"。"捭之者,开也、言也、阳也;阖之者,闭也、默也、阴也。"①成功的游说不是自说自话、说个不停。"智者不以言失人之言。"②聪明人不会一直滔滔不绝而不听他人言说,而应懂得沉默、无言、停顿,善于倾听对方、观察反应,该开则开,该合则合,该说则说,该默则默。正如孔子所言:"可与言而不与之言,失人;不可与言而与之言,失言。"③所以,贯穿"捭阖"始终、主宰"捭阖"的本体是"阴阳"之道:"阴阳其和,终始其义。""捭阖者,以变动阴阳。""捭阖之道,以阴阳试之。""阴阳相求,由捭阖也。此天地阴阳之道,而说人之法也。"④"捭阖"必须遵守阴阳相生之道,注意控制一开一合、一张一弛的节奏变化。

语言是心灵的门户。支配嘴巴开合的是心灵的思想感情。所以,心灵对于"捭阖"起着决定作用。"口者,心之门户也;心者,神之主也。志意、喜欲、思虑、智谋,此皆由门户出入,故关(把守)之以捭阖,制之以出入。"⑤"捭阖者……说之变也。"掌握这种开合出入的对立统一变化规律至关重要。小则关系到游说者的穷达安危,大则关系到天下、国家的兴衰存亡。所以说:"必豫审其变化,吉凶大命系焉。""观阴阳之开阖以名命物,知存亡之门户,筹策万类之终始。"⑥放眼而望,"捭阖者,天地之道",圣人必须遵守这个"天地之道"。由阴阳、刚柔这个"天地之道"主宰的游说的开合相间之道,就是纵横家自古及今奉行的一贯之道。"圣人(纵横家自称)之在天下也,自古及今,其道一也。变化无穷,各有所归:或阴或阳,或柔或刚,或开或闭,或弛或张。"

"捭阖"之道不仅要注意动静相生、言默相间,还有一些技巧值得注意。

---

① 《鬼谷子·捭阖》,许宏富《鬼谷子集校集注》前言,中华书局 2008 年版,下同。
② 《鬼谷子·本经阴符七术·损悦》。
③ 《论语·卫灵公》。
④ 均见《鬼谷子·捭阖》。
⑤ 《鬼谷子·捭阖》。
⑥ 均见《鬼谷子·捭阖》。按:观阴阳之开阖以名命物,《道藏》本《鬼谷子》无"名"字。

"欲捭之贵周","欲阖之贵密"。开口说话要考虑周全,闭口不言要密不透风。没有考虑好就匆匆进言,不该说的地方不小心漏风,这是纵横家的大忌。

　　"捭阖"必须坚持基本的法则,即对"同其情"的对象"开而示之",对"异其诚"的对象"阖而闭之"①。这个原则,《忤合》《内楗》及《摩篇》又有所论述。"物类相应。""听必合于情,故曰情合者听。"②"同其情"者,谓之"合","异其诚"者,谓之"忤"。"合"则进言,"忤"则闭口③。"事有不合""不见其类"者,就楗其口;"合于谋"者,就进其言④。

　　纵横家如何了解游说对象与自己是"同其情"还是"异其诚"呢？通过观颜察色,"审定有无与其实虚,随其嗜欲以见其志意",从而"实得其指"、掌握实情。了解了对方的真实想法后,游说者要懂得顺其所好,该说则说,避其所恶,该默则默。在"达人心之理,见变化之朕"的基础上,"守司其门户(嘴巴)",决定嘴巴怎么说,从而使游说立于不败之地。

　　在坚持这些基本原则之外,如何处理游说的开合变化,就靠因宜适变,根据对象的不同情况不主故常、灵活万变地加以处理。"夫贤不肖、智愚、勇怯有差,乃可捭,乃可阖;乃可进,乃可退",一切应"无为以牧之"。"牧"者,治也。"无为"者,不自以为是,根据情况自然因应也。这种因势利导、随机应变的思想,是道家思想的继承和发展,体现了对纵横家机智品质的要求。

　　要之,无论"捭"还是"阖",是开口进言还是闭口不说,只要遵循了上述原则,使用的方法恰当,都可能被君主亲近、重用。反之,如果无视对象的真实心理,当言时默默不语,不当言时夸夸其谈,那么无论说还是不说,都可能被对方疏远。"故捭者,或捭而出之,或捭而纳之;阖者,或阖而取之,或阖而去之。"

　　懂得了上述原则和技巧,能够恰当地使用捭阖之术,那么,小"可以说人,可以说家",大"可以说国,可以说天下",可以"为小无内,为大无外","无所不出,无所不入",最后达到"无所不可"的成功境界。

　　可见,"捭阖"中的阴阳之术,不仅体现在开闭、言默、动静、张弛、纵横的相反相成、对立统一方面,而且体现在纵横家与游说对象的去就、出入、背返、忤合关系等方面。"益损、去就、倍(背)反(返)皆以阴阳御其事。""捭阖者,以变动阴阳……纵横、反(返,入也)出、反覆、反忤必由此矣。"⑤由于"入出"出于"捭阖",所以有"内楗"概念及《内楗》篇;由于"反(反观)覆"出于"捭

---

① 以上均见《鬼谷子·捭阖》。
② 均见《鬼谷子·摩篇》。
③ 《鬼谷子·忤合》。
④ 《鬼谷子·内楗》。
⑤ 以上所引均见《鬼谷子·捭阖》。

阖",所以有《反应》篇;由于"反(返)忤"出于"捭阖",所以有《忤合》篇。

(2)论"内楗":开与阖、言与默、亲与疏、入与出

"内楗"是与"捭阖"相似、交叉的一对概念。"内者,进说辞也;楗者,楗所谋也。""内"通"纳",使之接纳,即开口进言,与"捭"相通。"楗"的本义是木闩,引申为堵塞、关闭,即闭口不言,与"阖"相通。

既然是差不多的意思,为什么"捭阖"之外另立"内楗"呢?因为"内楗"侧重于从纵横家与君主关系的亲疏、远近,态度之"反(入)出"方面讲"捭阖"。"君臣上下之事,有远而亲,近而疏;就之不用,去之反求;日进前而不御,遥闻声而相思。"《鬼谷子》把这种关系叫作"事皆有内楗"。"内"者,"入"也、"就"也、"亲"也;"楗"者,"出"也、"去"也、"疏"也。道不同不相为谋。"事有不合者,圣人不为谋也"。君臣之间所以"近而疏者",是因为"志不合也"。所言不合君主所好,结果只能自讨没趣、碰壁而回。"不见其类而为之者,见逆。不得其情而说之者,见非。"反之,如果"合于谋",可共"决事",君臣就能"远而亲",君主对于这样的谋士就会"遥闻声而相思"。

纵横家如何不被君主疏远、获得君主亲近,走近君主呢?关键在于摸清君主喜好,进言其所好,避言其所恶:"或结(进言、交结)以道德,或结以党友,或结以财货,或结以采色"。总之要准确揣度君主好恶,顺着他的喜好去进言:"欲说者务稳度,计事者务循顺"。如果发现彼此有什么不合拍的地方,就及时调整:"夫内有不合者……乃揣切时宜,从便所为,以求其变,以变求内者。"这样自己的进言就便于被君主采纳。

《内楗》主张纵横家在游说君主时顺其所好,并不意味着没有固定的操守、不讲自己的原则。相反,《内楗》要求游说者要根据"道德仁义、礼乐忠信"去"计谋",根据儒家的《诗》《书》和君主的需要"损益去就",综合"混说","欲合者用内,欲去者用外"。到底是将"道德仁义、礼乐忠信"、儒家《诗》《书》纳于使用之内,还是排除在使用之外,全靠"揣策来事,见疑决之"。由此可见,鬼谷子主张对于君主顺其所好、避其所恶地决定"捭阖",是在坚持仁义道德这个大的方向一致的前提下枝节问题上的互动处理。在大方向志同道合的前提下,游说者可以根据游说中出现的情况敏锐揣度君主之意,随机应变,当机立断;确保自己所献之策万无一失,从而大展宏图,建德立功。纵横家向君主进言游说的过程,是与君主交流互动、不断调整、取得共识、最终走近君主的过程:"言往者,先顺辞也;说来者,以变言也。"要充分考虑进言的可行性,将得失说清楚,努力将君主的意志往自己坚持的操守、追求的理想方面靠拢,最后接受自己的主张。"阴虑可否,明言得失,以御其志。"

要之,纵横家如果"得其(君主)情""用其(君主)意"而"制其术"(控制对

君主的游说之术),既坚持自己的价值追求,又注意尊重对方及时调整,把握好"捭阖"的阴阳节奏,就"可楗可开""可出可入";与君主的关系就能亲密无间,"出无间,入无朕","独往独来,莫之能止";就能掌握主动权:"欲入则入,欲出则出;欲亲则亲,欲疏则疏;欲就则就,欲去则去;欲求(被君主寻求)则求,欲思(被君主思念)则思"①,实现自己的政治宏图。

(3) 论"忤合":"合"则"捭""入","忤"则"阖""出"

与"内楗"(出入)相近的另一对概念是"忤合"。"忤"者,"背"也,逆也,相悖也,相当于"出";"合"者,"向"也,顺也,相契也,相当于"入"。"凡趋合倍反,计有适合。"这是指游说者与游说对象之间的关系,即君臣关系。纵横家与君主的关系有"忤"有"合"。纵横家立身于"天地之间",要想"御世施教,扬声明名","必因事物之会,观天时之宜",置于"忤合之地而化转之,然后求合"。在诸侯争霸、此消彼长的年代,君臣关系的"忤合"是相对的:"反于是,(则)忤于彼;忤于此,(则)反于彼。"纵横家的"计谋"不能"两忠","合于彼而离于此",则"必有反忤"。因此,"世无常贵,事无常师"。要破除一臣不事二主的传统教条,认清发展大势,择主而奉,择合而从,共图大业。历史上,伊尹、吕尚是"合于计谋"而"成于事"的典型例子。"伊尹五就汤,五就桀,而不能(为桀)所明,然后合于汤;吕尚三就文王,三入殷,而不能(被纣)有所明,然后合于文王"。伊尹不为桀看好而为商汤所器重,吕尚不被殷纣王看好而被周文王倚重。二臣择主而事、成就王业的成功事迹说明,明智的臣子不会愚蠢地在一棵树上吊死,"圣人无常与",所以"无不与"。"善背向者"深通"忤合之道","必自度材能知睿,量长短远近",择善主而栖。如果能够为志同道合的圣王明君所赏识,"用之于国"或"用之于天下",就可以共创"协四海,包诸侯"的王霸伟业;如果不能为天下、国家所用,也可以"用之于身",隐然世外,做好自己。一句话,懂得了"忤"与"合"的阴阳相生之道,乃"可以进,乃可以退,乃可以纵,乃可以横","大小进退,其用一也"②。

(4) 论"反应":"知彼"的方法技巧

纵横捭阖之术,取得成功的前提是"达人心之理"③,掌握游说对象的真实心理。"反应""飞箝"就是其中的两种重要方法。

《鬼谷子》所说的"反应"是一对联合结构的阴阳概念。"反"是反向、反观、反激、反求,"应"是回应、应验、重复、因袭,与"复"相通。所以"反应"即

---

① 以上所引均见《鬼谷子·内楗》。
② 以上所引均见《鬼谷子·忤合》。
③ 《鬼谷子·捭阖》。

"反复"。指反以求复、反向求知、以己知彼的认识方法,具体指通过欲擒故纵的反激方法套出对方实话,或通过将心比心、反求诸己的方法揣度对方实情。纵横捭阖必须建立在"反应"以"知彼"的前提之上,否则就会失去方向,无的放矢,劳而无功。"古善反听者,乃变鬼神以得其(对方)情。"

为什么能够反以求复、以己知彼呢？因为万物是同源同构的。《鬼谷子》继承老子的宇宙发生论,认为"道"是万物生成的本源。万物均由"道"所化生,所以同源。同时在阴阳五行的作用下五五对应,因而同构。于是,自然界、人类社会好多现象都是相通的。"事有反而得复者"①,比如过去与未来、古代与今天、别人与自己。依据过去,可以推知未来；依据古代,可以推知今天；依据他人,可以推知自己。事物会以一反一复的方式循环向前发展。对于未知的现象,可以通过对已知的同类现象的反观推知。这就叫"以反求复,观其所托"。所以,《鬼谷子》主张通过对过去、古代、他人的反观,获得对未来、今天、自己的认知,从而决定自己如何出入捭阖："反以观往,复以验来；反以知古,复以知今；反以知彼,复以知己。"通过"反之"从而"复之""重之""袭之",也就是通过"反向"求知的方法声东击西、欲擒故纵地掌握游说对象的心理,进而"得人实"。这是一种"反以知彼"的认识方法,其特点是"以反求复"："欲闻其声反默,欲张反敛,欲高反下,欲取反与。"

具体说来,这种方法要求以静制动,通过对方的语言敏锐把握对方的真实心理。"己欲平静,以听其辞。""人言者,动也；己默者,静也。因其言,听其辞。"

如果对方的表达没有达到了解其真实想法的目的,就运用反激(激将)的方法让他说得更多、暴露得更多："言有不合者,反而求之,其应必出"；"己反往,彼复来"。对方所言必然有所征象,所象之事必然可以类比,自己就能"见微知类",获得如何捭阖游说的有益启示。这就叫"言有象,事有比","象者象其事,比者比其辞也"。在这种不动声色、漫不经心的多次往返交流中,"钓(诱)语合事","以无形求有声",进而达到知人之情("得其情")的目的。

"反以知彼"的方法还包括以己度人、反己知彼。君主不会轻易暴露其喜好和用心。在向君主推销政治主张时候,还必须将心比心,懂得从自己的经验出发,设身处地加以揣摩,从而洞悉对方言谈背后的真实用心。"故知之始己,自知而后知人也。""己审先定以牧人。""己不先定,牧人不正。"由自己的经验推知别人心理,"其伺言也,若声之与响；见其形也,若光之与影也；其察言也,不失若磁石之取针,舌之取燔骨"。这种由自己经验推知对方心

---

① 《鬼谷子·反应》。

理的方法不露痕迹,化于无形,"策而无形容,莫见其门";但却行之有效:"其与人也微(无形),其见情(人之情)也疾"。

既通过反激对手来了解对手(反彼知彼),又通过反观自我来推知对手,你中有我,我中有你,"如阴与阳,如阳与阴"。总之,通过"反以知复"的"反应"手段,来准确掌握游说对象的真实心理活动,是有备而来、有的放矢的成功游说的必要条件①。

(5) 论"飞箝":"制彼"的方法技巧

"飞箝"也是一对阴阳概念,是侦探、控制对方心理及其变化的方法。"飞"者,誉也,钩也,抬举也;"箝"者,控也,引也,钳制也,通"钳"。"飞箝"的方法是说,向君主游说时要用抬举的方法钩出对方的意图和重心,套出对方的真话和喜好,再钳制住对方,使其被自己的意志牵着走。"审其意,知其所好恶,乃就说其所重,以飞钳之辞钩其所好,以钳求之。""立势而制事,必先察同异之计,别是非之语,见内外之辞,知有无之术,决安危之计,定亲疏之事,然后乃权量之。"发现"乃可征、乃可求、乃可用"的"隐括"、征兆,便"引钩钳之辞,飞而钳之"。对于"其不可善者",可"先征(引)之",而后"重累",不断抬高、美誉,伺机发现、抓住其破绽,最后控制它,或者"和之",或者"毁之"。要之,"飞箝"之术重点在"箝",即在用拔高对方、誉扬对方的方法使对方放松警惕、暴露真相后,为我所钳制、控引,"可钳而纵,可钳而横;可引而东,可引而西;可引而南,可引而北;可引而反,可引而覆"②,从而比较充分地贯彻自己的意图和计策。

5. 方法论之二:"揣摩""权谋""七术"对"捭阖"的补充

鬼谷子在第一部分的五篇论析了"捭阖"之术的五组方法概念后,鬼谷子的弟子又著五篇对此加以补充论述,其中前四篇更重要一些,它们丰富了鬼谷子所论的"捭阖"之术。

(1)《揣篇》与《摩篇》:论对对方个人及国家情况的揣摩

《鬼谷子》第二部分的《揣篇》《摩篇》,讲对人主及国家情况的揣摩。这是第一部分《反应》篇反以知彼、以己知人的知彼主张、《飞箝》篇暗中设套、控制对方的制彼主张的进一步补充。

"揣"者,揣彼之情也。这个"彼",主要指当时的诸侯国君。《揣篇》开宗明义:"古之善用天下者,必量天下之权,而揣诸侯之情。"对于善于为天下诸

---

① 以上均见《鬼谷子·反应》。
② 以上均见《鬼谷子·飞箝》。

侯所用的纵横家来说，正确地"揣诸侯之情"很重要。"说人主，则当审揣情。""揣情最难守司。""揣情不审（确），不知隐匿变化之动静"，就无法有效地展开捭阖游说。如何"揣诸侯之情"呢？《鬼谷子》告诉人们一个窍门：当人极度兴奋或极度恐惧时，就无法隐瞒真情，会不自觉地说出真话，所以要抓住这个时机去把握对方真情。《揣篇》指出："揣情者，必以其甚喜之时"或"甚惧之时"。人过度高兴时会"极其欲也"，过度恐惧时会"极其恶也"，而"不能隐其情"。所以这两种情况是了解对方真情的最宝贵的机会。"夫情变于内者，形见于外。"必须根据其外在所见，揣摩其内心所隐。"圣智之谋，非揣情，隐匿无所索之。"这就叫"测深揣情"。"此谋之本也，而说之法也。"①

"揣彼之情"的"彼"，既然是指诸侯国君，则所揣之情，不仅指国君个人的心理，而且包括国君所辖诸侯国的情况。对对方国家情况的考量权衡，称为"量权"。"计国事者，则当审量权。""量权不审，不知强弱轻重之称。""何谓量权？曰：度于大小，谋于众寡。"具体而言，包括所谋国家"货财有无"的情况，"人民多少、饶乏"的情况，"地形之险易"的情况，"君臣之亲疏，孰贤、孰不肖"的情况，"宾客之智慧孰少、孰多"的情况，"百姓之心"的"好憎""去就"情况，"天时之祸福""吉凶"情况、诸侯之间的外交情况，等等。

"摩"是"揣"的一个分支。《摩篇》指出："摩者，揣之术也。"揣摩的主要目标，是对方的"内符"，即对方内在情欲的外在表征。"内符者，揣之主也。""摩之在此，符应在彼，从而用之，事无不可。""摩"的对象是同类人。"摩之以其类。"如果"有不相应者"，则以其所欲激发之，使其上钩。"摩"之法，不是被动地等待对方情欲的外在表现，而是故意"以其所欲""测而探之"，促使其内心必有所外在的回应："内符必应""必有为之"。在对方毫不知晓的情况下左右对方，"成其事而无患"。可见，"摩"是暗中设套抓住对方实情之法，与"飞而钳之"有异曲同工之效，是对"飞箝"之术的发展。"古之善摩者，如操钩而临深渊，饵而投之，必得鱼焉。"暗中设套的"摩"术有很多："有以平，有以正，有以喜，有以怒，有以名，有以行，有以廉，有以信，有以利，有以卑。"由于"摩"是暗中的计谋，所以属于"阴谋"。但在暗中谋取对方内心征兆后设定计策成就大事，造福人民，却在明处。所以说："圣人谋之于阴，故曰神；成之于阳，故曰明。"这种以暗中"摩"法"成事积德"，使民众"安之而不知所以利"的纵横家，天下人比之"神明"②。

---

① 以上均见《鬼谷子·揣篇》。
② 以上均见《鬼谷子·摩篇》。

(2)《权篇》《谋篇》：因势利导、顺势而为的游说之术

《鬼谷子》第二部分的《权篇》《谋篇》两篇，论述互有交叉重复。它们进一步探讨、总结了纵横捭阖的游说之术。《鬼谷子》的第四部分中有一篇《本经阴符七术》，是对权谋的补充论述。

《鬼谷子》从人性角度提出："人之情，出言则欲听，举事则欲成。"纵横家必须以游说成功为坚定追求。成功的游说"繁言而不乱，翱翔而不迷，变异而不危"，其根本原因是"利道而动""睹要得理"①。那么，这个成功之"道"之"理"是什么呢？

要选择有着同类取向的游说对象。"无目者，不可示以五色；无耳者，不可告以五声。故不可以往者，无所开之也。""物有不通者，圣人故不事也。"对于不同类、不同道的对象，一定要关闭自己的嘴巴。"口者，机关也，所以关闭情意也。"②

要善于观颜察色，揣摩掌握对方实际情况，准确判断对方真实面目，及时调整游说方略。"耳目者，心之佐助也，所以窥见奸邪。"③"为人凡谋有道，必得其所因，以求其情。""夫度材、量能、揣情者，亦事之司南也。"④要懂得根据与对象关系的亲疏决定言说的深浅。"其身内，其言外者疏；其身外，其言深者危。"⑤

因势利导、顺势而为，是最为重要的游说之道。它们有如下一些具体技巧。

取对象之所长，避对象之所短。"谈者知用其所用也。"真正聪明的游说者（"智者"）在进行游说时，"不用其所短，而用愚人之所长；不用其所拙，而用愚人之所工"。要依据其所长讲其利，避其所短而言其害。"言其有利者，从其所长也；言其有害者，避其所短也。"⑥"人之有好也，学而顺之；人之有恶也，避而讳之。故阴道而阳取之也。"⑦

根据对象的特性进行有针对性的设计，因应变化，出奇制胜。"听贵聪，智贵明，辞贵奇。"⑧"愚者易蔽也，不肖者易惧也，贪者易诱也，是因事而裁之。""因其疑以变之，因其见以然之，因其说以要之，因其势以成之，因其恶

---

① 《鬼谷子·权篇》。
② 《鬼谷子·权篇》。
③ 《鬼谷子·权篇》。
④ 《鬼谷子·谋篇》。
⑤ 《鬼谷子·谋篇》。
⑥ 以上均见《鬼谷子·权篇》。
⑦ 《鬼谷子·谋篇》。
⑧ 《鬼谷子·权篇》。

以权之,因其患以斥之。""说人主者,必与之言奇;说人臣者,必与之言私。"①"与智者言,依于博;与拙者言,依于辩;与辩者言,依于要;与贵者言,依于势;与富者言,依于高;与贫者言,依于利;与贱者言,依于谦;与勇者言,依于敢;与过者言,依于锐。""故言多类,事多变。故终日言,不失其类,故事不乱。终日变,而不失其主,故智贵不妄。"②"摩而恐之,高而动之,微而证之,符而应之,拥而塞之,乱而惑之,是谓计谋。"③

与顺势而为相应的是,切忌逆向而动:"无以人之所不欲,而强之于人;无以人之所不知,而教之于人。""夫仁人轻货,不可诱以利,可使出费;勇士轻难,不可惧以患,可使据危;智者达于数,明于理,不可欺以诚,可示以道理。"④

由于顺势而为、因势利导是在对游说对象特性不知不觉的扬长避短中加以因应、利用的,与不动声色、暗中成事的"阴"相连,是一种"阴"道。"故圣人之道阴,愚人之道阳"。"天地之化,在高与深;圣人之道,在隐与匿。道理达于此义者,则可与语。"⑤

显然,这是一种化繁为简、化难为易、己无为而事无不为的睿智之举,体现了纵横家的杰出智慧。"智用于众人之所不能知,而能用于众人之所不能见。""智者事易,而不智者事难。"所以,《鬼谷子》提出"无为而贵智"的口号。"贵智"者,"无为"也;"无为"者,因应自然、因人成己也。

(3) "阴符七术":关于阴谋的七篇专论

《鬼谷子》第四部分的《本经阴符七术》,讲权谋筹划时为阴、实现时为阳的特点。这大概是"阴谋"联言的最早出处和依据,所以又叫"阴符"。陶弘景释云:"阴符者,私志于内,物应于外,若合符契,故曰阴符。"具体分七篇论析。《盛神》云:"道者,神明之源。""养神之所归诸道。"《养志》云:"欲多"则"志衰","志衰则思不达"。陶弘景释曰:"此明寡欲者,能养其志。"《实意》云:"计谋者,存亡之枢机。""虑深远则计谋成。""计谋之虑,务在实意。""实意必从心术始。"心灵只有"安静""无为",才能"内视反听","知万物所造化","原人事之政理"。《分威》讲将自己的精神之威分与他人、笼罩他人的方法:"静意固志,神归其舍,则威覆盛矣。"《散势》讲分散他人之势,使对方"精神不专"、心分意散,从而"揣说图事"。《转圆》讲捭阖者以"不测之智"求

---

① 均见《鬼谷子·谋篇》。
② 《鬼谷子·权篇》。
③ 《鬼谷子·谋篇》。
④ 均见《鬼谷子·谋篇》。
⑤ 均见《鬼谷子·谋篇》。

"无穷之计"的机智,即以变化万千的"智略计谋"应对千变万化的各种情况,体现了《鬼谷子》对纵横家"智慧"的重视。这与整个周代思想界重人贵智的特点是一致的。《损兑》提出的"损兑"概念极为费解。陶弘景将"兑"解为"目"也,"心眼",将"损兑"解为减损他虑以心眼洞察。许宏富则将"兑"解为"直",将"损兑"解为行事注重计谋变化,反对直来直去①。全文侧重讲因应自然、见机而动、不自以为是之意。

综上所述,不难看出:作为纵横家思想的源头和代表,《鬼谷子》不仅阐述了"抵巇"补天的远大理想,儒道合一、仁义为本的救国方略,而且着重分析了根据对对方心理的揣摩动静相生的"捭阖"游说之术,是一部集目的论、本体论和方法论于一体的纵横家理论著作。以"仁义"之道和"捭阖"之术为天下补漏,就是本书对《鬼谷子》思想真谛的完整把握。

---

① 许宏富:《鬼谷子集校集注》,中华书局 2008 年版,第 232 页。

第十六章　周代"天人关系"思想综论：从"以人法天"到"以人定天"

天人关系是周代思想界最重要的关系。周人所谓的"天"，既指昊天上帝，即至上神，也指天地自然。周代的天人关系思想，既包括神人关系思想，也包括人与自然关系的思想①。

一、神灵概念在周代的存在形态及其祭祀方式

殷人"尊神""先鬼"，周代"近人""尊礼"，甚至出现了"无神"论。《墨子》就记载了春秋时期大量"无鬼"论者对鬼神的否定："鬼神者，固无有。"天下有谁亲眼见过"鬼神之物"、亲耳听过"鬼神之声"呢？② 荀子也是自然神的否定论者。不过就普遍情况来看，神灵在周人的心目中是存在的。老子否定至上神的概念，但并不否定神灵的存在，"神""鬼"概念在《老子》中出现过。孔子虽然"敬鬼神而远之"，但从未否定"鬼神"的存在，而是尊敬有加。《左传》中记载的以鬼神为话题的地方就达 64 处之多。在有些记载中，神灵甚至煞有介事、栩栩如生地存在。如《左传》记载："秋七月，有神降于莘""神居莘六月"③。墨子认为，神鬼能够显灵，"为善者赏之，为不善者罚之"④，所以称"神明"，这就是神鬼存在的雄辩证明。《墨子·明鬼》举了史书上记载的许多例子说明，神鬼通过奖善罚恶显示、证明它的存在："以若书之说观之，则鬼神之有，岂可疑哉！"任何怀疑鬼神存在的观点不仅是有害的，而且是荒谬的。"今若使天下之人，偕若信鬼神之能赏贤而罚暴也，则夫天下岂乱哉！"

周人的神灵概念表现为"天神""地神""人神"。它们有不同的专门称谓。一

---

① 本章以《周代"以人为本"的天人之辩》为题，发表于《东南学术》2022 年第 1 期。
② 《墨子·明鬼下》。
③ 《左传·鲁庄公三十二年》。
④ 《墨子·公孟》。

种说法是:"天神曰灵,地神曰祇,人神曰鬼。"①另一种说法是:天神曰"神"、地神曰"示"、人神曰"鬼"。《周礼·春官·大宗伯》说:"大宗伯之职,掌建邦之天神、人鬼、地示之礼,以佐王建保邦国。"天神包括日神、月神、星神、云神、风神。东方青龙、北方玄武、西方白虎、南方朱雀属于四方星宿之神,屈原《九歌》中的"东君"(日神)"东皇太一""云中君"等等,都属于天神。天神中的"帝""上帝"或"天""昊天"不仅在天神中地位最高,而且是在诸神中占主宰地位的至上神。

地示或地祇,包括土神和谷神,常称"社稷";"五岳"之神,指东岳岱宗、南岳衡山、西岳华山、北岳恒山、中岳嵩山的山神;"五官之神",即春神句芒、夏神祝融、中央神后土、秋神蓐收、冬神玄冥;以及"百物"之神。《九歌》中的"山鬼""河伯""湘君"(湘水之神)就属于地祇。

人死后的神灵,叫"鬼"。为什么叫作"鬼"呢?因为人来到世界,不过是短暂的寄存,死亡是对生命来处的回归,所以死人叫"归人",死后的神灵叫"鬼"。"人生也,亦少矣;而岁往之,亦速矣。""人生于天地之间,寄也。寄者,固归也。""鬼者,归也,故古者谓死人为'归人'。"②"大凡生于天地之间者,皆曰命。其万物死,皆曰折;人死曰鬼。"③"众生必死,死必归土,此之谓鬼。"④《九歌》中的"湘夫人"及"大司命"(掌管人的寿夭之神)"少司命"(主管人间子嗣的神)属于人鬼的代表。

既然神灵是客观存在的,能够奖善惩恶、降福垂祸,那么必须对神灵恭敬地加以祭祀,祈福禳灾。东周惠王时期内史过指出:"古者,先王既有天下,又崇立上帝、明神而敬事之。"⑤祭祀鬼神,是周代古已有之的祖制。周代从天子诸侯,到卿大夫、士庶人,对天地山川、日月星辰、宗庙祖先"群神"的祭祀都非常虔诚。周代有吉、凶、宾、军、嘉五礼,其中吉礼是祭祀鬼神、祈求吉祥的神圣仪式。《周礼·春官·大宗伯》说:"以吉礼事邦国之(人)鬼、(天)神、(地)示。"并要求在进献"百物之产"时配以乐舞:"以礼乐合天地之化,百物之产,以事鬼神。"

具体说来,对神灵的祭礼又有不同称谓。祭祀天神叫"祀",祭祀地示叫"祭",祭祀人鬼叫"享"。它们之下,又有不同的专名。

祭天仪式往往在郊区进行,所以称"郊祀"。《礼记·郊特牲》称之为"郊之祭……大报天而主日也"。祭天神的仪式是"燔柴"。"燔柴于泰坛,

---

① 《尸子》卷下。
② 《尸子》卷下。
③ 《礼记·祭法》。
④ 《礼记·祭义》。
⑤ 《内史过论晋惠公必无后》,《国语·周语上》。

祭天也。"①"天神在上,非燔柴不足以达之。"②祭天神的方式有"禋(yīn)祀""槱(yǒu)祀""实柴"。"槱祀""实柴"指以祭品牲体置于柴堆上焚烧、以光焰和烟气上达天神的普通的祭天仪式。"禋祀"以祭祀至上神昊天上帝为主,是最为隆重的祭天仪式,在投放牲体焚烧之外,还须加玉帛于柴中焚烧。

祭地仪式以祭祀土地神为主,故称"社祭"。《礼记·郊特牲》称之为"社祭土而主阴气也"。祭地神的仪式是"瘗(yì)埋"。"瘗埋于泰折(shé),祭地也。"③"地示在下,非瘗埋不足以达之。"④对地神的祭祀方式主要有"血祭""埋沉"。"血祭"即用牲血祭祀。"埋沉"指将牲体、玉帛埋在山里、沉于河中。

人鬼多指祖先神。对祖先神的祭享一般在宗庙进行。"祭之宗庙,以鬼飨之。"⑤祭享方式有"肆""献""祼""馈食",指进献剔解过的牲体、血腥、香酒、饭食,供其享用。一年四季以牲体、牲血、酒醴、饭食祭祀先王之灵,使之受享,叫"祠""禴"(yuè)"尝""烝"⑥,或者叫"礿"(yuè)"禘""尝""烝":"凡祭有四时:春祭曰礿,夏祭曰禘,秋祭曰尝,冬祭曰烝。礿、禘,阳义也;尝、烝,阴义也。禘者阳之盛也,尝者阴之盛也。故曰:莫重于禘、尝。"⑦

《国语·鲁语上》说:"凡禘、郊、祖、宗、报,此五者国之典祀也。"⑧禘祭、郊祭、祖祭、宗祭、报祭是国家重要的祭祖典礼。其中,"祖祭""宗祭"是祭祀祖先的不同称谓。"报祭"亦然,但有报答祖先恩德的意思,亦称"告祭",又写作答谢神灵的"祮"。祭祀的祖先如果是始祖,这种祭祖礼古代有一个特别的称谓,叫"禘"。它在祭祖礼中最为重要,表示不忘所自。"天下之礼,致反始也,致鬼神也……致反始,以厚其本也;致鬼神,以尊上也。"⑨"郊"祭是周代最为隆重的祭典,"牲用骍,尚赤也;用犊,贵诚也"⑩。本来,"郊所以明天道也",与此同时,这种祭天典礼"受命于祖庙,作龟于祢(mí,亡父)宫",在祖庙、祢宫中进行,表达"尊祖亲考之义",所以又有祭祖功能。所以"郊"祭实际上是祭天与祭祖的统一。它将始祖当做天神、上帝一样祭拜,用祭天的盛大典礼来祭祖,是对祖先的最高祭礼。"万物本乎天,人本乎祖,此所以配

---

① 《礼记·祭法》。
② 《礼记·郊特牲》。
③ 《礼记·祭法》。
④ 《礼记·郊特牲》。
⑤ 《礼记·问丧》。
⑥ 《周礼·春官·大宗伯》。
⑦ 《礼记·祭统》。
⑧ 《展禽论祭爰居非政之宜》,《国语·鲁语上》。
⑨ 《礼记·祭义》。
⑩ 《礼记·郊特牲》。

上帝也。郊之祭也，大报本反始也。"①禘祭、郊祭、祖祭、宗祭，是古已有之的传统。"有虞氏禘黄帝而郊喾，祖颛顼而宗尧。夏后氏亦禘黄帝而郊鲧，祖颛顼而宗禹。殷人禘喾而郊冥，祖契而宗汤。"②一说，"有虞氏禘黄帝而祖颛顼，郊尧而宗舜；夏后氏禘黄帝而祖颛顼，郊鲧而宗禹；商人禘舜而祖契，郊冥而宗汤。"③周代继承了这些祭祖传统："周人禘喾而郊稷，祖文王而宗武王。"④

在各种祭品中，玉是最高级的。周人按照天苍地黄及四方之神的颜色，要求进献不同色彩、质地、形状的玉器作为祭品。具体要求是：用苍璧进献天神，用黄琮进献地神，用青圭进献东方之神青龙，用赤璋进献南方之神朱雀，用白琥进献西方之神白虎，用玄璜进献北方之神玄武。为了表示对神灵的虔诚，重大的祭祀活动日期要求提前三天占卜确定，做好充分的准备活动⑤。

按《周礼》的记载，周代祭祀神灵活动的主祭是"大宗伯"，辅祭是"小宗伯"，此外还有"大卜""卜师""龟人""菙氏""占人""筮人""占梦""视祲"及"大祝""小祝""丧祝""甸祝""诅祝""司巫""男巫""女巫"等十六种神职人员。他们各有分工，密切合作，从事沟通人神的工作。这是专业性很强的职业，不是什么人都能做的。由于他们能够理解神意，代神立言，所以成为神的化身。

在周代盛行的神灵祭祀中，本来神职人员与普通民众、天上的神灵与地上生活的人类是各司其职、不相混淆的。但是到了西周末年，出现了幽王之乱，平王东迁后，出现了"民、神杂糅""莫之能御"的乱象⑥，导致神怨民怒，祸乱频发。对此，春秋末期楚大夫观射父主张重回颛顼时期的重、黎之道，"绝地天通"，严神民之别，强化神职人员的专业性，恢复"神"的权威和神职人员的神圣性。

在观射父看来，世界万物，可分为"天""地""民""神"四类。"神"高高在上，与"天"一体，可视为一组。"民"生活于大地，与"地"密切相连，可视为一组。宗伯、巫觋、太祝作为"神"的代言人，观射父视为"神"的化身。观射父由古论今。他追溯历史，指出古往今来"天"与"地"、"民"与"神"的关系演变经历了三阶段。第一阶段是上古到少皞之前，这时"民神不杂"，"天""地"不通，"民神异业"，各司其职。"民"不能"登天"，只有宗伯、巫觋、太祝才可以"登天"。因而，"神"降福于民，"民""忠信"于神，天人和谐，天下安宁⑦。第

---

① 以上引文均见《礼记·郊特牲》。
② 《礼记·祭法》。
③ 《展禽论祭爰居非政之宜》，《国语·鲁语上》。
④ 《礼记·祭法》。另见《展禽论祭爰居非政之宜》，《国语·鲁语上》。
⑤ 参徐正英、常佩雨译注：《周礼》上册，中华书局2014年版，第412—414页。
⑥ 《观射父论绝地天通》，《国语·楚语下》。
⑦ 《观射父论绝地天通》，《国语·楚语下》。

二个阶段是少皞末世,出现了九黎叛乱,"民神异业"的界限被打破,巫觋的神圣感销蚀殆尽,什么人都可以充当神职人员。于是从"民神杂糅"发展到"民神同位"、天地相通,"神"不再降"明德"于"民","民"也失去了对"神"的敬畏,天人失调,灾祸横生。第三个阶段是颛顼宗教改革之后至夏商周这段时期。整体特点是"民神分离""绝地天通"。颛顼继少皞君临天下后,针对当时宗教界的混乱状况进行重大改革。他命"重"负责天、神事务,命"黎"主管地、民事务,"使复旧常,无相侵渎",重回上古"民神不杂""绝地天通"①的状况。这个宗教改革获得了初步的成功。颛顼死后,他的这个改革成果遭到三苗部落的反扑,他们要回到九黎部落"民神杂糅"的老路上去。但尧帝有力阻击了这种复辟举动。尧注重提携、培养"重"的后代"羲"和"黎"的后代"和",让"羲"负责天官事务,"和"掌地官事务。自此,天官与地官分离、民众与神职人员分离、"天""神"及神职人员的神圣地位重新得到确立,这种状况一直延续到夏、商及西周。当东周以来"遭世之乱","民神同位"的情况又出现时,观射父主张以"重""黎"之道"绝地天通",回到西周"民神不杂"的合理状态中去。

由此可见,由于传统神本观念的影响、原始思维方式的残留,以及奖善惩恶、维护天下安宁的现实需要,周代普遍存在着万物有灵的思想。这些神灵通过赏善罚恶、降福襄灾显示着自身的存在,呈现为天神、地祇、人鬼三类。周人对鬼神的作用一般置信不疑,分别以燔柴、沉埋、报享的方式祭拜天神(天灵)、地祇(地示)、人鬼,希望得到神灵的福佑。其中,以祭天与祭祖合一的"郊祭"(或称"郊祀")和祭拜始祖的"禘祭"最被重视。神灵虽然通过"为善者福之,为暴者祸之"②与人类发生着因果感应,但沟通民神、天人的联系必须靠专业的神职人员。如果天人不分、民神混杂,就会导致对神灵失去敬畏,对自身的行为失去约束,最后天下大乱。

二、"天人同构""以人法天"与"神道设教""以天统君"

当周人承认奖善罚恶的神灵存在的时候,神灵是有意志的,能够感应、明辨人间的是非善恶。周人上自朝廷下至百姓,虔诚地举行各种祭神活动,

---

① 《观射父论绝地天通》,《国语·楚语下》。
② 《墨子·公孟》。

周代从事人神沟通的神职队伍不断壮大,分工日益细化,都说明了天人感应、神人互通的存在。发展到东周时期,周人在道家"道生万物"的宇宙发生论和阴阳五行学说的宇宙结构论的全新视野下,揭示了天人关系的同源本质、类比结构,提出了"以人法天""天人合一"的原则。与此同时,儒家提出了"神道设教"的"天谴"学说,希望通过有神论"以天统君",约束君主的行为,保证德治的推行。

天人感应、神人相通,这是自上古有神论诞生以来人们的基本认识。西周人也这么看。那么,天人何以互感,神人何以相通呢?这个问题,到东周以后才逐步形成明确的答案。春秋后期,老子提出"道生一,一生二、二生三、三生万物"的宇宙生成模式。这个"三"之"三才",即天、地、人。而神灵不外是天神、地祇、人鬼三类,依附于天地人,也是"道"所生。于是,天地人神,本质上是同源的,它们之间,也是同质的、一体的。"天地万物,一人之身也。此之谓大同。"①这样,"人"与"天""地"以及天神、地祇也就可以相通、互应了。

春秋战国时期,伴随着阴阳五行学说的兴起,形成了五五对应、重叠的宇宙结构论。《吕氏春秋》将这种宇宙结构论与道家的宇宙发生论综合在一起,将天下万物编织成一个庞大而整饬的同源同构系统。在这个系统中,太一生两仪,两仪生阴阳,天有四时,地有五行,四时加上一个长夏与五行相配,于是诞生了五五对应、连绵重叠、趋于无尽的宇宙万物。五方、五帝、五神、五祀、五虫、五脏、五音、五味、五臭、五色、五谷、五畜等等,五五重叠,一一对应②。在这种框架、系统中,"人之与天、地也同。万物之形虽异,其情一体也。"③

从类比推知因果,是周人思维方式的一个特点。万物同源,而且结构相同,属于同类事物,"类固相召"④,它们之间就可以相互应和、发生共鸣。"气同则合,声比则应。"⑤"同声相应,同气相求。"⑥"鼓宫而宫动,鼓角而角动。"⑦"水流湿,火就燥,云从龙,风从虎。"⑧"本乎天者亲上,本乎地者亲下,则各从其类也。"⑨"山"与"草莽"为伍,"水"与"鱼鳞"相聚,"旱"与"烟火"相

---

① 《吕氏春秋·有始览·有始》。
② 《吕氏春秋·季春纪》。
③ 《吕氏春秋·仲春纪·情欲》。
④ 《吕氏春秋·八览·应同》。按:同样的内容另见《八览·召类》。
⑤ 《吕氏春秋·八览·应同》。
⑥ 《周易·乾卦·文言》载孔子语。
⑦ 《吕氏春秋·八览·应同》。
⑧ 《周易·乾卦·文言》载孔子语。
⑨ 《周易·乾卦·文言》载孔子语。

伴,"雨"与"水波"共生。万物"无不皆类其所生以示人"①。"开春始雷,则蛰虫动矣;时雨降,则草木育矣;饮食居处适,则九窍百节千脉皆通利矣。"②这些都是物以类相应的例子。《吕氏春秋》称之为"类召""应同",并以此为题,开设两个专篇加以论述。面对"天斟万物",《吕氏春秋》主张"圣人览焉,以观其类"③,洞悉其中的"得失利害"关系④,以合适的行为求得天地、神灵的善类反应,而不是相反。

既然天人类同是天人感应的原因,天人感应是天人类同的结果,而天是奖善罚恶、明辨是非、主持正义的,所以处理天人关系,获得神灵庇佑必须恪守的原则就是尊天敬神、"以人法天",达到"天人合一"。要做有道德的善事,因为天神喜欢这类行为;决不能做无道德的恶事,因为天神会惩罚这类行为。

周人称至上神往往叫"天",所以"天人感应"的首要含义指"神人感应","天人合一"指人与神意保持一致。自古以来,"神"往往是明辨是非善恶、主持公道的正义的化身。周代以德治国,往往借助"神意""天意"来约束统治者,保证他们不为所欲为,不做缺德的坏事。《周书·泰誓》指出:"天"(天帝)与"人"同类相感,"天"能干预人事。天子不仁不义,违背天意,"天"就会出现灾异给予谴责;如果顺应天意,实行德治,"天"就会降下祥瑞给予鼓励。《诗经·小明》告诫说:"嗟尔君子,无恒安处。靖共尔位,正直是与。神之听之,介(助)尔景(大)福。"管子治国,崇尚"天道"⑤。这个"天道"与"人道"是统一的。"人与天调,然后天地之美生。"⑥"信明圣者,皆受天赏……悟而忘也者,皆受天祸。""其功顺天者天助之,其功逆天者天违之。"⑦晏子辅佐齐景公,多次借彗星、火星之象的出现告诫景公要及时检讨自己的失德行为,以此祈福消灾。"此天教也。……彗星之出,天为民之乱见之,故诏之妖祥,以戒不敬。""嗜酒而并于乐,政不饰而宽于小人,近谗好优,恶文而疏圣贤人,何暇在彗,茀又将见矣!"⑧"君居处无节,衣服无度,不听正谏,兴事无已,赋敛无厌,使民如将不胜,万民惋怨。茀星(彗星的一种)又将见梦,奚独彗星乎!"⑨景公之时,火星出现于齐野这个地方"期年不去"。晏子谏告景公:"为

---

① 《吕氏春秋·八览·应同》。
② 《吕氏春秋·六论·开春》。
③ 《吕氏春秋·八览·有始》。
④ 《吕氏春秋·六论·开春》。
⑤ 《管子·枢言》。
⑥ 《管子·五行》。
⑦ 均见《管子·形势》。
⑧ 均见《晏子春秋·内篇谏上》之十八。
⑨ 《晏子春秋·外篇第七》之三。

善不用，出政不行，贤人使远，谗人反昌，百姓疾怨"，所以"荧惑（火星）回逆，孽星在旁"①。孔子编《春秋》，重视对各种自然灾异的记载，用意在于君主从天象灾异中体会到神灵的谴告，反省改过。"孔子《春秋》所书日食、星变，岂无意乎？""当时儒者以为人主至尊，无所畏惮，借天象以示儆，庶使其君有失德者犹知恐惧修省。此《春秋》以元统天、以天统君之义。"②《周易·观卦·象辞》云："观天之神道，而四时不忒。圣人以神道设教，而天下服矣。"这"神道设教"，亦有"以天统君"之用意。

当然，周人所说的"天"不仅指"上帝""天神"，也指"天地自然"。所以，"天人合一"也有"以人法天"，效法天地之理、遵循自然规律，从而造福人类的含义。这可以说是遍布于周代各种著作中的思想主张。如《易传》说："天地变化，圣人效之"③。"有天地，然后有万物；有万物，然后有男女；有男女，然后有夫妇，有夫妇，然后有父子；有父子，然后有君臣；有君臣，然后有上下；有上下，然后礼义有所错。"④其中，以《周礼》《管子》《吕氏春秋》最为突出。

《周礼》以天官、地官、春官、夏官、秋官、冬官等六篇为全书框架。天、地、春、夏、秋、冬即古人所说的宇宙时空框架。人间六官的设置乃是宇宙结构框架的仿效，因而符合天理，具有万世不易的权威性。《周礼》六官，每官下设六十官职。六官职官的总数为三百六十，这正是周天的度数。在"天官"系统中，"大宰"是天官之长、六官之首，既"掌建邦之六典"，作为天、地、春、夏、秋、冬六个系统官吏的典则，又掌理王国的"八法""八则""八柄""八统"（五八）和"九职""九赋""九式""九贡""九两"（五九）等等，权力最大，体现了"天"的无上地位。《周礼》原名《周官》，一种解读是"周天之官"之意，即认为《周官》之名暗含了全书"以人法天"的设计和对"天"的崇拜。《周礼》还将阴阳、五行概念运用到政治机制的层面。政令分"阳令""阴令"⑤，礼仪有"阳礼""阴礼"⑥，德行分"阴德""阳德"，祭祀有"阳祀""阴祀"⑦。南为阳，故天子南面听朝；北为阴，故王后北面治市。左为阳，是人道所向，故祖庙在左；右为阴，是地道所尊，故社稷在右。正如钱穆《〈周官〉著作时代考》指出：《周礼》"把整个宇宙、全部人生，都阴阳配偶化了"。在五行系统中，牛为土

---

① 《晏子春秋·内篇谏上》之二十一。
② 皮锡瑞：《经学历史》卷四，朝华出版社2019年版影印本，第45页。
③ 《周易·系辞上》。
④ 《周易·序卦》。
⑤ 《周礼·天官·内小臣》。
⑥ 《周礼·天官·内宰》。
⑦ 《周礼·地官·牧人》。

畜,鸡为木畜,羊为火畜、犬为金畜、豕为水畜。在《周礼》记载的国家重大祭祀中,地官奉牛牲、春官奉鸡牲、夏官奉羊牲、秋官奉犬牲、冬官奉豕牲。地官有"牛人"一职,春官有"鸡人"一职,夏官有"羊人"一职,秋官有"犬人"一职,冬官有"豕人"一职。五官所设五职、所奉五牲,与五行思想中五畜、五方完全对应。如此等等,不一而足。

《管子》主张"尊天"、以人法天,尊重自然规律安排人事。这个"天",包括阴阳、天地、四时、五行。其中重要的是"二五"——阴阳、五行。因为天地是由阴阳派生的,四时属天时,是阴阳的衍生物。"'天'策'阳'也,'壤'策'阴'也,此谓'事名二'。"①"阳"生"天","阴"生"地",取法阴阳,体现为"法天地之位"②:"通乎阳气,所以事天也","通乎阴气,所以事地也"③。天尊地卑,故有君臣之礼。"天有常象,地有常形,人有常礼。……君失其道,无以有其国;臣失其事,无以有其位。然则上之畜下不妄,而下之事上不虚矣。"④"天……无私覆也;……地……无私载也"⑤,圣人法之,若天地然,"亦行其所行而百姓被其利"⑥。"天地之位,有前有后,有左有右,圣人法之,以建经纪。"⑦"日掌阳,月掌阴",圣人法之,故"阳为德,阴为刑";"日食,则失德之国恶之;月食,则失刑之国恶之"⑧。天有四时,圣人法之,"象四时之行,以治天下"⑨。"四时之行,有寒有暑,圣人法之,故有文有武。"⑩春主耕,夏主芸,秋主获,冬主藏,圣人法之,"德始于春,长于夏;刑始于秋,流于冬。"⑪"趣耕而不耕,民以不令,不耕之害也;宜芸而不芸,百草皆存,民以仅存,不芸之害也;宜获而不获,风雨将作,五谷以削,士民零落,不获之害也;宜藏而不藏,雾气阳阳,宜死者生,宜蛰者鸣,不藏之害也。"⑫天有四时,地有五行。"权也,衡也,规也,矩也,准也,此谓'正名五'。其在色者,青黄白黑赤也;其在声者,宫商羽徵角也;其在味者,酸辛咸苦甘也。"⑬天地相生,故"春夏秋冬将

---

① 《管子·揆度》。
② 《管子·版法解》。
③ 均见《管子·五行》。
④ 《管子·君臣上》。
⑤ 《管子·心术下》。
⑥ 均见《管子·白心》。
⑦ 《管子·版法解》。
⑧ 《管子·四时》。
⑨ 《管子·版法解》。
⑩ 《管子·版法解》。
⑪ 均见《管子·四时》。
⑫ 《管子·牧民》。
⑬ 《管子·揆度》。

何行"必须融入五行要求。以春为例:"东方曰星,其时曰春,其气曰风,风生木与骨。其德喜嬴,而发出节时。其事:号令修除神位,谨祷弊梗,宗正阳,治堤防,耕芸树艺,正津梁,修沟渎,甃屋行水,解怨赦罪,通四方。然则柔风甘雨乃至,百姓乃寿,百虫乃蕃,此谓星德。……是故春三月以甲乙之日发五政。一政曰论幼孤,舍有罪;二政曰赋爵列,授禄位;三政曰冻解修沟渎,复亡人(土地解冻就修筑沟渠,深埋死者);四政曰端险阻,修封疆,正千伯;五政曰无杀麑夭(幼鹿),毋蹇华绝芋(掐摘花萼)。五政苟时,春雨乃来。"管子所说的以人法天,不仅要尊重天时地宜,而且要尊重阴阳五行:"二五者……人君以数制之人。……人君失二五者亡其国,大夫失二五者亡其势,民失二五者亡其家。此国之至机也,谓之国机。"① 要之,"国之至机"在于遵照阴阳五行。

《吕氏春秋》要求人"法天地"②,按照"天之道""地之理"制定"人之纪"。"天道圜,地道方。圣王法之,所以立上下。"③"生"为"天之道","宁"为"地之理"④。人法天地,必须以万物化育、人民安宁为"人纪"依据。春主生、夏主长、秋主杀、冬主藏。一年四季的人事应按照这个自然规律去安排。每季分为孟、仲、季三月,于是一年分十二纪。每纪的时节有细微差别,从"天子"到"三公、九卿、诸侯、大夫"以至"兆民"所做的事情也有不同的要求。比如《孟春纪》提出孟春一月的人纪要求:"是月也,以立春。……立春之日,天子亲率三公、九卿、诸侯、大夫,以迎春于东郊;还,乃赏公卿、诸侯、大夫于朝。命相布德和令,行庆施惠,下及兆民。……是月也,天子乃以元日祈谷于上帝。乃择元辰,天子亲载耒耜,措之参于保介之御间,率三公、九卿、诸侯、大夫,躬耕帝籍田。……是月也,天气下降,地气上腾,天地和同,草木繁动。王布农事,命田舍东郊,皆修封疆,审端径术。善相丘陵坂险原隰,土地所宜,五谷所殖,以教道民,以躬亲之。田事既饬,先定准直,农乃不惑。是月也,命乐正入学习舞。乃修祭典,命祀山林川泽,牺牲无用牝,禁止伐木;无覆巢,无杀孩虫、胎夭、飞鸟,无麛无卵;无聚大众,无置城郭,掩骼霾髊。是月也,不可以称兵,称兵必有天殃。兵戎不起,不可以从我始。"《仲春纪》提出仲春二月的人纪要求:"是月也,安萌牙,养幼少,存诸孤;择元日,命人社;命有司,省囹圄,去桎梏,无肆掠,止狱讼。……是月也,日夜分,雷乃发声,始电。蛰虫咸动,开户始出,先雷三日,奋铎以令于兆民曰:雷且发声,有不戒其容

---

① 《管子·揆度》。
② 《吕氏春秋·季冬纪·序意》。
③ 《吕氏春秋·季春纪·圜道》。
④ 《吕氏春秋·季冬纪·序意》。

止者,生子不备,必有凶灾。日夜分,则同度量,钧衡石,角斗桶,正权概。是月也,耕者少舍,乃修阖扇,寝庙必备;无作大事,以妨农功。是月也,无竭川泽,无漉陂池,无焚山林。天子乃献羔开冰,先荐寝庙。上丁(上旬丁日),命乐正入舞舍采,天子乃率三公、九卿、诸侯,亲往视之。中丁(中旬丁日),又命乐正入学习乐。是月也,祀不用牺牲,用圭璧,更皮币。"如果这种"天人合一"的规律、顺序被打乱,灾难就会发生:"孟春行夏令,则风雨不时,草木早槁,国乃有恐;行秋令,则民大疫,疾风暴雨数至,藜莠蓬蒿并兴;行冬令,则水潦为败,霜雪大挚,首种不入。""孟夏行秋令,则苦雨数来,五谷不滋,四鄙入保;行冬令,则草木早枯,后乃大水,败其城郭;行春令,则虫蝗为败,暴风来格,秀草不实。""孟秋行冬令,则阴气大胜,介虫败谷,戎兵乃来;行春令,则其国乃旱,阳气复还,五谷不实;行夏令,则多火灾,寒热不节,民多疟疾。""孟冬行春令,则冻闭不密,地气发泄,民多流亡。行夏令,则国多暴风,方冬不寒,蛰虫复出。行秋令,则雪霜不时,小兵时起,土地侵削。"①《吕氏春秋》还将四时与五行中的木、火、金、水,五方中的东、南、西、北,五帝中的太皞、炎帝、少皞、颛顼,五神中的句芒、祝融、蓐收、玄冥,五虫中的鳞虫、羽虫、毛虫、介(甲)虫,五音中的角、徵、商、羽,五味中的酸、苦、辛、咸,五臭中的膻、焦、腥、朽,五祀中的祀户神、祀灶神、祀门神、祀行神,五脏中的脾、肺、肝、肾,五色中的青、赤、白、黑,五谷中的麦、菽、麻、黍,五畜中的羊、鸡、狗、猪对应在一起。比如孟春的主宰之帝是太皞,他以木德统治天下;辅佐他的神祇为句(gōu)芒,是木神,又是司春之神,主管春天树木的发芽生长,并主管太阳每天早上升起的那片地方——东方,所以太皞又称东方上帝。春天草木发青,故色为青;与时相应的动物是鱼龙之类;这个月的味道是酸味,气味是膻气,举行的祭祀是户祭,祭品是脾脏。天子应住在东向明堂的左侧室,乘坐饰有青凤图案的车子,驾着青色的马,车上插着青色的旗帜,穿着青色的衣服,佩戴着青色的佩玉,食用的五谷是麦子,五畜是羊。在承认阴阳五行天人感应的前提下,强调以人法天,遵循天地之道、自然规律更好地为营造人世的福利服务。如《有始览·应同》说:"凡帝王者之将兴也,天必先见祥乎下民。黄帝之时,天先见大螾大蝼。黄帝曰土气胜。土气胜,故其色尚黄,其事则(效法)土。及禹之时,天先见草木秋冬不杀。禹曰木气胜。木气胜,故其色尚青,其事则木。及汤之时,天先见金刃生于水。汤曰金气胜。金气胜,故其色尚白,其事则金。及文王之时,天先见火赤乌衔丹书集于周社。文王曰火气胜。火气胜,故其色尚赤,其事则火。代火者必将水,天且

---

① 分别见《吕氏春秋》十二纪的《孟春纪》《孟夏纪》《孟秋纪》《孟冬纪》。

先见水气胜。水气胜,故其色尚黑,其事则水。"以天地、四时、五行解释的天人感应、以人法天的天人合一学说,在《吕氏春秋》"十二纪"中得到了相当精细、绵密的表述。在这里,"天人合一"的含义是要求人世与天地自然的特征与规律保持同一,认为只有这样人类才会幸福安康。

三、"昊天不平""天难忱斯"与"天人之分""吉凶由人"

承认神灵的存在,认为神灵能奖善罚恶,要求尊天敬神,从而获得神灵的福佑,这当中存在着一个潜在的前提,即认为神灵能够明辨善恶,主持公道,是正义、英明的化身。然而,当为善屡屡不见神灵赐福,作恶屡屡不见神灵降殃,就会对神灵的正义、英明发生怀疑,从而动摇对神灵的迷信与崇拜。而这种现象,恰恰在周代发生了。周人认识到"昊天不平",神不可信,从而走向了对神灵的怀疑。

对此,《诗经》有许多记载。《云汉》描写西周末年发生大旱,尽管"靡神不举""靡神不宗",但"昊天上帝,则不我虞",导致"周余黎民,靡有孑遗"。《黄鸟》描写春秋初期秦穆公死时以大量的活人殉葬,诗人发出这样的呼唤:"彼苍者天,歼我良人!"指出昊天、上帝是不仁慈的。《板》讥刺周厉王作恶多端却受到天佑:"上帝板板(反常)","天之方难""天之方虐"。《桑柔》讥刺上天不怜悯在厉王恶政之下痛苦挣扎的百姓:"倬彼昊天,宁不我矜?"《雨无正》《节南山》《小旻》《巧言》《蓼莪》《小弁》《召旻》《瞻卬》都将幽王时期的黑暗归咎到了天命的不公上。这样的事例屡见不鲜:"昊天不平,我王不宁。不惩其心,覆怨其正。"①"浩浩昊天,不骏其德。降丧饥馑,斩伐四国。"②周人发现:上天喜怒无常,并不值得信赖:"天命靡常。"③"天难忱斯。"④他们向昊天上帝发出诅咒:"昊天不佣,降此鞠讻。昊天不惠,降此大戾。"⑤"荡荡上帝,下民之辟。疾威上帝,其命多辟。"⑥类似的思想在其他的典籍中我们也可以看到。《国语》记载:"或见神以兴,亦或以亡"⑦。神灵并不一定降福。

---

① 《诗·小雅·节南山》。
② 《诗·小雅·雨无正》。
③ 《诗·大雅·文王》。
④ 《诗·大雅·大明》。忱,信。
⑤ 《诗·小雅·节南山》。佣,明,一解为平。
⑥ 《诗·大雅·荡》。前一辟字,君王;后一辟字,邪僻。
⑦ 《内史过论神》,《国语·周语上》。

《尸子》记载:"莒君好鬼巫而国亡。"①由于鬼神并不一定英明、灵验,所以,儒家"以天为不明,以鬼为不神"②。兵家也主张打仗取胜"不可取于鬼神"③,"合龟兆,视吉凶"很愚蠢④,应当坚持"不卜筮而事吉"⑤,"不祷祠而得福"⑥。

上古原始思维的特征是万物有灵,天人不分。周代思想界取得的历史进步之一,是认识到天人相分,两不相干。晏子认为自然界许多异常现象都是客观的自然现象,与神灵并无关系。昭公二十六年,彗星在齐国出现,齐景公以为不详,派祝史举行祈祷消灾的祭神仪式。晏子认为这样做只是自欺欺人,"天道"有自己的运行规律,"若之何禳之"⑦?景公出猎,一次上山见到虎,下水见到蛇,以为"不祥",惊慌不已,晏子告诉他:山是"虎之室",泽是"蛇之穴"。来到虎之室、蛇之穴见到虎与蛇,"曷为不祥也"⑧?他还指出地震是神灵无法改变的自然现象,揭露太卜自称"臣能动地"是明显的欺骗伎俩⑨。鲁僖公十六年,宋国发生了陨石坠落、鸟儿倒飞的天象。周朝内史叔兴认为,此为"阴阳之事","非吉凶所出也"⑩。鲁昭公十七年冬,彗星出现。鲁国、郑国的朝臣认为不祥,纷纷请求子产祭天消灾,但子产偏偏不为所动。他说:"天道远,人道迩。非所及也,何以知之?"他不信神,也不采取祭祀措施。最终火灾并未发生,说明神灵确实是不存在的⑪。在大量无神论、无鬼论思想的基础上,荀子提出了"天人之分"的概念,并要求"至人""明于天人之分"⑫。他指出:天、地、四时等自然物是无意志的,与人世间的治乱吉凶无关。"治乱,天邪?曰:日月星辰瑞历,是禹桀之所同也,禹以治,桀以乱;治乱非天也。时邪?曰:繁启蕃长于春夏,畜积收臧于秋冬,是禹桀之所同也,禹以治,桀以乱;治乱非时也。地邪?曰:得地则生,失地则死,是又禹桀之所同也,禹以治,桀以乱;治乱,非地也。"怪异的天象并不是神意的体现,而是"物之罕至"的反常现象,不必害怕。"夫星之队,木之鸣,是天地之变,阴阳之化,物之罕至者也;怪之,可也;而畏之,非也。"祭神会下

---

① 《尸子》卷下。
② 《墨子·公孟》。
③ 《孙子兵法·用间篇》。
④ 《尉缭子·武议》。
⑤ 《尉缭子·战威》。
⑥ 《尉缭子·武议》。
⑦ 《左传·昭公二十六年》。
⑧ 《晏子春秋·内篇谏下》之十。
⑨ 《晏子春秋·外篇第七》之二十一。
⑩ 《左传·僖公十六年》。
⑪ 《左传·昭公十八年》。
⑫ 《荀子·天论》。

雨,其实不祭神也会下雨。"雩(祭神)而雨","犹不雩而雨也"。这说明自然神未必存在。人们所以"天旱而雩",乃至"卜筮然后决大事",不是以为"神"一定存在,不过是作为一种外在仪式罢了。"君子以为'文'",而"百姓以为'神'","以为'神'则凶也"。"天"作为客观存在的自然规律,人力是不可改变的:"天有常道矣,地有常数矣。""天不为人之恶寒也辍冬,地不为人之恶辽远也辍广。"对于客观存在的自然规律,人们不应奢望改变。这就叫"不与天争职"①。韩非是荀子的弟子。在这个问题上他完全继承了老师的思想,并作了进一步的论析。他明确否认鬼神的存在,指出"龟策鬼神"属于不可"参验"、没有用处的"弗能"之举,如果信以为真,就愚不可及。"龟策鬼神不足举胜……然而持之,愚莫大焉。"②"无参验而必之者,愚也。"③对不可验证的东西置信不疑,简直就是欺骗:"弗能必而据之者,诬也。"④君主如果把主要精力放在鬼神祭祀上,就会导致亡国的最终恶果:"用时日事鬼神,信卜筮而好祭祀者,可亡也。"⑤韩非进一步分析说:"有祸则畏鬼","鬼神"实际上是担心灾祸、心理恐惧产生的幻觉。如果"内无痤疽瘅痔之害,而外无刑罚法诛之祸",就会"轻恬鬼也甚",把鬼神的作用看得很轻很淡。尽到人事努力后,鬼神就不会伤害到人⑥。正是在周代对天神的存在和威力普遍怀疑的基础上,屈原在《天问》中向"天"发问,一口气提了173个问题。

　　人间的祸福不取决于神灵,那取决于什么呢?周人发现,取决于人的所作所为。周内史叔兴指出:"吉凶由人。"⑦鲁国大夫闵子马提出:"祸福无门,唯人所召。"⑧另一位鲁国大夫申繻分析道:"妖由人兴也。人无衅焉,妖不自作。人弃常,则妖兴,故有妖。"⑨由于吉凶祸福是由人决定的,依道行事就可把握吉凶,所以管子提出:"能无卜筮而知吉凶乎?"⑩"不卜不筮,而谨知吉凶。"⑪春秋后期,晋国发生日食,晋君咨询吉凶,文伯回答:"不善政之谓也。国无政,不用善,则自取谪(谴)于日月之灾。"为政之务,重在"择人""因

---

① 以上引文均见《荀子·天论》。
② 《韩非子·饰邪》。
③ 《韩非子·五蠹》。
④ 《韩非子·五蠹》。
⑤ 《韩非子·亡征》。
⑥ 《韩非子·解老》。
⑦ 《左传·僖公二十六年》。
⑧ 《左传·襄公二十三年》。
⑨ 《左传·庄公十四年》。
⑩ 《管子·内业》。
⑪ 《管子·白心》。

民"①。在上述思想的基础上,荀子总结说:天象的反常只是自然现象,实际上并不可怕,人间的反常才是最"可畏"的。人世间的反常怪事,荀子在《天论》中称之为"人祅"。"楛(粗)耕伤稼,楛耨失岁,政险失民,田薉(荒)稼恶,籴贵民饥,道路有死人:夫是之谓人祅。政令不明,举错不时,本事不理,勉力不时,则牛马相生,六畜作祅:夫是之谓人祅。礼义不修,内外无别,男女淫乱,则父子相疑,上下乖离,寇难并至:夫是之谓人祅。""人祅"是政治昏乱导致的结果,是祸国殃民、导致国无宁日天下大乱的根源。

不难看出,周代不仅存在着传统的"尊神"思想和祭神仪式,而且涌现了"无神""尊人"的新思想。这确实是夏商没有出现过的新气象。

四、从"事神保民""循天顺人"到"以人为本""以人为先"

于是,一部分周人提出了"神人并尊"的思想。他们既不否定神灵力量的存在,也不否定"人"的作用和地位。晋大夫胥臣指出,周文王所以成为万世圣王,在于"亿(安)宁百神,柔和万民"②。周穆王卿士祭公谋父指出,周武王的政治方针,是"事神保民"③。周厉王大臣芮良夫主张,治理天下须"使神人百物无不得其极"④。周宣王时虢文公要求"媚于神而和于民"⑤。周惠王大臣内史过提出"神飨民听,民神无怨"的要求,批评"离民怒神而求利焉"⑥。周景王伶官州鸠提出"德音不愆,以合神人"的主张,也反对"离民怒神"⑦。齐相管子尊神与敬人并提:"祥于鬼者义于人。"⑧晏子继承管子思想,也主张"顺神合民",使"神民俱顺"⑨。随国大夫季梁提出,治国之道是"忠于民而信于神"⑩。晋国卿士赵孟主张治理国家兼顾"民神",反对"弃神人"而导致"神怒民叛"⑪。

---

① 《左传·昭公七年》。
② 《胥臣论教诲之力》,《国语·晋语四》。
③ 《祭公谏穆王征犬戎》,《国语·周语上》。
④ 《芮良夫论荣夷公专利》,《国语·周语上》。
⑤ 《虢文公谏宣王不籍千亩》,《国语·周语上》。
⑥ 《内史过论神》,《国语·周语上》。
⑦ 《单穆公谏景王铸大钟》,《国语·周语下》。
⑧ 《管子·白心》。
⑨ 《晏子春秋·内篇问上》之十。
⑩ 《左传·桓公六年》。
⑪ 《左传·昭公元年》。

越王谋臣范蠡指出:"人事必与天地相参,然后乃可以成功。"①这就从原来神灵至上的"唯神论"走向了"神人二元论","人"具有了与"神"平起平坐的地位。

如前所述,周人称上帝往往叫"天"。所以"神人并尊"又体现为"天人并尊"。如管子说:"上之随天,其次随人。人不倡不和,天不始不随。"②但周人所说的"天",还指整个自然界或自然界中与"地"相对、并立的那个"天"。周人强调的"天人并尊",还有尊重自然规律、兼顾人事努力的含义。如文子说:"知天之所为,知人之所行,即有以经于世矣。"③韩非子说:霸王之道即"循天顺人"④。作为与"地"并列的"天",周代出于对"人"的地位的尊重,将"人"与"天""地"并列,视为"三才",即万物中三个最基本、最主要的物类,从"天人并尊"的二元论中发展出"天地人并尊"的三元论。这种思想最早萌芽于《易经》经卦的设计。经卦共分八卦,每卦由三爻构成。这三爻即是"天地人""三才"的象征。后来两两经卦组合,演绎为由六爻构成的64卦,仍然包含着对"三才"的并尊。《易传》解释说:"兼三才而两之,故六;六者非它也,三材之道也"⑤。"是以立天之道,曰阴与阳;立地之道,曰柔与刚;立人之道,曰仁与义。兼三才而两之,故易六画而成卦。"⑥这个"天地人并尊"的思想,为道家所继承。老子提出:"域中有四大:道大、天大、地大、人亦大。"在"道"所派生的万物中,"人"顶天立地,与"天""地"并列。文子提出:治理天下必须"仰取象于天,俯取度于地,中取法于人"⑦,充分发挥"三才"的力量,实现天时、地利、人力的和谐发展。孙膑指出:"天时、地利、人和,三者不得,虽胜有央(殃)。"战争胜利的条件在于"上知天之道,下知地之理,内得其民之心"⑧。荀子总结说:"上不失天时,下不失地利,中得人和,而百事不废。"⑨"天地人并尊"之外,墨子提出"天鬼人并利"的三元论:"上利乎天,中利乎鬼,下利乎人。"⑩"凡言凡动,利于天、鬼、百姓者为之。"⑪"神人并尊""天人并尊"也好,"天地人并尊""天鬼人并尊"也好,这些观点都体现了"人"的地位在周代的提升。

---

① 《范蠡谓人事与天地相参乃可以成功》,《国语·越语下》。
② 《管子·白心》。
③ 《文子·微明》。
④ 《韩非子·用人》。
⑤ 《周易·系辞上》。
⑥ 《周易·说卦》。
⑦ 《文子·上礼》。
⑧ 《孙膑兵法·上编·八阵》。
⑨ 《荀子·王霸》。
⑩ 《墨子·天志中》。
⑪ 《墨子·贵义》。

与此同时,周代另有一部分人抛弃了对"天""神"的信任,甚至否定了神灵或天意的存在,将祸福吉凶的原因完全归结为"人"的作为,于是"神""天"的地位进一步下降,"人"的地位提到至高无上,出现了"以人为本""舍天先人""以人为贵""以人为神"的思想。

"以人为本"是管子首先提出来的:"霸王所始,以人为本。本安则国固,本乱则国危。"①这个"本"是基础、依据之意。战国后期的鹖冠子同样这样忠告君主:"君也者,端(正)神明者也。神明者,以人为本者也。"②君主必须端正自己的思想,统一到"以人为本"的理念上来。

"以人为先"的思想早在春秋时期就为随国大夫季梁涉及:"圣王先成民而后致力于神。"③战国末期道家人物鹖冠子在比较了"法天则戾""法地则辱""法时则贰"后,提出"先人"的"圣人之道"。《鹖冠子·近迭》记录了他提出这个观点的过程与思路。"庞子问鹖冠子曰:'圣人之道何先?'鹖冠子曰:'先人。'……庞子曰:'何以舍天而先人乎?'鹖冠子曰:'天高而难知,有福不可请,有祸不可避,法天则戾;地广大深厚,多利而鲜威,法地则辱;时举错代更无一,法时则贰。三者不可以立化树俗,故圣人弗法……是故先人。'"《鹖冠子·泰鸿》还记录了一段对话。问:"天、地、人事,三者孰急?"答:"爱精养神内端者,所以希天。""希天"即"轻天""后天"之意,与《近迭》讲的"舍天"而"先人"是相通的。

"以人为神"。周武王在讨伐殷纣王的誓词中说:"惟人"为"万物之灵"④。孔安国传:"灵,神也。"这个"灵"指"天神",是神圣的至上神,不可亵渎、践踏。《礼记》热情赞美:"人"为"鬼神之会"⑤。为什么说人是鬼神的交会呢?因为不仅自古以来,人可以通神,代神立言,所以存在着大量的巫觋队伍,而且周人发现,"夫民,神之主也"⑥,"神""聪明正直""依人而行"⑦。民心主宰着神意,神实际上是人的化身。周武王说:"天视自我民视,天听自我民听。"⑧"民之所欲,天必从之。"⑨周成王指出:"皇天无亲,惟德是辅。"⑩虞国大夫宫之奇提醒国君:"神所冯依,将在德矣。"⑪齐景公也认识到:"人

---

① 《管子·霸言》。
② 《鹖冠子·博选》。
③ 《左传·桓公六年》。
④ 《尚书·周书·泰誓上》。
⑤ 《礼记·礼运》。
⑥ 《左传·桓公六年》。随大夫季梁语。
⑦ 《左传·庄公三十二年》。
⑧ 《尚书·周书·泰誓中》。
⑨ 《尚书·周书·泰誓上》。
⑩ 《周书·蔡仲之命》。
⑪ 《左传·僖公五年》。

行善者天赏之,行不善者天殃之。"①天意就是爱民之德。墨子也认为,"天欲义而恶不义"②,"天志"就是民意。顺乎人心,就合符天意,这就是《易传》所谓的"顺乎天而应乎人"之意③。所以,虚幻的神灵并不存在,"人"就是现实中的"神"。

"以人为贵"。周武王说"惟人,万物之灵",按汉儒孔安国的解释,此语通过将"人"视为万物中至高无上的"神灵",说明"天地所生,惟人为贵"④。"以人为贵"的思想,在战国后期是普遍的共识。儒家经典《孝经》明确声称:"天地之性人为贵。"孙武论兵道,不取鬼神,"必取于人"⑤。孙膑提出:"天地之间,莫贵于人。"⑥"兵不能胜大患,不能合民心者也。"⑦因此,《孙膑兵法》通篇没有提一个神灵的"神"字。尉缭子论兵,与此一脉相承:"圣人所贵,人事而已。"⑧"先神先鬼",不如"先稽我智"⑨。尽管"天时""地利""人和"都重要,但比较而言,"人和"更重要。所以不断有人重申:"天官不若人事"⑩。"天时不如地利,地利不如人和。"⑪

那么,为什么"人"在万物中如此高贵呢?周人对"人"的特性和本领、作用有特殊的认识。《礼记》认为,"人"从发生学上看是"阴阳之交""天地之德"⑫。他立于天地之间,是"天地之心"⑬。所谓"天地之心",既有天地的中心、核心的意思,也有万物主宰的意思,指"天地所主宰以生物者"⑭。在身体结构上他五五重叠对应,是"五行之端"或者叫"五行之秀气"⑮。作为"五行之秀气","人"的灵秀之处主要体现为人有"智慧",并且在"心智"的基础上产生了"礼义"。对此,荀子揭示说:"水火有气而无生,草木有生而无知,禽兽有知而无义;人有气、有生、有知、有义,故最为天下贵也。"⑯有了智慧,人

---

① 《晏子春秋·内篇谏上》之二十一。
② 《墨子·法仪》。
③ 《易·革·彖辞》。
④ 《尚书正义》孔安国传,《十三经注疏》本。
⑤ 《孙子兵法·用间》。
⑥ 《孙膑兵法·上编·月战》,张震泽《孙膑兵法校理》,中华书局1984年版。下同。
⑦ 《孙膑兵法·下编·兵失》。
⑧ 《尉缭子·战威》。
⑨ 《尉缭子·天官》。
⑩ 《尉缭子·天官》。
⑪ 分别见《尉缭子·战威》《孟子·公孙丑下》。
⑫ 《礼记·礼运》。
⑬ 《礼记·礼运》。
⑭ 孙希旦:《礼记集解》中册,中华书局1989年版,第612页。
⑮ 《礼记·礼运》。
⑯ 《荀子·王制》。

类就可以认识自然规律,在利用天时地利条件的同时,发挥自己的主观能动性,依靠自己的努力创造充足的生活财富。正如墨子指出:"今人固与禽兽……蜚鸟……异者也。今之禽兽……蜚鸟……,因其羽毛以为衣裘,因其蹄蚤以为绔屦,因其水草以为饮食,……衣食之财固已具者矣。今人与此异者也,赖其力者生,不赖其力者不生。"①有了智慧,人类还可以认识到团结协作的力量,通过群体劳动掌控、主宰其他生物为人类所用。荀子说:人"力不若牛,走不若马,而牛马为用,何也? 曰:人能群,彼不能群也。"②吕不韦指出:"凡人之性,爪牙不足以自守卫,肌肤不足以捍寒暑,筋骨不足以从利避害,勇敢不足以却猛禁悍,然且犹裁万物、制禽兽、服狡虫,寒暑燥湿弗能害,不唯先有其备,而以群居邪? 群之可聚也,相与利之也。利之出于群也。"③由于"人"是"阴阳"所生的"五行之秀",不仅具有认识自然规律和社会规范的认知能力,自我约束、共享共生的道德意识,而且具有事在人为、谋事在人的创造能力和团结起来协同作战的社会能力,因此,"人"就成为主宰万物、高高在上的"天地之心"。于是,荀子满怀信心深情呼唤"人":"大天而思之,孰与物畜而制之? 从天而颂之,孰与制天命而用之? 望时而待之,孰与应时而使之? 因物而多之,孰与骋能而化之?"④

既然神灵管不了人间的吉凶,"祸福人或召之"⑤,所以周人强调要尽人力而后知天命,将命运的缰绳掌握在自己的手里,而不要寄希望于鬼神卜筮祭祀。虢国史嚚警告说:"国将兴,听于民;将亡,听于神。"⑥管子反对"上恃龟筮,好用巫医"⑦,指出"神筮不灵",主张"神龟不卜"⑧,主张"思之思之,又重思之",以"精气之极"将人事努力到极限⑨。晏子反对君主"轻身而恃巫","慢行而繁祭",主张王者"德厚足以安世,行广足以容众",指出这才是"天地四时和而不失,星辰日月顺而不乱",成为"帝王之君、明神之主"的根本之道⑩。荀子在尊重自然规律的同时,主张"天人相参","敬其在己者",发挥主观能动性,"制天命而用之",积极介入自然、改造自然⑪。《吕氏春秋》也是这样。

---

① 《墨子·非乐上》。
② 《荀子·王制》。
③ 《吕氏春秋·恃君》。
④ 《荀子·天论》。
⑤ 《吕氏春秋·有始览·应同》。
⑥ 《左传·庄公三十二年》。
⑦ 《管子·权修》。
⑧ 《管子·五行》。
⑨ 《管子·内业》。
⑩ 《晏子春秋·内篇谏上》之十四。另参《晏子春秋·内篇谏上》之十五。
⑪ 均见《荀子·天论》。

《孝行览》中设《慎人》篇、《必己》篇专门加以讨论。《慎人》讲慎重对待人事努力，《必己》讲命运由自己的努力决定。那么，什么样的努力能取得幸福吉祥的命运呢？根本途径是按照类同相报的规律，多做善事，多修德行。"物之从同，不可为记。""齐类同皆有合。""尧为善而众善至，桀为非而众非来"①。"夫覆巢毁卵，则凤凰不至；刳兽食胎，则麒麟不来；干泽涸渔，则龟龙不往。"②"从道必吉，反道必凶，如影如响。"③行善得福，作恶遭祸。君主有德，"故明神降之，观其政德而均布福焉"；君主失德，"故神亦往焉，观其苛慝而降之祸"。"国之将兴"，君主"齐明衷正、精洁惠和，其德足以昭其馨香，其惠足以同其民人"，结果"神飨"福临。"国之将亡"，君主"贪冒辟邪、淫佚荒怠、粗秽暴虐"，就会"馨香不登"④。国家的命运是吉是凶，取决于君主是否有德。除了多做有益于人民的善事之外，掌握各行各业的人事规律也是一条重要途径。如孙武论兵家取胜之道"必取于人"，这个"人事""一曰道，二曰天，三曰地，四曰将，五曰法"⑤。"道"指治军的道义，"天""地"指发动战争的天时、地利条件，"将"指将领的要求，"法"指军队的管理。"凡此五者"，"知之者胜，不知者不胜"⑥。作为战争的最高决策、指挥者，必须对军事的五要素有全面的把握和专业的理解。

于是，从承认鬼神存在和至上神权威，主张"尊天敬神""由人法天"，到认识到"吉凶由人"，否认鬼神的至上作用，甚至否定鬼神的存在，主张"贵人""先人"，由人定天，周代思想界在"天"与"人"、"神"与"人"的双向互动中，完成了从原先的"神本"向本时期"人本"的转变。这时的"人本"，虽然在承认神灵存在的论者那里仍然披着"天人合一"的传统外衣，但已经不是由"神"定"人"、"以人法天"构成的"天人合一"，而是由"应乎人"决定"顺乎天"⑦，由"利乎人"决定"利乎鬼""利乎天"⑧的"天人合一"。

---

① 均见《吕氏春秋·有始览·应同》。
② 《吕氏春秋·有始览·应同》。
③ 《尸子》卷下。
④ 《内史过论神》，《国语·周语上》。
⑤ 《孙子兵法·计篇》。
⑥ 《孙子兵法·计篇》。
⑦ 《易·革·彖辞》。
⑧ 《墨子·天志中》。

后　　记

《先秦思想史：从"神本"到"人本"》付梓之际，有几点补充说明一下。

一是本书写作的缘由。一个搞文学理论、美学的学者，怎么会转到思想史领域？1987年考入华东师范大学读古代文论研究生的时候，恰逢文化学方法论盛行。它给我的启示是，要想在文论、美学领域取得优异成果，必须超越过去简单的就事论事的线性研究方法，用多维的文化学方法去研究、阐释中国文论、美学的民族特色及其背后的生成原因。因此，我在研究古代文论、美学的同时，读了不少中国传统文化著作，内容涉及中国哲学史、中国伦理学史、中国古代宗法文化、道教与中国文化、佛教与中国文化等。我的第一本专著《中国古代文学原理——一个表现主义民族文论体系的建构》（学林出版社1993年版）、第二本专著《中国美学的文化精神》（上海文艺出版社1996年版）就是用多元的文化积累写成的文艺美学著作。从事文学理论、美学研究，接触到的两个基本命题是"文学是人学""美是人的本质力量的对象化"。什么"人学"、什么是"人的本质"，成为文学研究、美学研究必须思考、解答的元问题。于是，文学理论和美学研究将我推到人性、人的本质、人学问题的哲学追问中。为了给"人"的研究提供充实的材料，我先写了《中国人学史》（上海大学出版社2002年版）、主编主撰了《国学人文读本》（上海文化出版社2008年版），然后写了《人学原理》（商务印书馆2012年版）、《国学人文导论》（商务印书馆2013年版）等，对中国思想史的演变轨迹和时代特征形成了独特的看法。2007年，我在《学术月刊》第8期发表《从先秦至清末：中国古代人文思想史上的四次启蒙》。2008年，我在《浙江工商大学学报》第4、5期连载《中国人文思想史上的六次启蒙》，提出中国思想史的古今演变呈现出六次启蒙的演变规律。在撰写《中国美学通史》（人民出版社2008年版）和《中国现当代美学史》（商务印书馆2018年版）的时候，我是以此为背景知识和参照系的。2017年，在完成了《中国美学全史》（上海人民出版社2018年版）之后，我便以对中国古代思想史"四次启蒙"演变规律的认识为指导，开始了"重写中国思想史"的漫漫征程。先秦是中国思想史上第一个伟大的启蒙时期,特征是周代以"人"的觉醒的"人本"主义取代了上古至殷商蒙昧的"神本"主义。本书乃是"重写中国思想史"的第一乐章。

二是本书写作的特点。优秀的成果是个体精神劳动自然花开的产物。王元化先生自述为学,不组织"合作社",也不参加"合作社";钱理群先生反对用"兵团作战"的方式对待学术研究。二位都是缘于保证学术质量的考虑。尽管重写中国思想史工作量浩繁,我仍然坚持一人独立去做。这部《先秦思想史》中,我试图在继承现有相关成果的基础上,调动自己的学术积累,以脚踏实地的劳动,求真务实的态度,历史与逻辑相结合的方法,还原先秦思想史的真相,弥补原有研究的不足。现在,这部书已经到达读者手中。如能为推进中国思想史研究贡献一份力量,愿亦足矣。得失臧否,敬候教正。

三是鸣谢支持过"重写先秦思想史"这一学术事件的刊物及其编者。"重写中国思想史"首先从先秦开始。2017年,《先秦思想史》的一篇重要论文《周代:"神"的祛魅与"人"的觉醒——论中国思想史上的第一个启蒙时期》由《湖北社会科学》第12期发表。《先秦思想史》是我"重写中国思想史"整体构架中的一部分。2020年,另一篇重要文章《"重写中国思想史"发凡——中国思想史上若干重大问题的反思与构想》在《探索与争鸣》第2期发表,《新华文摘》同年第11期全文转载,并在封面以重点标题推出,引起较大学术反响。2020年,国际人文学会主办的《文化中国》第4期,刊发了我的《防止先入为主,坚持客观公正——关于"重写中国思想史"的问答》,将"重写中国思想史"的呼唤传递到了世界。从2017年到2022年,先秦思想史的诸多章节在海内外十几家刊物发表,充实了本人提出的"重写中国思想史"的实绩。自2022年第4期起,我将在国际期刊《文化中国》开设"重写中国思想史"专栏。自2023年第1期起,我将在《河北师范大学学报》开设"重写中国思想史"专栏。在这两个同名专栏中,我将呈现"重写中国思想史"的系列成果。"重写中国思想史"有这么多刊物的认可支持和共同助力,或许构成了中国当代学术的一个标志性事件。

除上文提到的发表的文章外,本书相关章节发表及转载情况如下:《先秦古籍"伪书"说清算、正名及反思》,《人文杂志》2021年第3期;《高等学校文科学术文摘》2021年第4期转摘。《试论中国古代社会形态的重新分期》,《云南大学学报》2018年第5期。《周代"人"的本性、作用、地位的全面觉醒》,《社会科学研究》2021年第3期。《〈国语〉的思想取向:"君子之行,惟道是从"》,《湖北社会科学》2019年5期。《从"神道设教"走向"人文"之道——〈周易〉的思想史意义研究》,《理论月刊》2018年第5期;《〈左传〉思想取向:"吉凶由人""先民后神"》,《理论月刊》2019年第6期;《"天人相分"

"隆礼重法"——〈荀子〉思想的系统把握》,《理论月刊》2022 年第 1 期。《老子思想结构的系统透视》,《学术界》2019 年 6 期;《明于天人之分,通于治乱之本——〈文子〉思想体系新探》,《学术界》2020 年第 7 期;《以"仁义"之道和"捭阖"之术为天下"抵巇"补天——〈鬼谷子〉目的论、本体论、方法论的系统把握》,《学术界》学术界 2021 年第 1 期;《〈关尹子〉的独特主张及其思想脉络》,《学术界》2021 年第 6 期。《〈礼记〉"尊礼""敬人"的思想取向及系统构成》,《澳门理工学报》2019 年 4 期;《以人为本:〈管子〉思想的系统把握》,《澳门理工学报》2021 年第 4 期。《上古神话的完整架构及其神本指向》,《河北师范大学学报》2020 年第 3 期,《新华文摘》2020 年第 22 期转摘;《〈吕氏春秋〉的思想结构及其帝王之道》,《河北师范大学学报》2021 年第 6 期;《"尊天事鬼""贵义兼爱":墨学的逻辑结构及核心主张》,《河北师范大学学报》2022 年第 4 期。《夏商之前是否存在道德观念》,《晨刊》2022 年第 3 期。《论孔子的五重形象及其思想主张》,《宝鸡文理学院学报》2019 年第 5 期,《高等学校文科学术文摘》2020 年第 1 期转摘;《〈周礼〉的人文价值:设官分职、得民为本》,《宝鸡文理学院学报》2018 年第 1 期;《周代的礼教思想与礼仪制度》,《宝鸡文理学院学报》2021 年第 5 期。《〈鹖冠子〉的思想结构及其政治主张》,《辽宁大学学报》2020 年第 1 期;《"审其名实""而后能治"——〈公孙龙子〉的名学理路》,《辽宁大学学报》2021 年第 3 期。《〈尚书〉"民主"学说新探》,《贵州师范大学学报》2019 年第 1 期;《本同末异:列子"贵虚持后"说与杨朱"贵己恣意"说比较研究》,《贵州师范大学学报》2020 年第 1 期。《孟子的"仁政"学说及其思想结构》,《中国政法大学学报》2020 年第 5 期。《商鞅的变法称霸思想:辟儒尚法、务农强战》,《上海政法学院学报》2020 年第 4 期;《从申不害的"术"到慎到的"势"》,《上海政法学院学报》2021 年第 6 期。《夏商时期的鬼神崇拜及其神本思想》,《武汉科技大学学报》2021 年 2 期;《〈司马法〉:德治为本、战争为权——先秦兵家思想研究之一》,《武汉科技大学学报》2021 年第 6 期;《〈吴子〉:文德武备,内修外治》,《武汉科技大学学报》2022 年第 5 期。《〈孝经〉研究:以孝道"立身"与"治天下"》,《东方哲学与文化》第三辑,中国社科院出版社 2020 年;《〈大学〉解奥:"修己治人"的高等教育大纲》,《东方哲学与文化》第六辑,中国社科院出版社 2022 年。《贵人轻天:〈诗经〉思想史价值的重新发现》,《学习与探索》2022 年第 9 期。《周代"以人为本"的天人之辩》,《东南学术》2022 年第 1 期。

特别鸣谢:《晨刊》编委会主任陈麟辉先生,《探索与争鸣》总编叶祝弟先生,《文化中国》总编张志业先生,《澳门理工学报》责编桑海先生,《学术界》总编马立钊先生和责编汪家耀先生,《湖北社会科学》总编及《理论月刊》总编唐伟先生,《理论月刊》责编罗雨泽先生,《人文杂志》主编秦开凤女士和责编王晓洁女士,《东南学术》副总编郑姗姗女士,《河北师范大学学报》副主编孙秀昌先生、副主编许婉璞女士;《社会科学研究》责编颜冲先生,《学习与探索》责编修磊女士,《辽宁大学学报》总编邢志人先生、编审潘照新女士,《宝鸡文理学院学报》总编刘林魁先生,《上海政法学院学报》总编康敬奎先生,《武汉科技大学学报》总编许斌先生和责编勇慧女士,《中国政法大学学报》编审张灵先生,《贵州师范大学学报》编审周莹洁女士,《东方哲学与文化》编辑部沈文华女士。上述论文发表时提要的英文翻译均由高级口译孙沛莹弟子助力完成,一并鸣谢!

祁志祥

2022 年 8 月 5 日,上海苏州河畔

图书在版编目(CIP)数据

先秦思想史:从神本到人本:全二册/祁志祥著.—上海:复旦大学出版社,2022.9
ISBN 978-7-309-16325-4

Ⅰ.①先… Ⅱ.①祁… Ⅲ.①思想史-中国-先秦时代 Ⅳ.①B22

中国版本图书馆 CIP 数据核字(2022)第 129787 号

先秦思想史:从神本到人本(全二册)
祁志祥 著
责任编辑/胡欣轩

复旦大学出版社有限公司出版发行
上海市国权路 579 号　邮编:200433
网址:fupnet@ fudanpress.com　http://www.fudanpress.com
门市零售:86-21-65102580　团体订购:86-21-65104505
出版部电话:86-21-65642845
江阴市机关印刷服务有限公司

开本 787×1092　1/16　印张 48.5　字数 844 千
2022 年 9 月第 1 版
2022 年 9 月第 1 版第 1 次印刷

ISBN 978-7-309-16325-4/B·757
定价:260.00 元

如有印装质量问题,请向复旦大学出版社有限公司出版部调换。
版权所有　　侵权必究